上海市锦天城律师事务所
华东政法大学经济法律研究院
合作编写

FINANCE LAW REVIEW

金融法律评论

吴弘　主编

2022
下半年卷
总第15卷

法律出版社 LAW PRESS·CHINA
北京

图书在版编目(CIP)数据

金融法律评论.2022.下半年卷:总第15卷/吴弘主编.--北京:法律出版社,2023
ISBN 978-7-5197-7908-5

Ⅰ.①金… Ⅱ.①吴… Ⅲ.①金融法-中国-文集
Ⅳ.①D922.280.4-53

中国国家版本馆CIP数据核字(2023)第079689号

金融法律评论·2022下半年卷(总第15卷)
JINRONG FALÜ PINGLUN · 2022 XIABANNIAN JUAN
(ZONG DI-15JUAN)

吴 弘 主编

策划编辑 薛 晗 田 浩
责任编辑 薛 晗 田 浩
装帧设计 臧晓飞

出版发行 法律出版社
编辑统筹 法商出版分社
责任校对 晁明慧
责任印制 胡晓雅
经 销 新华书店

开本 787毫米×1092毫米 1/16
印张 21 **字数** 435千
版本 2023年6月第1版
印次 2023年6月第1次印刷
印刷 唐山玺诚印务有限公司

地址:北京市丰台区莲花池西里7号(100073)
网址:www.lawpress.com.cn
投稿邮箱:info@lawpress.com.cn
举报盗版邮箱:jbwq@lawpress.com.cn
销售电话:010-83938349
客服电话:010-83938350
咨询电话:010-63939796

书号:ISBN 978-7-5197-7908-5
定价:88.00元
凡购买本社图书,如有印装错误,我社负责退换。电话:010-83938349

锦天城律师事务所简介

锦天城律师事务所成立于1999年，是一家提供一站式法律服务的大型综合性律师事务所，在核心业务领域（如资本市场、金融与信托、公司并购与重组、破产与清算、基础设施建设与房地产、国际贸易、跨境投资、反垄断反倾销、诉讼与仲裁、知识产权以及海事海商等）具备专业优势或行业领先优势。现有注册律师3000余名。

发轫于中国上海的锦天城，已在中国内地23个城市（北京、杭州、深圳、苏州、南京、成都、重庆、太原、青岛、厦门、天津、济南、合肥、郑州、福州、南昌、西安、广州、长春、武汉、乌鲁木齐、海南海口、长沙）及中国香港、英国伦敦、美国西雅图、新加坡、日本东京开设分所，并与香港史蒂文生黄律师事务所联营，与国际律师事务所鸿鹄（Bird & Bird LLP）建立战略合作关系。

华东政法大学经济法律研究院简介

华东政法大学经济法律研究院是由华东政法大学独立设立，集理论研究、科研成果转化与人才培养、社会服务于一体的科研机构。研究院以经济法律研究为特色，旨在突破单一专业瓶颈，实现法学与经济学、管理学的融合，密切联系政、产、学、研，强调理论研究的应用性、实践性与前瞻性，是一流的学术研究与交流平台、高层次的经济法律人才培养基地以及经济立法、政府决策、企业咨询的专业性法律智库。经多年建设，研究院先后被认定为上海市法学会重点研究基地、上海市普通高校人文社会科学重点研究基地。

研究院自成立以来，先后组织、策划、出版了“经济法文库”“经济法文集”“商事法文库”以及《经济法前沿问题》《中国商法评论》《公司法律评论》《金融法律评论》等系列性学术著作或年度刊物，创办了“经济法律高峰论坛”“公司法律论坛”“国资法律论坛”“能源法治论坛”等系列性品牌论坛，在学界和实务界具有广泛的影响力。

上海市高水平地方高校（学科）建设项目资助

目　录 CONTENTS

绿色金融法制探索

数字金融法律问题

绿色金融法制探索

ESG 投资：理论演变与制度更新

倪受彬 *

ESG是英文 Environmental（环境）、Social（社会）和 Governance（公司治理）的缩写，是一种关注企业环境、社会、治理绩效而非财务绩效的投资理念和企业评价标准，主要应用于资产管理领域。该标准要求基金管理人关注投资标的在环境、社会责任和治理层面的持续表现，从而防止长期投资风险。其实，非财务表现最终也会和财务表现挂钩，因为企业良好的社会形象对政府的支持、外部环境的友好甚至募资成本的降低都会有正面影响。因此，ESG 指标客观上成为基金管理人筛选好的投资标的重要工具。很多投资顾问和基金管理人为了募集资金，会宣称自己的投资标的符合某种 ESG 标准。包括中国在内的资产管理市场上也据此开发了大量的 ESG 主题基金及相关指数产品。

ESG 理念成为中国资本市场乃至企业合规管理的热点问题，其间原因，一方面，企业的社会责任问题变得越来越重要。曾经，很多商业企业为追求短期回报，损害环境、侵犯劳动者利益，负责任投资理念开始导入商事领域。责任投资与我国传统的商业伦理及其法治化内在地契合。[1]

企业和资本本身应该是良法善治和"责任公民"的一部分，特别是国有企业、公共资本（养老金、慈善基金）等不能仅仅以短期盈利为唯一目标，应该关注环境、减碳、劳工、社会公平等传统的非财务指标。这种投资理念与这些组织体、

---

* 倪受彬，同济大学上海国际知识产权学院教授、博士生导师。

〔1〕 自孟子义利之辨后，近代商业文明及其组织形式导入中国，钱穆、余英时、林毓生等一代学人开始从传统文化的现代化转型的角度思考商业伦理问题。可参见余英时：《儒家伦理与商人精神》，广西师范大学出版社 2014 年版；林毓生：《中国传统的创造性转化》，生活·读书·新知三联书店 2011 年版。

资本的设立目的和功能价值是契合的。[1] 从立法实践来看，有鉴于中国可持续发展的内在要求，2018 年中国证券投资基金业协会颁布《绿色投资指引（试行）》，要求基金管理人应确立 ESG 投资原则，对养老金等长期基金的管理特别关注 ESG 管理。[2] 2022 年 3 月国务院国资委专门成立社会责任局，积极推动国有企业披露 ESG 信息并积极履行社会责任。[3]

一、ESG 投资的理论演进

（一）企业社会责任（CSR）与 ESG

公司社会责任已经写入我国 2005 年《公司法》，2022 年 12 月发布的《公司法（修订草案）》（二次审议稿）为加强公司社会责任建设，增加如下规定："公司从事经营活动，应当在遵守法律法规规定义务的基础上，充分考虑公司职工、消费者等利益相关者的利益以及生态环境保护等社会公共利益，承担社会责任。国家鼓励公司参与社会公益活动，公布社会责任报告。"

与 ESG 相比，尽管 CSR 同样以可持续发展理念为归依，但在具体内容上存在以下差异：

（1）CSR 以企业自愿披露为基础，《公司法》采取的是"鼓励"。而 ESG 已形成以强制披露为主，不披露就解释的基本规则。

（2）CSR 侧重于企业管理的发展理念或价值导向，与投资策略关系较弱，而 ESG 报告则成为投资者判断企业非财务性运营状况的主要信息来源，是从投资者评估的角度出发来反向影响企业管理的；作为一种投资人推动的准则，ESG 从一开始就带着希望由此实现盈利并规避风险的基因。

（3）CSR 报告在内容上更偏向于定性化，以展示和描述企业在社会责任领域的成绩为主，在实践中走偏为"企业形象宣传报告"；而 ESG 报告内容更偏向于定量化，尤其在环境方面需要大量的数据支撑，且在披露事项上应同时涵盖正面信息与负面信息。

（4）CSR 对企业而言属于软约束，不具有强制性，而 ESG 属于法律法规的强制性要求，且涉及虚假披露的应当承担相应的法律责任。

（二）责任投资原则（PRI）与 ESG

在投资理念方面，ESG 相对于原有对关注企业治理、运营绩效评价，提供了一个非财务的观察和评价指标，不再单纯考察企业的盈利和税收等财务数据，而考察企业的可持续发展

---

〔1〕 关于国有企业的功能定位，参见倪受彬：《中国国有资产管理目标及其实现机制》，载《学术月刊》2008 年第 6 期；蒋大兴：《作为"人民的"企业形式：超越国企改革的"私法道路"》，载《政法论坛》2023 年第 1 期；《慈善财产保值增值管理办法》相关条文。

〔2〕《绿色投资指引（试行）》具体内容见后文。

〔3〕《提高央企控股上市公司质量工作方案》提出应"贯彻落实新发展理念，探索建立健全 ESG 体系"，载 http：//www. sasac. gov. cn/n2588030/n2588944/c24789613/content. html，最后访问日期：2023 年 2 月 17 日。

问题。这是因为根据既有历史和数据考察，企业如果只关注短期的财务利益，而置环境、劳工、合规等因素不顾，实际上是转嫁其负外部性给第三方或社会。环境作为公共产品，应该由国家进行维护，损害环境者因而面临诸如环境侵权处罚、员工投诉和关注社会责任的投资者的撤资等负面影响，从而最终表现为企业长期价值的减损、募资成本的高企与合作伙伴的疏离。

ESG 理念的理论基础是 PRI。PRI 是 2006 年时任联合国秘书长的安南在纽约证券交易所提出，由联合国环境署金融行动机构和联合国全球契约组织（UNGC）共同管理。PRI 号召投资者将“社会责任”引入投资决策，强调以一种保护环境（E）、维护社会正义（S）及强化公司治理（G）的方式，即遵循 ESG 框架进行投资，追求长期收益。可以说，PRI 是金融机构，特别是投资基金者履行保护环境与代际公平相关“社会责任”的具体表现。其中的环境责任（E）是指，公司应当提升生产经营中的环境绩效，降低单位产出带来的环境成本；目前已经有超过 20 家国际知名金融机构（如德意志银行、花旗银行等）明确将 ESG 因素纳入投资环境审核和资产配置分析模型。PRI 要求养老基金等管理者，作为投资者应每年汇报其 PRI 实施情况，且汇报和评估的文件公开可查。[1]

负责任投资的理念更是根植于最朴素的人类正义，而正义理论又衍生出代际公平理论、利害关系关系人理论、不完全当事人合同理论、善意投资目的假释。代际公平理论认为企业主体应关注发展的可持续性，特别是环境质量和人类后代的生存权、发展权，不能竭泽而渔；利害关系理论认为，职工、社区和供应链上下游客观上会受到企业经营行为的影响，企业在治理和决策中应该关注到他们的利益，甚至提供给这些利害关系人参与公司治理的渠道和机制，例如，公司破产后职工会失业，企业排污会损害周围居民的健康利益。

（三）责任投资的制度嬗变

责任投资作为一种理论范式，从商业可持续的角度讨论了公司董事会、基金管理人作为管理人的投资决策与判断原则发生了根本修正，就是不能依据原来的商业判断原则来豁免自己投资失败的责任。或者说，在投资和日常管理中，不仅要考虑投资回报，还应关心对公司持续发展有影响的社会责任、环境与治理问题。而在商法实践中，责任投资朝着合规和受托人义务标准两个维度进行演变。而 ESG 所要求的信息披露义务，则是这两个维度判断的基础。这是因为无论合规与否还是受托人是否履行了谨慎义务和忠诚义务，需要依据 ESG 披露的数据和指标由合规监管者、信托的委托人进行判断。而 ESG 指数、ESG 评级更是以信息披露为基础的。

1. ESG 合规与金融监管。

ESG 还被纳入监管和合规的考量范围。2022 年 4 月 11 日，证监会发布《上市公司投资

[1] 关于责任投资，企业社会责任与 ESG 投资之间的制度演化进程与关系，参见朱慈蕴、吕成龙：《ESG 的兴起与现代公司法的能动回应》，载《中外法学》2022 年第 5 期。

者关系管理工作指引》，在投资者关系管理的沟通内容中首次将 ESG 纳入。ESG 也纳入金融稳定甚至宏观审慎管理的规范范围。各国央行关注到传统的金融机构，无论是向监管部门的信息披露报备还是风险资产拨备都没有关注资产中的气候变化潜在的资产搁浅或减值风险，其资产存在风险敞口。例如，气温和灾害天气会增加融资方的经营和违约风险，如灾害天气和泥石流会造成企业正常经营的中断。全球升温导致火灾发生的概率提升，保险公司、商业银行的金融风险相应提升，从而产生系统性风险。中国人民银行 2016 年牵头制定的《关于构建绿色金融体系的指导意见》的文件着眼于绿色金融体系的构建。2021 年 7 月 22 日，中国人民银行正式发布《金融机构环境信息披露指南》（JR/T 0227—2021）金融行业标准。该标准对金融机构环境信息披露形式、频次、应披露的定性及定量信息等方面提出要求，并根据各金融机构实际运营特点，对商业银行、资产管理、保险、信托等金融子行业定量信息测算及依据提出指导意见。

ESG 除了从金融稳定的角度服务于合规监管外，还重点服务于对重点环境污染企业的能耗指标、污水和碳排放指标的合规监管。此外，劳工权益保护、工作环境、男女平等、安全培训、隐私保护、供应链管理等越来越广泛的合规主题，被纳入各类 ESG 评级指标和合规监管内容。[1]

此外，我国签署的《巴黎气候变化协定》、《联合国 2030 可持续发展议程》及其他双边或多边贸易、投融资的协定等国际法文件关于环境治理、气候变化与劳工保护的相关义务和规定文本，也可视为 ESG 的制度渊源。在国际贸易和投资方面，关注气候变化的制度和文件，已经为我国的投资者和企业所不能忽视，例如，欧盟绿色新政及欧盟碳边界调节机制（CBA），所谓的“碳边境税”备受关注。[2]

2. 受托人 ESG 投资义务。

一般情况下，资产管理市场是按照信托法构建的。而根据信托法，受托人遵循“单一受益人原则”与“受益人利益最大化原则”履行忠诚义务和谨慎义务。但是，随着 ESG 投资的兴起，越来越多的法律和自律管理机构要求受托人考虑 ESG 因素，关心第三方利益。信托法在评价受托人（基金管理人）的受信人义务时，增加了 ESG 因素的考察。其理论基础在于一个实证的数据分析，即认为关注 ESG 因素的资产更稳健，因为他们已经足够考虑了环境处罚、资产减值因素，特别是在气候变化的背景下。

3. ESG 与资本市场信息披露。

证券监管机构总体上有三大核心且相互关联的目标：保护投资者、确保市场公平有效和透明以及降低系统性风险。

---

〔1〕 具体参考各类主流的 ESG 指标体系，如富时罗素、明晟等。

〔2〕 欧盟委员会、欧盟理事会和欧洲议会在 2022 年 12 月 12 日就欧盟碳关税（CBAM）进行了第四轮三方协商。13 日凌晨，欧洲议会与理事会达成临时协议，同意建立欧盟碳边界调整机制，以应对气候变化和防止碳泄漏。

2021 年 3 月，德意志银行旗下管理近万亿欧元的资产管理公司 DWS 被内部举报存在“漂绿”嫌疑，成为 ESG 领域“漂绿”话题的导火索。2021 年 3 月 4 日，美国证券交易委员会（SEC）宣布在执行部（Division of Enforcement）设立专门的气候和 ESG 工作组，负责 ESG 的审查和执法工作，调查发行人 ESG 信息披露方面的潜在违规情况，并审查与金融机构 ESG 投资策略相关的披露及合规问题。经过 SEC 气候和 ESG 工作组的调查，2022 年 4 月 28 日 SEC 向矿业巨头淡水河谷（Vale）提起了一项证券欺诈诉讼，指控 Vale 可持续发展报告、ESG 相关文件及定期报告中，有关安全做法的披露存在“重大虚假和误导性”（materially false and misleading）；2022 年 5 月 23 日，SEC 又向金融巨头纽约银行梅隆投资顾问公司（BNYMIA）发起诉讼，指控 BNYMIA 在宣称其采用 ESG 投资策略时，存在“错误陈述和遗漏”（misstatements and omissions）；2022 年 6 月，SEC 对高盛集团 ESG 基金展开调查。

关于 ESG 虚假信息披露的风险，晚近各主要国家已经将 ESG 信息披露纳入非财务性透明度监管范畴，并开展执法实践。国际证监会组织（IOSCO）在《关于资产管理中可持续性相关实践、政策、程序和信息披露的建议》指出，监管和执法工具有助于防止资产管理公司和产品层面的“漂绿”现象，并提高投资者对考虑可持续性相关风险和机会以及可持续性相关产品的资产管理公司的信心。

从 2022 年上半年 SEC 的监管执法实践看，美国证券监管机构已将 ESG 信息披露作为重点审查领域，并成立专注于气候和 ESG 问题的执法工作组。从公开的信息不难发现，随着投资者日益关注和依赖气候变化和 ESG 相关的信息披露以及投资情况，SEC 的气候变化和 ESG 特别工作组将制定举措，积极识别 ESG 信息披露中的不当行为。该工作组主要有两项重要职责：一是识别发行人 ESG 信息披露方面的潜在违规情况，二是识别与金融机构 ESG 投资策略相关的披露及合规问题。对淡水河谷（Vale）案梅隆投资顾问公司（BNYMIA）案的监管执法，印证了这两项工作任务。此外，该工作组还将协调有效利用该部门的资源，包括通过使用先进的数据分析来挖掘和评估各登记人的信息，以确定潜在的违规行为。

在证券监管机构中成立专门的 ESG 执法部门，具有以下积极意义：首先，成立专门的 ESG 执法部门是一项创新与激进的措施，其最初的工作重点将是查明发行人在现行规则下披露气候风险方面的任何重大漏洞或误报。其次，标志着证券监管机构已经将审查重点从传统财务信息转向了 ESG 信息披露，需分析与投资顾问和基金的 ESG 战略有关的披露和合规问题。再次，气候和 ESG 工作组隶属于 SEC 的执行部，具有执法性质。复次，ESG 执法部门具有相当的专业性，其将评估和追踪与环境、社会、企业治理相关问题有关的举报、投诉和处置，并为全部门处理环境治理相关问题的团队提供专业知识和见解。最后，ESG 执法部门需要与其他部门积极合作，气候和 ESG 工作组与 SEC 的其他部门和办公室密切合作，包括公司财务部、投资管理部和考试部。[1]

特别需要指出的是，针对 ESG 治理的监管，除了证券监管机构以外，市场监督管理机构的相关执法亦不能缺位，尤其是对 ESG 虚假披露造成的消费者权益保护、虚假广告，以及反不正当竞争等方面的损害方面，更应当主动、积极地启动相关执法调查程序。

二、ESG 投资的现行规范体系

如前所述，ESG 理念与中国高质量发展的价值观和宏观政策导向内在是一致的。绿色发展已成为中国发展理念之一与全面共识。一度唯 GDP 导向让位于可持续发展，提出 GEP 的增长方式考核的概念，GEP 将环境影响、社会公平纳入评价指标，原有的以利税为导向的政府新建项目和招商均据此应强调绿色评估。ESG 所遵循的负责任投资不仅与现代发展理念一致，还与中国传统的商业伦理具有文化上的契合。中国儒家伦理与商人精神，强调"寓利于义"，旨在平衡"义"这一道德伦理与"利"这一商业利益的关系。但如果 ESG 发展仅仅限于道德范畴，其作用必然有限，应该从"道"向"术"转变，并实现向政策面和法治化转变，实现硬约束或构建可操作性才可将宣示转化成行动，构建起可持续发展的制度约束和激励兼容的制度体系与法治机制。

（一）《民法典》绿色原则与 ESG 规范体系

从 ESG 的制度化角度，总体来说，我国尚未建立起权威的 ESG 标准与规范性文件关联的制度体系。《证券法》《基金法》甚至行政规章层面都尚未构建起 ESG 责任投资的明确直接的规范体系。但是，《民法典》第 9 条规定的绿色原则和《公司法》的公司社会责任、利害关系人条款可以作为 ESG 投资的法律依据和解释根据。

《民法典》第 9 条规定，民事主体从事民事活动，应当有利于节约资源、保护生态环境。这就是著名的"绿色原则"，构成了 ESG 原则的基础性规定。无论是管理人、基金还是标的企业在资产管理实践中受其约束。当然，需要通过具体规范予以落实和细化。[2]

（二）《绿色投资指引》与 ESG 投资

2018 年中国证券投资基金业协会发布《绿色投资指引（试行）》，其中第 4 条、第 5 条首次明确提出了基金管理人 ESG 投资的义务。其中第 4 条规定：基金管理人可根据自身条件，在可识别、可计算、可比较的原则下，建立适合自己的绿色投资管理规范，在保持投资组合稳定回报的同时，增强在环境可持续方向上的投资能力。有条件的基金管理人可以采用系统的 ESG 投资方法，综合环境、社会、公司治理因素落实绿色投资。

---

〔1〕 See Lucian Bebchuk, Alma Cohen & Allen Ferrell, *What Matters in Corporate Governance*, 22 Rev. Fin. Stud. 783 (2009).

〔2〕 参见吕忠梅：《〈民法典〉"绿色规则"的环境法透视》，载《法学杂志》2020 年第 10 期。

《绿色投资指引（试行）》第 5 条则强调“为境内外养老金、保险资金、社会公益基金及其他专业机构投资者提供受托管理服务的基金管理人，应当发挥负责任投资者的示范作用，积极建立符合绿色投资或 ESG 投资规范的长效机制”。《绿色投资指引（试行）》的重要价值是明确了资产管理行业 ESG 投资的要求，并试图构建基金管理人的内控机制与责任类型。要求投资基金管理人在标的选择、行使积极股东权利方面，将资金投资到符合环境效益、治理良好的企业，并积极促使企业降低碳排放和资源节约。管理人应该建立投资名单，实现负面清单管理。相应地作为基金投资标的的企业，特别是上市公司，应该建立 ESG 信息披露和报告制度。但是，《绿色投资指引（试行）》也存在缺陷，一方面只是“软法”，不具有强制力；另一方面，内容上只强调“E”的部分，对“S”“G”的部分涉及较少，不够全面。

（三）国际主流 ESG 披露指南和指标体系

哈佛大学设计出一套能够反映公司财务、社会和环境表现的财务账户，即影响力加权财务账户（Impact-Weighted Financial Accounts，IWA），IWA 是财务报表（如损益表或资产负债表）的行项目（Line Item），通过反映公司对员工、客户、环境和社会的正面和负面影响，以补充财务和业绩报表。

2021 年 3 月 21 日 SEC 借鉴了国际公认的气候相关财务信息披露框架（Task Force on Climate-Related Financial Disclosure，TCFD 框架），发布了 ESG 披露标准。

欧盟委员会推出《欧盟可持续报告准则》（European Sustainability Reporting Standard，ESRS）。欧盟在制定框架过程中吸纳的是全球报告倡议组织（Global Reporting Initiative，GRI）的标准。

2021 年 11 月，国际财务报告准则基金会（IFRS Foundation）在《联合国气候变化框架公约》第 26 次缔约方大会（COP26）期间，宣布成立国际可持续发展准则理事会（International Sustainability Standards Board，ISSB），提出要制定一套高质量的可持续信息披露基准性标准。ISSB 就宣布将于 2022 年 6 月之前将可持续发展报告标准组织——气候披露准则理事会（Climate Disclosure Standards Board，CDSB）和价值报告基金会（Value Reporting Foundation，VRF）整体并入。其中，CDSB 由碳信息披露项目（The Carbon Disclosure Project，CDP）发起，主要关注环境和气候变化的信息披露，试图将环境气候信息整合到公司年度报告等主流报告中；VRF 则是由可持续发展会计准则委员会（Sustainability Accounting Standards Board，SASB）和国际综合报告委员会（International Integrated Reporting Council，IIRC）在 2021 年合并而成，其合并后提供的报告框架将环境社会信息与财务表现进行钩稽，为定性信息定量化提供了标准。

（四）中国信托投资与基金业的制度实践

2022 年 4 月 15 日，证监会发布《上市公司投资者关系管理工作指引》，在投资者关系管理的沟通内容中首次纳入 ESG。

2021 年 7 月 22 日，中国人民银行正式发布《金融机构环境信息披露指南》（JR/T 0227—2021）金融行业标准。该标准对金融机构环境信息披露形式、频次、应披露的定性及定量信息等方面提出要求，并根据各金融机构实际运营特点，对商业银行、资产管理、保险、信托等金融行业定量信息测算及依据提出指导意见。

2016 年以来，中国证券投资基金业协会全力推动 ESG 责任投资，多次举办国际研讨会、主题论坛，开展基础调查，倡导 ESG 理念与实践。2017 年 3 月，协会委托国务院发展研究中心金融研究所等开展"上市公司 ESG 评价体系"课题研究，并以此为基础，推动从上市公司 ESG 评价到 ESG 投资战略再到 ESG 投资工具的完整实践。

2022 年 4 月 16 日中国企业改革与发展研究会发布《企业 ESG 披露指南》，该指南作为团体标准于 2022 年 6 月实施，设立四级指标体系，例如在"E"这个一级指标之下设立污染防治、气候变化二个二级指标。两个二级指标之下再列三级、四级指标。"S"二级指标则包括员工权益、产品责任、供应链管理及社会响应等。

三、绿色原则的具体化与《公司法》最新修订

近期，ESG 成为资本市场的热点，蚂蚁集团、京东物流等企业纷纷发布 ESG 报告。此外，值得注意的是，国有企业的 ESG 行动也在加速。近期，国有资产监督管理局成立社会责任局，加推动国企 ESG 各项工作。我国《公司法》最新的修订中，社会责任条款也是其亮点和重点，修改笔墨较多，除吸收利害关系人理论，关注社区利益外，还贯彻《民法典》绿色原则，要求公司充分考虑生态环境保护等社会公共利益，相关条文可以视为《公司法》中的绿色条款。除此之外，对公司从事捐赠、救灾等社会公共利益活动给予鼓励，并要求公司发布社会责任报告，又体现各国商事实践中倡导的责任投资原则。责任投资原则是社会责任理论在商事企业经济实践中，判断投资者适当性义务乃至包括董事在内的高级管理人员谨慎主义义务判断标准的重要原则。但是公司法的上述规定，还是割裂了利害关系人（特定主体）与社会公益的关系，应吸收全球绿色发展背景下 ESG 治理的最新成果予以进一步完善。

实际上，ESG 本质上是公司治理机制的革新，最终的落脚点在 G，即公司的治理层面应该有专门的董事岗位和治理措施来落实公司的环境保护义务和其他社会责任。否则，其 ESG 表现就会落后。

企业 ESG 义务的履行对社会责任报告义务和内容进一步全面、规范。一方面，《民法典》绿色原则，在《公司法》在社会责任条款上被过分限缩了。绿色发展绝不仅仅是传统的环境问题，还包括生物多样性、气候变化和可持续发展议题。例如，2022 年 3 月 21 日，SEC

公布了一项拟议规定，除了向投资者和监管机构提供财务及面临风险的数据信息之外，在美国 SEC 注册的美国公司和外国公司还需提供其企业的温室气体排放量以及气候变化对其影响的相关信息。除此之外，《欧洲绿色协议》及最新的碳边境调节机制的推出，客观上要求企业社会责任报告逐渐硬化，而不再只是商业伦理和价值宣誓，更多地与企业治理合规关联起来。

从我国公司社会责任披露现状来看，我国企业包括上市公司的社会责任报告的规范性和质量亟待提高。公众投资者无法通过含混不清、缺乏标准体系的社会责任报告，判断企业的社会责任履行情况，社会责任报告披露的规范化不够。从 CSR 到 ESG，公司社会责任相关信息披露更加全面和量化。上海证券交易所已经制定上市公司 ESG 披露指引，学习我国香港特别行政区和国际主要交易所的信息披露规则，用 ESG 体系全面修正原有的社会责任报告范式。上海证券交易所更发布《上海证券交易所“十四五”期间碳达峰碳中和行动方案》，提出“配合信息披露相关规范要求强化绿色属性信息披露”。据统计，在沪深交易所最大的 300 家公司中，85% 发布了 ESG 报告。ESG 报告的体系化也逐步完善，包含了企业碳排放数据、环境处罚数据与治理成本投入、公司不良行为等百项披露数据和指标体系，以此做到公司之间的可比性，而不是各行其是，从而弱化社会责任报告对投资者的可应用性。例如，对于制造业企业，香港联交所《环境、社会及管治汇报指引》自 2018 年即要求上市公司披露每股收益所对应的二氧化碳排放数据，并贯彻“不披露就解释”的规则。

ESG 的披露要求与公司市场表现的判断指标更加关联。例如，将上市公司或其高管的败德行为等原来社会责任报告中难以含摄的内容也包括进来，使公司的市场表现与公司的社会声誉机制比较好地关联起来；反之，资产管理机构会通过第三方机构跟踪和评价公司的 ESG 表现，并设计 ESG 指数产品，通过 ESG 指数产品的表现引导投资者，实现长期投资、价值投资的融合。在这个意义上，法律义务和伦理义务结合起来，实现企业 ESG 表现与融资成本、供应链等商业利益关联，实现商业利益与商事伦理表现的正相关。

《公司法》应强化国有企业的社会责任报告的义务与内容，据此改变国有企业的考核、治理机制。国有企业本质上与一般的商事企业并不完全相同。[1]《公司法》应针对国有企业的社会责任内容作出特别规定，从这个角度，实现《公司法》与《企业国有资产法》及其他国有企业治理与管理的特殊规定之间的体系自洽。国有企业的资本来源、功能定位，其实在法理上具有公共企业（public body）的本质，国有企业应该承担更多的社会责任。2022 年，国务院国资委成立了社会责任局，旨在抓好中央企业社会责任体系构建工作，指导推行企业积极践行 ESG 理念，主动适应、引领国际规则标准制定。国资委的上述新举措，进一步证明了国有企业社会责任的特殊性。评价国有企业效益应更多关注其社会效益，而不仅仅是

---

〔1〕 参见蒋大兴：《作为“人民的”企业形式：超越国企改革的“私法道路”》，载《政法论坛》2023 年第 1 期。

其财务表现，非财务表现应该纳入评价范畴。中国提出“双碳”目标后，国有企业经营行为中的环境损害的外部性应该纳入评价范围，特别应考察管理层合规经营义务，强调其 ESG 义务的履行情况，将国有企业高级管理人员 ESG 履行情况与董事信义义务和义务豁免的判断标准关联起来，实现社会治理与国有公司治理的协调。对标国际 ESG 指标体系，国有企业的治理体系应该关注更多长期投资效益和社会效益。不能单纯评价其财务水平，应该调整和完善管理绩效的评价模型、周期等。

综上所述，我国《公司法》社会责任条款应该贯彻《民法典》绿色原则，从公司治理与信息披露义务的完善着手，落实社会责任报告的体系规范和制度约束，真正实现社会责任报告在公司商业利益与社会利益的协调发展中的引导作用。

四、ESG 投资具体制度的改进

在立法正式修改之前，我们认为可以从具体的制度改进入手。一方面，可以推动 ESG 投资理论的落实，另一方面也可为法律层面的修订提供预备与经验积累。

（一）推动标准可比与借鉴

全球 ESG 标准尚未统一，标准的可比性差，这必然给投资者和资产管理机构均造成不便。我们认为，未来要借鉴国际经验，也应结合中国企业，特别是国有企业的现实制定可操作和可应用的 ESG 披露指南。有学者认为，中国的共同富裕和扶贫、乡村振兴、职工代表大会制度等特色内容可以植入 ESG 中。

未来我国应加快推动 ESG 标准化工作，积极参与国际标准的制定。在统一的大原则下，鼓励企业自愿披露和增加披露内容、频次。并关注行业的特征与区域特征，包括结合碳中和、碳达峰的路线图和时间表，细化碳足迹、计量的相关内容。结合国家的碳减排支持措施，形成企业自愿准确披露包括碳排放信息和降碳投入的激励机制。有学者建议，应将碳捕获和封存（CCS）纳入 ESG 框架，以直接推动双碳目标的实现。

（二）增强 ESG 数据的可信、可得与可比

除了指标体系的统一和标准化外，ESG 披露的数据来源存在不可得和不可信的问题。一方面，企业自身披露的数据可能不真实和不完整。有的企业为获得好的 ESG 表现，甚至篡改数据。近期就有企业与第三方服务提供商合谋提供虚假的碳减排数据而受到监管部门处罚的报道。另一方面，可能会因为企业自身的数据管理能力缺乏，数据的质量也不高。作为中国统一碳市场的上海能源环境交易所目前也与各地合作，旨在通过标准认证的方式推动企业自身的数据标准化工作。而政府的公共数据平台也存在着数据采集的不科学性、数据不兼容、数据孤岛现象。除了 ESG 数据可信问题外，数据的可得也存在困难，投资者和 ESG 服务机构往往无法获取环保执法、司法等数据与产品上下游的供应链数据。所以，未来为解决数据

可信、可得问题，应加快数据公共平台的构建和共享，采取 AI 和区块链技术实现数据共享和耦合验证。除平台建设外，随着技术进步，数据的可能和可信问题会逐步解决，例如，卫星遥感技术的进步，使可以精准获取企业的碳排放强度数据。行业协会应该在数据的真实性自律管理上发挥积极作用。

（三）从自律到监管法的落实

如前所述，ESG 不能仅仅存在于自律和商业伦理范畴，应该构建标准协同，数据真实可验证基础上约束机制，激发企业 ESG 管理的内生动力，构建"好人好事有好报"的制度安排。全球碳市场的建立逻辑也正是基于上述逻辑和"减碳者得利，排污者付费"经济学原理。ESG 政策、原理应该纳入法治范畴。我们认为，ESG 信息披露应该纳入《证券法》《证券投资基金法》，不能停留在《绿色投资指引（试行）》这样的规范层级。《绿色投资指引（试行）》《绿色信贷指引》不具有法律约束力，充其量只是行业内的"软法"，利害关系人和法院尚不能据此追究 ESG 违法者的责任。对于不按时披露 ESG 信息或 ESG 信息披露不真实、准确者不能仅仅停留在监管部门的行政执法，应该扩展至民事赔偿和刑事责任，以形成硬约束。

（四）激励制度的落实

除了约束之外，也应该建立激励机制，激发企业 ESG 管理的内在动力。我国绿色金融的激励政策密集出台，积极推动碳中和达峰目标的实现。2021 年央行碳减排支持工具和再贷款政策出台。国家发展和改革委员会绿债目录随之调整，银行间和交易所市场对绿债发行提供便利措施。这些激励机制与约束机制一起，构成了企业 ESG 披露和管理的良性体制机制。[1]

地方政府在绿色园区招商方面，也出台各种优惠措施，对符合 ESG 发展的项目配套、入园和产业基金配套方面也更加积极，一改过去仅仅以短期税收回报作为招商依据的方式。加强对企业绿色技术环境效益和社会效益的评价，这内在地与 ESG 理念相协同。

国家正在研究开放更多的资本来源去充实气候变化和 ESG 主题的投资，从而激励和放大 ESG 投资。比如，鼓励养老金和慈善基金、保险资产管理机构、银行理财子公司参与 ESG 投资，在责任豁免、投贷联动、收益考核周期甚至税收方面给予让利安排。鼓励政府引导基金和产业基金与 ESG 主题基金合作，通过若干优惠政策，撬动更多的社会资本投入 ESG 及气候投融资项目中，从而实现可持续发展目标。在国际金融市场方面，对于符合全球主流 ESG 认证和气候认证的投资项目，中国监管机构积极协调，鼓励相关融资主体利用国际资本跨境发行绿债和其他投资工具，吸引境外包括主权财富基金、养老机构的低成本长期资本支持国内的 ESG 和其他碳中和项目。

---

〔1〕 参见刘杰勇：《论 ESG 投资与信义义务的冲突与协调》，载《财经法学》2022 年第 5 期。

上述激励制度落实后，公募基金和私募基金在投资标的选择上，必然会重视标的和项目的 ESG 表现。投资基金者会加强对项目的 ESG 指标分析、投后管理，积极行使股东权，督促企业 ESG 达标，减碳节能，以符合谨慎投资人的义务和责任。通过负面清单和投资列表管理，资产管理机构完善内部的 ESG 决策流程，主动防止违反环保和其他 ESG 负面指标而承担法律责任。从而实现 ESG 引导责任投资的价值功能。

上海绿色金融改革创新的法制建构

俞　燕　姚大庆*

绿色金融作为经济可持续发展、产业结构转型的重要支撑，近年来在我国发展迅速，取得了显著阶段性成效。中央积极推动生态文明体制改革，建设美丽中国；积极推进绿色发展，建立健全绿色低碳循环发展的经济体系，发展绿色金融。一直以来，上海市委、市政府领导高度重视绿色发展。2020年，上海已基本建成与我国经济实力和人民币国际地位相适应的国际金融中心，迈入全球金融中心前列。放眼全球，国际金融中心城市也必定是一座绿色的、生态的、可持续发展的城市。2021年10月，上海市政府办公厅印发了《上海加快打造国际绿色金融枢纽　服务碳达峰碳中和目标的实施意见》，旨在通过七方面24项举措，加快打造国际绿色金融枢纽，积极助力国家实现碳达峰、碳中和目标。2021年12月，上海市经济和信息化委员会制定发布《上海市产业绿色发展"十四五"规划》，提出了应对气候变化、实施工业碳达峰行动等九大重点领域和主要任务。[1]

---

* 俞燕，任职于上海市地方金融监督管理局；姚大庆，任职于上海社会科学院。本文系上海金融法制研究会2021年重点课题"绿色金融改革创新的法制保障"成果之一。

[1] 根据规划，"十四五"期间上海市规模以上工业单位增加值能耗要下降13.5%（以上海市政府下达目标为准），供电煤耗等处于国际先进水平。同时，"十四五"期间上海市规模以上工业单位增加值二氧化碳排放降低15%（以上海市政府下达目标为准），钢铁、石化化工等重点行业碳排放总量控制取得阶段性成果。为提升产业绿色发展能级，规划提出，上海将创建200家以上绿色制造示范单位，10家绿色设计示范企业，开展零碳工厂、园区、供应链建设试点。

一、我国绿色金融法制保障现状与短板

（一）绿色金融法制保障的指导思想明确

1. 生态文明为发展绿色金融提供了根本遵循

党中央高度重视生态文明建设，提出“绿水青山就是金山银山”“良好生态环境是最普惠的民生福祉”等一系列理论。绿色金融是发展绿色经济、建设生态文明的重要抓手。

2. 国家为发展绿色金融提供了顶层设计

2015 年 9 月 21 日，中共中央、国务院发布《生态文明体制改革总体方案》，首次提出我国绿色金融体系的顶层设计。[1] 2021 年 2 月 2 日，国务院发布《关于加快建立健全绿色低碳循环发展经济体系的指导意见》，提出全面贯彻生态文明思想，明确健全绿色低碳循环发展的经济体系，确保实现碳达峰、碳中和目标，推动我国绿色发展迈上新台阶。对发展绿色金融进行专门规定，明确发展绿色信贷和绿色直接融资，加大对金融机构绿色金融业绩评价考核力度。统一绿色债券标准，建立绿色债券评级标准。发展绿色保险，发挥保险费率调节机制作用。支持符合条件的绿色产业企业上市融资。支持金融机构和相关企业在国际市场开展绿色融资。推动国际绿色金融标准趋同，有序推进绿色金融市场双向开放。推动气候投融资工作。

3.《民法典》的“绿色原则”为发展绿色金融提供了重要法律依据

我国《民法典》第 9 条创新性规定了民事活动的绿色原则，即“民事主体从事民事活动，应当有利于节约资源、保护生态环境”，并且对用益物权人权利的行使、合同的履行等方面明确提出了绿色、环保要求。[2]《民法典》作为我国民事领域基础性法典，其创设的绿色原则为我国绿色金融的发展提供了重要法律依据。

（二）绿色金融法制保障现行做法

1. 地方立法先行

地方立法先行是我国绿色金融领域立法的显著特征。2020 年 11 月 5 日，《深圳经济特区绿色金融条例》出台，成为我国绿色金融领域首部地方性法规。《深圳经济特区绿色金融条

---

〔1〕《生态文明体制改革总体方案》明确提出要建立绿色金融体系，推广绿色信贷，研究采取财政贴息等方式加大扶持力度，鼓励各类金融机构加大绿色信贷的发放力度，明确贷款人的尽职免责要求和环境保护法律责任。加强资本市场相关制度建设，研究设立绿色股票指数和发展相关投资产品，研究银行和企业发行绿色债券，鼓励对绿色信贷资产实行证券化。支持设立各类绿色发展基金，实行市场化运作。建立上市公司环保信息强制性披露机制。完善对节能低碳、生态环保项目的各类担保机制，加大风险补偿力度。在环境高风险领域建立环境污染强制责任保险制度。建立绿色评级体系以及公益性的环境成本核算和影响评估体系。积极推动绿色金融领域各类国际合作。

〔2〕《民法典》第 346 条规定：设立建设用地使用权应当符合节约资源、保护生态环境的要求，遵守法律、行政法规关于土地用途的规定，不得损害已经设立的用益物权。第 509 条规定：当事人应当按照约定全面履行自己的义务。当事人应当遵循诚信原则，根据合同的性质、目的和交易习惯履行通知、协助、保密等义务。当事人在履行合同过程中，应当避免浪费资源、污染环境和破坏生态。

例》贯彻落实了生态文明，体现了《民法典》的绿色原则，在明确金融机构的社会责任、建立完善绿色金融制度体系、制定绿色金融相关标准、创新绿色金融产品与服务、建立环境污染强制责任保险制度、创设金融机构绿色金融评估制度、明确环境信息披露责任、强化绿色金融的促进与保障、加强绿色金融产业发展的监督与管理等方面做了多项创新性规定。《深圳经济特区绿色金融条例》是深圳市充分利用特区立法权，在绿色金融立法方面大胆探索、先行先试的重要成果。

2021 年 10 月 14 日，《湖州市绿色金融促进条例》出台，[1]包括总则、产品与服务、碳减排与碳金融、标准与数字化改革、激励与保障、法律责任和附则七章，遵循问题导向、突出时代特征、体现地方特色，制定碳减排与碳金融专章，着力推动减污降碳协同增效，围绕数字化改革要求，推动绿色金融标准和数字化应用系统运用，将绿色金融发展指数等绿色金融改革创新经验写入地方条例，彰显出湖州特色。

2022 年 6 月 22 日，《上海市浦东新区绿色金融发展若干规定》出台，致力于打造上海国际绿色金融枢纽，加快经济社会发展全面绿色转型。发挥跨境资金流动先行先试优势，为企业绿色转型发展提供更便利的跨境投融资服务，鼓励金融机构参与生物多样性金融示范项目，探索差异化气候投融资模式，创新绿色信贷、绿色票据、绿色债券、绿色保险、绿色融资租赁、绿色信托、绿色投资、绿色基金等绿色金融服务。

2. 中国人民银行等国家部委出台支持性政策文件

2016 年 8 月，中国人民银行、财政部等七部委联合发布《关于构建绿色金融体系的指导意见》，提出了支持和鼓励绿色投融资的一系列激励措施，明确了证券市场支持绿色投资的重要作用，提出发展绿色保险和环境权益交易市场，支持地方发展绿色金融，鼓励有条件的地方通过专业化绿色担保机制、设立绿色发展基金等手段撬动更多的社会资本投资绿色产业。

2017 年 3 月，证监会发布《关于支持绿色债券发展的指导意见》，强调绿色债券募集资金应当用于支持绿色产业项目，原则上不得用于高污染、高能耗或其他违背国家产业政策导向的行业。

2018 年 7 月，中国人民银行发布《银行业存款类金融机构绿色信贷业绩评价方案（试行）》（已失效），从定量和定性两个维度设置绿色信贷评价指标，其中定量指标权重 80%，定性指标权重 20%。绿色信贷业绩评价结果纳入银行业存款类金融机构宏观审慎考核。2021 年 6 月，中国人民银行发布《银行业金融机构绿色金融评价方案》，从业务覆盖范围、考核指标对上述文件进行修订。

2019 年 2 月，发改委、工信部等七部委联合发布《绿色产业指导目录（2019 年版）》，

---

〔1〕 湖州市是全国首批六省（区）九地绿色金融改革创新试验区之一，六省（区）包括浙江、江西、广东、贵州、甘肃和新疆。

提出绿色产业发展重点，包括节能环保、清洁生产、清洁能源、生态环境产业、基础设施绿色升级和绿色服务六大类一级产业。

2020 年 12 月，财政部发布《商业银行绩效评价办法》，考察银行服务生态文明战略情况。商业银行绩效评价维度包括服务国家发展目标和实体经济、发展质量、风险防控、经营效益四个方面，评价重点是服务实体经济、服务经济重点领域和薄弱环节情况，以及经济效益、股东回报、资产质量等。

2021 年 4 月，中国人民银行、发改委和证监会联合发布《绿色债券支持项目目录（2021 年版）》，对绿色债券支持领域和范围进行科学统一界定，为我国绿色债券发展提供了稳定框架和灵活空间。

这些政策的特点如下：

一是从政策制定主体来看，绿色金融政策的制定以金融监管部门为主体，同时，财政部、发改委等相关部委也在各自职责范围内积极参与绿色金融政策制定。银行业协会、基金业协会、银行间市场交易商协会等自律组织也出台了相应的支持绿色金融发展的自律文件和规则。

二是从绿色金融涉及的内容来看，以绿色信贷、绿色债券为主体，同时包括绿色投资、绿色保险、绿色产业认定等领域。绿色信贷领域，以中国人民银行和银保监会（现为国家金融监督管理总局）为主体；绿色债券领域，中国人民银行、证监会和发改委在各自职责范围内均出台了相应的鼓励性政策支持文件。

三是从推动绿色金融发展的抓手来看，主要通过业绩评价等方式，并结合央行金融机构评级等宏观审慎工具，鼓励金融机构发展绿色信贷、绿色债券。同时，鼓励地方政府通过财政补贴等方式支持绿色金融发展。

四是从绿色金融相关标准体系建设来看，对绿色产业项目进行了统一规范，绿色债券支持目录进一步与国际接轨。

（三）我国绿色金融法制保障存在的问题

1. 约束和激励机制不足

一是绿色金融“硬约束”不足。如中国证券投资基金业协会 2018 年发布的《绿色投资指引（试行）》只是原则性规定，中国证券投资基金业协会不定期对基金管理人绿色投资的开展情况进行抽查，基金管理人应对发现的问题提供解释说明并及时整改，缺少有力的约束措施。又如，财政部 2021 年发布的《商业银行业绩评价办法》规定，财政部门审核确定绩效评价结果后，及时反馈商业银行，抄报负责商业银行领导班子和领导人员综合考核评价的组织人事部门和行业监管部门，并以适当方式对社会公开，即通过抄报组织人事部门和监管部门的方式约束商业银行积极服务生态文明建设。又如中国人民银行 2021 年发布的《银行业金融机构绿色金融评价方案》规定，对商业银行参与环境违法违规项目的处罚力度不够，金融机构生态环境损害赔偿责任方面存在法律空白。

二是绿色金融正向激励不到位，影响相关企业和金融机构开展绿色金融的积极性。目前，我国尚未建立相应的绿色认证体系和声誉激励机制。[1]中国人民银行、证监会、发改委等在支持发展绿色债券的政策文件中，均明确提出鼓励地方政府提供财政贴息、补贴等配套财政支持政策，但仍有待地方出台具体落地政策进行支持配合。[2]配套财政支持措施的缺位，在一定程度上制约了绿色金融的发展。

2. 信息共享机制不畅

目前，规范环保部门和金融部门绿色金融信息共享机制的文件主要包括2007年出台的《关于落实环保政策法规防范信贷风险的意见》[3]，以及2013年出台的《企业环境信用评价办法（试行）》[4]。两部门规范性文件立法层级相对较低，操作层面仍需进一步细化。

《关于构建绿色金融体系的指导意见》规定，将企业环境违法违规信息等企业环境信息纳入金融信用信息基础数据库，建立企业环境信息的共享机制，为金融机构的贷款和投资决策提供依据，但相关规定仍需进一步细化。绿色金融特别是绿色信贷领域的企业环保信息主要依靠环保部门提供。因企业环境信息数据共享机制不足，信息共享存在时滞等问题，银行难以在第一时间获取充分的企业环保信息，难以甄别企业环保信息的真实性，难以从多维度对贷款项目开展绿色审核，在一定程度上影响了绿色金融的发展。

3. 标准化建设不细

与国际通行做法——赤道原则[5]相比，还存在诸多不足。比如，在绿色信贷领域，认

---

〔1〕 为提高企业环保意识，引导消费者转向绿色产品，欧盟建立生态标签体系。

〔2〕 绿色项目前期投入较大，需要配套相关税收减免、贴息、担保等支持措施，以鼓励市场主体参与、开发绿色项目。从国际上来看，英国、德国均明确对绿色环保项目给予担保、贴息等政策支持。

〔3〕 2007年，原环保总局、中国人民银行、原银监会出台《关于落实环保政策法规防范信贷风险的意见》，对加强环保部门和金融部门间的协调配合做了一定规定，明确了环保部门应当向金融部门提供的环境信息，明确各级环保部门应当按照环保部（原环保总局）与中国人民银行制定的统一标准，提供可纳入企业和个人信用信息基础数据库的企业环境违法、环保审批、环保认证、清洁生产审计、环保先进奖励等信息。中国人民银行及各分支行要引导和督促商业银行认真落实国家产业政策和环保政策，将环保信息纳入企业和个人信用信息基础数据库，防范可能的信贷风险。各级银行监管部门要督促商业银行将企业环保守法情况作为授信审查条件，严格审批、严格管理；将商业银行落实环保政策法规、配合环保部门执法、控制污染企业信贷风险的有关情况，纳入监督检查范围；对因企业环境问题造成不良贷款等情况开展调查摸底。

〔4〕 2013年，环保部、发改委、中国人民银行、原银监会出台《企业环境信用评价办法（试行）》，规定组织实施企业环境信用评价的环保部门，可以向有关发展改革部门查询和调取参评企业项目投资管理方面的信息，也可以向有关银行业监管机构查询和调取参评企业申请和获取信贷资金方面的信息。企业环境信用评价结果在环保部门和发展改革、人民银行、银行业监管机构及其他有关部门之间，实现信息共享。具备条件的地区，应当将企业环境信用评价结果，纳入本地区社会信用信息公共平台。组织实施企业环境信用评价的环保部门，应当将企业环境信用评价结果通报给金融管理部门。

〔5〕 赤道原则自2003年第1版发布，至2019年发布了第四版。赤道原则对项目融资规模、环境和社会影响评估进行了明确规定。在环境和社会影响评估方面，明确要求项目必须获得受影响居民“自由、事先和知情的同意”（FPIC），将气候变化风险评估纳入环境和社会影响评估，评估内容包括紧急和非紧急物理风险分析、替代技术分析、排放量化和排放报告分析。

定标准不够细致、配套机制不够完善，缺少细化的量化指标，缺少统一的环境与社会风险评估，未有效形成绿色信贷考评机制，责任追究和惩罚机制存在缺位。商业银行绿色信贷项目的环境评估主要以自我评估为主，缺少独立第三方的评估监督，难以保证评估结果的公平公正。

4. 信息披露要求不够

《关于构建绿色金融体系的指导意见》规定，逐步建立和完善上市公司和发债企业强制性环境信息披露制度。对属于环境保护部门公布的重点排污单位的上市公司，研究制定并严格执行对主要污染物达标排放情况、企业环保设施建设和运行情况以及重大环境事件的具体信息披露要求。加大对伪造环境信息的上市公司和发债企业的惩罚力度。培育第三方专业机构为上市公司和发债企业提供环境信息披露服务的能力。鼓励第三方专业机构参与采集、研究和发布企业环境信息与分析报告。对信息披露要求做了原则性规定，但信息披露主体相对有限，覆盖面不足，操作层面缺少具体细化规定。

对标国际，我国绿色金融信息披露还需要进一步强化。国际上，欧盟《可持续金融信息披露条例》（SFDR）已于 2021 年 3 月 10 日正式生效。SFDR 适用于欧盟范围内所有金融市场参与者和财务顾问，对可持续金融信息披露制定了统一的规则。SFDR 在披露可持续风险政策的基础上，从实体层面和产品层面两个维度，对披露对可持续发展的不利影响，与可持续发展相关的薪酬政策，合同前披露相关可持续风险、有利于改善环境或社会特征、可持续性投资相关信息等方面，进行了详细规定。SFDR 规定，上述信息应当在金融市场参与者官网进行披露，并且进行定期报告，相关信息发生变更时需及时更新。

二、绿色金融法制保障的域外经验借鉴

20 世纪 70 年代以来，随着《寂静的春天》《增长的极限》等反思经济增长与环境保护和可持续发展关系的著作发表，世界各国开始重视金融活动在促进绿色发展中的作用，以及如何通过法制推动绿色金融的发展。美国、欧洲、日本等发达国家和地区，以及世界银行、二十四集团（G20）等国际机构在绿色金融立法方面率先进行了实践和探索。总体来讲，有以下五方面值得我国绿色金融法制建设借鉴。

（一）国外的绿色金融法

1. 美国

作为发达国家，美国已经建立起比较完善的绿色金融法律体系，主要包括美国联邦与州两个层级的绿色金融法律法规。这个法律体系是在美国传统的环境保护法基础上结合美国国内经济发展的实际而构建的。

（1）美国联邦绿色金融法

美国联邦政府的绿色金融立法分为两个阶段。在 20 世纪 90 年代之前，绿色金融制度主要出现在环境保护法之中。1936 年的《公共汽车尾气控制法》、1969 年的《国家环境政策法》、1970 年的《清洁空气法》、1972 年的《清洁水法》等一系列环境法律，搭建了一个庞大的环境法律体系，其中几乎每部法律都涉及如何运用一定的经济金融手段促使市场主体自觉地加强环境保护。例如，在《清洁水法》中规定，对公共废物处理厂的建设、生产企业清洁技术的应用提供联邦财政支持和运营贷款优惠，并规定了石油泄漏中业主与石油设施经营者要承担清理费用和环境损害赔偿责任。

1980 年《超级基金法》则是绿色金融立法的又一个起点，它通过规定基金来源、基金支持项目和方向、排放有害物质的责任划分等，对银行提出明确的环境责任，即贷款银行需要对债务企业应当支付的污染治理费用负责。其直接催生了绿色信贷和绿色保险制度，是绿色金融立法的重要里程碑。《超级基金法》最具适用性的是，经它认定的环境责任便难以逃脱追责。例如，若环境污染问题由个人造成，那么治理此项污染的相关费用均由制造者完全承担；若由公司造成，那么承受主体则为该公司。此项法案的制定给很多个人和公司造成了巨大的环境风险，因此，他们急需寻找相应的保险产品来预防此类风险，于是绿色保险制度诞生了。美国社会称绿色保险为“环境污染责任保险”。在针对突发性意外污染问题方面，美国建立了专门性保险机构为“肇事者”承保担责。美国进出口银行也制定了与环境保护相关的评估机制，在放贷前需先对相关的环境项目进行评估，若评估不符则不予以放贷。20 世纪 80 年代，美国推出了绿色基金。该基金在投资主体方面与一般共同基金类似，均以证券投资为主，但不同于普通证券投资的是其进行了范围上的限制，对有违反环境保护政策或对社会存在主观破坏性的均不接受，这是全球绿色基金的最初模式，为后来世界上的绿色证券投资树立了榜样。

20 世纪 90 年代以来，美国联邦政府对国内可持续发展政策进行调整，将单纯的生态系统管理转向综合资源管理，更多地采用市场导向的经济手段进行污染控制，将美国的绿色金融立法推进到新的阶段。其中有代表意义的是 1990 年通过的《清洁空气法修正案》规定了基于市场的排污权交易制度。修正案的主要内容包括，美国环保局对汽车引擎制造企业推行排污权的购买和交易机制，生产排放量大的引擎的企业需要到市场上购买所需要的排放权。到 2000 年，美国建立起一个比较完善的二氧化硫排放许可证交易市场，据估计每年至少减少 1000 万吨的二氧化硫排放。美国政府还重视立法加强对民众的环境保护宣传，提升公民的环保意识，促使美国消费者更多地选择绿色环保的消费品，如小排量的汽车等。

美国奥巴马政府实施的“绿色新政”也有效提升了美国经济发展潜力，并在世界上起到了引导和示范效应。例如 2009 年美国政府先后出台的促进低碳经济发展的《复苏与再投资法案》和《清洁能源与安全法案》，两部法律明确规定了要推广清洁能源、提高能源利用效率，通过低碳经济发展提升美国经济增长，这对美国最早走出 2008 年国际金融危机泥潭，摆脱其不利影响起到了重要作用。

（2）美国各州绿色金融法

加利福尼亚州是美国最早进行绿色金融立法的州。由于加利福尼亚州气候干旱炎热，人口密集，环境污染相对严重，因此也很重视污染防治。1961 年，加利福尼亚州就颁布了世界上第一个汽车排放法规，1966 年制定了世界上第一个汽车尾气标准。2006 年，加利福尼亚州议会通过《加利福尼亚州全球变暖解决方案法》，规定到 2020 年将本州的温室气体排放量减少到 1990 年的水平，成为美国第一个从法律上约束减排目标的州。加利福尼亚州空气资源委员会据此于 2010 年制定的《二氧化碳排放总量管制与排放交易规定》，规定了加利福尼亚州企业的温室气体排放配额和交易办法，并规定政府对碳交易市场的投资者给予支持。

位于东海岸的宾夕法尼亚州将发展清洁能源汽车作为控制大气污染的主要措施。为鼓励电动汽车的开发，宾夕法尼亚州公布多项支持性政策，包括：免除购买电动汽车的消费税；为充电设施的建设提供其成本 50% 的补偿；对电动汽车充电时的电价给予折扣。宾夕法尼亚州还对太阳能、风能等清洁能源和乙醇汽油等替代性燃料的发展规定了支持性政策，如政府专项拨款、鼓励银行贷款，并进而吸引社会资本参与投资。

2. 欧洲

从 20 世纪 60 年代开始，欧洲各国把环境保护作为优先关注的问题，除制定严格的环境标准外，还通过绿色金融法引导企业生产和居民消费的绿色环保。

（1）英国。曾饱受空气污染困扰的英国在 1972 年由议会通过《有毒废物处置法》，严格规范了有毒废物处理的标准，其中包括对废物处理企业提供贷款支持的绿色信贷理念。1990 年颁布的《环境保护法》进一步规定企业必须通过环境责任评估，才能从金融机构获得绿色信贷。2009 年颁布的《贷款担保计划》，明确了针对中小企业融资的补贴和担保机制，鼓励中小企业将资金投向绿色创新环保产业，极大地促进了中小企业绿色生产的资金需求。同时，英国政府还推动绿色金融机构的建设和金融机构的“绿色化”，如 2003 年巴克莱银行最早宣布加入赤道原则。为了鼓励更多的社会资本投资于存在市场失效问题的绿色环保项目领域，英国政府于 2012 年 10 月投资成立了英国绿色投资银行——全球首家专门致力于绿色经济的投资银行，致力于解决基础设施融资中市场缺失的问题，通过调动私人资本来加快向绿色经济的转型，极大地推动了英国绿色金融的快速发展。

早在 2002 年，在世界可持续发展峰会上，时任英国首相的布莱尔提出了国内企业相互合作的“伦敦可持续发展原则”。该原则拉近了金融市场运作与可持续发展二者之间的联系，其主要是以环境保护为前提，将社会与环境风险成本体现在融资金额的决策以及风险管理产品中。该原则还体现了合理使用股票权以改善资产有效配置风险控制及设立可提高环保效益的科学研发项目融资通道的观点。

在绿色保险领域，英国政府引导一些上市保险公司推出“绿色车险”产品，这种产品能够为特定的环保汽车的车主提供一定的汽车保险折扣，一般是面向混合动力的汽车，而折扣是从3%到15%不等。随着“绿色车险”的不断发展，所面对的投保对象也越来越广泛，逐步扩大到所有使用可替代能源的车主。“绿色车险”投保对象的逐步放宽以及优惠额度的提高，吸引了越来越多的人开始选择环保型汽车。

（2）德国。德国很早就开始对循环经济发展制定相关立法和实践。从20世纪70年代开始，德国制定了一系列的环境保护立法，这些立法主要遵循了预防原则、污染者付费原则以及合作原则。尽管德国至今也没有颁布绿色信贷法、绿色保险法或绿色银行法等绿色金融相关立法，但德国拥有十分发达的环境保护法律体系，并以这些环境保护法律为基础，将其循环经济核心理念贯穿其中，通过推动其循环经济立法和政策实践的实施，促进绿色金融的快速发展。1972年颁布的《废弃物管理法》主要针对如何进行废弃物的有效处理。而在1991年出台的《包装条例》中，德国政府第一次将其循环经济发展理念体现于环保立法体系中。

在绿色金融实践上，德国政府积极作为，通过优惠补贴等措施支持德国复兴信贷银行积极践行绿色信贷政策。同时，1974年，在德国政府的主导下，成立了世界第一家生态银行，这为德国绿色信贷的发展提供了长期、稳定的资金支持。德国拥有先进的环境责任保险制度，1991年颁布的《环境责任法》极大地扩充了环境责任险的适用和承包范围。1996年实施的《循环经济与废弃物法》作为德国循环经济关键综合性立法，在世界上较早将循环经济写入法律。2000年出台的《可再生能源促进法》明确了要加大对清洁低碳能源的开发利用。这些相关法律的实施为绿色信贷的快速发展提供了法律保证。德国还积极推动绿色保险的法律建设，先后于2007年、2008年颁布了《环境损害保险一般条例》和《环境责任保险条例》等环境保险法律，通过明确环境责任人的义务和绿色保险种类，解决环境污染纠纷，促进绿色保险的发展。为让绿色金融体系得到进一步完善，《德国环境责任保险条例》在环境责任及环境治理方面进行了细分，并制定出了相对应的险种，针对那些极具隐蔽性、难以及时发现的环境污染问题制定了补充规定，规定在保单有效期截止后三年之内若存在潜在环境污染问题且造成较大损失的，责任仍归属于原保方。这项规定的制定对于环境的整治意义重大，也有效提高了企业的投保率。

（3）法国。法国在各种场合试图通过内部和外部努力建成一个“环保大国”，雄厚的生态文明实力将成为法国新的软实力。2015年，法国政府首次提出“国家低碳战略”，正式建立碳预算制度。该战略在2018—2019年得以修订，调整了2050年温室气体排放减量目标，从原来比1990年减少75%，改为“碳中和”目标。2020年4月21日，法国政府以法令形式正式通过该预算。

与“国家低碳战略”相辅相成的是，法国在2015年8月通过了《绿色增长能源转型法》，依法构建法国国内绿色增长与能源转型的时间表。此外，法国政府在过去几年还制定并实施了《多年能源规划》（PPE）、《国家空气污染物减排规划纲要》等，为实现节能减排、促进绿色增长提供有力的政策保障。2019 年法国通过的《能源与气候变化法》中，设计了国家低碳战略、碳预算、碳价格轨迹以及能源投资规划框架，旨在 2050 年实现碳中和。2020 年 9 月，法国政府宣布了一项 1000 亿欧元（约 1196.7 亿美元）的复苏计划，其中第一个支柱便是规模 300 亿欧元（约 359.01 亿美元）的绿色转型，包括针对私人和社会住房以及公共建筑的节能改造计划、可持续交通、行业脱碳以及包括氢、生物燃料和回收在内的绿色技术的投资。

法国政府对发行绿色债券提供税收等支持。截至 2018 年 4 月，法国累计发行 25 支绿债，规模 377 亿欧元（约 448.9 亿美元），是欧洲最大和全球第三大的绿色债券市场。法国绿债涉及了清洁能源、绿色建筑、低碳运输、水利、废物管理、土地可持续利用及适应气候变化等方向，其中能源以 62.5 亿欧元占比最大（16.6%）。

3. 日本

日本是一个地处太平洋西部的岛国，其气候受季风及洋流交汇影响较大，具有明显的海洋性气候特征。日本人口稠密且集中，主要聚居于占国土面积较少、海拔低的盆地平原地带，因此受洪水、海平面上升等影响较大，气候变化脆弱性和敏感性高。因此，日本政府高度重视环境保护和气候变化，自 1998 年起陆续出台了多部气候变化相关的法规和国家层面绿色发展战略政策文件。

气候投融资是日本绿色金融发展的重点，目标在于实现 2050 年碳中和的承诺。日本对气候投融资体系有着清晰的战略规划，主要分为国内和国外两条主线。国家层面上，日本建立了各行企业为主体、科技创新为核心、财政补贴为辅助的发展规划。国际发展方面，日本出台了多部绿色金融标准，与欧盟竞争在绿色金融领域的话语权。同时，日本积极进行国际绿色投资，并在对外援助方式上进行创新，建立了如对接东南亚的“绿色联通”战略和联合信用机制等合作模式。

日本没有一个全面的绿色金融体系，而是在细分领域提供了相应的指导性政策。绿色金融政策主要制定者为日本环境省、经济产业省、金融厅等中央省厅，并在内阁设立了以首相为领导的“防止全球变暖总部”，各气候相关省厅负责人为成员，定期商讨协调政策。截至 2020 年 8 月，日本已经出台了共 41 条可持续金融相关的政策。日本经济产业省鼓励企业参与碳交易，设立科学的碳减排目标，并建立了温室气体核算标准。日本环境省则组织领导金融机构达成绿色金融共识，并向企业推荐和鼓励使用，引导企业进行环境评估。东京证券交易所采取“提交或解释”原则，要求拒绝提交企业环境管理报告的上市公司给出具体解释。

（二）国际绿色金融法制

由于环境保护和气候问题的全球性，除美欧日等发达国家的国内绿色金融立法外，一些国家和国际组织还推动形成国际绿色金融立法。联合国环境规划署于 1992 年提出《金融行业关于环境可持续发展》的声明，迄今为止，已有30多个国家的200多个金融机构对该声明进行响应。2002年年底，在伦敦召开了荷兰银行与归属于世界银行的国际金融公司关于项目融资问题的会议。在此次会议上，闻名世界的"赤道原则"被提出。该原则的提出改变了原有的环境与社会发展的秩序，是目前国际金融界统一用来解决项目融资及环境问题的有效法则。赤道原则的本质是制定出一种能够让各大金融机构自觉遵守的环境规则，以用来评判金融机构的环境、社会风险。2006年年底，全球报告倡议组织举行了与绿色金融相关的会议。该次会议通过的《可持续发展报告指南》详细阐述了经济、社会和环境与企业的运营策略、政策的关系，该指南构建了一个适用于全球的可持续发展框架。2008年全球金融危机后，G20的作用日益突出，并将推进全球环境治理和绿色金融立法作为其重要内容。

1. 赤道原则等全球性绿色标准

赤道原则是，由世界主要金融机构根据国际金融公司的环境和社会政策和指南制定的，旨在用于确定、评估和管理项目融资过程中所涉及环境和社会风险的一套自愿性原则。该原则的基础是世界银行集团的《关于环境、健康和安全的标准》和国际金融公司的《环境和社会可持续性绩效标准》，目的是提供一个帮助金融机构管理与项目融资有关的环境和社会风险的基准和框架。赤道原则的产生根源在于金融机构履行企业社会责任的压力。当银行向一些大型项目融资后，其由于项目产生的负面环境影响和引发社会问题而备受争议，并给声誉带来损失，包括政府、多边贷款机构以及非政府组织和社区民众在内的利益相关方认为，银行有责任对项目融资中的环境和社会问题进行审慎性调查并督促项目发起人或借款人采取有效措施来消除或减缓所带来的负面影响。2002年10月，国际金融公司和荷兰银行等9家银行在伦敦主持召开会议讨论项目融资中的环境和社会问题，会后由荷兰银行、巴克莱银行、西德意志州立银行和花旗银行在国际金融公司环境和社会政策基础上共同起草了一套针对项目融资中有关环境与社会风险的指南，这就是赤道原则。2003年6月，包括4家发起银行在内的10家大银行宣布接受赤道原则。2006年7月，根据国际金融公司修订后的《绩效标准》对赤道原则进行了修正并重新发布。截至2020年6月，赤道原则吸引了全球38个国家（地区）共105家金融机构加入，其中，中国有4家，分别是兴业银行、江苏银行、湖州银行和重庆农村商业银行。截至2021年6月，正式采纳赤道原则的金融机构（EPFI）增至118家，涉及全球37个国家，主体包括商业银行、金融集团、出口信贷机构等不同类别的金融机构，占据了新兴市场70%以上的项目融资份额。[1]

目前，已有相关金融机构参与签订可持续管理的全球性绿色标准，具体包括：全球报告倡议组织指引（荷兰银行、汇丰银行、花旗集团等1290家机构签约），ISO26000标准及一些自愿加入的协议，如联合国环境署金融倡议（美国银行、瑞士信贷集团、摩根大通公司等

〔1〕 Tracking the Equator Principles，https：//www. banktrack. org/page/tracking_the_equator_principles，最后访问日期：2021年8月30日。

180 家金融机构参加），联合国负责的投资原则（697 家机构签约），联合国全球契约（德意志银行、荷兰国际集团、日本三菱日联金融集团等 7500 家机构签约），联合国气候变化框架公约、赤道原则及碳排放披露计划（高盛投资公司、美林证券、摩根士丹利投资公司等 534 家机构签约）等。所有这些标准均是以可持续发展为目标，促进金融机构绿色投资经营。

2. 二十国集团与绿色金融立法

二十国（G20）最初是 1999 年成立的一个主要国家央行行长和财政部长级的论坛。2008 年全球金融危机爆发后，世界各国意识到金融稳定、全球变暖等世界性问题与传统性的战争、贫困等问题一样，需要在全球合作的框架下才能较好地应对。于是，在美国倡议下，各国同意将 G20 提升为领导人峰会，2009 年 9 月举行的匹兹堡峰会将 G20 确定为国际经济合作的主要论坛，标志着全球经济治理改革取得重要进展。为了推动实现《巴黎协议》规定的目标，G20 集团在绿色金融立法上发挥了独特的作用。

《巴黎协议》是《联合国气候变化框架公约》（UNFCCC）缔约方于 2015 年 12 月 12 日在巴黎签署的关于全球气候变化的新协议，它为 2020 年后全球应对气候变化行动作出安排，其签署展现了各国推动全球绿色低碳发展的决心和意志。《巴黎协议》的核心内容是，各国将加强应对气候变化的措施，把全球平均气温较工业化前水平升幅控制在 2 摄氏度之内，并为将升幅控制在 1.5 摄氏度之内而努力；全球将尽快实现温室气体排放达峰，20 世纪下半叶实现温室气体净零排放。

在制定《巴黎协议》实施框架的过程中，一些国家的政府开始意识到，实现减排承诺需要大量绿色投资，不能仅仅依靠有限的财政投资，因此需要金融体系来动员私人部门开展绿色投资，而政府明确支持绿色金融的发展对私人部门来说会起到重要的引导作用。一些国家的监管部门和金融机构也开始认识到，若气候变化不能得到有效控制，将影响金融机构持有的资产估值，甚至对金融稳定产生影响。

在中国的倡议下，G20 于 2016 年设立了绿色金融研究小组，并于当年发布了《二十国集团绿色金融综合报告》。G20 认可并倡导 2006 年由联合国发起的“责任投资原则”，它包括六条内容：将环境、社会和企业治理问题纳入投资分析和投资决策过程中；作为股东，推动被持股企业在决策中考虑环境、社会和治理因素；要求被投资企业（如机构投资者持有的上市公司）披露环境、社会和企业治理方面的信息；提升投资者对责任投资原则的共识和强化实施；共同努力提高实施责任投资原则的有效性；公开执行责任投资原则的具体活动。在 G20 范围内，截至 2016 年 3 月，共有 1330 家机构成为责任投资原则的签署机构。签署机构最多的地区是美国和欧洲，分别为 256 家和 696 家，新兴市场国家（地区）数量上升得也很快，例如巴西的 57 家、南非的 52 家和中国（香港）的 17 家。

G20 把发展绿色债券作为绿色金融的重要内容，支持相关国家发展本币绿色债券市场。绿色债券是为中长期绿色项目提供融资的一种债务融资工具。通过绿色债券筹集的资金只能用于绿色项目，发行人需要对投资者持续披露资金使用的信息，以维护市场声誉。最早的几只绿色债券是于2007—2008年由欧洲投资银行和世界银行发行的。2007—2012年，国际绿债市场的主要发行人包括世界银行、IFC、欧洲投资银行（EIB）、一些国家政府、市政府和国家发展银行。近年来，在日益增长的市场需求推动下，更多类型的发行人和投资者加入了绿色债券市场。各国的经验表明，绿色债券市场可以为绿色项目和投资者提供几个重要的好处：为绿色项目提供除银行贷款和股权融资之外的一种新的融资渠道；为绿色项目提供更多长期融资，尤其是在绿色基础设施投资需求较大而长期信贷供给有限的国家；通过“声誉效益”激励发行人将债券收益投向绿色项目；通过发行人承诺“绿色”披露，激励其强化环境风险管理流程；为长期和负责任的投资者提供新的类别的绿色资产。

（三）域外与国际绿色金融法制特点

1. 立法等级高

由于绿色金融的推行关涉到国家的长期可持续发展，各国均从较高的立法等级进行绿色金融立法。在实行联邦制的美国、德国，在联邦政府和议会层面立法规范全国性的绿色金融原则、目标和实施步骤。在单一制国家如日本、法国，则在中央政府成立绿色金融对策本部等机构，负责在全国推行绿色金融规范。从国家层面进行绿色金融立法的好处是可以防止国内各个地区之间的政策不协调，避免形成绿色金融的“政策洼地”。因为各个发达国家的国内市场基本上是一体的，一个厂商的产品在本国各个地区销售通常不存在政策性的限制。如果国内各地区的绿色金融政策不一，污染大的厂商就可能到绿色金融政策标准低的地区寻求金融服务，再把生产的产品向全国销售，产生类似于国际贸易中的“避税天堂”效应。

2. 充分发挥地方立法的作用

重视在全国层面推广绿色金融的基本原则的同时，发达国家也注意不搞“一刀切”，充分发挥地方立法的作用。特别是在美国、加拿大这样幅员辽阔的发达国家，各个地方所面临的突出环境问题并不完全一致。例如，美国西部的加利福尼亚州人口密集、气候干热少雨，容易发生山火、地震等环境和地质灾害。因此，加利福尼亚州绿色金融的重点是防止空气污染、减少温室气体排放，并较早实行了二氧化碳等温室气体排放配额和交易办法。虽然全球变暖等环境问题在根本上是世界性问题，但现实中它对世界各地的影响并非同步的和同一的。一个城市或地区减少污染，首先会使本地区的居民受益，与此同时也对长期的全球减少污染做出了贡献。地方立法对于推广本地急需的绿色金融项目，提升本地居民的环境保护意识，具有国家立法所不可替代的重要作用。

3. 优先利用市场机制

西方国家都是成熟的市场经济体，优先利用市场机制、政府只在必要时才对经济和人的行为加以干涉，已经成为社会的共识。按照法经济学的观点，法律的实施必须尽可能地利用市场机制的作用，通过人们内在的经济动因让法律得到自觉的和主动的执行，减少规避法律的现象。例如，美国的“环境污染责任保险”制度，就是在 1980 年《超级基金法》规定造成环境污染的个人或公司必须承担清理所造成污染的成本之后，迅速由市场机制建立起来的。正如经济学中著名的“科斯定理”所指出，当存在交易成本时，不同的产权界定会导致不同的社会效率。由于法律规定了“污染者付费”原则（社会公众拥有不受污染损害的权利），可能造成污染的个人或企业就必须将污染成本内部化，从而购买绿色保险就像购买机动车的第三者责任保险一样，成了相关行为人的主动选择。

4. 绿色金融是环保与金融法制的结合

绿色金融法制涉及社会经济活动的方方面面，很难仅靠一个部门法解决全面的问题，因此在法制建设中应当注重与环境法和金融法相结合，在有关的环境保护和金融法规中增加与绿色金融的内容。美国做得最早，1936 年的《公共汽车尾气控制法》就开始规定用经济金融手段促进环境保护，1980 年美国《超级基金法》则是在金融法中增加了涉及环境保护的条款。这也说明绿色金融法制建设是一个长期渐进的过程。

5. 重视绿色金融法制的国际合作

全球环境问题需要全球治理，因此绿色金融立法要真正取得实效，离不开国际范围的合作。这种合作有几种形式：一是在联合国气候大会决议和巴黎议定书等国际协议中加入推广绿色金融的条款，通过国际法的约束让签字缔约国在本国内加快落实绿色金融立法；二是以 G20 为代表的国际组织和国际机构发布关于推进绿色金融的倡议，由世界上排放量较大的国家承担更大的绿色金融责任，并且在与发展中国家的经济合作和对外援助中推荐使用绿色金融；三是采用赤道原则的方式，由大型的国际金融机构率先签订支持促进绿色金融发展的协议并在金融业务中落实，并促进更多的发展中国家金融机构加入采用，在全球形成示范效应。

三、上海绿色金融改革创新的立法建议

《上海市浦东新区绿色金融发展若干规定》于 2022 年 7 月 1 日正式施行，为推动浦东新区绿色金融创新发展提供了强有力的法治保障，同时，也为全市绿色金融的发展积累了制度经验。绿色金融领域方兴未艾，从长远来看，为了打造上海国际绿色金融枢纽，有必要尽早制定“上海市绿色金融条例”（以下简称“金融条例”），加快经济社会发展全面绿色转型，促进生态文明建设。

（一）立法的必要性分析

一是要坚持用最严格的制度和最严密的法治保护生态环境，要把制度建设作为推进生态文明建设的重中之重，搭建起制度体系“四梁八柱”。因此，制定“金融条例”不仅是保障民生福祉、推动生态文明建设的有益举措，也是贯彻生态文明的实践需要。

二是契合上海国际金融中心定位。国际金融中心建设是上海“五个中心”建设目标的重要一环。《上海国际金融中心建设“十四五”规划》明确，“十四五”期间上海要打造国际绿色金融枢纽。可以预见，绿色金融将成为上海国际金融中心建设的重要方向。目前，我国在绿色金融国际合作方面已取得丰硕成果：推动成立 G20 绿色金融研究小组；与法国央行等 8 国央行和监管机构联合建立了央行与监管机构绿色金融网络（NGFS）；与欧盟共同成立可持续金融平台；提出“一带一路”绿色投资原则等。上海作为国际金融中心，更要积极发扬“大胆试、大胆闯、自主改”的精神，把握历史机遇，通过制定法规的方式，推动绿色金融国际合作成果和各项研究成果落地，为建设国际绿色金融枢纽奠定基础。

三是金融市场发展的迫切需要。从全国来看，截至 2021 年上半年，我国绿色贷款余额近 14 万亿元，已成为全球绿色贷款余额最高的国家。但针对绿色金融的主要是指引性文件，层级较低。在调和不同领域规范矛盾、协调相应的权责关系时，存在天然不足，难以在政府、金融监管机构、环保监督机构等不同立法或准立法主体间形成合力，不利于充分调动监管机关、企业与金融机构共同参与到绿色金融活动中。[1]发展绿色金融不能依赖于企业或金融机构的环境社会责任自觉性，而是要形成制度规则体系及其配套的实施细则，用高质量的制度供给来推进绿色金融市场健康有序发展。

从上海来看，截至 2020 年 12 月末，上海全部金融机构绿色贷款余额为 4250.18 亿元，占上海全部金融机构本外币贷款余额的 5.0%，比浙江和江苏省低了 2 个百分点；开展绿色信贷业务的金融机构共 59 家，仅占全部金融机构数量的 31%；绿色债券发行 12 只，发行规模 60.55 亿元，远低于浙江省的 27 只 207 亿元和江苏省的 37 只 229.14 亿元。与长三角的其他省市相比，上海绿色金融发展动力不足。因此，上海有必要借鉴兄弟省市的经验做法，充分发挥金融市场齐备、金融对外开放前沿、金融人才集聚等优势，结合上海城市发展的战略定位，形成上海特色的绿色金融条例。

（二）立法的可行性分析

一是发展绿色金融已形成共识，协调各方难度相对较小。在国际上，应对气候变化，发展绿色金融已形成共识，绿色金融国际标准制定正在如火如荼地进行。在国内，中国人民银行正在牵头研究制定我国绿色金融领域的法律，同时坚持以中央和地方立法相结合的方式，鼓励地方制定绿色金融条例，共同加强绿色金融法治保障，促进绿色金融全面发展。总体来看，在生态文明思想的指导下，各政府机关、金融机构和企业等有关各方均对发展绿色金融的意义有了更深刻的认识，愿意积极投入资源发展绿色金融，绿色金融立法的阻力较小。

二是国家层面绿色金融发展的框架已初步成型，立法有迹可循。中国人民银行提出的绿色金融发展的“五大支柱”和“三大功能”，为我国绿色金融发展厘清了思路。在制定绿色

〔1〕 周杰普：《论我国绿色信贷法律制度的完善》，载《东方法学》2017 年第 2 期。

金融条例时，可围绕完善“五大支柱”和强化“三大功能”的思路来制定具体条款。

三是部分地区已制定了绿色金融相关法规条例，为上海立法提供借鉴。深圳已制定《深圳经济特区绿色金融条例》，建立了由市政府牵头的绿色金融发展领导协调机制，从制定标准、产品服务、投资评估和环境信息披露等方面对绿色金融行业进行规范；浙江省湖州市发布了《湖州市绿色金融促进条例》，主要从产品服务、标准与数字化改革、激励与保障机制等方面明确了促进绿色金融发展的规定。

四是浦东绿色金融法规的制定和实施，为全市绿色金融法治探索提供经验。《上海市浦东新区绿色金融发展若干规定》共 37 个条款，分为总纲、绿色金融市场、标准与监管、绿色金融信息披露、绿色金融国际合作、绿色金融政策保障以及绿色金融产融对接 7 大板块。该法规的落地实施，必将为全市绿色金融法治探索提供试点经验。

（三）立法的原则

一是要与现行金融法律法规相匹配。金融立法属于中央事权，根据《立法法》第 11 条第 9 款，对基本经济制度以及财政、海关、金融和外贸的基本制度只能制定法律。经全国人民代表大会授权，上海可对法律、行政法规和部门规章作出变通规定。在实际操作中，要注意与现行金融基本法律制度相匹配，突出条例的创新性和探索性。

二是要协调保护各类主体的利益。根据国家协调理论，经济法所保护的利益，并不限于社会公共利益，还应当包括个人利益、集体利益和国家利益。如果经济法只是保护单一的社会公益，则在基本的私人利益或重要的国家利益得不到保护的情况下，社会公益也难以实现。简言之，只有对各类法益予以均衡保护的法益保护结构才是更为协调的。[1] 绿色金融的发展，涉及实体企业、居民个人、金融机构、第三方认证机构、政府等各类主体的利益，“金融条例”需要予以整体考虑，根据不同发展阶段的具体情况，有效进行调控和规制，兼顾效率和公平。

三是要鼓励与限制并举。一方面，《金融条例》要鼓励和支持绿色金融发展，推动绿色金融市场良性有序运行；另一方面，要压实政府、金融机构和企业等各方责任，加强资质审核，限制审批权力，严厉打击“洗绿”行为，确保绿色金融具备真实的“绿色”属性。

（四）立法重点内容

根据《上海市产业绿色发展“十四五”规划》，上海肩负着引领绿色发展的重要使命。“十四五”是上海全面推进“五个中心”建设，稳步实现全球卓越城市和生态之城建设目标的重要阶段，是制造业向先进制造业转型升级的新阶段，也是全面推进形成绿色生产方式的关键阶段。在外部环境不确定性犹在，产业绿色发展机遇和挑战并存情况下，需要上海发挥开路先锋、示范引领、突破攻坚作用，在加快推动产业绿色低碳转型等方面，在全国率先探

---

〔1〕 参见张守文：《当代中国经济法理论的新视域》，中国人民大学出版社 2018 年版，第 85 页。

索走出一条新路。而根据《上海加快打造国际绿色金融枢纽服务碳达峰碳中和目标的实施意见》，金融领域的目标是，要将绿色发展理念与上海国际金融中心建设紧密结合，到 2025 年，上海绿色金融市场能级显著提升，绿色直接融资主平台作用更加凸显，绿色信贷占比明显提高，绿色金融产品业务创新更加活跃，绿色金融组织机构体系进一步完善，形成国际一流绿色金融发展环境，对全国绿色低碳发展的支撑更加有力，在全球绿色金融合作中的角色更加重要，基本建成具有国际影响力的碳交易、定价、创新中心，基本确立国际绿色金融枢纽地位。〔1〕从制度供给的角度，有必要对标上海绿色发展目标，聚焦绿色金融发展中存在的主要矛盾〔2〕，根据立法指导思想和原则，有针对性地设计相关规范。

1. 建立统一的绿色金融评估与认定制度

一是要推广落实国家绿色金融标准，组织制定相应配套制度或者补充性地方绿色金融标准。目前来讲，国家层面对于绿色债券的评估标准已经统一，上海可以推广落实。对于尚未统一的评估认定标准，如绿色投资等，可以借鉴国际经验，在浦东新区先行先试的基础上，制定可量化的指标和标准。待时机成熟后，可考虑整合绿色金融各领域的评估认定标准，形成统一的绿色金融评估和认定制度。

二是建立非营利性的绿色金融评估和认证机构。目前市场上针对绿色金融认证和评级的权威机构较少，在一定程度上阻碍了绿色金融的发展。可参考香港质量保证局（香港政府成立的非营利机构）出台的香港绿色金融认证计划，建立非营利的机构对绿色项目进行统一认证，专业性较强的评估项目可由该机构转包并对转包的评估结果进行审查，力求方法和标准的统一，以及评估结果的专业权威性。

2. 建立企业关于 ESG 的信息披露制度

企业 ESG 信息披露对于打破信息不对称困境，发展绿色金融有着重要意义。现阶段，在全球范围内强化 ESG 信息披露已成为监管共识。例如，对于资本市场而言，ESG 信息披露能够增强市场透明度，巩固市场竞争力；对于上市公司而言，ESG 信息披露能够降低信息不对称，提高公司价值创造的能力；对于投资者而言，ESG 信息披露有利于改善投资者决策过程，提升投资者信心。国际上，美国、澳大利亚等国已经建立了上市公司强制环境信息披露制度。欧盟也采取了污染严重企业强制披露、其他企业自愿披露的措施。

目前，我国尚未强制要求企业披露 ESG 信息。从实践看，信息披露不透明，无法保证融资被用于绿色项目一直是 ESG 领域的"痛点"。据中国责任投资论坛统计，2020 年上交所、

〔1〕 主要通过七方面 24 项举措，包括加强绿色金融市场体系建设、创新绿色金融产品业务、健全绿色金融组织机构体系、强化绿色金融保障体系、加大金融对产业低碳转型和技术创新的支持力度、深化绿色金融国际合作、营造良好绿色金融发展环境等，助力国家实现碳达峰、碳中和目标。

〔2〕 例如，供给与需求不匹配，银行业主导，保险业、证券业滞后，绿色债券、绿色基金产品种类、规模和发达市场还有差距；绿色标准缺乏统筹；披露体系不完善，上市公司环境信息披露滞后，ESG 缺乏权威评价标准；金融机构"引导"不足，国际合作还有拓展空间等。

深交所共有 1005 家 A 股上市公司披露企业社会责任报告（CSR），占上市公司总数的 25.6%。其余 74.4% 的 A 股上市公司未披露相关报告，信息披露程度仍显不足。

对此，可按照先自愿（过渡期自愿）、后强制的思路对企业的 ESG 信息披露作立法规定。按照循序渐进、日趋严格的原则，“金融条例”可设置强制披露、建议披露（不披露就解释）和鼓励披露三个层次的披露责任，各层次的具体披露的范围、指标和要求由地方金融监督管理部门会同中央驻地方的金融管理部门共同制定，并根据实际发展情况动态调整。

3. 完善碳交易融资制度

碳市场中，把企业碳排放权“商品化”，允许碳排放权作为商品交易，用市场手段实现对社会总体碳排放和排放成本的控制。中国从 2011 年 11 月起，7 个省市开展碳排放权交易试点工作，2020 年生态环境部发布《2019—2020 年全国碳排放权交易配额总量设定与分配实施方案（发电行业）》，发电行业启动全国性碳交易市场体系建设。2021 年 7 月 16 日，全国碳交易市场开始正式交易。[1] 上海一直高度重视推进碳金融的发展，开展了很多创新，首单绿色可交换公司债券、首单碳中和绿色债券等都是在上海发行，全国碳排放权交易市场、国家绿色发展基金也落户上海。下一步，上海计划推进碳金融业务创新，探索碳金融的现货、远期等产品，支持碳基金、碳债券、碳保险、碳信托等金融创新，引导金融资源向绿色发展领域倾斜。

总体来讲，随着双碳目标的提出，碳排放权交易市场发展最快，但金融参与碳排放权交易市场的程度仍然较低，碳排放权市场仍以现货交易为主。虽然上海环境能源交易所已出台规范性文件，对碳排放配额质押登记进行明确，但创设新质押权利需由法律予以规定。因此，建议在“金融条例”中首先对碳资产的价值认定以及法定质押权予以明确，并配套高效便捷的抵质押资产登记、查询系统，加快碳交易市场发展。未来，随着碳金融产品的不断丰富，还可以借鉴欧盟做法，将碳交易纳入金融市场监管范围，出台相关的碳金融交易风险控制指导标准，通过制定严格的准入门槛、完善内幕信息管理和披露、严惩违规操作等措施，保障碳市场平稳有序运行。

4. 明确金融机构对投融资项目的主体责任

目前，金融机构在对客户提供贷款融资、协助发行债券等金融服务时，仅着眼于资金安全与信用风险，并未将客户或项目的环境和社会风险考虑在内。而这些风险的承受方（比如公众）在现有的金融框架下欠缺参与交易、定价与获得活动损失补偿的地位，也没有机会作

〔1〕 目前碳市场主要交易商品是配额盈余企业的盈余配额和自愿减排企业的 CCER，CCER 用于配额清缴，抵消企业部分超额碳排放率，在碳交易市场中购买盈余配额和 CCER 的企业用于满足自身实际碳排量，通过碳配额和 CCER 弥补减排成本，激励生产技术低碳转型。2020 年全国碳市场试点成交额为 16.0 亿元，根据 2030 年碳达峰目标，未来碳市场交易量将达 30 亿至 40 亿吨，市场规模达 1000 亿元，市场规模测算首先基于碳达峰目标估计碳排放年增长率，根据试点碳交易估算碳交易量占总排放量比例和未来增长，估计碳市场交易价格增长，最后用估计碳价乘估计碳市场交易量得到市场规模。

为合同关系人参与其中。因此，有必要明确金融机构对客户或项目的环境侵权行为承担责任的法律边界，建立环境侵权责任制度，限制金融机构向污染环境、破坏生态的项目提供资金。

具体来讲，可借鉴美国《超级基金法》[1]的有关规定，根据金融机构在环境污染、生态破坏行为中起到的作用划分其应承担的责任：一是当金融机构以借贷人或其他名义，实际参与了项目的生产经营，对有关污染环境、破坏生态的经营管理决策产生实质影响时，按照“穿透监管”的原则，应将金融机构认定为环境污染、生态破坏行为人，与污染企业承担环境污染的连带责任，共同赔偿环境污染的清理费用；二是金融机构未参与项目的实际经营管理，但是没有进行尽职调查，没有履行监督和报告义务，没有督促相关企业采取合理的污染防范措施的，甚至明知项目会污染环境仍然提供金融服务的，应视情节轻重给予行政处罚。

5. 推广环境污染责任保险

根据美国的发展经验，在《超级基金法》颁布后，企业和金融机构为预防环境风险，避免因污染环境承担巨额赔偿，对环境污染责任保险产生较大需求。因此，在建立第4点提及的环境侵权责任制度后，可配套有关绿色保险的规定，适时推广环境污染责任险。

环境污染责任险是传统绿色保险代表险种，我国从20世纪末开始研究和实施环境污染责任保险试点工作，从最初的资源责任保险普遍实行到现在的强制责任保险，环境污染责任保险制度不断发展和普及。目前环境污染责任险推广实施遇到的难点一方面在于缺少对环境高风险企业强制投保的法律约束和相关环境风险评估标准，企业投保意识也相对不足。另一方面，对污染者追责力度不足、环境污染责任险承保范围狭窄、承保时间短以及企业环境信息不透明，在一定程度上影响了环境污染责任险的落地实施。因此，一方面，要有强制规定，可强制要求重点污染企业和部分承担连带责任的金融机构购买环境污染责任险。同时要发挥保险费率调节机制的作用，动态调整具体的保险费率。另一方面，要有鼓励政策，具体可参考厦门市出台的《关于促进厦门市保险行业发展绿色金融的意见》（厦府办〔2018〕22号）的支持政策，对于主动投保环境污染责任险的企业和金融机构，可按照实际保费的一定比例给予补贴。

6. 支持绿色项目库建设

绿色项目库是绿色金融体系建设的重要内容之一，对引导和实现绿色产业健康发展具有正向激励作用。可考虑由环保部门牵头建立绿色项目库，金融机构、相关企业、认证和评级机构和金融管理部门共同参与。一是可考虑通过立法明确项目库的统一协调单位，保障各类主体申报绿色项目的渠道保持畅通，同时及时梳理并更新绿色项目库名单，补充完善绿色项目库信息；二是要统一绿色项目的认定标准，与绿色金融认定标准保持一致。可考虑通过配

---

〔1〕 又称《综合环境反应、赔偿和责任法》。

套出台“绿色项目支持目录”的形式明确认定绿色项目的范围和标准；三是要明确项目环境效益测算标准，对每一个绿色项目的环境效益进行计算并向各方披露，确保项目的“绿色”属性；四是定期发布项目库示范案例，打造绿色项目库“上海样本”。

7. 鼓励金融机构设立专门开展绿色金融业务的分支机构

部分银行业金融机构已有设立绿色支行的实践，如中国工商银行于 2021 年 5 月 25 日在广东肇庆设立四会绿色支行，北京银行于 2021 年 8 月 4 日在北京通州设立通州绿色支行。可考虑鼓励金融机构在上海设立专门的绿色金融业务分支机构、营业部或事业部，推动绿色信贷、绿色信贷资产证券化、绿色保险和绿色债券等业务发展。

绿色金融助力绿色建筑的法律路径

邹梦涵　林辰仪 *

建筑行业是碳排放大户，根据中国建筑节能协会公布的数据，全国建筑全过程碳排放总量占全国碳排放总量比重超半数，其中建筑材料（钢铁、水泥、铝材等）占比28.3%；运行阶段（城镇居建、公共建筑、农村建筑）占比21.9%，施工阶段占比1%。由此而见，建筑行业的减碳行动已刻不容缓，是我国实现碳达峰、碳中和目标过程中的关键一环，并且建筑行业的减碳对我国实现全方位迈向低碳社会和高质量发展具有非常重要的意义。本文以“绿色金融助力建筑碳中和”为主题，聚焦于金融支持作为碳排放“大户”的房地产建筑业绿色低碳转型和发展，提升房地产企业ESG水平、实现双碳目标展开探讨。

一、绿色金融助力绿色建筑的意义

（一）绿色金融助力建筑业绿色转型

根据国际能源署的数据，目前建筑业和房地产行业共同占据全球能源消耗总量的36%和二氧化碳排放总量的40%，两者必须在未来变得更加绿色环保，才能缓解全球气候变暖及其带来的一系列风险；世界银行的统计数据也显示，到2030年前要实现节能减排的目标，70%的潜力在建筑方面。为实现我国双碳目标的如期实现，必须加快推行建筑业低碳绿色发展，进而加快我国经济发展模式实现低碳转型。而以绿色金融、ESG责任同步提升建筑企业、产业的绿色升级具有重大

* 邹梦涵，锦天城律师事务所高级合伙人；林辰仪，锦天城律师事务所律师助理。

意义。

国际上对企业通行的 ESG 评价标准，由环境、社会和公司治理构成评价三要素。而为推进建筑业的加快低碳转型，近年来，我国各地方政府相继出台了绿色建筑管理办法，其中包含倡导发展装配式建筑建造、提出新建绿色建筑的要求、推动既有建筑的节能改造，同时管理办法中均对绿色建筑的概念做了明确规定。例如上海地区 2021 年出台的《上海市绿色建筑管理办法》第 2 条指出：本办法所称绿色建筑，是指在全寿命周期内，节约资源、保护环境、减少污染，为人们提供健康、适用、高效的使用空间，最大限度地实现人与自然和谐共生的高质量建筑。从对绿色建筑的定义出发，绿色建筑本身的低碳、节能、强调人与自然和谐共存的特点，符合评估三要素中的环境标准；绿色建筑的推广相应提高企业的生产经营成本，势必需要更多的资金支持，其所带来的衍生品包括但不限于以绿色信贷、绿色债券等为代表的绿色金融，还包括建筑公司为整个社会带来的经济与社会效益；ESG 标准与董事会、目标设立、业务和管理政策制定、风险管理等议题息息相关。

绿色金融是指金融机构借助成熟的金融工具，为绿色产业发展提供金融推动力，主要产品包括绿色证券、绿色信贷、绿色债券、绿色保险、绿色信托等品种。2016 年 9 月发布的《G20 绿色金融综合报告》中，提出了迄今为止国际上最权威的对绿色金融（Green Finance）的定义："绿色金融指能产生环境效益以支持可持续发展的投融资活动。这些环境效益包括减少空气、水和土壤污染，降低温室气体排放，提高资源使用效率，减缓和适应气候变化并体现其协同效应等。发展绿色金融要求将环境外部性内部化，并强化金融机构对环境风险的认知，以提升环境友好型的投资和抑制污染型的投资。绿色金融应该覆盖各种金融机构和金融资产，既要利用公共资金，也要动员私人资本。绿色金融还涉及整个金融体系对环境风险的有效管理。"2016 年 8 月，中国人民银行等七部委联合发布的《关于构建绿色金融体系的指导意见》首次给出了我国官方对绿色金融的定义，"绿色金融是指为支持环境改善、应对气候变化和资源节约高效利用的经济活动，即对环保、节能、清洁能源、绿色交通、绿色建筑等领域的项目投融资、项目运营、风险管理等所提供的金融服务"。该定义从绿色金融的目的、绿色项目的类型以及绿色金融支持范围三个方面作出了界定。

绿色金融概念以及我国绿色发展政策已明确将公司 ESG 治理优劣评价作为享受政策的前提。例如《银行业保险业绿色金融指引》明确，银行保险机构应当有效识别、监测、防控业务活动中的环境、社会和治理风险，重点关注客户（融资方）及其主要承包商、供应商因公司治理缺陷和管理不到位而在建设、生产、经营活动中可能给环境、社会带来的危害及引发的风险，将环境、社会、治理要求纳入管理流程和全面风险管理体系，强化信息披露和与利益相关者的交流互动，完善相关政策制度和流程管理。又如《关于金融支持浙江高质量发展建设共同富裕示范区的意见》明确，推动银行保险机构探索开展气候风险评估，引导和促进更多资金投向应对气候变化领域的投融资活动。这样就倒逼建筑企业加快绿色转型，推进公司环境、社会和治理水平提升。

就经济效益的角度而言，绿色建筑享有空间及时间双重效益。空间效益主要是指绿色建筑在建设施工和使用过程中对周围环境的影响，环保原则为绿色建筑在施工上的第一遵循，并力求在过程中能够实现资源利用的最大化；时间效益则为建筑的使用寿命，绿色建筑具有耐久性的特征，因而其后续的维护成本亦将大大降低。随着我国各地陆续出台的明确扶持、激励政策以及绿色项目的市场环境改善，建筑行业自觉履行环保责任，享受包括绿色金融支持政策、政府补贴、容积率奖励以及税费奖励等，本身也是其平衡成本和收益、获取更多效益的路径。

（二）我国绿色金融及其助力绿色建筑的法制实践

为保障我国经济转型、如期实现双碳目标，大力推动绿色金融的发展，我国陆续出台了一系列政策和法律规范，目前我国中央层面发布的有关绿色金融的重要规范有：（见表1）

表1　规范

时间	发布单位	政策文件
2016年8月1日	中国人民银行、财政部等七部委	《关于构建绿色金融体系的指导意见》
2017年3月2日	证监会	《关于支持绿色债券发展的指导意见》
2017年6月	中国人民银行、原银监会、证监会等五部委	《金融业标准化体系建设发展规划（2016—2020）》
2017年10月26日	中国人民银行、证监会	《绿色债券评估认证行为指引（暂行）》
2018年2月5日	中国人民银行	《关于加强绿色金融债券存续期监督管理有关事宜的通知》
2018年11月10日	中国证券投资基金业协会	《绿色投资指引（试行）》
2019年2月14日	国家发改委、中国人民银行等七部委	《绿色产业指导目录（2019年版）》
2019年11月29日	证监会	《对十三届全国人大二次会议第7077号建议的答复》
2020年10月20日	生态环境部、中国人民银行、原银保监会等5部委	《关于促进应对气候变化投融资的指导意见》
2021年4月2日	中国人民银行、国家发改委、证监会	《绿色债券支持项目目录（2021年版）》
2021年5月27日	中国人民银行	《银行业金融机构绿色金融评价方案》
2022年4月12日	证监会	《碳金融产品》（JR/T 0244—2022）
2022年6月2日	上海证券交易所	《上海证券交易所公司债券发行上市审核规则适用指引第2号——特定品种公司债券（2022年修订）》

目前，国家亦为推进绿色金融助力绿色建筑发展出台了一系列的支持政策。例如 2021 年中国人民银行等发布了《绿色债券支持项目目录（2021 年版）》，其中绿色建筑、装配式建筑入选；各相关单位以其为基础研究指定和落实相关配套支持政策。2022 年，原银保监会《关于银行业保险业支持城市建设和治理的指导意见》中指出，鼓励银行保险机构加大支持城市发展绿色建筑、装配式建筑等领域；积极发展能效信贷、零售类绿色信贷资产证券化，投资绿色债券，妥善开展环境权益抵质押融资。同年，原银保监会亦发布了《银行业保险业绿色金融指引》，对助力绿色建筑的金融措施进行细化。

（三）绿色金融助力绿色建筑的法制思路

1. 加强激励机制，凸显成本优势。

我国目前设立了六省九地绿色金融改革创新实验区，鼓励企业发行绿色债券，鼓励方式如对发行金额进行 1‰到 1% 不等的补助、建立快速审批通道、对绿色企业和项目认定费用进行补助、对绿色债券违约进行风险补偿等。未来建议可以将绿色金融的鼓励政策向全国扩展，压降绿色房企、绿色建筑材料供应商发行绿色债的门槛和费用，凸显绿色债的成本优势，加强激励机制，鼓励绿色建材企业尤其是中小民企积极发行绿色债。

2. 进一步与国际标准对接。

当前我国绿色债券募集资金与国际上的差别主要体现在用途及使用比例上。我国目前最高要求为公司债不低于 70% 的募集资金投向绿色项目，而企业债仅要求 50%，这与 95% 的国际惯例仍有一定差距，也与绿色债券的根本理念存在出入，未来可适当提高这一比例，使更多资金有效投入绿色存量房改建项目，更有力地促进绿色项目的发展。而用途方面，《绿色债券支持项目目录（2021 年版）》已经剔除了煤炭等高碳排放项目，进一步与国际标准接轨，但当前国内标准更多针对废水、废料、废物等污染治理，未来可进一步向气候变化方向、尤其是节能减排新材料扩展。

3. 强化信息披露要求，提高信息透明度。

当前我国绿色金融的信息披露制度仍存在一些不完善之处，未来在政策上可从定性、定量角度对绿色金融信息披露进行优化管理，如要求不同项目披露对应专业指标、对应标准以及计量方法，并定期跟踪后续资金运用情况及绿色建筑项目所带来的经济效益。有效监管资金使用情况、提高信息透明度，有效防止“洗绿”等情况的发生。

二、构建绿色建筑评价规范体系

（一）我国绿色建筑评价规范现状

如前所述，绿色建设项目评价是获得绿色金融支持的前提，建筑评价显然十分重要。

依据《绿色建筑评价标准》（GB/T 50378—2019），绿色建筑是指在建筑的全寿命周期内，节约资源、保护环境、减少污染，为人们提供健康、适用和高效的使用空间，最大限度地实现人与自然和谐共生的高质量建筑，装配式建筑本身也是实现绿色建筑的有效方式之一。在具体行业标准层面，除该标准外，住房和城乡建设部已相继印发《绿色工业建筑评价标准》（GB/T 50878—2013）、《绿色建筑标识管理办法》（建标规〔2021〕1 号）等文件，从技术角度为绿色建筑的评价、标识颁发与管理设立了统一标准，有助于在操作层面的具体落实。目前现有针对绿色建筑评价的规范位阶较低、缺乏法律强制约束力。[1]

2012 年我国出台《关于加快推动我国绿色建筑发展的实施意见》，地方政府通过强制或补贴等政策推动所在行政区域内绿色建筑的发展。一些一线城市的地标性建筑也主动适用世界上最为广泛 LEED 作为评价标准。

有关绿色建筑的地方立法取得了一定进步，但在国家层面尚无立法，因此绿色建筑评价规范缺乏上位法，加上我国绿色建筑评价主要标准只是推荐性标准，并不具有强制性，也因此地方政府发展绿色建筑总体上还趋于保守，市场主体的趋利性导致市场主体也不会主动地参与早期投入成本较高的绿色建筑。绿色建筑评价还缺乏全过程、全方面的监管体系，有些地方、部门履行职责不到位，导致享受政策优惠或金融支持前没有有效客观的评估论证，享受政策优惠或金融支持后的运营管理监督、后评估也极为欠缺。

（二）国际绿色建筑评价规范体系的实践

世界上大多数国家设立了绿色建筑评价体系或认证体系。英国是世界上第一个发布绿色建筑评估方法的国家，其绿色建筑评价体系被称为 BREEAM；德国在此基础上将生态保护与经济价值纳入评价范围，发布第二代绿色建筑评估方法 DGNB；新加坡在此基础上进一步改进，将最低绿色标准囊括于评价体系中，推出了 Green Mark；美国于 1993 年由非营利组织——美国绿色建筑委员会（USGBC）推出 LEED 标准，2014 年，美国又推出了贯彻以人为本理念的 WELL 建筑标准，该两项标准被公认为是目前国际范围内较完善也颇具影响力的绿色建筑评价体系，现已在全球 181 个国家被广泛运用及接受。日本由于地理环境和自然气候条件所限，在绿色建筑评估方面也有着极为领先的标准与规范。

英国从立法层面建立了以“国际条约 + 国内法”为主要形式，一整套有机联系且相当完备的绿色建筑相关政策法规体系，由基本法案、专门法规、技术规范三个层次组成。国际条约包括《京都议定书》等全球性条约。[2] 目前而言，BREEAM 是在英国绿色建筑市场上应用最为广泛的、信誉度最高的、体系结构相对比较完善的绿色建筑评价体系，主要关注建筑项目的节能性能、运营管理、健康和福利、交通便利性、节水、建材使用、垃圾管理、土地使用和生态环境保护，以此综合评价建筑的可持续性。

---

〔1〕 参见刘亚娟：《绿色建筑标准的法律构造：现实问题与完善路径》，载《中国人口·资源与环境》2020 年第 11 期。

〔2〕 参见林文诗、程志军、任霏霏：《英国绿色建筑政策法规及评价体系》，载《建设科技》2011 年第 6 期。

德国建筑节能水平始终处于世界前列，这与其建筑节能标准的不断完善密不可分。德国建筑节能标准的发展经历了 4 次变革，从 1976 年第 1 版的《建筑节能法》提出新建及改造建筑需达到保温要求，到 2009 年《建筑节能条例》加强了对能耗的相关要求。从 2002 年颁布的《德国节能规范》（EnEV）开始，德国就致力于将多部单行法规集成一部完整的建筑节能法典，并在一部 EnEV 中集中对节能标准、建筑能耗等内容作出规定。同时根据建筑节能行业发展的实际需求，及时修订节能标准，始终保持标准体系的先进性、完整性。

日本自 20 世纪 80 年代以来，不断出台和完善节能领域的法律法规，并制定了包括财政补贴、贷款优惠以及税收减免等相关激励内容的配套措施，形成了较为健全的节能法律法规体系。日本节能法律法规的效力级别分为基本法、综合法和专门法三个层次。

美国节能建筑的发展起步较早，有很多法律都对节能建筑相关方面进行了规定，包括联邦政府的法律和一系列总统行政命令，绿色建筑都可以适用，从而为绿色建筑的发展奠定了良好的基础。2005 年美国时任总统的布什签署的《2005 能源政策法案》，是美国现阶段实施建筑节能和绿色建筑的主要法律依据。其特点在于通过立法强调运用经济手段提高能源生产和利用效率，同时也强调对绿色建筑的激励政策是重中之重，包括提出的高额补贴和税收优惠。USGBC 建立的绿色建筑评价标准 LEED 是绿色设计的普遍标准，也是当前世界上应用最为广泛的绿色建筑评估体系、评价标准，也一度被很多国家作为制定本国绿色建筑标准的参考。LEED 认证涉及严格的第三方认证评估程序，包括选址、节水、能源、材料、室内环境质量以及创新和设计相关方面，建筑物根据这些指标的情况获得先赢的积分，然后根据获得的积分数量，来评定该项目符合某个 LEED 级别的要求。LEED 认证体系提供了四个等级：认证、银、金和白金。美国另有 WELL 建筑标准，在办公建筑评价体系的基础上推出了一系列试用版标准，适用于多户住宅、教育、零售、饭店和商业厨房等更多建筑类型。

上述两个美国的认证体系与标准，对我国是极有借鉴意义的。在认证流程方面，WELL 认证需要通过现场性能认证，LEED 认证则无须进行现场检查，中国绿色建筑认证的现场检查仅存在于获取标识阶段，而获证后的监督极为欠缺。虽然 LEED 认证和 WELL 建筑标准主要针对美国项目，中国的项目对此不完全适用，但是，WELL 认证作为世界上第一个将人的健康、情绪考虑在评价体系的建筑标准，是对 LEED 认证和中国绿色建筑认证的有效补充，我国可以以此为参考，进一步完善中国绿色建筑认证体系，推出更适合中国本土项目的绿色建筑认证体系。

三、绿色金融助力绿色建筑的法制途径

（一）完善绿色金融工具的规范

绿色信贷虽然最简便，但碍于其资金来源和成本，利率较高，且中小企业较难获得，在

绿色建筑市场上占有率不高。反观香港，2021年12月29日东亚银行宣布推出“绿色按揭计划”，旨在鼓励客户购买以可持续方针设计和建造的物业，从而推动绿色生活，支持香港的可持续发展。该计划适用于获得绿色认证的香港物业，包括在香港绿色建筑议会的“绿建环评”新建/既有建筑的认证计划当中，临时或最终获得“铂金”或“金”级认证的一手新盘、二手物业及政府资助房屋。准买家可通过网上申请绿色按揭计划，除与该行的一般按揭一样，可享低至H+1.3%的特惠按揭息率及高达1.5%现金回赠，更可额外享有8888元现金奖赏。此等绿色信贷手段，既实现了绿色建筑以较低融资成本从在建工程向居民的有效流转，又真正履行了银行ESG战略，值得国内各大银行考量与借鉴。

因此，绿色债券对绿色建筑的助力作用与效率被普遍看好。根据中国人民银行、国家发改委、证监会关于印发《绿色债券支持项目目录（2021年版）》的通知，“绿色债券是指将募集资金专门用于支持符合规定条件的绿色产业、绿色项目或绿色经济活动，依照法定程序发行并按约定还本付息的有价证券，包括但不限于绿色金融债券、绿色企业债券、绿色公司债券、绿色债务融资工具和绿色资产支持证券”。

国际绿色债券市场起步于欧洲，世界上第一只绿色债券诞生于2007年，由欧洲投资银行（EIB）发行。在经历初期的平稳发展后，2013年以来，全球绿色债券发行量呈现爆炸式增长，国际上许多国家对于绿色债券发行和法律监管也随之积累了丰富的经验。之前全球约有30%的各类绿色债券投向绿色建筑，而中国仅有3%，这意味着绿色债券在中国绿色建筑领域还有不少的发展空间。

匈牙利于2021年在中国银行间债券市场成功发行10亿元绿色主权熊猫债，标志了市场首单境外主权国家在中国发行绿色主权熊猫债。绿色熊猫债，简言之，是指境外国家或地区及多边金融机构在中国发行的、同时服务于气候和环境等可持续发展项目的人民币债券。本期绿色主权熊猫债获得境内外投资者踊跃认购，境外投资人订单占比达40%。这是2021年11月中国商务部和匈牙利创新与技术部签署关于推动绿色发展领域投资合作的谅解备忘录后的重要合作，为匈牙利最大的光伏电站提供项目融资。2022年7月21日，东亚银行（中国）有限公司宣布，其联动香港母行发债服务团队，协助山东高速集团有限公司成功发行5亿美元3年期绿色债券，所募资金将主要用于可再生资源、清洁交通、能源效率、污染防控等绿色低碳领域，以充分响应国家的双碳战略，落实当地政府的可持续发展政策及企业自身的绿色产业战略布局。

“绿色”属性的认证是绿色债券与一般债券的最大区别，2021年最新《绿色债券支持项目目录》出台，对国内绿色债券支持项目的范围进行了统一，删除了化石能源清洁利用的相关类别，逐步实现了与国际通行标准和规范的接轨。绿色债券可进一步分为贴标绿色债券与非贴标绿色债券，根据气候债券倡议组织（CBI）的定义，贴标债券是指中国国内市场上经过监管机构批准发行的绿色债券，或在交易场所注册全称包含“绿色”字样标签的债券。

我国绿色债券的现状及问题是：发行券种多样化，金融债占比不断下降；成本优势不明显，民营企业发债动力不足；募集资金并未全部投向绿色产业，实际有部分用于偿还公司债务；仍以公开发行为主要方式，且信息披露指引有待提高；第三方评级参差不齐。因此，绿债制度要加快完善，坚持把按标准评价评估作为发债市场准入条件，资金使用监管必须保证用于绿色建筑的资金达到规定的比例，健全绿债信息披露制度，促进中国绿色债券市场进一步与国际接轨。

（二）完善绿色金融助力绿色建筑的法律服务

双碳背景下，产生新的法律服务需求，各类绿色节能认证、能耗测算与指标分配的法律服务，碳排放权交易、碳排放量测算与配额分配、碳排额清缴中的法律服务，以及绿色金融助力绿色建筑的法律服务，都属于精细化分工领域。其中，各类绿色节能认证、能耗测算与指标分配的法律服务具体则包含节能评估、节能审查、节能检测、ESG 报告、温室气体排放报告、碳排放量核算、碳排放足迹认证。这一类型的业务通常是由认证服务机构承担，律师会受聘作为委外业务参与其中。在“绿色金融”“碳排放配额”“能耗指标”相关制度的推动下，上述节能评估报告的经济价值不断升温，如缺少严格监管和内控，可能出现数据“漂绿”等不规范行为。防范和打击绿色经济中弄虚作假等违法违规行为，也是法律服务的重要内容。

双碳政策出台后的企业合规更多地聚焦于碳合规和数据合规。关于碳合规，目前一方面没有统一的法律法规和标准对“碳中和”进行规制，但另一方面多个监管部门都在发力推进“碳中和”，所以需要加强与相关部门的沟通协调；同时参考国内外的实践经验，帮助企业建立有效的碳合规体系。关于数据合规，需要通过碳减排和碳吸收达到碳排放量的“收支相抵”，而计算“收”和“支”之差就需要精确的碳排放数据、吸收数据、交易数据等多数据支撑，也涉及数据主体、数据控制者和数据处理者等，还涉及数据收集、存储、使用和流通等行为，都可能会引发一系列的数据安全风险，也都需要律师协助企业管理和防范风险。律师可参与到绿色金融助力绿色建筑的具体的节能认证事项中，对流程合规性发表意见，对报告披露的数据、信息进行合规性审核，对是否涉嫌违规、泄密，是否构成前瞻性承诺，出具审核意见等。

金融管理部门需要对标国际标准完善绿色建筑评价认证体系，鼓励金融机构对满足绿色建筑标准的项目提供低利率、低费率的贷款，给绿色建筑开发商提供宽松的间接融资门槛，细化根据绿色建筑评价级别提供的差异化的金融服务、提供更多、更有效的绿色金融工具等，也都需要律师提供专业的尽调、研究咨询和论证服务。

绿色金融的法制实践

——绿色金融法 50 人论坛综述（二）

陆　瑶*

一、绿色金融的法制促进与监管

（一）绿色金融法的效益性

上海市协力律师事务所合伙人江翔宇认为绿色金融是一个自上而下、自外而内的推动过程，是国际竞争的一个反馈。绿色金融一定是要让企业能够获益的，而不是为了绿色而绿色。没有底层的商业逻辑推动，最终都是比较难实现的。现在对金融产品的支持缺乏透明度，披露要求不充分，导致金融机构去支持的时候有担忧。让金融机构有一定的价值实现，比规定太多的责任更有意义。

（二）绿色金融法的宏观机制与微观适用

金融法研究会会长吴弘教授强调，认识绿色金融法要区分宏观层面和微观层面，并注意其中的相互联系。

一方面，绿色金融法在宏观层面对绿色金融具有推进作用。法的双重作用是促进保障、规范限制，这体现在绿色金融中的政策法治化。宏观调控政策包括货币政策和监管政策，对绿色金融发展影响很大，主要思路是放松管制，例如对绿债的推出降低了相关要求，让金融机构充分利用这些政策来扩大资金来源。具体制度的建立健全落脚点在于监管的改变，从而促进双碳目标的实现。转型风险的

---

* 陆瑶，华东政法大学经济法硕士研究生。

控制需要注意，“洗绿”行为需要通过监管予以防范，比如加强信息披露等。

另一方面，绿色金融法在微观层面的民商法适用中值得注意。绿色金融产品的开发与推广是需要过程的，绿色金融产品在交易中发展，需要民商法的调整。例如碳排放权在性质上是否是财产权利？如何进行抵押质押？交易的程序规则和价格发现机制有何特点？能否借助非典型交易方式进行交易？交易标的的风险如何控制等？这些都是民商法的问题。民事责任方面，如中介服务机构的连带责任、核查机构的过错责任等，民事责任适用过滥会使主要责任主体转移风险。但贷款人的法律责任不能由地方立法或司法来解决，只能由中央立法给金融机构课加环境责任。

（三）绿色项目认定标准

上海财经大学法学院讲师吴春潇认为，认定绿色项目是一个比较重要的问题。

首先，绿色项目的认定的范围及其与绿色金融定义之间的关联。绿色项目是对绿色金融中绿色的定义，对绿色的定义直接决定了绿色项目的范围。虽然不同国家和地区对绿色金融的定义有很多种，比如转型金融、可持续金融等，但是它们大体上都是比较抽象的概念的一个界定，具体哪些属于绿色项目还是存在一些区别。

从发展规律上来看，绿色金融主要呈现两方面的特点：一是绿色金融对绿色的程度要求在提高。最先提到的绿色金融其实是环境金融的概念，主要强调环境评估要达到标准，这就认为它所投资的符合赤道原则；之后，绿色金融可能要更多地去创造在环境和气候方面的正外部性，这些活动才会被认为是绿色金融。二是绿色金融对绿色的着重点也在发生变化，是与整个环境法治理的着重点变化相匹配的。欧盟的绿色金融很大程度上就是气候金融（虽然它也包含了对环境的保护），气候变化治理政策包含两方面：一是气候减排政策，二是气候适应政策，事实上治理环境很多时候是为了适应气候变化，即面对气候变化，我们需要做一些适应来满足人类的更好的生活发展的需要。

从现阶段来看，绿色金融的认定标准存在一些问题，第一个是不同国家和地区之间的绿色项目的认定标准的分化。目前各个国家都有自己的绿色债券标准，像欧洲投资银行自己有自己的准则，他们在绿色项目的认定上还是有一些区别的。欧盟内部前段时间刚把核能认定为了绿色能源，之前核能项目得不到欧盟绿色资金的支持。欧盟的转型政策强调技术的可及性和现实性，所以现阶段的认定上会有分歧。第二个是一国之内不同部门绿色项目标准的分化，如国家发改委发布的绿色债券指引，就将核能的开发利用纳入了绿色项目，而中国人民银行的绿色债券公告里就没有把核能的开发认定为绿色项目，可能就会导致一些政策套利行为。从横向来看，在一个国家和地区之内，或者就在一个层级上，面对同一个特殊性，标准应该是同质化的；从纵向看，可能允许一些层次化的区别的。

绿色项目认定的发展趋势，应该是越来越强调与气候变化治理目标相衔接。欧盟的很多国家都实行了碳预算的制度，即在一个周期（5 年）内总共能够排放温室气体总量的预算，碳预算还可以根据行业和地区进一步划分。一个国家和地区的主管部门应该将碳预算折算成一个行业或者一个项目的平均的排放标准，然后用平均的排放标准与申请绿色项目所要达到的目标进行比较，确认绿色程度。很多绿色项目的认定是定性，把它转化成定量，就是温室气体减排。

（四）绿色信贷与绿色租赁的准入监管

安杰律师事务所合伙人陈贵认为，只要有金融支持的用于节能减排，减少碳排放的行为都应该归入绿色金融的范畴。2020 年我国保险资金应用于绿色投资方面达到 5600 亿元，绿色信托领域在 2016 年至 2020 年也经历了高速的发展。上海是金融租赁的中心，金融租赁达到 2 万亿元的规模，绿色租赁的存量基本在 4000 亿元，占总存量的 20% 。2021 年 11 月，中国人民银行出台的绿色金融支持工具，给我国金融机构以及碳减排的重点领域如节能环保、清洁能源、碳减排技术领域带来重大影响。

虽然金融交易的流动性尤为重要，但最基础的保障仍然是我们政策、法律以及司法的支撑。我国绿色金融的政策最早可以追溯到 1995 年，2016 年中国人民银行等七部委发布我国绿色金融重要文件《关于构建绿色金融体系的指导意见》。以该体系为引导梳理我们关于绿色金融的标准，包括通用标准、产品标准、信用评级标准、信息披露标准以及统计共享标准等。这些政策标准的制定应当遵循统一的标准、与国际接轨、避免监管套利，以及有清晰可执行的非歧视性标准。但是我国当前政策的出台，并没有考虑到统一的标准及门槛，中国人民银行颁布的减排支持工具中没有包括租赁行业。我国的绿色金融快速发展，政策应对所有的金融业或者绿色金融参与者产生同样的效果，让他们公平地竞争。

二、碳交易市场的法制保障

（一）低碳与金融的结合

上海仲裁委员会常务副主任范铭超认为：碳排放是一个国际业务，从最早的《京都协定书》到后来的《巴黎协定》，从 COP25 到 COP26 都是全世界所做出的努力。碳排放也是未来的几十年内，我国可以在经济和生态领域中争取更高的话语权、与更多国家和地区合作的重要基础。

低碳与金融结合起来具有很高的商业价值。好的商业体系是通过激励商业的基本需求，即经济效益，带来良好的结果。通过对比《联合国气候变化框架公约》和《生物多样性公约》可以看到通过商业促进的重要性。

由于面对外部各种政治的、法律的风险，所以法律的确定性亟需提升，并由此推动商业的发展和政策目标的实现。从低碳到商业再到法律形成了一个闭环。低碳变化不只是商业，它更是我们人类共同的利益和共同的未来。

（二）碳市场的法律实践

上海环境能源交易所副总经理宾辉认为，自全国碳交易启动以来，成交量、履约率等效果超出预期，同时也出现不少问题。已出台了一系列法规和规范性文件，如《碳排放权交易管理办法（试行）》《企业温室气体排放核算办法与报告指南发电设施》《企业温室气体排放核查指南（试行）》《碳排放权登记管理规则（试行）》《碳排放权交易管理规则（试行）》等。碳交易制度主要框架包括分配制度、交易制度、核查制度、清缴制度、总量制度。从案例中看存在的问题：

一是分配问题。深圳翔丰容器公司诉深圳发改委行政案例及荷兰地球之友诉壳牌案，提出分配的权力主体是谁的问题。从立法来说，可以借鉴欧盟的经验，欧盟在第一阶段也是采取类似于目前我国的授权模式，即碳分配的总量、方法是由国家的行政机关决定，现阶段则由法律规制。我国目前仍是由行政部门决定总量的分配，包括科层制和民主制两种模式，上海试点民主制方式取得不错成果。但是民主制一个缺点是导致配额过于宽松。荷兰法院的判决在国内外有重要的影响，假定对碳分配可以进行司法干预，因碳是技术性的活动，多由行政机关决策，司法干预怎样进行值得思考。

二是 MRV 以及相关服务的法律问题。内蒙古鄂尔多斯高新材料有限公司委托服务机构出具相关的虚假文件来谋取利益。这涉及承担责任主体的范围，按照现在规定，造假企业毫无疑问承担行政处罚；核查机构，特别是第三方服务机构是否要承担责任？数额比较大的时候是否涉及环境污染刑事责任？

三是交易及其相关金融服务的法律问题。称碳排放还是碳排放权？在各国立法中还是没有直接将碳排放作为一个权利标的。广东的一个案例中，碳交易发生亏损，亏损引发违约，并出现冻结、执行、清偿等一系列法律问题，企业承担压力大，严重影响正常经营活动。

（三）碳交易相关措施在 GATS 下的合规性问题

上海财经大学讲师冯静茹认为，无论是欧盟碳交易指令，还是我国已出台的政策、还未推出的条例，都涉及碳交易市场的参与主体的问题。

欧盟碳交易指令中有明确地对碳交易市场主体做出限制性的规定，一个是欧盟内部的人或者是欧盟内部跟第三国家，第三国家基本上都是跟欧盟碳市场进行链接的。比如美国的投行或者金融机构，不能以跨境交付的方式参与欧盟的碳交易市场。我们目前涉及的交易主体都是重点排放单位和符合国家有关交易规则的机构和个人，但是什么是国家有关交易规则却没有界定，未来立法对交易主体是否包括境外的投资者、国际机构也需明确。

关于《服务贸易总协定》（GATS）的合规性问题。GATS 的第 1 条第 1 款其实是相当地笼统的，它只规定范围是各成员所采取的影响服务贸易的措施，它的解释空间其实是很大的。今天，主要是介绍服务贸易，也就是碳交易的相关措施，或者说碳交易中的相关活动是不是属于服务贸易。在第 1 条第 2 款中，并没有说什么是服务贸易，只是界定了 4 种服务贸易的模式。

对于什么是服务，GATS 第 1 条第 3 款 b 项和关于金融服务的附件，第 5 条环境服务都有涉及。那么首先碳交易的相关措施是否满足 GATS 一般性规范中的服务要求？GATS 第 1 条第 3 款的 b 项也没有规定清楚，政府行使职权的服务除外，对它的解释既不是基于商业基础，也不是基于一个或多个的服务商业竞争，这里有大量的案例作为它的法理基础。

关于碳交易中介或者碳交易经纪行为。这其实是盈利的行为，而且具有商业性质，存在服务提供者竞争，所以应该是行使政府职权时提供的服务除外。那么重点是它是否满足 GATS 关于金融服务附件中的金融服务的界定。关于交易市场、公开市场或场外交易市场自行交易或代扣交易，欧盟已经允许银行、投资公司、各种金融中介机构参与到市场交易中，或者代表碳配额持有人或排控企业提供相关的交易服务。

关于咨询中介和其他附属金融服务，满足这一条也没有太大的争议。我还拿 EUETS 来举例，它的市场参与主体是非常多元化的，不仅包括排控企业，同时还有商业银行、投资银行、金融机构，私募股权基金，我国四大行都已经介入到了咨询和中介的活动。

关于期货和期权的衍生产品，碳配额或者碳交易是否符合可转让证券或者其他可转让的票据和金融资产？首先，欧洲已经开发了一系列的基于碳交易或者碳配额的期货和期权，实践中其实是默认组合的，同时欧盟也把碳配额的现货和期货期权都纳入了金融的规制中。但欧洲学者尚有分歧，主要就是衍生品是基于私法基础分配的，私主体之间可以就碳配额进行交易，但是碳配额并不是基于合同关系分配的，所以不属于衍生品的期货期权。关于碳配额或者碳交易是否属于可转让证券和其他可转让的票据，通说的观点是承认的，因为它们都可以在市场上自由流通，也都具有一定的正式的法律意义，是政府拟制的工具。

如果碳交易属于服务贸易，那么我国在 GATS 项下服务贸易具体承诺减让表中，在金融服务和证券服务的市场准入和国民待遇上，以及在金融服务中 L 项所称的咨询中介和其他附属服务方面，是没有限制的。换句话说，基于我们在 GATS 项下的义务，对于碳交易或者碳金融中的咨询服务或其他附属服务，我国市场对境外投资者完全开放的，在国民待遇方面也没有任何限制；但在证券服务方面我们未做承诺，也就是在碳期货的交易行为上，我们不负有国际法律义务。在未来的立法中，对碳交易市场主体，尤其是对于境外投资者，最终采用现在不明确的做法，还是像欧盟一样给出限制性或禁止性的条件，是需要继续探讨的。

（四）碳配额的资产证券化

华东政法大学经济法学院沈贵明教授认为，绿色产品制度中碳配额的资产证券化的作用值得肯定，资产证券化在融资领域的安全性高，市场空间大，但该产品也有四个特点：需要有政府的特殊扶持；有特定的基础资产；融资之后特别的专业用途；专业化、专职化的特定中介机构。基于此，政府的扶持是必要的。

碳基础资产如南方航空推出的碳配额的资产证券化主要是以未来五年碳配额的收益作为

基础资产进行融资，其特殊性在于未来的收益是不确定的。不过碳配额可以成为基础资产，应当把握几个要点：配额应当是稳定的，这涉及我国配额制度；配额的价值应当相对稳定；碳融资所获得的资金的用途应当用于碳技术的改造，这与一般的资产证券化不同。

（五）碳市场链接与绿色金融共同体

长三角一体化示范区执委会政策法规部副部长禹潇认为，几大国际市场之间是不相容的，是没法进行交易的，如欧盟的 27 国成员的碳排放交易体系和覆盖美国 9 个州的区域温室气体排放行动体系，还有美国加州的体系、韩国的碳排放交易体系、日本的自愿碳排放交易体系都是不兼容的。那么为什么要进行碳市场链接？因为它会使碳市场覆盖区域更广、体量更大，企业能获得更加便宜的减排选择，整个碳市场的交易成本会降低，可以实现更加公平的竞争环境。国内现在有 9 个省市进行绿色金融试点，但这 9 个省市之间的交易系统也互不相通，很难融合。长三角地区只有上海有全国的碳交易市场，所以我们要出台的两省一市支持长三角一体化的政策里，专门有政策是关于在示范区推动碳普惠规则共建、标准共享、信息共享互认的，共建长三角的碳普惠交易平台。通过这个平台，为未来全国性的市场打下基础。

现在金融机构之间也是不相融的，系统和标准都是各做各的。企业要获得金融支持的话，就要应对不同的标准和系统，所以目前绿色金融市场的活跃度还是不高的；除了政府把发展绿色金融作为指标考核外，还要通过绿色金融共同体，撬动市场的积极性。另外，中国人民银行、生态环境部、科学技术部、金融监管部门、法制部门、执法部门等也要形成绿色金融的合力，完善促进性与监管性的法律。

三、绿色金融的民商法适用

（一）碳排放权的民法性质

浙江大学法学院研究员黄韬认为，绿色金融产品的创新，是需要相应的法制环境的金融创新，它对法律的要求是比较灵活的。研究发现，金融创新最活跃的国家恰恰是没有民法典的国家。

关于碳配额，它到底是不是一项财产权利、是一种什么财产权利？是公法权利还是私法权利，是债权还是物权、准物权还是用益物权等。其实，美国作为最早的也是最活跃的碳交易市场，是完全回避这个问题的，它甚至完全不认为碳的配额是一种财产权利，他们的关注重点在于怎么能把交易做起来，而至于法律定义并不重要。要做到这一点就必须要有一个比较柔性的法律体系去支持，但民法典的颁布使法律越来越刚性了。现在商业银行的绿色信贷产品，包括以碳排放权或排污权等其他环境权利来作为担保品的，只能是所谓的权利抵押，为什么不能是权利质押？因为《民法典》第 440 条有权利质押的正面清单，显然环境权利不属于《民法典》正面清单的内容，所以只能很别扭地去做成环境权利抵押的模式。但这种模式一旦发生争议，法院是否认可是很大的未知数。

金杜律师事务所合伙人苏萌认为，碳排放权交易市场的客体是碳资产，随着碳市场的发展，碳资产的金融属性越发凸显。碳资产有碳配额和碳信用两种类型，而碳金融产品主要包括碳资产质押融资、碳资产的回购拆借、碳基金等。整个的碳金融的基本的逻辑实际上是通过碳资产提供信用完成各类的金融产品从而实现资金融通。目前制约碳市场发展的最重要的因素是碳排放权的法律性质尚未明确，最高人民法院民法典贯彻实施领导小组《中华人民共和国民法典物权编理解与适用》一书中指出，碳排放权应属于市场交易主体享有的具有交换价值的财产或者财产性权利，其是将碳排放权当作用益物权进行解释。在审判实践中，如果遇到涉及此类新型资源性权利纠纷，除遵循正常的法律适用规则外，要贯彻落实《民法典》确立的绿色原则，并基于具体案情确定是否可以参照用益物权的一般规定作出相应的裁判。

碳排放权的融资究竟应视作抵押还是质押？主张抵押权是因为《民法典》第395条允许对“法律和行政法规未禁止抵押的其他财产”设立抵押权，而设立质权则需要法律、行政法规的明确授权。由于目前关于碳排放权的规则都没有达到行政法规层级，对碳排放权只能设立抵押权；但人们习惯将无形财产权利的担保解释为权利质押，因此现在市场上有用抵押也有用质押的。碳排放权的属性对银行金融机构非常重要，因为债权人依赖担保品上的优先权作为提供融资的安全保障。阿里旗下的网商银行做了首单小微碳配额质押融资，这也是互联网银行的首单碳配额质押，金额很小，但是在帮助小微企业取得融资方面意义重大。

（二）碳金融产品担保交易

金杜律师事务所合伙人苏萌认为碳金融产品担保交易实践中涉及的民法问题有：

一是碳配额如何特定化。一些地方的碳排放权交易所在质押业务上有其相应的质押管理办法，但并没有考虑质押本身的法律有效性。法律要求质权的一个重要因素是特定化，一些碳排放交易所对于碳排放权只有一个很大的交易系统去做估计，没有办法对每个碳排放权进行标记，由于不同的碳排放权有不同的取得时间和生命周期，这样无法清晰区分和标记，也就难以特定化。

二是质押登记能否对抗再出售和清缴履约。从质权设立的角度来看，交易所的登记效力应该要达到能够对抗出质人再出售，这才达到质押效果。目前交易所的解决方式是很少允许质押担保的主债权履约晚于清缴履约的到期时间，用这种方法巧妙避免了质押和清缴履约发生效力上的对抗问题，但这样就会限制质物的范围。在一些交易当中，银行除了在交易所完成质押登记之外，还会在中登网进行登记公示。这种做法其实就是在法律法规没有明确碳排放权的性质和担保登记方法的时候，采取多重保护之举。

三是盯市和补仓如何安排。银行对于价值会浮动的担保品，都会有一个质押的担保率要求，质押率的计算需要有一个具有参考代表性的价格，一般的担保品如股票、债券、大宗商品有每日结算价来作为担保品价值计算的一个基础。在一些地方交易所，由于碳配额的交易量有限，所以形成的交易价格并不能够具有代表性，甚至很多地方连续多天没有一单交易，银行在这个时候看碳排放权的价格，从而评估授信是不具有参考价值的，难以基于这个价格开展盯市，既盯担保品的价值，也很难要求债务人在低于质押率时进行补仓，这会导致很多银行无办法及时发现或者控制风险，使很多银行想做又不敢做这类业务。

四是违约后如何处置。通常银行最关注月初值，以及用什么样的方式可以优先受偿，违约之后是可以直接过户还是要自行变卖，或者必须通过法院的司法拍卖、强制执行，以及交易所能不能提供相关的服务来协助变现，不能够及时变现的时候银行能否委托第三方机构暂时持有担保品等。

五是替代性安排。为了解决上面这些不明确的问题，一些银行也考虑通过替代性的安排来加强质押的确定性。例如设立专门的监管账户收取违约后的价款，或者加强对担保品的控制，还可以委托第三方机构预先承诺在债务人违约时购买被质押的碳排放权以解决市场流动性，或者考虑转让时的履约保障及让与担保等。

越来越多的企业都迫切需要碳排放权做风险管理的工具，即需要一个衍生品规避市场风险。目前有不少基于碳资产的场外衍生品，如碳远期、碳期权等，一些地方碳排放权交易市场如湖北交易所还推出了集中交易的标准化远期合约，广州期货交易所计划推出碳排放权期货。

（三）碳金融的民事责任

上海财经大学法学院教授叶榅平强调，碳金融法律制度建构的目的在于增强碳市场交易的活力，规范碳市场的运作，充分发挥碳排放配置和交易金融工具的作用，为降碳协同机制的发展提供金融支持。所以碳金融法律制度应该要包括很多方面，如碳排放的初始配置，还有碳金融交易制度和碳金融监管制度等。碳金融责任是一个基础和关键制度。

传统的法律责任最主要的是自己责任，也就是说近代社会以来以自己责任为导向，对产品责任和环境污染责任实际上是力所不逮的，如环境法领域的谁污染谁治理这样的自己责任，表面上看比较明晰，即权利和责任都比较清楚，但是如果是把它放到环境问题上，放到绿色金融角度来讲，就是远远不够的。它不能有效解决环境问题，补救的成本也高昂，甚至无法补救，环境法的目的可能落空。那就更难对绿色金融形成有效的约束，或导致发展绿色金融也缺乏动力。为克服这种问题，可能要寻求经济法和社会政策的金融性机制。绿色金融法，可能更要从法律责任的角度来讲，要强化金融机构环境义务和环境法律责任，将污染者的责任主体适当地扩大到金融机构范围，只有将责任落实到法律层面，才能够为绿色金融的发展提供法律基础、为金融业发展提供内在动力。

《民法典》第 509 条规定，当事人在履行合同的过程当中应当避免浪费资源，污染环境和破坏生态。在绿色金融领域可以使用该条规定，对如何来适用要进行解释，要处理好地方绿色金融立法中适用该条款的问题。

（四）绿色金融法与知识产权制度

同济大学上海国际知识产权学院副院长姜南指出，第一，绿色金融与绿色知识产权之间的基础共性是绿色产业和绿色技术。与“双碳”和绿色金融相关的法律制度都应该回应产业需求和技术进步，特别是在当前环境中，国务院相关文件多次提及要对“双碳”领域一些重点技术（包括“卡脖子”技术）进行大力提升和发展，所以，对于绿色金融和知识产权而言，需要协同运作，推动共性的观念和技术任重道远。针对这一问题，在知识产权制度下，首先要建立对于绿色专利技术的高效审查机制（这一类机制虽然目前已经存在，但运行状况不理想，需要进一步加强）；其次，要利用知识产权制度，打造一批有核心技术和知识产权的绿色标杆企业。

第二，推动绿色知识产权和绿色金融的协同发展。根据市场规律，当技术周期较长时，在经济法制度中经常提到的污染治理、土壤改良等技术无法引起广泛关注。举例而言，长三角绿色低碳专利的创新主体是企业，企业更关注收益高且迅速的技术项目，所以应当充分利用知识产权制度和金融市场引导更多资源进入私人企业不愿意进入的、周期较长的领域和技术。同时，绿色技术要持续发力，前后相关政策应尽量统一，世界知识产权组织 2020 年发布绿色专利报告，报告显示国际绿色技术的专利申请在 2019 年几乎零增长，反映了包括科技成果转化的资金链条不够顺畅和政策需要有更多延续性的问题。

四、绿色金融地方立法与央地关系

（一）《湖州市绿色金融促进条例》评述

华东政法大学国际金融法律学院副教授肖宇介绍，湖州是 2017 年国务院确定的首批绿色金融改革试验区之一，湖州希望能把以前的一些经验和政策进行制度化和固定化。《湖州市绿色金融促进条例》是继深圳后第二部地方绿色金融立法。整个立法分成三部分，一是促进措施，二是制度保障，三是法律责任和司法保障。

促进措施方面，金融机构对于绿色金融是不一定有积极性的，需要政府激励政策。政府要按照中央的文件充分发挥引导作用，主要就是提供信贷、债券、保险，企业上市融资，以及环境污染责任险。对金融工作的引导，一方面是鼓励加规范，另一方面是制定对金融机构的考评机制。金融机构的绿色贷款比例是一个很硬性的考核指标。湖州直接在条例中规定，政府在选择金融合作机构的时候，要把金融机构对绿色金融改革创新作为考评内容。

调研发现金融机构愿意给绿色企业贷款，但是绿色企业不知道谁是绿色金融机构，而绿色金融机构不知道谁有项目需求。绿色金融标准有很多，根据不同的标准可能对一个企业衡量就不一样。解决信息不对称和认定标准的问题，主要依靠生态环境部门核实重点排放单位的碳排放量，然后对它们进行评估，评估结果与金融机构共享。

非常重要的一个制度保障就是信息共享，湖州已经建立的比较有特色的绿贷通、绿融通和绿信通，专门用来对接银行和需要用款的绿色企业，也就是针对需要融资的企业以及信用企业的一个平台。

湖州对法律责任规定很少，主要规定在对付洗绿和漂绿，对此金融工作办公室可以进行警告等最低的行政处罚。对骗取绿色贷款的由财政部门责令改正，财政部门是法定的可以执法的部门。

比较深圳的立法，确实深圳在立法效率和立法技术上更好，从强制信息披露、评估机构责任等方面规定了非常细致的具体行为要求和法律责任。

关于绿色金融的司法保障。湖州的各部门对绿色金融都特别重视，湖州法院是第一个发布绿色金融司法保障白皮书的法院；在破产案件中发现企业还有用能权、排污权等环境权益时，就会重整这些权益的价值。

（二）地方立法受制于结构性矛盾

金融法研究会会长吴弘教授指出，金融机构在政策引导下都在进行绿色金融的战略和产品规划，其社会责任报告中也都涉及 ESG 内容。政策频频推出，但是法律制度相对欠缺。

当下，中央和地方都在推进绿色金融。立法权归在中央，地方权限很有限，所以地方立法以宣示性的表态为主，带有“应当”的条文很多，但地方立法仍可以推进地方政府工作的落实。绿色金融中主体权利义务责任，主要由中央立法规定，但地方要有所作为，可以对标更高的标准，如浦东就可以尝试突破性的规定。

浙江大学法学院研究员黄韬提出，我国现在设置了多个绿色金融改革试验区，通过地方性的试验，将改革推广到全国；也可把一些全国性的资源用于发展地方经济，所以各地方都很有积极性。但是会有一个结构性的矛盾，这个矛盾其实是在中国的央地关系中普遍存在的，就是改革是一个自下而上的路径，碰到了法律和监管是自上而下的结构。立法法非常强调下位法要服从上位法，关于金融也强调立法属于中央权力，所以在基础性的民商事法和基础性金融监管方面，地方立法几乎是做不了什么事情的。《如湖州市绿色金融促进条例》有 40 多条，其中大量用政策性的语言，关于法律责任的条款就非常有限；深圳的立法要相对好一些，因为深圳是经济特区立法有一定权限，但还是不能僭越金融监管部门。所以虽然现在地方做一些试点性的突破，但是受制于目前的央地关系的约束，还面临着很多的问题。

五、绿色金融的法律服务

（一）碳排放权赋强公证和事先存证机制

张江公证处主任张磊从公证的角度提出，在碳排放权、排污权的抵质押问题上，公证上也已有一些实践。2021 年年底的时候，一家重庆的融资租赁公司给一家做农废物质、生物介质发电和太阳能发电的公司提供一个 6000 万元的融资租赁交易，供它以融资租赁方式去买取设备。那么这家公司用什么做的担保？当时我们看了一下他们发动机的行动情况，用的是碳排放收益权质押，提供了质押担保，并且经公证赋予了强制执行效力。公证最重要的两大效力之一是强制执行效力，债权文书经公证和人民法院判决裁定、仲裁机构的仲裁文书一样具有强制执行效力。那么我们把碳排放收益权质押给债权人，并且经公证赋予强制执行效力。

碳排放权作为权利是可以变现的，可以赋予它强制执行效力。对于债务人明确、履行期限明确、标的明确的债权文书，我们就按类似担保合同赋予它强制执行效力。对于如何有效执行，碳排放的交易权如何变现，进行实现债权，在司法实践中已经有了探索。

在碳排放交易中要引入事先的存证机制，在目前的法律体制下，只有公证处在整个法律共同体中是一个以证明为主要职责的法律服务机构，存证具有民诉法上明确表达优先的证据效力。

（二）绿色金融纠纷的仲裁解决

上海国际经济贸易仲裁委员会（上海国际仲裁中心）秘书长王唯骏表示，“碳金融”是一种政策导向明显的新兴产物，碳金融交易参与主体多元、交易关系复杂、受政策影响敏感等，碳金融交易的健康发展非常需要法治护航，包括系统的基本法律制度、有效的争议解决方式、具体的实际操作规则等，包括需要相应的仲裁机制配套。

通过案例探讨碳金融交易对争议解决机制的需求与挑战。首先，裁判者的复合性专业能力。解决碳金融交易纠纷对裁判者处理复杂专业问题的能力有相当高的要求：不仅需具备传统民商法基本素养，具备相应的商业逻辑、监管逻辑、仲裁逻辑等，也要考量合同履行的导向与双碳目标是否相一致，考量相关备案要求。其次，独立性和集中管辖问题。碳金融交易涉及多个交易主体，多个合同组成的合同群产生连锁反应，可能涉及地方政府部门，多方主体在争议解决问题上都会产生对公正性的顾虑，因而独立第三方会在其中具有更好的公信力。最后，程序灵活性和高效性。需要在一些审查过程当中引入评审、调解等程序，在审裁程序中引用专家证人和专家意见等中立第三方意见，以便高效解决争议。

关于仲裁解决碳金融交易纠纷的展望，主要从仲裁执业者角度谈仲裁工作优化改进。

第一，建立与碳金融法律配套的纠纷解决机制。好的纠纷解决机制要回应交易主体对争议解决专业、高效、中立、便捷的需求。要加强对仲裁规则的一些程序性优化，也要探索调解、评审、评估这些程序在仲裁当中的运用，形成组合工具包。同时，国际仲裁界也提出了绿色仲裁的概念，主张通过线上程序来减少线下部分工作，用电子材料来代替纸质材料，以减少碳排放。

第二，丰富碳金融法律专家资源。专家资源一定是仲裁富有生命力的重要原因之一，正如通过今天这样的论坛和法律、金融、能源、环保等来自各个相关行业的专家开展进行专业交流探讨，共商交易机制、价格机制、风险管理、监管机制、市场准入、交易主体、交易创新等各方面的问题。让行业内的法律和经贸专家了解仲裁制度，增进理解和共识，逐步地扩大专业领域的仲裁员和调解员，包括专家证人的队伍，进而也在一定程度上加强碳金融纠纷仲裁解决的科学性。

第三，搭建碳金融交易与法律合规的沟通平台。站在仲裁机构的角度上，仲裁机构可以发挥纽带作用，结合实务加强与投资机构、中介机构、履约机构以及相应的交易平台监管部门的联系，凝聚对碳金融交易商业逻辑和法律适用的共识。

中海信托股份有限公司碳中和金融服务中心副总经理、首席专家李彧从实践出发，强调了双碳金融的典型案例的示范作用。一是案例经验积累有助于对绿色金融产生基础的理解。二是有示范指导意义，有利于缓和商业逻辑内在要求与当下规则存在的冲突，解决产品设计思路与监管部门要求发生的争议。三是引导市场实践，不纠结于个案的具体形式，将双碳目标实现作为执法思路以形成更好的效果。

（三）拓展绿色金融的律师服务

北京盈科（上海）律师事务所高级合伙人李艳表示，实现双碳目标既需要经济调节、技术改进、政策引导，也离不开法制固本、稳预期、利长远的保障作用。立法机构、司法机构、行政机构、法学研究、法律服务都是绿色金融法制的主力。

双碳目标下，律师能做些什么？首先，不能坐等双碳立法出台后再启动法律服务，碳减排已经成为国际公认的目标，也已成为我国对国际社会的承诺，政府、企业乃至个人都在行动，都需要法律服务。根据挪威能源研究和商业情报公司雷斯塔能源公司的最新研究数据，碳捕获能力增加了10倍以上，该领域的总市场价值就能达到550亿美元，未来也将成为律师界关注的一个非常大的市场。其次，在存量客户和存量业务中，循着双碳的改革契机获得双碳法律业务。包括碳资产的管理、碳投融资、碳合规这三个重要的板块。

锦天城律师事务所高级合伙人王清华指出，碳投资将成为律师服务的新增长点。全球各国对双碳都有相应的承诺，因而对新能源行业的投资相应火热，包括风电、太阳能、地热能等，氢能、碳封存等储能也受到全球投资的关注。亚太地区投资最为活跃，包括中国企业在东南亚地区能源行业的投资已经在运作。欧洲原来更多使用俄罗斯的油气资源，受俄乌战争的影响，开始进行能源转型发展新能源，未来中国企业在对欧洲的投资中会具有很大的技术优势。中国投资者热衷锂电、充电桩、风能源等。因为锂电池在新能源汽车里有广泛运用，从去年一些较大的并购交易可以看到新能源电池投资热度。跨境投资引人注目的是锂电池（南美的和非洲的锂矿）和镍资源。中国的青山控股就是投资镍资源的，很多镍资源主要在印尼，中国企业在印度尼西亚有很多关于镍资源方面的投资，华为在沙特红海的一个储能项目在建设过程中。氢能广受关注，从全球看日本具有一定领先性，最近荷兰举国家之力寻求在氢能方面较大发展，阿姆斯特丹要建成全球氢能源转运港。上海也有与氢能有关的工业园区，法律服务有很多机会。

数字金融法律问题

场景化模式下互联网金融风险分析与监管应对

罗慧明 *

场景化已成为互联网金融未来的发展趋势之一。如果说将传统金融机构或业务与互联网技术融合起来实现资金融通、支付、投资等服务的金融业务模式称为互联网金融 1.0，那么便可以将金融的需求与各种场景进行融合，实现信息流场景化、动态化，将金融业务融入人们的日常生活和生产中的新型金融业务模式称为互联网金融 2.0。互联网金融服务平台也已由单纯的支付或者借贷等平台转向包含生活消费、朋友借贷、金融理财等多种功能的综合平台，为金融业务本身及生活场景中的商户创造了极大的增值空间。在互联网金融场景化发展愈演愈烈之际，必须思考的是，互联网金融场景化将会使互联网金融风险产生何种变化？它对现有的金融监管体制将如何产生深刻影响？

一、国内外相关研究的学术史梳理及研究动态

（一）国内相关研究的学术史梳理及研究动态

国内学者对于互联网金融场景化研究主要集中在金融学、经济学领域，且多从互联网消费金融和互联网金融信用模式两方面进行探讨。黄小强（2015）认为互联网消费金融是消费金融与互联网平台结合起来的一种新的金融模式，其本质

---

* 罗慧明，经济法博士、江西师范大学政法学院教师。本文系江西省社科规划项目“共享金融视角下非存款类小额信贷机构的法律规制”（项目编号：19FX04）阶段性成果。

是信用活动。为了发展互联网消费金融市场，应加强建设市场环境、配套制度、产品服务等。叶湘格（2015）发现互联网消费金融对消费金融市场的影响会越来越大，市场规模将会扩大，市场交易效率将会提升，为了完善我国的互联网消费金融，应当构建法律体系和征信体系。孙晓文（2016）认为互联网技术的不断进步对我国消费金融的影响很大，互联网消费金融的健康发展必须建立在完备的法律法规和宽松的经营环境之上，基于对互联网消费金融的不断探索和创新，消费金融市场朝着差异化的方向发展。鄂春林（2017）认为互联网金融资产端业务面临着很大的挑战，探寻与生活及生产场景紧密结合是互联网金融转型的重要方向，从互联网金融场景化的视角，分析了互联网金融资产端的发展趋势、模式创新、未来的难点和挑战，总结了互联网金融场景化的关键要素，并提出互联网金融行业的应对策略。程雪军（2018）认为消费金融经历了行业的快速发展，促进了消费需求提升和实体经济发展，场景消费金融也有重大"跃迁"，但"无场景依托、无指定用途、无客户群体限定、无抵押"等特征的"现金贷"业务的快速发展，导致过度借贷、重复授信、不当催收、畸高利率、侵犯个人隐私等问题十分突出，存在较大的金融风险隐患。新监管形势的加强，使消费金融和场景的结合成为关注焦点，相对于"现金贷"，和场景结合的消费金融之结构、流程、参与者等更加复杂，应格外注重风险防范，包括合规风险、信用风险、流动性风险、操作风险、场景消费金融特有风险以及其他风险，对此可以从多维度对我国场景消费金融进行风险防范。

梳理及一些学者从互联网和金融相融合的模式，提出了互联网金融信用模式有：传统金融业务的互联网化、基于互联网平台开展的金融业务、全新的互联网金融模式以及金融支持的互联网化。何飞（2016）提出在大数据驱动下，点上互联网金融模式，如"互联网 + 支付"的第三方支付、互联网 + 借贷的网络借贷等，将发展衍变为面上互联网金融模式，即"互联网 + 金融 + 产业"（汽车、文化、商业、交易所等），形成互联网金融在大数据驱动下对金融的创新。朱晋川（2013）、李耀东等（2014）、陶亚娜（2013）提出在信用结构上，未来的结构体系可能表现为巨大的局部中心节点和不计其数的个体节点并存混合结构，也可能呈现横向综合化与纵向专业化交错的矩阵结构。芮晓武（2014）提出在信用创新上，实现人才、技术、渠道与产品的融合，促进信息流、资金流、物资流一体化。

互联网金融信用创新必然是对传统金融的破坏性创造过程，其信用的本质不变，但是信用创新的技术环境和应用场景发生了改变，尤其是大数据信息发展起来以后，传统的信用模式和风险管理都将会得到扩展。随着"云计算"与"共享经济"等新技术的发展，场景时代的到来，如何应对互联网金融场景化带来的信息传播、信任机制等方面的挑战，是需要研究的问题。

（二）国外相关研究的学术史梳理及研究动态

尽管互联网金融的大多数业务都发源于美国，但在美国一般不用互联网金融（Internet

Finance）这个概念，而是采用E-Banking（电子银行）、E – Finance（电子金融）这类概念，互联网金融这个概念更多地被用于中国。基于电子银行工作组的早期工作，巴塞尔银行监管委员会得出下述结论：尽管传统银行业务风险管理原则适用于电子银行业务活动，但因特网传送渠道的复杂特点表明这些原则在适用时必须作出相应的调整，才能适应许多在线银行业务活动及其引发的对风险管理的挑战。为此，巴塞尔银行监管委员会认为银行应对所有的银行业务活动采取一套统一的风险管理方法，使有关电子银行业务活动的风险管理监控成为银行机构整体风险管理框架的一个组成部分至关重要。巴塞尔银行监管委员会认为，与传统银行的法律风险相比较，电子银行的法律风险新增了四个方面：（1）通过电子媒介达成的协议的效力不确定。（2）现行法律对认证机构的法律地位规定得并不明确。（3）电子银行业务与电子货币的新特点使各当事方的权利义务处于不确定状态。（4）消费者保护法是否适用于电子银行业务与电子货币行为不明确。国外学者主要将互联网金融风险划分为信用风险及流动性风险。巴塞尔银行监管委员会认为，从事电子银行业务的银行可能通过非传统渠道扩展信贷范围，并在传统地理界线外扩宽市场。对于通过远程银行业务程序申请贷款的借款人，如果确定其信用等级的程序不当，将增加银行的信用风险。对于从事电子货币业务的银行而言，如果他们不能保证在任何时候都有充足的资金以供赎回和结算，那么流动性风险是值得注意的。互联网金融风险监管方面，泰勒所提出的“双峰监管理论”，指出金融消费者保护是金融监管的应有之义。Brotman指出，搜索引擎所采取的算法透明度差、变换速度快，甚至会对“思想市场”这一美国宪法第一修正案所确立的事关言论自由的重要原则造成冲击，因此应当对加以监管，以维护已确立的且运行良好的民主秩序。在欧洲，欧盟委员会专员Vestager曾在讲话中指出，企业有责任采用编程算法来故意遵守数据保护和反托拉斯法，这些法律可以称为“设计合规”。

Tufano（2009）对消费金融的研究范围的界定是从消费者所需要的各项金融功能来研究的。这些金融功能包括：一是支付，如支票、支付卡；二是风险的管理，如寿险等；三是信贷，如按揭、信用卡；四是储蓄和投资，如理财。Carck和Wilkins（2009）居民的消费金融行为的考察是信用约束，贷款的难易程度可度量信用约束的大小。申请贷款越难，说明消费者的信用约束越大；反之，则表明消费者信用约束越小。海伦·尼森鲍姆（Helen Nissenbaum）提出场景完整性理论（contextual integrity），且该理论在2012年奥巴马签署的隐私权利法案中得到确认，该法案的第3项原则“尊重场景原则”被解释为“机构收集、使用和披露个人信息应与消费者提供数据的场景相一致”。场景完整性理论主张信息的合理流动（appropriate information flow），判断“合理”的标准即个人信息在后续利用的过程中应尊重其收集时的具体语境。为了描述的准确性，该理论构建了一个模型，该模型由三个要素构成：信息类型、参与人、传输原则。[1]总体而言，国外学者对互联网金融场景化可能造成的风险进行了探讨，并就前瞻性法律政策做出了技术论证，西方各国在立法层面也作出积极回应。

二、互联网金融风险的场景理论分析

（一）系统性风险："太大而不能倒"到"太多连接而不能倒"

场景化的互联网金融服务中，系统性风险的传导载体、传导范围有了新的特点，其与传统金融最本质的区别就在于其无处不在的连结点。互联网技术的勃兴使互联网金融发展成为各类金融机构与金融机构、金融机构与自身客户乃至其他客户，甚至客户与客户之间错综复杂的社会网状结构。多节点之间的连接密度对互联网金融风险的积累与传播具有双重影响：一方面，多节点、高密度的互联网金融网络既具有分散、降低金融风险的功能，又有加速金融风险传染，更容易引起大面积金融风险爆发的作用；[2]另一方面，多节点、高密度的互联网金融网络既具有缓解网络成员的信息不对称、增加信息透明性、降低社会整体信用风险的功能，又有推动不利信息的快速传播、促使网络成员集体作出非理性行为、加速信息风险蔓延的作用。不同场景之间风险加速相互转化、积聚使得系统性风险增大，出现新的特点，原美联储主席柏南克指出，此类金融机构面临的问题是"太关联了而不能倒"；芝加哥大学拉詹则认为是"太系统了而不能倒"。不同于"太大而不能倒"的"太多连接而不能倒"和"太快速而不能倒"对互联网金融风险防范提出了更高的要求，其监管也应作出积极调整。

（二）信用风险：制度信任到机器信任

场景时代的五大技术力量——移动设备、社交媒体、大数据、传感器和定位系统所产生的巨大的数据流和个性化内容为小规模数据的提取提供了条件。[3]信用不再是简单的关于某个个人良好行为或声誉的规范性评价，而是成了越来越细且无所不包的与事实相关的数据挖掘和概率统计。此时，更多的是需要机器学习来形成征信和计算。[4]而互联网金融场景化过程中，以大数据为支撑的信息披露机制可以强化参与市场主体信用透明度。为了解决交易不同步导致的信息不对称问题，传统信用主要依附于制度主要是基于各种法律制度来提供信任的框架，它们通过一系列仪式、手续、步骤、条款、程序、制裁来建立信任的框架。随着场

---

〔1〕 See James B. Rule, *Contextual Integrity and its Discontents: A Critique of Helen Nissenbaum's Normative Arguments*, Policy & Internet, 2019, p. 2.

〔2〕 参见许多奇：《互联网金融风险的社会特性与监管创新》，载《法学研究》2018 年第 5 期。

〔3〕 参见［美］罗伯特·斯考伯、［美］谢尔·伊斯雷尔：《即将到来的场景时代》，赵乾坤、周宝曜译，北京联合出版公司 2014 年版，第 3—4 页。

〔4〕 参见余成峰：《法律的死亡：人工智能时代的法律功能危机》，载《华东政法大学学报》2018 年第 2 期。

景时代的到来，信用的形式发生了变化，信用更依赖机器（移动设备、传感器、定位系统、社交媒体）产生的数据流，数据成为一种新型的资产。

（三）信息安全风险：应用场景衍生的行为异化

从关于场景的论述中可以看出，场景时代是建立在大数据基础上的后数据时代，移动互联网源源不断地为大数据库提供内容。因此，场景时代的数据信息生产与个人隐私保护就成为一个重要问题。广泛的授权协议减损“知情同意”规范的效力，而广泛的应用场景衍生出更多行为的异化，[1]例如Facebook数据泄露事件中，用户授权登录账户后的“点赞”“好友”等信息被用于“学术研究目的”。立足于利益平衡的立场，如何设置与调整“激励”与规制科技发展的法律价值目标？如何限制数据信息的场景应用？上述问题的实质在于处理科技发展过程中个人利益与公共利益的关系。社会学家道文斯等人指出，组织成员的个人利益与集体利益相冲突的情况，就是“社会困境”。社会学家博纳西奇等人引申出“传播困境”，认为组织利益要求人们共享信息，而个体利益却促使人们拒绝信息共享，此时就会产生传播困境。如何解决传播困境？学者卡曼等人提出两个方法：一是管理层可以责令人们共享信息，对提供信息的人们进行奖赏，对不贡献信息的人们进行惩罚；二是营造公共利益的转化环境，当参与者将自身价值增长直接建立在集体利益基础之上时，这种转换就产生了。

三、互联网金融监管的实然应对与应然诉求

（一）互联网金融风险逐步呈现与我国监管应对

互联网金融经过近20年来的发展，经历了快速增长，日益成熟的历程。在这样的历程中，人们对互联网金融风险也有了更深一步的认识。金融监管部门的监管措施也经历了包容性监管、原则性监管、运动性监管、科技监管的过程。

关于场景的分析告诉我们，互联网金融风险的传导方式、传导路径具有不同于传统金融的特点，其信用风险、系统性风险容易叠加。自2013年年底，互联网金融领域内的风险逐渐显露，违约事件频发，大规模的倒闭、跑路及资金周转困难和欺诈问题也随之出现。自2013年起，监管部门陆续出台了一批监管文件，如《非银行支付机构网络支付业务管理办法》、《网络借贷信息中介机构业务活动管理暂行办法》等。其中值得一提的是中国人民银行、工业和信息化部等十部委联合发布的《关于促进互联网金融健康发展的指导意见》，该指导意见被认为是互联网金融领域框架性、纲领性的文件。在这个意见中出现了两大具有张力的政策目标：一是“互联网金融本质仍属于金融，没有改变金融风险隐蔽性、传染性、广泛性和突发性的特点，加强互联网金融监管，是促进互联网金融健康发展的内在要求”。二

---

〔1〕 参见杨东：《互联网金融的法律规制——基于信息工具的视角》，载《中国社会科学》2015年第4期。

是“互联网金融是新生事物和新兴业态，要制定适度宽松的监管政策”。从内容来看，宣示性和倡导性条款占绝大多数，只有少数规则性条款。原则性监管的态度及规则的不确定性留下了太多的寻租空间，为之后的运动性监管埋下了伏笔。e 租宝等涉众、影响恶劣案件的爆发引起监管层的密切关注。2016 年，国务院办公厅正式发布《互联网金融风险专项整治工作实施方案》，随后，运动式监管正式开始，随着互联网金融场景化应用越来越细化深入，金融监管部门开始探索构建中国特色的金融科技监管。

（二）场景分析视角下互联网金融监管的应然诉求

1. 尊重场景的监管原则。

场景时代互联网金融监管的重心逐步由金融机构或行为向金融数据为主转移，金融数据产生于不同的场景，承载了不同的权益。在实践领域，以《个人金融信息保护技术规范》为代表的金融数据保护立法中包含了一系列的权益，既包括了数据安全权与数据质量权如生命周期和通用安全运行技术要求，也包括个体的知情权、选择权等高敏感级别。金融数据中混合着风险预防性、财产性、人格性权益。而在学术领域，对于如何保护金融数据观点异彩纷呈，从保障个体权益、促进数据公平到维护社会数据规范、规制数据风险、促进公共讨论，不同理论从不同角度论证了金融数据所承载的多重权利。[1]金融数据多种权益的混合，使金融数据的监管高度依赖场景。应区分不同的场景寻找匹配的监管措施。因为一种场景下，某种金融监管措施可能会促进某种权益，但一旦场景变化，同样的金融监管措施不但无法促进某种权益，反而可能妨碍另一种合法权益的实现。

2. 信息共享，多元的监管主体：淡中心化。

以监管主体为标准，世界各国的金融监管体制可分为多元的分业监管体制、一元的统一监管体制和不完全统一监管体制。分业监管体制的主要特点是，监管主体的设置以金融行业为标准，多个金融监管者在法律授权的范围内，依法定程序对各自的监管对象进行监管。统一监管体制是指对不同的金融行业、金融机构和金融业务均由一个统一的监管机构（可以是中央银行或其他机构）负责监管。目前 G20 中，只有爱尔兰采用一体化的监管模式，即通过爱尔兰中央银行监管所有金融活动。非 G20 国家中，新加坡也采用这一模式。不完全统一监管体制是对以上两种监管体制的改进，主要有两种模式：一种是美国以综合监管为主、分业监管为辅，两种监管体制相兼容的制度模式。对应金融控股公司通过设立子公司的形式经营多种金融业务的伞状结构，美联储被赋予伞型监管者职能，成为金融控股公司的基本监管者。另一种是澳大利亚的双峰式监管体制。金融监管格局由四大部分组成：澳大利亚储备银行（ARB），其职能是保持包括支付系统在内的整个金融体系的稳健；竞争与消费委员会

〔1〕 参见李文姝、刘道前：《人工智能视域下的信息规制——基于隐私场景理论的激励与规范》，载《人民论坛·学术前沿》2019 年第 6 期。

（ACCC），旨在维护金融体系内的公平竞争；证券与投资委员会（ASIC），其职能在于向公司以及金融机构提供诸如消费者保护与信息披露准则方面的市场行业行为标准；审慎监管委员会（APRA），专门负责审慎性监管，以抑制系统性风险，保护存款人等的利益。这实际上也是一种兼容性的监管制度。

上述几种监管体制各有优势和不足，分业监管体制的优势是，在金融机构业务交叉较少的情况下，能够阻止金融风险在不同金融机构之间传递。但从互联网金融服务场景化趋势来看，由于互联网金融无处不在的连接点导致系统性风险的增大，加上其产品和服务常常表现为多主体、多层次、多环节的资产叠加和技术叠加，分业监管的模式显然已经难以应对。统一监管体制具有监管一致性、成本优化、管理简洁等优势，但弊端在于不同监管目标之间难以保持一致性。譬如审慎监管强调金融机构的稳定性，行为监管以投资者保护为主要目标。以美国为代表的不完全统一监管体制应对的是联邦与州监管权力的分野，其本质是机构监管和功能监管模式的融合。联邦和州权力的复杂性，造成大量监管管辖权的重叠和交叉，同时联邦和州缺乏信息沟通与合作能力。双峰式监管体制的优点在于，它既能获得一体化监管模式的低成本和合作优势，又能基于不同的目标区分不同的监管策略。应该说，双峰模式是当前看来较好的一种体制。

我国当前的监管主体模式具有双峰模式的特征：中国人民银行负责宏观审慎监管；银保会（现已变更为国家金融监督管理总局）和证监会进行微观审慎监管、行为监管和消费者权益保护。中央金融委员会和中央金融工作委员会的设立，促进了中央和地方监管部门之间的相互配合，加强了宏观审慎监管和微观审慎监管的相互协调，加上行业自律，共同形成一个“淡中心”、具有网状结构的金融监管主体架构，与对“去中心化”、场景时代的互联网金融监管是基本相适应的。[1]“淡中心”并不是“去中心”，而是在中央政府部门主导下，更多地发挥金融市场其他监管主体的能动作用，加强监管框架内各主体之间的交流互动，特别是在克服监管信息从上至下的单方向流动与实现监管的“淡中心化”方面开辟制度化的路径。

3. 科技化的监管方式。

在金融科技时代，经验式、人工式的传统监管方式已经远远不能满足要求。场景时代互联网金融风险出现了新的变化，人与人之间、人与商业之间的连接有了新的变革，信任的形式由制度信任转变为机器信任。传统的监管理念、原则、模式和法律制度难以应对新的变化。审慎监管无论是宏观审慎或是微观审慎监管着眼于系统重要性金融机构或金融机构的资本不足的风险，采取诸如资本充足率、流动性和盈利水平等指标，这些措施对于主要资产为数据，基础风险为透明度风险的互联网金融难以适用。机构监管建立在分业经营的基础之上，对于提供跨市场、跨机构及地域的场景化互联网金融而言明显力不从心。行为监管旨在

---

〔1〕 参见沈伟：《金融科技的去中心化和中心化的金融监管——金融创新的规制逻辑及分析维度》，载《现代法学》2018 年第 3 期。

降低金融市场中交易双方之间信息不对称的现象，实现金融消费者的有效保护。传统的行为监管面对互联网金融平台这类法律定位模糊，交易行为复杂的新型市场主体也亟须进行监管创新。

要对以“太多连接而不能倒”及“太快而不能倒”为表现形式的互联网金融风险实施有效监管，必须突破传统监管维度，加入科技的力量，实现监管科技化。[1] 金融监管部门除继续运用互联网技术外，还要运用大数据、云计算、人工智能和区块链等现代科技，以更好地感知金融风险态势，提升监管数据收集、整合、共享的实时性，及时发现违规操作、高风险交易等潜在问题，提升风险识别的准确性和风险防范的有效性。

四、互联网金融监管机制优化

（一）金融基础设施的完善：构建大数据征信体系

现有的社会信用标准主要侧重单一领域的信用评估，而单一的信用评价标准难以全面、客观地反映信用主体的真实情况；统一的社会信用信息平台尚未建立，导致信用信息分散、信息共享难；信用场景化发展滞后。这主要是因为互联网金融时代的各种创新应用层出不穷，各种互联网金融的应用场景亟须实现与信用体系的无缝对接，但实际情况是信用的场景化应用发展滞后。针对现有信用体系在标准化、平台化、场景化上存在的不足，亟须建立基于大数据原理的信用体系。

大数据征信体系中关键因素在于确保数据的真实性和场景的真实性。“信任”这一重要关系资源，隐身于服务之中、数据之中、商业之中、技术之中。如果人与人、人与数据、数据与数据之间缺乏基本信任（真实场景），那么场景时代将是一个噩梦频发的时代。学者冯登国等在《大数据安全与隐私保护》一文中指出，大数据可信性的威胁之一，是伪造或刻意制造的数据，而错误的数据通常会导致错误的结论；如果数据应用场景明确，就可能有人刻意制造数据，营造某种假象，诱导分析者得出对其有利的结论；虚假信息隐藏于大量数据中，使得人们无法鉴别真伪从而做出错误判断。大数据可信性的威胁之二，是数据在传播中逐步失真，人工干预的数据采集过程可能引入误差，最终影响数据分析结果的准确性。因此，确保数据的真实性和场景的真实性，是大数据征信制度设计的出发点与归宿。未来的互联网金融场景分析的目标，也许不是渗透，而是“规避”。针对不同的场景，建立不同的数据运用规则。

拓展互联网金融信用的场景化应用。互联网金融的不同应用场景，例如网络贷款、网络众筹、网络证券、网络信托等，需要与之适应的信用评价来实现信用的无缝衔接。为了满足

---

〔1〕 参见周代数：《金融科技监管：一个探索性框架》，载《金融监管》2020 年第 5 期。

不同应用场景对信用的需要，采用多维数据评议技术，从各个方面对信用主体进行信用评价。[1]多维评议技术将大数据理论应用于信用的分析与管理，该技术通过收集大体量的、多元化的、不同来源的异构数据，进而总结出受评主体在信用或其他特定行为习惯上所体现出的表现，从而直接对受评主体的行动特质做出预测。评分机制的出现对法律（与其他社会权力机制）的影响也亟待探讨。评分机制不仅对现有的成文或不成文规则进行了补充和提升，而且创造了新的行为规则，将其经由集中化的算法处理、放大，不断扩张适用空间。这一机制通过量化的方式连接打通不同场景中的法律关系，从而形成更加理性化的规则形式和结构。

（二）监管机制优化的方向：结合区块链技术的嵌入式监管

大量的数据是监管科技加速落地的直接推动力，在 2008 年金融危机后，全球范围内的金融监管均普遍加强，存储容量和计算能力的增长以及数据科学的进步也为监管科技的应用提供了技术条件。与巴塞尔银行监管委员会（BSBC）2018 年定义类似，Brodeders 和 Prenio 将监管科技（Suptech）定义为“监管机构使用创新技术去进行金融监管”。不同于 Regtech 意为支持受监管金融机构遵守监管和报告要求的创新技术的应用，Suptech 特指监管机构自身使用的技术，这种技术能力的获取既可以来自独立研发，也可以来自合作。目前，全球范围内在监管机构的数据收集（如自动报告、数据管理和虚拟协助）和数据分析（如市场监管、不当行为分析、微观审慎监管和宏观审慎监管）中，监管科技，如发现大数据、机器学习、人工智能、云计算等已经得到相对广泛的应用，但区块链在监管科技中的应用较为欠缺。

由于新型科学技术在金融机构的应用，传统的监管技术手段无法满足现有的监管需求，因此要大力发展监管科技。监管科技领域经历了明显的迭代，由第一代以信息流管理为主要技术，已演化成第三代融合大数据和第四代叠加人工智能的技术。利用区块链系统内部搭建以大数据和云计算为核心的金融风险预警机制，实现金融风险的实时防范能力是目前监管科技的重要方向。[2]结合区块链技术的新型嵌入式监管可以解决数据的真实性，场景的真实性，数据收集、验证以及隐私等相关问题。

---

〔1〕 参见胡凌：《数字社会权力的来源：评分、算法与规范的再生产》，载《交大法学》2019 年第 1 期。

〔2〕 参见巴曙松、魏巍、白海峰：《基于区块链的金融监管展望——从数据驱动走向嵌入式监管》，载《山东大学学报（哲学社会科学版）》2020 年第 4 期。

“差序格局”下的金融科技法制转型

——以因应“双循环”战略为进路

任愿达 *

我国金融主管部门先后发布《金融科技（FinTech）发展规划（2019—2021年）》《金融科技发展规划（2022—2025年）》《统筹监管金融基础设施工作方案》等政策性规范文件[1]，体现出我国金融制度顶层设计方面已充分关注金融科技的发展诉求。金融科技在数字经济时代属于金融场域内的主要增量，审视并反思金融科技的历史演进与法治要素对守护金融安全并重构金融监管的法律进路[2]具有积极意义，在金融改革政策的基础上完成政策法律化、原则规则化是走向金融深化与金融包容的重要步骤，[3]目前我国金融制度顶层设计根据外部环境所作出的“双循环”战略决定具有明确的方针指引作用与制度转化功能，基于“双循环”战略的站位在立法监管与监管立法的现实中发掘前述法治要素的合轨进路是本文研究的重心。

一、回应“双循环”战略：金融科技规范的转型诉求

2020年5月，中央首次提出要深化供给侧结构性改革，充分发挥我国超大规

---

* 任愿达，复旦大学数字经济法治研究中心研究助理、博士研究生。

〔1〕 中国人民银行发布的《金融科技（FinTech）发展规划（2019—2021年）》明确提出，“金融科技是技术驱动的金融创新”，“坚持创新驱动发展，加快金融科技战略部署与安全应用，已成为深化金融供给侧结构性改革、增强金融服务实体经济能力、打好防范化解金融风险攻坚战的内在需要和重要选择”。

〔2〕 参见杨东：《防范金融科技带来的金融风险》，载《红旗文稿》2017年第16期。

〔3〕 参见冯果、袁康：《走向金融深化与金融包容：全面深化改革背景下金融法的使命自觉与制度回应》，载《法学评论》2014年第2期。

模市场优势和内需潜力，构建国内国际双循环相互促进的新发展格局。同年11月，中共中央《关于制定国民经济和社会发展第十四个五年规划和二〇三五年远景目标的建议》指出应"加快建设现代化经济体系，加快构建以国内大循环为主体、国内国际双循环相互促进的新发展格局，推进国家治理体系和治理能力现代化"[1]。"双循环"战略的提出，表明我国顶层设计开始对国内外经济政治情况新变化作出发展格局的调整，前述发展格局的现实判断对我国经济发展战略影响深远，势必包含着对实体经济与虚拟经济政策、法律等多层次制度的调整要求。金融科技作为金融业态的主要增量，既包含扶持实体经济的政策要求与市场期许，亦包含匡正虚拟经济的制度诉求与技术期待，通过法律的视角，廓清金融科技规范转型与"双循环"战略落地之间的共同诉求，是法治"建构理性"[2]对政策实施的有效因应。笔者认为，前述的共同诉求包括畅通经济社会循环与应对外部不确定性等两个方面。

（一）畅通经济社会循环

1. 要素的融通：适应"增量"的经济金融创新。

"畅通国内大循环"需要"破除妨碍生产要素市场化配置和商品服务流通的体制机制障碍，降低全社会交易成本"。[3]结合中共中央、国务院《关于构建更加完善的要素市场化配置体制机制的意见》的内容，[4]以独立自主为着眼点畅通国内大循环是新发展格局的主体。[5]具体而言，社会生产、分配、流通、消费再生产各个环节生态化过程是生态与经济一体化的完整过程，[6]前述环节本身亦是传统政治经济学的基本架构、经济的功能作用之所在。在实践中，一旦社会分工细化造成某个环节发展速率较其他环节而言出现畸高或畸低的情形，则这个环节便成为经济运行的"堵点"。"双循环"战略的意义即在于与时俱进地确认市场体系中的要素"增量"[7]并通过释放政策信号推动制度转型，最终实现各个再生产环节在数字经济时代背景下畅通运行，故实现要素的融通是经济创新发展的时代意义。

值得注意的是，社会分工细化直接导致不同场域结合、渗透的排列组合选项增多，对金融场域而言，其在当下的增量多来自其与科技场域的交融，即金融业态与信息技术各自发展

---

[1] 中共中央《关于制定国民经济和社会发展第十四个五年规划和二〇三五年远景目标的建议》之"二、'十四五'时期经济社会发展指导方针和主要目标"的"4.'十四五'时期经济社会发展指导思想"。

[2] 参见郑永流：《法的有效性与有效的法——分析框架的建构和经验实证的描述》，载《法制与社会发展》2002年第2期。

[3] 中共中央《关于制定国民经济和社会发展第十四个五年规划和二〇三五年远景目标的建议》之"五、形成强大国内市场，构建新发展格局"的"16. 畅通国内大循环"。

[4] 中共中央、国务院《关于构建更加完善的要素市场化配置体制机制的意见》指出应"充分发挥市场配置资源的决定性作用，畅通要素流动渠道，保障不同市场主体平等获取生产要素，推动要素配置依据市场规则、市场价格、市场竞争实现效益最大化和效率最优化"，"针对市场决定要素配置范围有限、要素流动存在体制机制障碍等问题，根据不同要素属性、市场化程度差异和经济社会发展需要，分类完善要素市场化配置体制机制"。

[5] 参见陈雨露：《"双循环"新发展格局与金融改革发展》，载《中国金融》2020年第Z1期。

[6] 参见刘思华：《对可持续发展经济的理论思考》，载《经济研究》1997年第3期。

[7] 中共中央、国务院《关于构建更加完善的要素市场化配置体制机制的意见》已明确将数据列为现代社会的生产要素之一。

的轨迹逐步从平行迈向相交，以互联网技术为代表的现代信息技术与金融业态结合后形成互联网金融，[1]而随着大数据技术、分布式记账技术与人工智能技术的迭代，金融科技应运而生。金融科技的创新初衷便是通过自然科学的辅助提升传统金融优化资源配置的量级与能级，通过金融业态在科技层面的创新提升经济效率，推动经济创新发展并进一步实现要素融通的目的。

2. 融通的要素：法治逻辑下的制度集成创新。

通过分析特定时空背景下的要素融通内涵可发现数据、新技术等要素增量在实体经济中对生产、分配、流通、消费等再生产环节产生影响，在虚拟经济中对货币信用体系下的资金融通产生影响，并由此反推经济金融创新。值得注意的是，数据、新技术等要素增量的具体表征并非单纯的种类增加，而是数量增加与基于量变引起质变的属性增加，[2]复观"双循环"战略，则可理解其强调的"畅通国内大循环"着眼于数据、新技术等要素在劳动对象与劳动资料属性之间变换后对整体生产资料属性的影响，避免前述要素增量成为经济运行"堵点"的同时尽量将相关要素转化为畅通经济社会的助力，具体至虚拟经济的语境下则体现为金融场域与科技场域深度作用后对传统金融的改造是否能实现畅通国内大循环的目标，这一着力点最终指向金融科技规范的转型诉求并使其与"双循环"战略的诉求具有同一性。

在数字经济的时代背景下，制度变迁的"绝对渐进"表现为加入主观能动性的制度集成创新。制度集成创新是系统论作用于制度变迁的现代诠释，即突出系统集成要兼顾整体性与重点性，用系统化思维进行顶层设计时要关注整体效益，建立广泛参与的管理工作架构并设计相互补充的制度体系。[3]从这一维度观察，"双循环"战略已点明制度集成创新是融通实现的要素，战略核心之一是通过制度集成创新畅通经济社会循环；从传统金融至金融科技本身就蕴含着制度变迁的过程，制度集成创新则是为汲取金融科技发展过程中的积极经验提供思路并使金融科技规范完成有效转型。

（二）应对外部不确定性

1. 因应风险社会：数字布雷顿森林体系下的制度互补逻辑。

随着外部政治、经济、贸易局势的变化，传统布雷顿森林体系已出现整体消解的趋势，在"合久必分，分久必合"的历史规律中，正孕育或拟更迭出可匹配当前全球格局的要素配置体系：数字布雷顿森林体系。数字布雷顿体系由西方一些国际组织与学者提出，该体系将数据、技术要素与资本（货币）要素均涵盖于内[4]，同样强调要素的融通，所对应的新经

---

〔1〕 参见谢平、邹传伟：《互联网金融模式研究》，载《金融研究》2012 年第 12 期。

〔2〕 参见高富平：《数据生产理论——数据资源权利配置的基础理论》，载《交大法学》2019 年第 4 期。

〔3〕 参见田原：《把握好制度集成创新的关键点》，载《经济日报》2020 年 6 月 18 日，第 11 版。

〔4〕 See Rohinton P. Medhora & Taylor Owen, *A Post-COVID-19 Digital Bretton Woods*, https://www.cigionline.org/articles/post-covid-19-digital-bretton-woods/, last visited on February 28, 2022.

济循环与传统经济循环亦构成“双循环”，足见金融场域与科技场域的融合已势所必至，无论结合的形式如何，亦无论其初衷如何，在某种意义上，各法域认知与定义的金融科技本身就是风险社会的产物，均需要立法者在制度层面作出回应。

相对应地，“双循环”战略所勾勒的正是具有风险社会特征的经济社会寻求“新确定性”的新发展格局，亦是应对风险社会时制度存量与增量互补的基本框架，该框架在金融科技语境下体现为发挥民商经济制度的“压舱石”作用与金融科技制度的“试金石”作用：一是对既有法律的不断完善，并为后续立法留足空间，例如《民法典》除总则编承继原《民法总则》规定有少量针对个人信息保护的规定外，其在人格权编中又对个人信息保护作出集中规定，与此同时，《民法典》总则编第125条及第127条规定〔1〕还为数据权利保护与数据规范的适用除外留足空间；二是通过更新立法健全法律框架体系，实现与时俱进，例如《中国人民银行法（修订草案征求意见稿）》就提出由中国人民银行牵头编制并推动落实金融科技发展规划，拟订金融科技监管基本规则，指导协调金融科技应用。〔2〕

2. 应对不确定性：新发展格局与“发展型法治”下的回应型法。

鉴于外部环境的风险社会特征，国家提出“促进国内国际双循环”要“完善内外贸一体化调控体系，促进内外贸法律法规、监管体制、经营资质、质量标准、检验检疫、认证认可等相衔接，推进同线同标同质”〔3〕可谓其来有自。复观“双循环”战略，“以国内大循环为主体、国内国际双循环相互促进的新发展格局，是应对当前和今后相当长时期国内外复杂严峻局面的重大战略抉择，也是否定之否定，找到经济发展的中心，重回初心的内在发展规律”〔4〕。由此可见，新发展格局与“发展型法治”〔5〕的构建相辅相成，法律固有的稳定性要求与特征是应对外部不确定性的利器，而由政策引导发展格局与制度创新同步驱动可使得新发展格局与“发展型法治”总体保持动态一致，符合经济法风险理论的整体逻辑，亦体现出回应型法〔6〕的现代法治基本特征。

对金融科技而言，由于其具有“破坏性创新”的特征，有效利用金融科技亦需要在新发展格局与“发展型法治”的语境中实现新业态的负外部性内化：在“以国内大循环为主体”方面，“因地制宜”地将风险规则置于与行为规则同等重要的地位，通过风险规则向市场主体释放金融治理新格局下的立法理念，摆脱以监管规则替代法律规则的路径依赖，关注在机构性监管框架下兼容功能性监管的思路设计；在“国内国际双循环相互促进”方面，需要审

〔1〕《民法典》第125条规定，民事主体依法享有股权和其他投资性权利；第127条规定，法律对数据、网络虚拟财产的保护有规定的，依照其规定。

〔2〕参见《中国人民银行法（修订草案征求意见稿）》第43条。

〔3〕中共中央《关于制定国民经济和社会发展第十四个五年规划和二〇三五年远景目标的建议》之“五、形成强大国内市场，构建新发展格局”的“17. 促进国内国际双循环”。

〔4〕陈道富：《双循环格局对金融发展提出新要求》，载《证券时报》2020年12月7日，第A02版。

〔5〕参见张守文：《新发展格局与“发展型法治”的构建》，载《政法论丛》2021年第1期。

〔6〕参见于浩：《迈向回应型法：转型社会与中国观点》，载《东北大学学报（社会科学版）》2015年第2期。

慎总结我国综合国情、金融市场体制、金融立法传统等语境下金融科技规范的利弊得失，在立法时积极关注与境外普通法系及大陆法系进行制度对轨的可能性与可行性并为后续开展国际监管合作奠定基础；在“双循环”战略的法治逻辑方面，需要将“回应型法”的基本立法理念渗透、贯彻至金融立法理念之中，有效避免因过分突出金融审慎监管权限而使立法成为“压制型法”或因过分凸显金融创新监管权限而使立法成为“自治型法”。

二、“两化融合”与“差序格局”：金融科技规范的转型理据

“双循环”战略的政策指引已实质性地限缩金融科技规范转型的走向，即金融科技要为“双循环”战略服务则要将畅通经济社会循环与应对不确定性放在重要位置，其中自身面对金融与科技场域融合的同时还需要面对“双循环”战略为畅通经济社会循环扩大的金融场域以及为应对不确定性聚焦的科技场域，这意味着金融科技不再是传统金融模式的技术化升级而是金融覆盖面的扩大，金融主管部门既要监管金融科技，还要依赖金融科技管理金融市场，将金融科技作为普通金融模式的一种予以持牌监管未必有效。因此，当下围绕金融科技规范的研究进路是在“双循环”战略所要求的新发展格局下开展解释论以夯实理据基础。笔者认为，金融科技规范的转型理据包括社会金融化与金融科技化的“两化融合”、监管与合规在金融场域内的“差序格局”等两个方面。

（一）社会金融化与金融科技化的“两化融合”

1. 社会金融化：互联网金融并未真正“熄火”。

在某种意义上，互联网金融与金融科技具有相当的承继关系，后者是前者在金融深化过程中“抛砖引玉”的结果。以政策性、规范性文件制定与执行层面的监管法制为空间性研究对象，以近十年为时间性研究对象，互联网金融监管的沿革表现为包容性监管、原则性监管、运动式监管[1]、肃清式监管四个阶段。这四个阶段是金融主管部门对互联网金融从鼓励、观察走向干预、约束的缩影，互联网金融监管的沿革从实证视角反映出在传统金融监管体制之余，“补丁”式的规范性文件与“运动”式的短频快整治往往体现出治标不治本的特征。究其根本原因，互联网金融是社会金融化[2]的表现，对互联网金融行业的肃清是对金融科技“异化”样本的处置，而非对社会金融化的“刹车”。在“双循环”战略语境下，“补丁”式的规范性文件与“运动”式的短频快整治并非畅通经济社会循环与应对不确定性的“良方”，即便作为初级阶段表现形式的互联网金融“偃旗息鼓”，基于社会金融化而形成的更为广泛的互联网金融科技并未“熄火”。

---

〔1〕 参见许多奇：《互联网金融风险的社会特性与监管创新》，载《法学研究》2018年第5期。

〔2〕 参见艾云、向静林：《从经济金融化到社会金融化——社会学金融化研究的兴起与展望》，载《国际社会科学杂志（中文版）》2021年第1期。

2. 金融科技化：社会金融化的实质“助燃剂”。

金融稳定理事会（FSB）于2016年3月发布的《金融科技的描述与分析框架报告》中首次从国际组织层面对金融科技予以初步定义，其认为金融科技属于“技术引发的金融创新”（Technologically Enabled Financial Innovations），是指对金融市场、金融机构与金融服务供给产生重大影响的新业务模式、新技术应用、新产品服务等，其既包括前端产业，亦包含后台技术。[1] 中国人民银行等十部委于2015年7月发布的《关于促进互联网金融健康发展的指导意见》对“互联网金融”的定义与FSB对“金融科技”的定义存在相通之处，前述指导意见认为，互联网金融是传统金融机构与互联网企业利用互联网技术与信息通信技术实现资金融通、支付、投资与信息中介服务的新型金融业务模式。截至2019年，根据中国人民银行发布的《关于印发〈金融科技（FinTech）发展规划（2019—2021年）〉的通知》，“金融科技是技术驱动的金融创新，旨在运用现代科技成果改造或创新金融产品、经营模式、业务流程等，推动金融发展提质增效”且“金融科技的核心是利用现代科技成果优化或创新金融产品、经营模式和业务流程”，相关定义在较好地承继我国“互联网金融”发展的趋势外，亦在定义方面与FSB对“FinTech”的定义有所靠拢。

至此，从金融政策的视角观察，我国于金融科技发展规划中的对象框架搭建与FSB倡导市场发展与金融稳定语境下的金融科技内涵的趋同性已较为明显；从行政规范的视角观察，我国金融主管部门已逐步意识到从“互联网金融”时代向“金融科技”时代迈进的核心要素，并能较好地从机理层面对行政规范中的对象内涵予以合理阐述，为我国在国际化的金融治理话语体系中担当与时俱进的角色提供政策性助力，为我国金融科技的法治发展提供更具共识的对话框架与理据支撑。在此过程中，金融科技化的具体特征逐步浮出水面，并与社会金融化牢牢“绑定”，成为后者的“助燃剂”。

（二）监管与合规在金融场域内的“差序格局”

1. 场域扩大：双维监管的本质。

基于前文所述，互联网金融科技的发展可概括为金融科技的风险敞口与金融科技的监管学习两个维度，互联网金融监管风格的变化则是互联网金融业态在“内生性”发展过程中发生异化后“外源性”干预措施的具体体现，金融科技的发展则是业态与监管在交融与博弈中共同利用与推动的方向，相关立法的诉求则是在既有单行法对业态调整力度有限、金融监管模式升级缺乏依据的情况下规范市场秩序、优化制度环境的需求。从传统金融逐步覆盖线上模式至网络空间内的原生性产品模式应运而生，后者既是线上业态的表现形式，亦是金融市场对信息科技发展的因应与诉求，更是在传统组织范式与行为范式之外对科技范式的学习

---

〔1〕 参见FSB发布的Fintech：Describing the Landscape and a Framework for Analysis（2016）。转引自李仁真、申晨：《Fintech监管的制度创新与改革》，载《湖北社会科学》2017年第6期。

与摸索。与之相对应的是，金融监管部门在观察、梳理、总结金融科技的风险敞口时亦在同步学习，并寻求通过新科技范式推动新监管范式的合理进路，国内有学者将之概括为“双维监管”。〔1〕

值得注意的是，信息与数据驱动是监管科技区别于传统监管的一大特征，然而监管科技的本意并非仅仅通过信息与数据驱动加持传统监管：第一，在传统监管模式下，金融主管部门依然会通过信息与数据开展现场或非现场检查、金融机构评级等各项工作，将信息与数据驱动这一特征从持牌与场内监管中提炼出来升格为数据监管亦非单纯增加数据或技术监管在传统监管模式中的比重，而是在时间维度上通过技术加持将事前、事中与事后监管的重大节点更加有序地衔接，在空间维度上通过技术升级将持牌与场内金融以外的其他具有金融属性的泛金融化活动予以统合规制，使监管对象与范围所对应的场域能与金融场域基本保持同步扩大，确保在“双循环”战略实施中，金融活动通过有效监管“有的放矢”；第二，监管科技本身并非利用金融基础设施升级而无差异地将主体监管、产品监管等监管模式覆盖于泛金融领域，由于金融基础设施目前无法以几何级速率“追平”无差异强监管的要求，且在广义金融场域实施全域的强监管亦将挫伤金融市场效率，因此监管科技的本质之一是通过信息与数据驱动重新在扩大的金融场域中廓清重点，有效避免系统性金融风险，同时结合金融基础设施的发展水平在金融场域内实现“量能”监管。

从总体上观察，“双维监管”所要揭示的核心并非监管本身，而是金融与科技场域交融后各自外延的拓展，即“双维监管”的本质是通过反映整体金融场域的扩大与路径依赖下传统监管模式成本的增加，明确金融科技语境下监管者对监管科技的期待与规划，进而突出金融监管转型的必要性与重要性。

2. 差序格局：金融合规的重构。

金融监管历来是学界与业界关注的焦点，而金融科技在传统金融体系之外快速形成全新的金融生态，金融再造工程绕开很多传统金融监管与法律，〔2〕这些变化亟须重构金融监管以应对科技驱动下不断加速迭代创新的金融业，与此同时鼓励市场与主体分别建立符合现代金融治理要求的金融合规体系。金融合规需求在金融主管部门着力开展机构性监管时业已存在，而此时倡导金融合规的重构是因为金融场域扩大后金融主管部门的监管从核心的、系统性的业态至边界的、泛金融的业态，力度由强变弱，与传统监管模式下的单一市场主体或产品监管体现的平行监管为主的模式有所差异，需要更为充分的金融合规体系予以补足。

值得注意的是，无论是功能性监管抑或试验性监管均主要指向监管理念，而当前述理念

〔1〕 参见杨东：《监管科技：金融科技的监管挑战与维度建构》，载《中国社会科学》2018 年第 5 期。

〔2〕 例如，在银联之外诞生第三方支付与网联，银行这一信用中介之外出现 P2P 信息中介，各类交易所市场之外出现股权众筹，IPO 之外出现 ICO，法定货币之外出现虚拟货币与数字货币，征信（央行征信中心）之外出现大数据征信（信联），传统理财之外出现互联网理财、智能投顾、各类大资管等。

落地时除需要考虑机构性监管等固有的监管“惯性”外，还应在体制机制方面予以重新审视，即机构性监管与功能性监管在应然层面的差异是监管理念的差异，而在实然层面机构性监管已具备相当成熟的体制机制，并具体表现为适应这一监管理念的组织保障与长期监管实践形成的持牌主体“自觉”，在此基础上倡导功能性监管或通过试验性监管予以必要改革则应考虑从机构性监管对应的体制机制中寻求监管措施的“最大公约数”，降低金融监管转型的成本。

其中，在应对差序格局的变化时，重构金融合规的内涵具有重要意义：第一，金融自律与金融合规虽为两个不同术语，可具有“一体两面”的逻辑联系，金融机构开展金融合规的目的是在遵守金融基本法的基础上遵循其他规范性文件中的要求，这一要求既包括来自他律组织的下位行政性规范与窗口指导，亦包括来自自律组织的自律性要求，而他律组织的下位行政性规范与窗口指导亦通过自律组织协助支持或持牌主体自律约束予以实现，即无论是下位行政性规范与窗口指导还是自律性要求，均不具备与金融基本法等价的法律责任，不实质性影响机构准入与退出，多以激励与惩戒为主，通过持牌主体的差序格局明确重点监管对象与范围，本质上均具有金融自律的实质特征；第二，在持牌主体的差序格局外，在金融场域内根据业态关键程度与泛化程度形成市场监管的差序格局亦是大势所趋，至此，金融合规的主体已不再总体局限于持牌主体而进一步扩展至金融市场的参与主体，由于合规模式在域外发展较早，在我国社会金融化的过程中明确主体与市场的双重差序格局后突出金融合规的意义还可联通域外法治，减少国际金融交易中的法治理念与文化差异，为“双循环”战略的外循环提供金融市场与监管文化上的融通助力。

从总体上观察，从功能性监管迈向试验性监管的实质之一亦是监管与合规的合作，即金融合规不再仅仅是持牌主体的内部治理议题，由于金融场域的扩大，监管力度随着监管“射程”扩大而减弱，社会金融化已为泛金融的场域设置出主体之外的市场差序格局，而试验性监管的出现就是对金融合规的重构，亦是在差序格局边界探索他律与自律的合作模式：试点金融科技化语境下监管科技的辐射范围。

三、“双合轨”：金融科技规范的转型进路

风险社会背景下的金融科技法治要素的核心在于传统金融法制如何回应法律、金融与科技的三元治理，即相关法律如何共融金融规范与科技规范，形成符合金融科技本质与发展特征的规范体系，以适应“双循环”战略要求的新发展格局。基于前文所述，社会金融化与金融科技化已构成金融市场转型的重要特征，而法律、金融与科技的三元治理是前述特征背后的制度诉求，对三元治理诉求寻求双线合轨是“排列组合”逻辑下制度优化的合理方案，其本质是寻求“大合规”方案。笔者认为，合规对应法治要素的合轨，就金融科技规范的转型

进路而言，包括规则体例与规范体制的合轨调整，以及业态创新与技术规范的合轨共融。

（一）规则体例与规范体制的合轨调整

1. 法律规范稳定性与科技生态成长性的平衡。

金融科技监管者应从业务模式科技化与科技模式业务化的双重视角考虑法律、金融与网络的三元治理基础，通过规范体系的延展性在保障其稳定性的同时平衡好科技生态的成长性。

所谓业务模式科技化是指金融规范性文件所限定的业务模式本身并未发生质的变化，而其背后的技术原理发生迭代。如金融科技监管者对前述问题未给予重视，可能导致对应立法规范的“定点射程”不足，立法目的落空。目前金融科技业务模式下的债权属性、股权属性或结构化属性的交易架构设计稳定性较强，而随着机器学习、分布式账本、生物识别技术、数字加密以及云计算等科学技术的发展，前述业务模式下的产品在不同环节（包括但不限于发行、流动、结算等）的“OPT - IN”“OPT - OUT”的选择余地更大、空间更广，故立法在对调整范围（法律实质性调整的社会关系）作出认定时，还应进一步做好科技治理基础层面的供给性法律解释。

以《中国人民银行法（修订草案征求意见稿）》为例，其提出人民币包括实物形式与数字形式,〔1〕为后续中国人民银行发行法定数字货币提供合法性基础。值得注意的是，前述数字形式与目前的人民币电子化形式有所区别，即法定数字货币并非目前纸质人民币电子化的对象，相较于电子化形式，数字形式的人民币在交易架构中的信任机制完全不同，这意味着在债权属性、股权属性或结构化属性的交易架构中，相关增信措施需要考虑因为技术原因而产生的机制设计变化，同样的金融产品将因支付形式与支付标的物的技术性变革而产生增设多项缺省性规范或提供多种变通性解释的诉求。

所谓科技模式业务化是指随着数字金融概念的推出与金融科技的发展，相关科技模式势必出现市场化的趋势，而在市场化的具体表现方面则体现为相关科技模式的业务化与产品化。以目前视角为立足点，不难发现区块链等多项新兴技术业务化、产品化（包括但不限于在数字货币设计领域）的趋势。金融科技监管者应在立法规范的“定点射程”之外考虑“整体射程”，并充分意识到优化后的金融科技规范体系对“定点射程”而言，是在充分“摸着石头过河”的基础上形成针对性监管范式，对“整体射程”而言，是在业态承继的逻辑基础上形成前沿性监管立法，做好金融治理基础层面的供给性法律解释。

《证券法》曾于较长一段时间内将证券范围限于债券、股票与证券投资基金，导致其适用范围相对有限，对“场外”证券的规范力度亦有限（长期依赖于该法第10条关于公开发行证券的限制性规定，作为对产生现象级问题的创新产品采取“一刀切”监管措施的依据性

〔1〕参见《中国人民银行法（修订草案征求意见稿）》第19条。

规范)。相较而言，金融科技不同于前述纯粹的金融产品，在限制金融科技创新时，亦可能限制监管技术创新，在全球治理的复杂形势演变下，相关做法或能一定程度上避免境内金融科技产品因模式失范导致的系统性风险，可难免因整体规范供给性削弱而无法防范不断滋生的新形态金融科技风险通过资本渠道由境外向境内蔓延，故“削足适履”并不可取。

由此可见，法律规范稳定性与科技生态成长性有所平衡的核心是从既有业务法的范畴内进一步区分业务规则与技术规则并分别给予不同维度的法律解释作为制度供给，即围绕业务规则做好金融治理基础层面的供给性法律解释，围绕技术规则做好科技治理基础层面的供给性法律解释。

2. 法律规范包容性与市场监管适应性的平衡。

金融科技监管者还应在适应性监管[1]中体现法律规范的包容性，以适应性与包容性的双重视角考虑法律、金融与网络的三元治理基础，关注监管立法分别对现有与未来监管体系的整体包容性。

所谓监管立法对现有监管体系的包容性是指优化后的金融科技规范体系的规范与现行有效的金融基本法（单行法）中的监管体系不存在明显相悖之处，且能为相关行政性规范文件在过渡期内的转化、转型留足空间。首先，监管立法本身已立足于解释论的立场，应尽可能降低立法成本，避免现行有效的金融基本法（单行法）因金融科技规范体系优化而需要大面积修改；从目前的持牌主体监管效果观察，相关基本法与金融刑法的配合已能较好地约束相关金融机构的线下业务与一般线上业务，优化后的金融科技规范体系在相关方面可通过援引性规定解决立法衔接问题。其次，我国相关基本法尚未实现金融法典化，相关规范尤其是监管规范在法律解释上留有一定空间，优化后的金融科技规范体系可从缩小前述解释空间并对接自身相关规范的思路设计上进行立法规范。最后，从金融科技规范体系优化内容的草案发布至其正式施行，可为现行有效的行政性规范文件的转化、转型提供必要的过渡期，金融科技监管者应充分考虑行政性规范文件背后金融监管（治理）基础设施为作配合而需要的转化、转型时间，并根据后续治理形势与立法进度要求，在规范制定上考虑引入部分授权性规范，以更好地协同静态与动态监管规范。

以金融领域的“监管沙盒”为例，虽新颁行的《行政处罚法》试点实施“首违可不罚”机制，[2]可在实践中如何定义金融领域的“首次”违法，其解释权依然在金融主管部门，即整个金融创新交易架构的实施属于“首次”还是以金融市场参与主体之间的一次交互行为作为“首次”取决于设计“监管沙盒”的金融主管部门，如金融主管部门能较好地构建风险规则体系，则可将风险识别、风险评估与信息监管有效落实，并衔接好前述基本法的试点机

[1] 参见［美］罗闻全:《适应性市场》，何平译，中信出版集团2018年版，第314—316页。

[2]《行政处罚法》第33条第1款规定，违法行为轻微并及时改正，没有造成危害后果的，不予行政处罚;初次违法且危害后果轻微并及时改正的，可以不予行政处罚。

制，为金融深化提供创新发展的空间。

所谓监管立法对未来监管体系的包容性是指优化后的金融科技规范体系对后续金融主管部门在监管技术发展与联合执法形式方面的多元化有所预期。首先，金融科技监管者应采集域外金融科技监管规范的各类样本，为后续运用不同的监管技术提供包容性规范支持。其次，优化后的金融科技规范体系原则上会对金融科技业态采取激励相容的监管态度，[1]并着眼于明确金融主管部门在数据驱动、信息监管的权限划分与职责协调，而不会以静态的条文规范直接先验性地限制金融科技创新，相对应的，在前述权限划分与职责协调之外，对监管技术运用的包容性规范将较好地制衡金融科技业态的发展节奏，通过协同性的“双向包容”，防范金融科技业态进一步野蛮生长。

以金融监管与金融司法的必要协调为例，金融主管部门之间的权力职能明晰、监管立法周全，可有效减少金融监管体系中的罅隙，尤其是在金融场域扩大的语境下，风险规则体系的成型可有效减少金融司法机关为实现个案公平而开展对金融业态合规性的跨前审查，并为金融市场的融资者与投资者在创新业态下的权义平衡提供参考依据。

由此可见，在适应性监管之中体现法律规范包容性的核心是从既有监管法的范畴内进一步区分监管规则与风险规则并分别给予不同维度的法律解释作为制度供给，即通过成型的风险规则体系深化金融监管层面的条文制定规范与条文执行规范，实现监管立法对现有以及未来监管体系的包容性。

（二）业态创新与技术规范的合轨共融

1. 金融法律实施对业态创新的合理宽容。

前述内容主要是金融科技法与金融监管法作为金融科技法治要素为实现金融规则体例校准与金融规范体制协调而作的解释论，其核心是在传统业务法与监管法的基本分野下，进一步区分金融业务、风险、监管与技术规则，重新审视、理解业务法与监管法的下位规则并在数量占比、适用位阶方面作出合理调整，通过结合“双循环”战略的畅通经济社会循环与应对外部不确定性诉求，解释法律、金融与科技的三元治理基础。金融规则体例校准与金融规范体制协调除内部规则配置的结构优化外，还需要与之和谐共融的外部制度环境，即在法律、金融与科技的三元治理中，除以金融规则体例、金融规范体制为代表的法律元素需要通过风险规则、技术规则与金融元素、科技元素实现共融外，以业态创新为代表的金融元素与以技术规范为代表的科技元素还需要实现合轨共融，以最终完成三元治理所要求的“排列组合”。

基于前文所述，优良的制度环境需要充分考虑通过“监管沙盒”等措施给予新业态以全周期的发展机会，通过密切观察、适当干预等方式，保障对金融科技业态具有合理的宽容

---

〔1〕 参见巴曙松：《金融监管应该保持激励相容》，载《支点》2021 年第 1 期。

性。从立法协调视角观察，金融科技立法者与监管者在制定“监管沙盒”的规范时，应对风险规则的制定进行统合考量，即统合考量监管权限与金融消费者保护事项等法律规范要素以及登记公示、交割清算等配套金融基础设施体系，制定立体化的风险规则，避免将审慎鼓励金融创新的“宽容”性规范变成留有大量灰色地带的“纵容”性规范，保障体系精确度、措施精准度达到立法的预期；还应将税收征管纳入考量范畴，当金融市场监管与金融税收征管同步释放包容的信号时，新业态将进入完整的包容性规范体系，而当金融市场监管与金融税收征管释放与政策态度相悖的信号时，相关执法效果势必会受到严重影响，金融场域的扩大要求金融财税法与金融科技法、金融监管法实现有效联动，为“双循环”战略提供开放、兼容的金融公法与私法体系。

2. 金融法律文本对技术规范的有效共容。

除前述内容外，还需要充分考虑优化后的金融科技规范体系在法律文本适用层面与技术规范之间的实际共容。具体而言，在立法规范的表述方面，优化后的金融科技规范体系与一般民商事规范的区别在于，后者在制定规范时完全关注“法律”维度的前提假设、行为模式、法律评价与法律约束即可，而优化后的金融科技规范体系既需要在前提假设、行为模式、法律评价与法律约束方面具有与一般民商事规范同等的完整性与易懂性特征，还需要把前提假设、行为模式与技术规范予以对接，把法律评价、法律约束与风险规则予以对接，其中风险规则的制定亦依赖对技术规范实质作用的理解；在争议解决的实现方面，金融司法机关应从专业性视角出发，充分考虑技术规范对金融争议解决的重要作用，从实体法、程序法、证据法等多个维度为参照、援用、解释技术规范提供兼容机制，以实现金融司法对技术规范的共容性。

所谓技术规范包括但不限于国家标准、行业标准与地方标准等，从技术规范可共容性的视角观察，对已经制定推行的技术规范，金融科技立法者与监管者通过直接规范、附则释义、规定援引等方式对有关术语进行修正、修订、援用等，经由技术性术语的法律解释，实现对技术规范在前提假设与行为模式等方面的共容；对后续制定推行的技术规范，技术规范制定者应优先响应金融科技规范体系优化过程中相关规范的表述逻辑、表述方式、表述体系，在前述要素上实现新订技术规范与基本法的有效共容，同步实现基本法与技术规范的适用性拓宽等。

经济金融化在发散后形成社会金融化，金融现代化通过聚焦后着眼于金融科技化，两者共同推动金融场域的扩大并进一步推动监管范式的演进，由此引发对“大”行政体制与“强”监管机制下的合规与监管科技的讨论。值得注意的是，无论是“穿透式”监管还是“全周期”监管，均离不开以合规为基础的制度配套体系，纯粹以金融基础设施为依托落实前述监管理念并不具备现实意义，泛金融化的社会现实使得金融监管必须面对“差序格局”并要求传统的行政监管与现代的合规要求有效融合，而两者融合的实质即通过法律规范稳定性与科技生态成长性的平衡、法律规范包容性与市场监管适应性的平衡实现规则体例与规范体制的合轨调整，通过金融法律实施对业态创新的合理宽容、金融法律文本对技术规范的有效共容实现业态创新与技术规范的合轨共融。进一步地，前述调整与共融的平衡位置与权义边界的廓清有赖于“双循环”战略确立的实践基础，即通过“差序格局”下的监管与合规因应“双循环”战略，而“双循环”战略提出的各项合政策性要求则为监管与合规的有效互动、共生发展提供明确的方向。

数字经济时代金融联合风控的法律风险及规制研究

桂　祥*

数字经济事关国家发展大局，要不断做强做优做大我国的数字经济。中国信息通信研究院发布的《中国数字经济发展报告（2022 年）》显示，2021 年我国数字经济规模达到45.5 万亿元，占 GDP 比重为 39.8%，同比名义增长 16.2%，高于同期 GDP 名义增速 3.4 个百分点。可以说数字经济时代已经来临，我国各传统行业包括金融行业也纷纷拥抱数字经济浪潮，对自身进行数字化改造，实际上各金融细分行业已然成为数据利用、共享最典型的场景。伴随金融数据与其他数据融合应用的案例持续增多，跨行业的数据共享、开放和协作演化为新的发展趋势，并促使金融机构在普惠金融、精准营销、风险管理等领域发生了深刻变革。但同时，不论对数据还是个人信息，过度滥用都可能对相关主体的合法权益造成伤害，为此《个人信息保护法》和《数据安全法》对数据、个人信息的流动、使用都规定了较严格的约束义务，因此如何实现数据开发利用与安全保护、如何建设安全可信的金融数据生态，也成为金融行业亟待解决的关键问题。对此，隐私计算技术的发展为金融数据融合应用提供了全新路径，通过综合运用人工智能、密码学、统计学等方法，实现了数据“可用不可见”与“可控可计量”，不仅在保证数据安全和隐私的前提下推动了数据共享，同时也化解了数据价值流通与隐私安全保障之间的矛盾，从而推动我国金融数据融合应用迈入快速发展的新阶段。可以说

---

* 桂祥，东华大学法学院副教授。本文为上海金融法制研究会 2021 年度重点课题“智能金融风险的算法监管机制研究”的成果。

隐私计算技术是一种合规技术，其在满足目前《个人信息保护法》和《数据安全法》等法律法规要求的前提下有效地实现了相关数据共享价值，但值得思考的是这种合规技术是否足够完善，我们是否需要对这种合规技术从技术合规角度开展法律层面的规制。

一、数字经济背景下金融联合风控现状分析

（一）隐私计算概述

1. 隐私计算基本原理。

为什么会有隐私计算？隐私计算中的隐私和个人信息保护法律中的隐私有何关联？要回答这些问题首先要对隐私计算的基本原理进行一定了解。自人们进入数字化时代以来，数字信息的体量呈现爆发式增长模式，这些数字化时代的产物一方面作为宝贵资源反哺经济社会高速发展，但另一方面粗犷、直接的使用数据、个人信息的方式又会给合法的数据、信息主体带来不可预测的损失，同时即使采用较为安全的数据使用手段，如数据脱敏或匿名化处理等，也都要以牺牲部分数据维度为代价，导致数据信息无法被有效利用。而在全球数据、信息法律密集出台的潮流下，[1]信息主体、数据主体的权利普遍得到了较好的保护，而数据处理主体或使用主体则要承担较为严苛的责任，如赋予信息主体以知情权、查阅权、复制权、删除权、获得解释权等权利，而对于信息、数据处理者则施以安全评估、风险检测、有限目的等义务。这种规制模式能实现数字经济的规范发展，但在一定程度上又可能降低数据资源的使用价值，遏制数字经济的蓬勃发展态势，在此背景下，以“赋能科技”面目出现的隐私计算（Privacy - Preserving Computation）技术，在打通应用通道、破除行业壁垒、化解信息孤岛等方面有着得天独厚的优势，成为世界各国竞相追逐的技术高地。

隐私保护计算是一套人工智能、密码学、数据科学等众多领域交叉融合的跨学科技术体系。[2]它能够在不泄露原始数据的前提下，对数据进行加工、分析处理、分析验证，其重点提供了数据计算过程和数据计算结果的隐私安全保护能力。随着数字技术的发展，隐私保护计算的内涵及主流技术不断演进。主流的技术从早期的数据扰动和数据匿名化等演进至今，已经能够实现数据计算过程和数据计算结果的保护，形成一套包括众多领域的跨学科安全技术体系。隐私保护计算具体涵盖了多方安全计算、联邦学习、同态加密、差分隐私和机密计

---

〔1〕 2018 年 5 月 25 日，欧盟出台《通用数据保护条例》（General Data Protection Regulation，GDPR）；2018 年 6 月，美国加利福尼亚州通过了号称最严隐私立法的《加利福尼亚州消费者隐私法》（California Consumer Privacy Act，CCPA）；而 2022 年 6 月，美国众议院和参议院还发布了《数据隐私和保护法（草案）》；我国 2021 年 1 月 1 日生效的《民法典》设专章对隐私权和个人信息保护进行规定，并在 2021 年 9 月 1 日和 11 月 1 日分别生效了《数据安全法》和《个人信息保护法》两部法律。

〔2〕 参见中国信通院《隐私保护计算技术研究报告》，http：//finance. sina. com. cn/tech/2022 - 03 - 31/doc - imcwiwss9071609. shtml，最后访问日期：2022 年 6 月 30 日。

算等技术。[1]在我国，自2020年以来，隐私计算技术就受到市场的热切关注，2021年更是被称为“隐私计算商用元年”。

2. 隐私计算的种类。

目前，隐私计算处于技术多路径探索阶段。目前隐私计算主要的技术路径包括多方安全计算、联邦学习、机密计算（包括可信执行环境）、差分隐私（包括本地差分隐私）、同态加密、零知识证明等。从已商用场景分析，多方安全计算、联邦学习与机密计算商用进展较为领先，零知识证明主要被运用于区块链场景中。其中，多方安全计算是以密码学为核心的隐私计算的代表，其主要逻辑是，在没有可靠的第三方的情况下，在不泄露参与方原始输入数据的前提下，允许参与方运用处理后的密文数据（无法反推原始明文数据）根据多方安全计算协议开展分布式计算，并保证各参与方只能获得自己的计算结果，而无法在计算过程中得知其他参与方的输入数据和计算结果。多方安全计算已经衍生出多个分支技术，包括混淆电路、秘密分享、同态加密、不经意传输等。联邦学习的本质是分布式的机器学习，由两个或两个以上的参与方共同参与，在保证数据方各自原始数据不出自身控制范围的前提下，在系统平台的协调下协作构建并使用机器学习模型的技术架构。联邦学习不需要各参与方把各自的隐私数据传输到中心模型上进行集中运算，而是各自在自身的设备上根据自身的隐私数据对计算模型进行训练，根据训练结果将更新权重、模型参数及梯度信息等通过加密方式传输给系统平台进行整合调试，并达到最优化目的，再讲调整好的机器学习模型传输给各参与方计算。这种方法实现了数据不出本地又完成了联合计算和建模的目的，并且使得各参与方的计算结果和集中式计算结果是高度相同。机密计算实质是通过在基于硬件的可信执行环境中执行计算来保护数据应用中的隐私安全的技术之一。其中可信执行环境定义为可在数据机密性、数据完整性和代码完整性三方面提供一定保护水平的环境。[2]其基本原理是将需要保护的数据和代码存储在可信执行环境中，对这些数据和代码的任何访问都必须经过基于硬件的访问控制，防止它们在适用中未经授权被访问或修改，从而提高机构管理敏感隐私数据的安全水平。[3]因此从本质上来说，机密计算是一种集中式而非分布式的计算方法。

我国隐私计算产品以融合的技术输出路线为主：技术初期，厂商普遍同时支持机密计算、多方安全计算、联邦学习三项技术，以此支持联合查询、联合统计和联合建模的多样需求。其中，联邦学习支持率达到100%，因机密计算需要兼容或对接而硬件厂商支持率相对较低。同时因为应用场景需求与当前通信复杂度影响，也有部分厂商在技术布局初期不提供多方安全计算技术模块。由此，以人工智能、机器学习为基础的联邦学习技术已渐渐成为数

---

〔1〕 参见中国信通院《数据价值释放与隐私保护计算应用研究报告（2021年）》，载 http：//finance.sina.com.cn/tech/2022-03-31/doc-imcwiwss9071609.shtml，最后访问日期：2022年6月30日。

〔2〕 See Confidential Computing Deep Dive v1.0.

〔3〕 中国信通院《数据价值释放与隐私保护计算应用研究报告（2021年）》，载 http：//finance.sina.com.cn/tech/2022-03-31/doc-imcwiwss9071609.shtml，最后访问日期：2022年6月30日。

据安全技术的主流发展方向。

（二）基于联邦学习的金融联合风控场景解析——以商业银行联合风控为例

银行的存款端和贷款端存在期限错配特征，这使其经营模式一定程度上存在天然的脆弱性，因此控制风险对于金融机构尤其是商业银行来说是至关重要的，风险控制能力也成为商业银行的核心竞争力之一。商业银行传统的风险控制普遍存在过度依赖手工、人力完成，审批决策基本靠经验，决策的准确性和效率性都很难得到保证，在一定程度上也造成了风险事件的发生，可以说传统风控手段已经远远不能满足现代商业银行对风险管理的精准需求。在数字经济时代，以商业银行为代表的金融机构也纷纷利用人工智能、大数据、云计算等技术在风控领域进行数字化转型。这对于资金、技术、数据都非常雄厚的大型商业银行是没有问题的，但对于中小银行而言，其普遍存在数据样本较少、数据维度缺失等问题，如果仅仅只使用本地数据来训练建模，则智慧风控效果可能会由于缺乏数据欠佳。而如果多家机构联合训练模型，则风控模型效果会进一步提升。可以看到商业银行传统风控和联合风控的本质区别之一是人类学习和机器学习的不同，人类学习的本质是信息对大脑神经网络的改变，这种改变会导致新信息输入时大脑处理的结果比以前更合理。而机器学习的本质就是建立相应的模型，并获取到适当的参数，使机器能对未来的样本作出正确的预测。不同的是，人类学习用人脑神经网络实现，而机器学习是适用计算机算法实现。

以纵向联邦学习的商业银行联合风控为例，纵向联邦学习意味着不同机构之间的用户 ID 交集较多，而用户数据特征交集少。假设存在 A 银行、B 网络平台和 C 科技公司，三类机构开展不同的业务，且其客户的数据标签存在较大的差异，因此首先需要进行隐私求交，以此找到三者之间的数据交集实现样本对齐，且不暴露不相互重叠的用户，在此基础上对数据交集的样本数据进行加密，并各自通过自己的数据训练机器学习模型，将其模型权重或梯度信息发送给提供服务的系统平台，系统平台在根据模型权重或梯度信息对原有模型进行反复优化后，形成了全局模型，并将该全局模型分别发送给 A 银行、B 网络平台和 C 科技公司。而 A 银行如需在信贷决策前对某客户的信贷风险进行管理，则将需求传输给系统平台，由 A 银行、B 网络平台和 C 科技公司分别根据既有机器学习模型对该客户信贷风险进行计算，最后将结果传输给 A 银行供其进行信贷审核，同样的机器学习和算法实现也可以存在于信贷中和信贷后的信贷全生命周期，以实现信贷全过程中商业银行跨行业的联合风险控制。

基于联邦学习的商业银行联合风控与传统风控模式相比较，其优势主要体现在：（1）实现动态平衡。联邦学习为数据流通中较难规避的敏感信息泄露问题提供了技术实现路径，可支持多个机构在满足用户隐私保护、数据安全和法律法规要求的前提下，进行数据使用和机器学习建模，进而达到原始数据不动而算法模型流动、数据价值流转的效果。（2）融合多方数据，提升风控水平。通过利用联邦学习技术，银行等金融机构将可以实现数据安全融合，在贷款全周期流程中实时、精准、全面地分析客户。以某银行与运营商联合搭建的信贷风控模型为例，通过采用纵向联邦学习，将双方数据共同用于训练联邦风控模型，将能够在保护用户隐私数据的前提下实现模型优化，进而更好地支持普惠金融和消费金融发展，提高风控能力，且数据样本和模型效果的提升还可有效节约传统信贷的审核成本。相关研究显示，通过合规的多维度联邦数据建模，风控模型效果通常约可提升 12%，金融类企业机构有效节约了信贷审核成本，整体成本预计下降 5%—10%，并因数据样本量的提升和丰富，风控能力进一步增强。(3) 服务小微金融。商业银行所收集的客户信息特征、标签较为单一，大多和金融业务相关，对于一些金融服务本身支持较少的小微企业而言，其可供风控决策的数据缺失较多。联邦学习技术通过将金融、征信、税务、工商、消费等数据在“不出域”的前提下进行融合应用，弥补了商业银行业尤其是中小商业银行数据维度不足的缺陷，可以利用其他行业相关数据为小微企业建立精准画像，大幅提高其融资可得性，实现便捷、易得的普惠金融服务。

（三）基于联邦学习的金融联合风控行业现状

联邦学习作为新兴的人工智能基础技术，其由谷歌于 2016 年最先提出。2018 年起，我国也有相应的科技公司对联邦学习的概念、分类、基本原理等基础理论进行系统性研究。2018 年 12 月，电气和电子工程师协会（Institute of Electrical and Electronics Engineers，IEEE）通过了微众银行提出的《联邦学习基础架构与应用》国际标准，该标准旨在提供联邦学习体系和应用的指导方针，确立全行业标准。而国内的相关科技公司也在积极搭建包含理论研究、工具软件、技术标准、行业应用的多层级联邦学习生态框架，并且开始有腾讯、华为、京东、平安等生态合作伙伴加入。2019 年年初，微众银行正式对全球首个工业级联邦学习框架（Federated Learning Enabler，FATE）开源，并开始尝试将联邦学习应用于金融业务中。到 2021 年 5 月，FATE 开源版本迭代达 10 多次，开源社区汇聚超过 2 万人，累计合作机构超 700 家。伴随联邦学习技术逐渐被认可，不同科技公司纷纷推出具有行业特色的联邦学习平台。2020 年 6 月，中国信通院正式发布团队标准《基于联邦学习的数据流通产品技术要求与测试方法》。截至 2020 年 12 月，有 18 个联邦学习工具产品通过首次测试，显示了联邦学习技术已成为保护数据安全与隐私的主流技术选择。但出于具体技术实现细节的差异，不同联邦学习技术平台所托管的数据在实际应用中无法跨平台交互，成为制约数据价值进一步释放的新壁垒。针对这一问题，也有相关的科技团队响应中国工商银行、交通银行、中国农业银行、中国银联等头部金融机构的实际需要，在北京金融科技产业联盟的组织下联手破解了不同联邦学习平台之间互联的技术难题，在行业内第一次实现了异构联邦学习平台的互通。

其实，不仅仅是头部大型科技公司、商业银行在积极利用联邦学习技术在金融风控场景中“跑马圈地”，众多中小银行也感受到竞争压力，开始“扎堆”进行联邦学习，比如江苏银行在 2020 年与腾讯科技、蚂蚁、美团等多家头部互联网公司以联邦学习的模式开展了人工智能技术合作，拓展网贷产品贷前审批、贷中监控、贷后预警等业务环节的应用，推动风险防控能力上新台阶。除此之外，渤海银行、新网银行、微众银行等商业银行都积极尝试利用联邦学习进行建模并在信贷风控中运用。虽然如此，但联邦学习技术下的商业银行联合风控模式目前仍没有大规模商用落地，其主要在金融隐私数据的严格管控、中小银行的科技研发水平、机器学习的计算效率以及对联邦学习产品的监管等方面还存在一定的不足。正因如此，2021 年 7 月 6 日，中国支付清算协会起草并在官网发布《多方安全计算金融应用评估规范》，该规范适用于多方安全计算的金融应用机构、技术服务和解决方案提供商，自发布之日起实施，但该规范更多涉及隐私计算中的另一技术模式即“多方安全计算”而非“联邦学习”。科学技术部、教育部、工业和信息化部、交通运输部、农业农村部、国家卫生健康委员会于 2022 年 7 月 29 日发布的《关于加快场景创新　以人工智能高水平应用促进经济高质量发展的指导意见》中明确在金融领域优先探索大数据金融风控、企业智能征信、智能反欺诈等智能场景。由此可见，基于机器学习的联邦学习模式在未来的商业银行信贷风控场景中正成为主流技术模式，并受到国家政策的鼓励，但现有国内法律规制和行业规范均存在一定的空白，为进一步保证其在数字经济中发挥积极作用，有必要从法律规制层面对其进行一定的研究。

二、金融联合风控场景中的可能风险

人工智能技术的应用能极大限度地解决数据应用和数据保护中的既有弊端，但技术不是万能的，在肯定技术创新的同时也要看到技术革新带来的新问题，否则将容易陷入传统技治主义的套路，而技治主义宣扬技术治理在社会治理中的绝对作用。[1]正因如此，在对联邦学习模式下的金融联合风控进行法律规制前有必要对其业务模式中可能存在的风险进行必要分析。

（一）由逆向攻击带来的隐私泄露风险

相较于其他隐私计算技术方法，联邦学习最显著的特点是原始数据始终保存在本地数据库不发生流转，而算法模型和数据价值发生流动，因此联邦学习的支持者认为联邦学习不发送原始数据，做到了“数据不动”，是绝对安全的。但需要明确的是联邦学习过程中虽然没有发送任何原始数据，但机器学习和人类学习一样也需要不断试错和校验才能使算法模型达到最优化，因此各参与方在进行分布式建模过程中，也要向系统服务方提供相应的中间数据结果，这其中就可能是各方提供的梯度，或者是多方聚合的梯度，又或者是一个本轮结束之后的模型中间结果，如训练后模型权重、模型参数等。而由于这些中间数据结果是基于本地数据集进行训练的，所以其或多或少会携带本地数据集的信息，目前还不能让人工智能模型

〔1〕 参见杨延超：《论数字货币的法律属性》，载《中国社会科学》2020 年第 1 期。

学习到通用知识但同时又不保留个体信息，由此一个参与方可以根据这些暴露的结果以及结果之间的差异性去推算一些不应该暴露的信息。技术上也有一些针对这一问题“打补丁”的方法，例如利用密码学方法来计算梯度聚合或者在中间结果中随机添加数据噪声，但无论如何加密，都不可避免地会向各方暴露一个本轮迭代训练的中间结果，否则就失去了这一方法的核心价值，即通过暴露这个结果，减少加密，从而平衡计算代价与安全。由此联邦学习开展的隐私保护计算并非意味着金融隐私数据的绝对安全，其仍然存在隐私泄露的风险，而由于商业银行数据具有高度隐私性特征，其泄露则可能给数据主体、信息主体带来重大损失。

（二）数据投毒风险

由前述基于联邦学习的金融联合风控模式可知，机器学习打造的算法模型是否能达到最优化一个关键前提是各参与方都能如实运用本地的隐私数据对机器模型进行训练，因此联邦学习和很多隐私保护计算技术都基于一种“半诚实”的假设。从直观上看，半诚实假设意味着参与方虽然有可能偷看或者泄露别人的数据，但是他们会遵守协议，即不会对数据造假。但联邦学习中各参与方真的能诚实地参与计算吗？遗憾的是，联邦学习的分布式特点以及安全聚合机制往往让数据造假变得更容易，更难被发现和举证。传统数据挖掘算法无论是检测数据造假还是容忍错误数据，均依赖数据中内生的冗余信息，以及人们的先验知识。由于联邦学习交换的中间信息是高度凝练的统计信息，数据中缺乏冗余，又缺乏可解释性，这些被传递的中间结果是不是捏造的假数据，难以确认。另外，攻击者亦可通过加工假数据以逃避异常值检测，从而对全局模型进行投毒攻击。研究表明，即便有所防范，训练集中只要包含3%的中毒数据，模型误差将从12%上升至23%。退一步说，即使发现了造假行为，造假方完全可以抵赖说这些假数据就是对自己的数据随机采样算出来的，理论上很难区分是其恶意造假，还是随机抽样造成的噪声。而且，如果各方本地数据本身就存在缺陷，各方机器学习的分布式建模可能并不能通过取长补短来弥补数据缺陷，反而可能会放大数据集的原有缺陷，并进而导致计算模型有效性整体失真。

（三）算法歧视风险

就人工智能算法而言，算法天然躲在黑箱中，互联网公司的算法往往由几十上百个甚至上千个的工程师协作完成，但人工智能机器并非完全按照工程师编写的代码运算，而是自我学习训练、不断调整优化，且随着人工智能技术的不断进步，在未来可能出现的强人工智能时代，人工智能机器的运算结果将变得更无法解释，甚至连编写代码的工程师也无法完全控制。这种算法“黑箱”的非透明性导致了算法歧视行为更加隐蔽、更加难以察觉。我们通常认为算法代码是中立客观的，但其实算法本身具有价值负载性。算法并非完全客观，而是往往蕴含某种预设的价值立场。若设计者存在某种价值偏见，并嵌入到信息的收集、标注、处理中，则算法的输出结果也会体现出价值偏见。例如，波士顿大学与微软的相关研究就证实了算法中的性别歧视，当研究人员向软件提问：“男性是程序员那么女性是?”它的回答是

"家庭主妇"。弗吉尼亚大学赵洁玉团队的研究也发现，男性被误认成女性的图片多是因为"他"站在厨房或正在干家务。人工智能算法再现并放大了人类固有的性别偏见。同时对于采用联邦学习的金融联合风控场景而言，不同参与主体间的数据集偏差或数据缺陷可能会加重算法歧视，在纵向联邦学习中，不同来源数据间的强搭和错配可能对联合数据造成冲击与扰乱，造成歧视规模性放大。除了数据投毒等极端手段，某些参与方的数据输入因数据梯度同其他参与方相差过大，也可能间接导致模型被"污染"，输出歧视性结果。单次歧视的即时危害虽不易被察觉，却足以在更长时间维度和更长数据链条上产生积累式影响，联邦学习全局模型的不断轮回最容易导致群体歧视泛滥。

（四）算法缺陷风险

算法缺陷风险即算法设计不能稳定、准确地实现其目标。以下几种主要情形是产生此种风险的具体原因：（1）算法设计存在安全模块缺失等结构性缺陷或可靠性、准确性、完备性等方面的性能缺陷。比如特定的智能风控模型本身目标是实现对商业银行信贷资产的风险控制，但由于本身算法设计的偏差，风控模型没有将信贷风险较大的业务过滤掉，从而给商业银行带来了较大的信贷损失。（2）算法所依赖的数据来源或基础信息出现缺失或偏差。对于金融联合风控而言，其风控模型计算结果的作出基本建立在既往市场数据的基础上，人工智能的许多算法离不开训练数据集，因此即使算法本身是大致合理的，如果联合风控模型的数据来源不准确或者出现偏差，也可能导致算法运行的结果出现偏离算法设计目标的风险。（3）不同软件或程序之间的算法冲突。算法冲突有可能导致其他程序不能启动或者受到干扰、限制，进而难以稳定、准确地实现算法设计的目标。在人工智能时代，人的整个生活空间都可能被各种各样的算法所包裹，不同的算法应用可能引发严重的算法冲突，给用户和社会公众带来更大风险。

（五）数据垄断和数据公平风险

在运用联邦学习进行联合风控的理想场景中，参与联邦学习各方都能使用相同的模型，且还能共同运用各自的数据进行联合风控，看似能较好地实现不同主体间数据的公平共享。但事实真是如此吗？当前金融联合风控应用场景的模式主要是纵向联邦学习，纵向联邦学习的第一步是隐私求交，这会将交集结果暴露出来，即用户 ID。假如一个大型互联网公司拥有 10 亿用户上网数据，一个商业银行拥有 1000 万用户金融数据，互联网公司根本不在乎暴露交集，因为他已经有了几乎所有客户信息，他可以通过联邦学习获得 1000 万商业银行用户特征标签，至少知道了这 1000 万人是这个商业银行的客户，以后不依赖商业银行数据，互联网平台也可对他们进行精准营销等等。商业银行当然也知道了自己的哪些客户是这一互联网平台的客户，但是这个信息显然没有太大价值，因为绝大多数用户都是这个互联网产品的用户，这个不用训练也知道。商业银行泄露了自己客户的信息，换来的是一个模型，而且这个模型其实也不能单独使用，还需要输入只有互联网公司拥有的数据维度才有用，所以银行在数据上仍然存在被互联网企业卡脖子的风险。因此这个交易显然是不公平的。同时，当前的市场环境下，经常是数据少的金融机构向数据多的互联网企业付费，更加加剧了这一不公平性。因此，纵向联邦学习技术有利于拥有大量数据的公司获取数据量相对较小的公司的数据信息。这样的“联邦”，实际上成为大公司数据垄断的延伸，难以实现公平合作的共赢生态。理想的方式是，交集不暴露给双方，在不暴露的交集上继续完成后续机器学习过程，乃至后续推理的过程；但这样做会完全损失联邦学习暴露中间结果而带来的性能优化，丧失了其特性。

（六）金融顺周期风险

联邦学习是通过分布式机器学习的方式来训练各参与方的模型，最后得到一个全局的风控模型，在参与方的具体风控决策中各参与方得到的风控计算结果是相同的，这也被认为是联合风控公平性的特征之一，但是这种消除差异性风控决策的模式是否真的完全适合金融业务特征呢？在贷前审核阶段，如果是大型商业银行和中小商业银行进行横向联邦学习建模，通过机器学习对大型商业银行和中小商业银行的数据差异进行了优化整合（在一定程度上是消除了不同商业银行之间的业务差异性），风控模型将对大型商业银行和中小商业银行给出相同的风控结果，但大型商业银行和中小型商业银行的市场地位是不相同的，且信贷客户需求也不相同，而相同的风控结果可能不仅会使得中小商业银行更难开展适合自身的业务，也可能使部分潜在的客户无法获得金融服务，金融资源实际在市场运行中进一步集中；在贷中风险评估阶段，基于经济环境的变化（如疫情的发生），部分客户的偿债能力可能下降，此时基于联邦学习的风控模式可能会不论对大型商业银行还是中小商业银行都同样评估为一定的风险性，进而使大型商业银行和中小商业银行都同步采取相应的措施来防范风险，而这种基于微观金融机构的合理风控行为可能在宏观上会进一步导致宏观金融风险的加剧。由此可见，基于联邦学习的金融联合风控的确能破除数据壁垒，使单个商业银行利用其他机构的数据进行具体风控，但也可能加大金融顺周期风险。

三、数字经济背景下算法监管理念优化

在算法规制实践中频繁应用的算法监管辅助措施、算法应用开发者责任、算法应用平台责任等手段，均预设了一个集中的、明确的算法利用者或平台管理者；正在兴起的算法认证、算法标准等机制也预设了一个有动力进行认证或验证的算法利用者，相关手段在互联网规制中已有类似的实践基础，也容易使规制者以规制互联网活动的思维应对算法规制问题。在我国的规制实践中，算法规制并未被从网络治理和互联网规制中分离出来，保障算法应用安全的主要法律框架仍然是以《网络安全法》《电子商务法》《密码法》等法律为代表的互联网法律体系。然而，随着越来越多的算法风险开始来自分散的、独立的算法研发人员或者

自行训练算法模型的算法用户，这些通常针对经营者运用的规制手段已经很难全面防范算法风险。对此，在规制思维方面，我们必须重视一个根本性的差异：算法风险与传统互联网风险在来源和特征方面已有显著区别，不能将互联网规制的思维简单地套用于算法规制，尤其是仅凭备案审查、平台责任、安全性认证等手段应对算法风险。互联网风险虽然可以实现“网上”到“网下”的转化，但转化途径比较集中，包括网络诈骗、网络赌博、洗钱、传播恐怖主义信息等许多风险几乎都需要依赖线上的信息流或数据流，风险规制的主要对象是互联网企业（尤其是门户网站和互联网服务平台）及服务器管理者，而关键的工作则是判断信息流或数据流中存在的风险。

与此相比，算法风险的发生途径更加灵活，许多场景下也并不需要依赖线上的信息传播或交流。算法的本质是解决问题的数学过程，在信息技术层面，就体现为人通过一定的指令指挥计算机或其他包含计算功能的设备运作的方法，因此，算法应用可以在非常广泛的设备或终端运行，甚至从编写程序到运行算法直至产生风险的全过程都可能不需要连接网络。虽然在部分借助网络的情形，算法设计者在网络端的行为可能是合法的（例如，下载图片、复制公开代码、使用第三方库等），但所产生的算法却完全可作线上或线下的非法用途。不仅如此，即使是用户面对的所有算法都被合法运用，也有可能产生不同算法之间相互冲突的风险，随着算法应用的不断多元化，算法冲突的情形也可能极其繁复，而自上而下的算法规制路径无法预计和防范算法冲突，迄今为止也没有形成通用的算法兼容性保障机制。因此，规制算法风险不可能如同规制互联网风险一样采取行政监管主导、强化平台责任、控制信息流的关键节点等方式。

综上所述，在机器学习环境下算法的高度专业化进一步拉大了联合风控服务平台、机构与普通数据主体的信息、技术鸿沟，也实际拉大了其与现有政府监管机构的技术鸿沟，且这种技术鸿沟在未来一段时期内可能都将存在或者深化，而如果从既有的监管理念出发，单一强调对公权力主体或者私权利主体进行赋权，可能会因为技术鸿沟的存在而架空了权力或者权利目的的实现。比如监管机构能对算法进行事先审查，但如果没有技术条件进行审查，也起不到事先筛选的目的，又如私权利主体能要求技术服务方进行解释，但如果不具备专业技术素养，仅仅原则性、通识性地解释算法并不能起到监督算法模型的作用。由此因为算法应用风险高度分散、形态多样且随时随地可能产生的特征，应当在金融联合风控算法监管中更加强调专业主体的监管制度建设，注重发挥专业技术人员的监督效能发挥。当然这里所说的专业主体是多方面的，不仅仅是指作为第三专业机构的算法中介机构，还包括了机构的内部专业人员，以及行业协会的业内人员等。通过合适的制度建设，消除风控服务平台和其他主体间的技术鸿沟，使这些专业主体能对金融联合风控算法进行有限监督，从而实现政府、中介主体、私权利主体三方协同监管。

四、金融联合风控的法律规制建议

《数据安全法》中明确，“鼓励数据依法合理有效利用，保障数据依法有序自由流动，促进以数据为关键要素的数字经济发展”。《个人信息保护法》规定“任何组织、个人不得非法收集、使用、加工、传输他人个人信息，不得非法买卖、提供或者公开他人个人信息；不得从事危害国家安全、公共利益的个人信息处理活动”。基于联邦学习的金融联合风控是作为金融机构在保护个人隐私的前提下合法数据协作手段，根据前文所述，金融联合风控仍然存在一定的风险性，而目前不论是法律法规、监管举措还是在行业规范上都存在一定的空白，且现有法律制度也无法彻底解决上述风险问题，因此有必要在法律规制方面提出相应的对策建议，主要体现在以下几个方面。

（一）对金融联合风控建立政府监管机制

2022 年 1 月，国家互联网信息办公室会同工业和信息化部、公安部、国家市场监督管理总局联合发布了《互联网信息服务算法推荐管理规定》（以下简称《算法规定》），《算法规定》第 3 条规定“国家网信部门负责统筹协调全国算法推荐服务治理和相关监督管理工作。国务院电信、公安、市场监管等有关部门依据各自职责负责算法推荐服务监督管理工作。地方网信部门负责统筹协调本行政区域内的算法推荐服务治理和相关监督管理工作。地方电信、公安、市场监管等有关部门依据各自职责负责本行政区域内的算法推荐服务监督管理工作”。可以看到对于算法的监督管理体制而言，目前采用的是多头监管方式，国家网信办和地方网信办由于其本身机构属性限制并没有过多的行政监管实权，其实际仅有统筹协调职能，这一点也体现在《个人信息保护法》第 60 条的相关规定中，而对于具体监管算法推荐服务的部门《算法规定》仅列举了电信、公安和市场监管等部门，但此处的“等”还存在一定的模糊，即《算法规定》中可对算法推荐服务开展监管的部门到底是仅有三部门还是除了三部门可以有其他的部门开展监管。事实上根据现有相关法律法规可知，尚没有机关有明确的法律职责对金融算法服务开展监督管理工作。同样地，《算法规定》第 24 条规定：“具有舆论属性或者社会动员能力的算法推荐服务提供者应当在提供服务之日起十个工作日内通过互联网信息服务算法备案系统填报服务提供者的名称、服务形式、应用领域、算法类型、算法自评估报告、拟公示内容等信息，履行备案手续。”这条可以看作算法备案制的局部落地。但需要备案的也仅限于“具有舆论属性或者社会动员能力的算法推荐服务”，而对于其他的算法推荐服务尚未施行备案管理，即金融算法服务仍然处于事先不备案、事后不实时监管的状态。

由此，需要明确，基于联邦学习的金融联合风控可能关涉银行金融系统的稳健运行，在风控算法出现偏差的情况下还可能在一定范围内引发金融风险，需要对其建立完备的监管体制机制。由于金融联合风控不仅仅涉及人工智能、数据处理等前沿科技，还涉及金融等学科，都具有较高的专业槽，完全由金融监管部门去监管金融服务算法可能会力有不逮，因此仍应当借鉴《算法规定》的监管体制，由国家网信办统筹协调金融监管部门实现对金融算法推荐服务的监督管理；而对于具体的监管举措，则应当对金融算法推荐服务业施行算法备案制，要求提供金融联合风控的金融算法推荐服务提供者在提供服务之日起十个工作日内履行备案手续。同时由于金融风险还具有传导的迅速性，金融监管也常常要求时效性，因此还应当明确金融监管部门能实时对算法的有效性、运行状态进行事中的校验和评估；而监管的重点内容则不仅包括了从人工智能等科技领域消除可能存在的算法缺陷、算法歧视、算法压榨等问题，还包括了从商业银行等金融领域消除可能存在的顺周期金融风险、适当允许不同金融机构的业务标准差异性等。

（二）针对金融联合风控完善数据主体赋权

基于联邦学习的金融联合风控模型本质上仍然是建立在相关数据主体的数据或者信息基础上的，没有这些数据或者信息，模型的有效性是无法保证的，但模型有效性的提升其实也增加了数据主体的隐私泄露风险。在我国目前的法律法规中，信息、数据主体被赋予了较多的权利以保障自身合法权益，比如，根据《个人信息保护法》的相关规定，信息主体所享有的权利主要包括知情权、决定权、查阅权、复制权、可携带权、更正补充请求权、删除请求权、解释请求权等，但不可否认的是在基于联邦学习的金融联合风控场景中，信息、数据主体的这些既有权利可能面临失灵的风险。比如，个人信息收集、处理过程中的“知情同意”规则被誉为帝王规则，意味着信息权利主体有权基于知晓数据处理活动的利益和风险来决定是否同意相应的数据处理活动，而在金融联合风控场景中数据处理者告知隐私计算技术的功能效果和实际风险水平，即可被视为实质履行了风险预防义务，[1]并且在金融机构和金融服务需求者两方市场地位悬殊情况下，金融服务需求者也只能“选择”同意。再如个人信息删除权、被遗忘权的实用性在隐私计算中也大打折扣。由于过度依赖在数据集中添加混淆数据以提升安全性，“实质删除”的难度大大增加；具有不可篡改特性的区块链技术在隐私计算系统中的穿插应用，令不可逆转的删除难以实现。[2]虽如此，但不可否认的是数据、信息主体仍然是数据、信息合法利益的第一“责任人”，我们还是应当对其进行适当赋权并保证其权利行使的便捷性，从而产生数据、信息合规使用的内生动力。

具体来说，首先，可以赋予数据、信息主体以“断链权”或者“离线权”，《个人信息保护法》第15条第1款规定：“基于个人同意处理个人信息的，个人有权撤回其同意。个人信息处理者应当提供便捷的撤回同意的方式。”但对于信息主体行使撤回权利的后果，《个人信息保护法》第47条规定，个人撤回同意的，个人信息处理者应当主动删除个人信息；个

〔1〕 参见赵精武：《破除隐私计算的迷思：治理科技的安全风险与规制逻辑》，载《华东政法大学学报》2022年第3期。

〔2〕 参见唐林垚：《隐私计算的法律规制》，载《社会科学》2021年第12期。

人信息处理者未删除的，个人有权请求删除。这在金融联合风控中则显得失去了中间缓冲地带，一方面是参与机构能利用联邦学习技术跨机构充分挖掘数据价值，但另一方面则是一旦信息主体撤回同意参与机构不仅不能在联邦学习中使用数据，还要主动删除个人信息，机构自身的本地使用也不被允许，对于数据、信息处理者来说有过于严苛之嫌。因此有必要设置"断链权"或者"离线权"作为同意和撤回同意的中间状态，即允许数据、信息主体将个人数据从联邦学习技术的实践中撤离出来并自由决定其个人数据在不同数据处理者之间的流转，但并不要求数据处理者主动删除个人数据、信息，中止的是数据处理者对个人数据、信息的"使用权"，而非"持有权"。其次，可以赋予数据、信息主体以陈情权。英国学者提出了"陈情权"的概念，主张保障因某项决策自身权益受损的个体享有获得公平聆讯以及请求行政复议的权利。[1]陈情权对防范经由联邦学习放大的算法偏见将起到不可替代的作用，更重要的是，陈情权有望让政策制定者以"同为自然人"的立场对数据主体的境遇感同身受，借此制定出更有温度、饱含人文关怀的政策和法律。最后，可以赋予数据、信息主体以算法获解释权。《算法规定》明确了算法知情权，要求信息处理者告知用户提供算法推荐服务的情况，并公示服务的基本原理、目的和主要运行机制等。但在基于联邦学习的金融联合风控场景中，联邦学习的各项技术构成了较为封闭的技术黑箱，由于商业秘密的保护要求，技术方难以彻底公开披露技术细节，环环相扣的符码规则进一步打断了算法可解释性，由此《算法规定》所明确的算法知情权在这种场景中很有可能将会被又一次架空。因此有必要赋予数据、信息主体以获解释权，根据数据、信息主体的差异性的数据特征和解释需求，要求技术方或者金融机构对相关问题进行必要、清晰的解释。

（三）强化行业协会等中介组织的治理效能

基于联邦学习的金融联合风控本身就具有分布式计算的特征，由此完全集中式的政府监管可能并不能取得较好的监管效果，有必要构建多方主体共同参与风险治理的协同共治模式，而在此模式中行业协会等中介组织就处于承上启下，连通各方的关键地位。就金融联合风控而言，其发挥的作用主要体现在：首先，制定行业规范。2021年6月28日，中国支付清算协会发布《多方安全计算金融应用评估规范》，这是我国第一个有关隐私计算的金融规范，但其更多是有关多方安全计算的行业规范，对联邦学习技术规范较少，而关于联邦学习技术的金融规范仍未出台，因此在联邦学习技术不断成熟的背景下，有必要由金融行业协会进一步制定有关联邦学习金融应用的行业规范。其次，完善行业声誉管理机制。对于行业协会而言一方面要加强技术管理能力，比如利用区块链技术跟踪全局模型更新，对积极参与联邦学习的用户给予丰厚奖励，能实现局部模型的更高稳定性。[2]契约理论亦可被用于数据合

---

〔1〕 参见唐林垚：《"脱离算法自动化决策权"的虚幻承诺》，载《东方法学》2020年第6期。

〔2〕 See Y. J. Kim & C. S. Hong, *Blockchain - Based Node - Aware Dynamic Weighting Methods for Improving Federated Learning Performance*, 20 Asia - Pacific Network Operations and Management Symposium, 2019, p. 1 - 4.

规科技各参与方算力投入和模型质量的衡量，解决困扰实务界的“拜占庭将军问题”（Byzantine Failures），从而实现联合诚实参与方而非揪出恶意方、数据投毒方的效果。另一方面还要有合理的声誉管理机制，为金融机构、互联网平台、科技公司等分别建立数据信用档案，并保持定期更新，数据信用档案为协会会员开放，会员可以根据各类机构过往的数据信用情况决定是否在金融联合风控中共同建模。再次，破除数据垄断，实现数据公平。单个中小金融机构的力量确实无法与头部互联网平台等机构抗衡，但众多中小金融该机构的联合则可以实现与大型机构的公平互利，由此，行业协会可以代表各中小金融机构的利益与大型互联网平台、大型垄断性国有企业进行充分协商，可以通过多个中小金融机构的数据“拼图”实现单个中小金融机构获得大型互联网平台机构更多的用户数据特征，还可以通过集团合作的方式使金融机构在数量上和互联网平台机构基本持平，并进而数据公平使用，而非一方对另一方的数据压榨。最后，积极维护相关主体合法权益。行业协会不应当单单是行业利益保护协会，其还担当着连通各方的中介组织职能。在金融联合风控场景中，基于联邦学习的技术特征，风控决策可能会更加缺少“温度”，数据主体的救济途径可能也会更加冰冷和难以解释，而受损失的可能不仅是数据主体的数据权益，还可能包括金融客户的金融权益（一度有学者将其列到金融人权的高度）。因此行业协会应当完善投诉途径、适当进行人工干预、适时对人工算法进行必要评估等，以此充分保护数据主体以及金融客户的合法权益。

合规视角的银行业数据治理体系建设

吴卫明 *

数字化转型是我国经济、社会发展面临的重大课题，也是国家规划的重要方向。金融业作为数字化转型较为领先的行业，在以数据驱动金融业务效率提升、驱动金融产品优化方面，已经取得不小的成就。然而，与数据利用、数据驱动伴生的问题则是数据的有效治理与合规管理，如何构建数据治理及合规体系，不仅关系到数据的有效利用，也关系到金融机构的风险防控与持续发展。

数据合规与数据治理，一直是银行业金融机构管理过程中高度关注的两个问题，但对于这两个概念缺乏必要的规则或指引予以明确，在实践中对这两个概念常有混用或者割裂对待的情况。例如将数据合规看作法律与合规方面的问题，而将数据治理看作内部治理的问题。造成两者关系不够清晰的原因，一是概念内涵有待厘清，二是相关规则的衔接问题。

银行业金融机构的数据治理与数据合规体系有一定的交叉与融合，如从数据分类分级管理、重要数据安全评估、数据的技术保护措施等角度看，数据治理与数据合规体系具有共通性。此外，中国人民银行 2020 年颁布的《金融数据安全分级指南》及《个人金融信息保护技术规范》，则既有数据治理的内涵，也有合规的内涵。因此，银行业金融机构的数据治理与数据合规不是孤立的两个概念，而是相互依存、相互包容的概念。数据治理和数据合规，是从不同视角看待数据管理，两者密不可分。

* 吴卫明，上海市锦天城律师事务所高级合伙人、律师，上海市律师协会互联网与信息技术业务研究委员会主任。

一、银行业金融机构数据治理的概念与体系

（一）数据治理的含义

对于数据治理，定义较为宽泛。根据国际标准化组织 IT 服务管理与 IT 治理分技术委员会、国际数据治理研究所（DGI）、IBM 数据治理委员会的观点，数据治理意指建立在数据存储、访问、验证、保护和使用之上的一系列程序、标准、角色和指标，以期通过持续的评估、指导和监督，确保富有成效且高效的数据利用，实现企业价值。〔1〕

根据原银保监会发布的《银行业金融机构数据治理指引》，数据治理是指银行业金融机构通过建立组织架构，明确董事会、监事会、高级管理层及内设部门等职责要求，制定和实施系统化的制度、流程和方法，确保数据统一管理、高效运行，并在经营管理中充分发挥价值的动态过程。银行业金融机构应当将数据治理纳入公司治理范畴，建立自上而下、协调一致的数据治理体系。〔2〕银行业金融机构数据治理的基本原则包括：全覆盖原则、匹配性原则、持续性原则、有效性原则。〔3〕

按照这一界定，数据治理的目标似乎更偏重于数据的统一管理、高效运行、价值发挥。这一目标如果做简单的理解，与合规之间的关联度并不高。但深入分析后却并非如此，数据合规是数据治理的底线，而数据治理则是合规的最终目标。

（二）银行业金融机构数据治理的框架

根据《银行业金融机构数据治理指引》的规定，银行业金融机构数据治理体系应主要包括以下方面的内容。

1. 数据治理相关的内部管理架构

组织管理架构是数据治理体系运转的保障，也是数据治理活动的实施体系。包括数据治理的管理权限与职责、各个部门在数据治理活动中的分工与配合、激励与约束问题等，通过合理的组织架构与约束激励机制，让政策的制定者、管理者、执行者各司其职。数据治理架构应明确董事会、监事会、高级管理层和相关部门的职责分工，建立多层次、相互衔接的运行机制。具体架构安排如下：

董事会是数据治理的最高领导机构和最终责任承担者，负责制定数据战略，审批或者授权审批数据治理的重大事项，督促管理层提升治理有效性。

监事会是数据治理的最高监督机构，负责对董事会和高级管理层在数据治理方面的履职

〔1〕 参见张莉主编、中国电子信息产业发展研究院编著：《数据治理与数据安全》，人民邮电出版社 2019 年版，第 19 页。

〔2〕《银行业金融机构数据治理指引》（银保监发〔2018〕22 号）第 3 条、第 4 条。

〔3〕 参见《银行业金融机构数据治理指引》（银保监发〔2018〕22 号）第 5 条。

尽责情况进行事中事后监督评价。

按照《银行业金融机构数据治理指引》的要求，银行业金融机构高级管理层负责建立数据治理体系。

在数据治理体系建设执行层面，银行业金融机构应确定归口部门。除上述归口部门外，相关业务部门负责本业务领域的数据治理，作为数据治理的属主部门，管理业务条线数据源，确保准确记录和及时维护数据，落实数据质量控制机制，执行监管数据相关工作要求，加强数据应用，实现数据价值。

2. 数据治理的制度体系

数据治理体系建设属于银行业金融机构治理的重要领域，也是商业银行数据战略及数字化转型的基础。按照《银行业金融机构数据治理指引》，数据治理的目标是确保数据统一管理、高效运行，并在经营管理中充分发挥数据的动态价值。在数据治理体系构建过程中，制度体系是对整个治理架构、治理流程、管控措施的确定与书面化的体现。笔者认为，数据治理能力的重要体现，即包括制度与金融机构整体业务的匹配，以及制度的颗粒度设置的合理性。

3. 数据治理的流程体系

流程是银行业金融机构数据治理体系与制度发挥作用的重要纽带，数据治理的相关制度具有抽象化的特征，而数据治理的流程则更加具象化。通过流程的约束，可以让数据治理的每个管控环节都以可视化、可感知的方式呈现给银行业金融机构的管理层和执行层。

数据治理过程中，流程体系通过管理信息系统的设定或者文件表格的设定，将数据治理的管控环节按照流程顺序的不同，分解给不同部门、不同岗位。通过优化的流程设计，能够将管理制度中的权利、职责、责任充分落实。并且，通过流程的优化，也可以让数据治理的约束与激励机制更为具体。

二、银行业金融机构数据合规体系的概念与架构

一般语境下，合规是指企业的经营活动与法律、规则和准则相一致。按照原中国银行业监督管理委员会2006年发布的《商业银行合规风险管理指引》，合规是指使商业银行的经营活动与法律、规则和准则相一致。合规风险，是指商业银行因没有遵循法律、规则和准则可能遭受法律制裁、监管处罚、重大财务损失和声誉损失的风险。[1]

银行业金融机构的数据合规，是指银行等金融机构的经营活动与数据安全及个人信息保护相关的法律、法规、监管规则、规范性文件的要求相一致，从而避免因违反上述规则而导

---

〔1〕《商业银行合规风险管理指引》（银监发〔2006〕76号）第3条规定。

致数据合规风险的发生。

1. 相关规则对数据合规体系建设的要求。

对于银行业金融机构数据合规体系的建设，相关法律法规有明确的规定。银行业金融机构由于其在支付结算、公众存款、贷款服务方面的特殊地位，加之高度依赖互联网、用户数据开展业务，具有了多重法律身份，从而在多个法律维度上均有数据合规体系建设的要求。

（1）作为网络运营者。在金融数字化的背景下，银行业金融机构的业务大量依托网络办理，因而属于网络运营者。对于网络运营者建立相关制度，保障网络运行安全及网络数据、个人信息的安全《网络安全法》有相应的规定。银行业金融机构作为网络运营者，应制定内部安全管理制度和操作规程，确定网络安全负责人；应当对收集的用户信息保密，并建立健全用户信息保护制度。

（2）作为数据处理者。银行业金融机构拥有大量的用户数据和业务数据，其中还可能有大量的重要数据。按照《数据安全法》规定，银行业金融机构作为数据处理者，应当依照法律、法规的规定，建立健全全流程数据安全管理制度，重要数据的处理者应当明确数据安全负责人和管理机构。

（3）作为个人信息处理者。银行业金融机构拥有大量的个人客户，因而其业务处理过程中，势必会涉及大量的个人信息。按照《个人信息保护法》规定，应制定内部管理制度和操作规程，对个人信息实行分类管理，制定并组织实施个人信息安全事件应急预案。处理不满十四周岁未成年人个人信息的，应当制定专门的个人信息处理规则。此外，用户数量巨大的个人信息处理者，应按照国家规定建立健全个人信息保护合规制度体系。

（4）作为关键信息基础设施运营者。按照关键信息基础设施（CII）的定义，银行业金融机构被认定为关键信息基础设施运营者的可能性较大。按照《网络安全法》及《关键信息基础设施安全保护条例》规定，运营者应当建立健全网络安全保护制度和责任制，保障人力、财力、物力投入；并应当设置专门安全管理机构，并对专门安全管理机构负责人和关键岗位人员进行安全背景审查。专门安全管理机构具体负责本单位的关键信息基础设施安全保护工作，负责建立健全网络安全管理、评价考核制度，拟订关键信息基础设施安全保护计划；制定应急预案，建立健全个人信息和数据安全保护制度。

2. 银行业金融机构数据合规体系的基本架构。

从实践的角度看，金融机构的数据合规体系在形式方面与数据治理体系具有一定的相似性。简要概括，数据合规的内部管理架构，包括管理机构、人员、部门职责、岗位设置等；数据合规的规则体系，包括相应的制度、操作指引等；流程体系方面，包括针对不同数据处理活动的审批流程、操作流程等。

数据治理所涉及的制度名称，往往并非法律的界定，而是出于惯例或有关技术规范、认证标准而制定；而数据合规的制度名称则除了需要体现上述惯例或技术规范的要求外，还需要在其内容里实质性地体现出法律法规的要求。比如针对重要数据，企业内部应该有重要数据安全评估的相应机制；对于个人信息的自动化处理及出境，需要有内部的个人信息保护影响评估制度及个人信息出境制度。

此外，银行业金融机构数据合规体系还有一个重要的组成部分，即数据合规的风险库。风险库是指根据法律法规及规章等具有强制力的规范，以及银行业金融机构具体的业务流程、数据处理流程而归纳出的现实风险或可能出现的合规风险。风险库的设置，使合规体系在管控措施、流程设置方面有的放矢，并能够让制度更加有针对性。

三、银行业金融机构数据治理与数据合规的关系及融合

银行业金融机构的数据治理与数据合规是一对共生的体系，两者既有差异也有融合，共同构成了银行业金融机构的数据管理体系。

1. 数据治理体系与数据合规体系的差异。

（1）目标不同。数据治理体系的目标包括实现数据统一管理、高效运行与利用、并在经营管理中充分发挥数据价值，从而实现企业价值。而数据合规体系的目标则偏重于数据处理活动的合法合规，避免合规风险的发生。

数据治理体系、数据合规体系都是通过组织架构的设立和一系列的制度、流程来完成其各自的目标。但两者的价值目标是有差异的，数据治理强调在稳健治理的基础上实现数据利用价值，而数据合规则强调在合规管理的基础上防范数据相关的法律风险。

（2）规则依据不同。从数据治理的角度看，可以遵循的强制性法律规则较少，全国人大层面的法律以及国务院层面的法规，并无专门针对数据治理的法律法规。对于银行业金融机构的数据治理，也仅有《银行业金融机构数据治理指引》这一专门的监管规则。数据治理的规则更多见于有关的非强制性标准、国际认证标准等，而这些规则并不具有法律强制力，而主要通过有关标准来引导企业实施有效的数据治理，并通过相关的商业认证，在一定范围内为企业的数据治理水平提供一种公示的效应。

对数据治理问题，国家法律不予过多的干预，主要是因为数据治理核心的目标是商业价值的实现，本质是企业自身的竞争能力，因而不宜由法律或国家的有关强制性的制度予以过多干预。

而数据合规则拥有一套完整的法律规则体系，因为数据合规更加关注的是数据处理活动中的数据安全与合法问题。基于此，我国出台了以《网络安全法》《数据安全法》《个人信息保护法》为主体的数据安全与合规法律体系。此外，还有《计算机信息系统安全保护条例》《关键信息基础设施安全保护条例》《网络数据安全管理条例（征求意见稿）》《网络安全等级保护条例（征求意见稿）》等行政法规及征求意见稿。此外，《国家安全法》《消费者

权益保护法》《电子商务法》等法律中也有关于数据安全与合规的内容要求，最高人民法院与最高人民检察院也出台了相应的司法解释。国家网信部门、工信部门及其他相关监管部门也出台了相应的行政规章，其中有代表性的包括《网络安全审查办法》《汽车数据安全管理若干规定（试行）》《数据出境安全评估办法》《工业和信息化领域数据安全管理办法（试行）》（征求意见稿）等。

需要说明的是，数据治理中，除了数据利用价值外，也有数据保护的内涵，这一点也是数据合规所关注的。

（3）内涵不同。通过对数据治理与数据合规价值目标的分析，可以看出，两个体系在价值目标、依据的规则方面是不同的，从而引申出两个体系内涵的不同。数据治理体系是一个通过数据驱动企业发展的体系，而数据合规体系则是让数据治理体系运行在国家法律法规确定的轨道内的保障体系。

2. 数据治理体系与数据合规体系的融合。

（1）方法论与基础工作的共通。正是由于数据治理和数据合规都是针对数据实施的体系化管理，两者在方法论上具有一定的共通性。

首先，都需要厘清银行业金融机构的数据资产状况，并对数据实施分类分级的甄别。对于数据治理而言，分类分级的目的在于识别数据对于企业自身的价值；而对于数据合规而言，则在于识别数据对于国家安全、社会公共利益、第三方利益的影响。

其次，都需要以数据利用与业务流程的匹配为基础。对于数据治理而言，由于其核心目标是通过数据价值助推业务发展，实现企业利益最大化，那么数据的利用与业务流程的匹配将是数据治理需要关注的基础问题。对于数据合规而言，在业务流程中，设置必要的合规管控与风险管控措施，防范数据合规风险，也需要对数据利用情况以及业务流程进行深刻的挖掘。

再次，都需要以数据全生命周期的角度来看待数据的管理体系搭建。对于数据治理体系而言，数据价值的发挥需要考虑数据全生命周期的运用和保护；而对于数据合规，全生命周期保护同样是基础的方法。

最后，都需要以整体化的思路来实施管理，整体意味着治理与合规都需要从组织架构、人员与岗位、制度、流程、激励约束做整体的安排。

（2）数据治理与数据合规互为支撑。从数据安全管理的角度看，无论是数据治理体系还是数据合规体系，都关注数据的安全管理措施。数据治理体系搭建过程中，对数据合规的价值目标应予以考虑，从而保障数据治理体系整体的合规性。数据合规体系的搭建，则也需要考虑到数据治理的客观需要。由于两者在方法、技术措施上具有很多共通性，数据治理体系和数据合规体系往往是表现为一个硬币的两面。组织架构以及大量的制度、流程都具有相互的融合性。

（3）数据治理体系的风险有时会以合规风险的方式体现。最近的一个合规处罚案例，针对的是商业银行的数据治理问题，但却以合规处罚的方式予以体现。

根据原银保监会于2022年3月25日发布的公告，原银保监会近年来对21家全国性中资银行机构（政策性银行、国有大型银行、股份制银行等）开展监管标准化数据（EAST）数据质量专项检查，发现21家银行机构在EAST数据质量领域均存在违法违规问题，包括漏报错报EAST数据、部分数据交叉校核存在偏差等数据质量违规问题。为此，原银保监会对21家银行机构依法作出行政处罚决定，处罚金额合计8760万元。上述处罚案例针对的是商业银行EAST数据质量问题，而监管数据治理是商业银行数据治理的重要内容，并且，监管数据治理本身又是商业银行落实合规管理要求的基础。与此同时，监管数据治理与商业银行的全面数据合规体系也有一定的交叉与融合。比如，监管数据可能会包含国家重要数据、机密商业数据等，而从数据分类分级管理、重要数据安全评估、数据的技术保护措施等角度看，数据治理与数据合规体系也具有共通性。

四、从合规视角构建银行业金融机构数据治理体系

1. 以合规视角搭建数据治理体系的必要性。

如上文所述，数据治理体系与数据合规体系两者具有融合性的特征，虽然价值目标有所差异，但却相互依存，离开数据合规的数据治理，将无法解决合规风险问题；而离开数据治理的数据合规，将无法支撑数据价值的最大发挥及业务目标的实现。笔者认为，一个好的数据管理体系，应该是将数据治理与数据合规做整体考虑，并兼顾上述两个价值目标。因此，将数据治理体系与数据合规体系做整体考虑，并对体系整体搭建，无论从其制度效用、实施成本角度，还是从优化管理、避免不同体系内在冲突的角度，都是最优化的方案。

当然，不同的金融机构在不同阶段，侧重点可以有所不同。比如，规模较小或者数据开发利用能力较弱的机构，可以在制度搭建过程中，侧重数据合规。而数据开发利用能力强的机构，则应对数据治理与数据合规并重。

2. 将数据合规架构与数据治理架构做融合考虑。

按照《银行业金融机构数据治理指引》的要求，银行业金融机构高级管理层负责建立数据治理体系，并可根据实际情况设立首席数据官。但是对于由什么样的高级管理人员负责数据治理体系建设，以及首席数据官在金融机构组织架构中的定位，该指引并没有明确规定。

从合规视角来看组织架构，则首席数据官的设立，应与《数据安全法》《个人信息保护法》的制度进行必要的衔接。按照《数据安全法》，重要数据的处理者应当明确数据安全负责人和管理机构，按照《个人信息保护法》，处理个人信息达到国家网信部门规定数量的个人信息处理者应当指定个人信息保护负责人。对于首席数据官、数据安全负责人、个人信息保护负责人，如果在管理职能、职责方面不能建立有机统一的体系，则不仅浪费管理资源，

也会造成分工的重叠，以及管理上的衔接问题。因此，在设立首席数据官的时候，应将《数据安全法》及《个人信息保护法》规定的合规架构一并考虑。合理安排首席数据官、数据安全负责人及个人信息保护负责人的岗位及分工、职责。

在数据治理体系建设执行层面，银行业金融机构在确定归口部门时，主要可以考虑由两类部门作为数据治理的归口部门。一是信息安全部门（部分机构内设名称为“科技部”）并在其下设专门的数据安全管理部门，二是合规部门。上述两类部门在数据治理体系建设方面，各司其职、相互配合。信息安全或科技部门作为执行的归口部门，合规部门作为制度制定及执行的咨询与支持部门。

3. 整体考虑数据合规与数据治理的制度流程。

应从数据合规体系与数据治理体系融合的角度，整体考虑相关的制度建设。虽然按照《银行业金融机构数据治理指引》，数据治理的目标是“确保数据统一管理、高效运行，并在经营管理中充分发挥数据的动态价值”。但其内涵也应包含数据安全及合规问题。一个好的数据治理体系，应包含数据合规的内容，并从以下几方面构建制度体系：

一是数据资产管理类制度，这是与商业银行的数据战略、数据资产利用策略、数据资产知识产权保护、数据资产内部跨部门协同利用等相关的管理制度。

二是监管数据管理类制度，是商业银行应对监管检查、监管报送而建立的一整套制度。监管数据管理制度与数据资产管理制度有一定的交叉，但更加侧重监管数据管理，其目标不是发挥数据价值，而是满足业务监管合规的要求。

三是数据安全保护类制度，主要侧重于满足《网络安全法》、《数据安全法》、《个人信息保护法》及《关键信息基础设施安全保护条例》等专门的网络安全、数据安全、个人信息保护法以及中国人民银行与银保监会（现已变更为国家金融监督管理总局）关于网络安全、数据安全的特定监管要求。其内容包括网络安全保护、数据安全保护、个人信息安全保护，以及数据分级分类、系统及数据库访问控制策略、数据加密脱敏及去标识化处理等方面。此外，还包括网络与数据安全的应急预案、培训、风险评估等相关制度。

四是数据合规处理类制度，主要针对数据的收集、加工、利用、存储、提供、出境等数据处理活动，以及个人信息处理活动。主要为了满足数据利用过程中的合法、合规要求。

4. 将合规风险管控措施嵌入流程体系。

合规管控节点的植入，需要以合规风险库为依托，在结构业务流程和数据处理环节的基础上，形成合规管控节点与具体措施。通过将这些节点与措施植入数据治理的整体制度体系和流程中，达到数据合规体系与数据治理体系有机融合、动态共生的目标。

综上所述，银行业金融机构数据治理与数据合规体系建设，是一个共生的大系统，共同保障金融机构在防范数据合规风险的基础上，达到数据的有效保护，并提高数据利用效率，在数字化转型的大背景下，助推银行业金融机构的业务发展。

上海市数字人民币试点中的个人信息监管

李瀚琰　鲍陆文英 *

中共中央《关于制定国民经济和社会发展第十四个五年规划和二〇三五年远景目标的建议》明确要求："建设现代中央银行制度，完善货币供应调控机制，稳妥推进数字货币研发，健全市场化利率形成和传导机制。"2021 年 7 月，中国人民银行（以下简称央行）发布的《中国数字人民币的研发进展白皮书》提出，应根据国内试点与国际社会需要，在依法合规的要求下建立数字货币体系及监管合作机制。2021 年 1 月 30 日，上海市人民政府发布《上海市国民经济和社会发展第十四个五年规划和二〇三五年远景目标纲要》，明确要求"推动在沪设立国家金融科技发展研究中心。开展数字人民币应用试点"。作为新型支付工具，数字人民币将改变金融科技生态，对现行支付结算体系产生巨大影响。但数字人民币并非毫无缺陷，其发行使用可能造成更大的金融风险敞口，尤其是个人信息保护与监管问题凸显，必须对其予以充分规制。因此，在上海市数字人民币试点过程中完善金融合规机制，建立以央行为中心的双层审慎监管体系，对防范数字化转型中的个人信息保护风险具有重要意义。

一、我国数字人民币监管现状

自央行 2014 年启动央行数字货币（CBDC）研发工作以来，我国在数字人民

---

* 李瀚琰，上海立信会计金融学院法学院讲师、华东政法大学法学博士后；鲍陆文英，上海金融法院法官助理。本文为上海金融法制研究会 2021 年课题"数字化转型与数字金融规范发展的法律问题"成果。

币发行框架、关键技术、发行流通环境及相关国际经验等方面展开相关工作。2017 年年底，经国务院批准，我国正式启动数字人民币的研发试验，并于 2019 年开始数字人民币试点，2021 年 7 月，央行发布《中国数字人民币的研发进展白皮书》，研究制定数字人民币相关管理办法，加强数字人民币个人信息保护。我国的 CBDC 暂被命名为 DC/EP，即数字货币和电子支付工具，其产品为数字人民币（e－CNY）。从概念上说，数字人民币是指由央行发行的数字形式的法定货币，由指定运营机构参与运营，以广义账户体系为基础，支持银行账户松耦合功能，与实体人民币等价，具有价值特征和法偿性。[1]这意味着 e－CNY 在地位、功能、法律属性上与 CNY 完全相同，只是由原本的纸币、硬币形式转变为数字化，定位为 M0，其使用场景为零售市场中的高频小额支付。对比微信、支付宝等第三方移动支付（间接支付），数字人民币不是支付方式的改变，而是一种直接的支付手段，同时具备法偿性和可控匿名性，因而安全度和可支付额度也更高，但也面临更复杂的监管困境。

（一）数字人民币监管的研究现状

首先，（法定/私人）数字货币的监管从分立走向国际合作。早在（法定/私人）数字货币产生之初，国外数字货币研究便注意到了私人数字货币监管的必要性，进而认识到法定数字货币监管的法律问题。[2]支持者认为，法定数字货币是一场划时代的货币改革，[3]但法律适用、金融稳定性、匿名去中心化等问题对货币监管体系造成影响，[4]建议采取专门机构的方式监管数字货币。[5]在创新监管模式和优化监管制度方面，应当在打击洗钱、恐怖主义融资等方面展开合作，[6]从国际层面展开监管合作进而推动国际数字货币公约的形成，能够避免现行监管框架的不足。[7]到目前为止，世界上大部分国家（地区）尚未正式发行法定数字货币，相关领域的监管制度还处于实践上的空白，从理论上对法定数字货币监管进行研究面临较大困难，但梳理相关监管的研究成果也显得尤为必要。

其次，数字人民币研究内容从理论向实践逐渐深化。国内早期有关数字人民币的研究主要集中在货币基本性质、发行结构、发行技术等问题上，与实体货币的概念、类型等具体内

[1] 张健：《数字人民币试点推广模式及优化对策研究——以上海市为例》，载《中国物价》2022 年第 3 期。

[2] See Engert W. , *Fung B. Central Bank Digital Currency: Motivations and Implications*, Social science Electronic Publishing, 2017.

[3] See Dow S. , *Monetary Reform, Central Banks and Digital Currencies*, Department Discussion Papers, p. 14－19 (2018).

[4] See Tu K V& Meredith M W. Rethinking Virtual Currency Regulation in the Bitcoin Age, Washington Law Review, p. 272－347 (2015).

[5] See Vardi N. , *Bit by Bit: Assessing the Legal Nature of Virtual Currencies*, Palgrave Macmillan UK, 2016.

[6] See Elwell C K, Murphy M M, Seitzinger M V. , *Bitcoin: Questions, Answers, and Analysis of Legal Issues*, Library of Congress, Congressional Research Service. 2015.

[7] See Piergiorgio Valente, Bitcoin and Virtual Currencies Are Real: Are Regulators Still Virtual?, Intertax, p. 541－549 (2018).

容相比，对数字人民币多存在不同的理解和认识。[1]在实体货币与数字货币并存的制度前提下，后者通过高效低成本的新型协作机制、稳定兼容的应用系统、安全可靠的数据库三个渠道发挥金融稳定作用。[2]虽然数字人民币在形态上呈现出电子化、数字化、虚拟化等特点，但法律地位与法定实体货币完全一致，依法受到法律保护。[3]现阶段，数字人民币相关法律问题的国内理论研究正逐渐形成共识，希望从实践动向中发现问题。

最后，数字人民币的监管重要性被逐渐认知。由于我国现行的法定货币体系只包括纸币与硬币，法定数字货币还处于试行阶段，法律层面并没有对数字人民币进行监管规制，仅仅在央行和相关部门的政策文件中有所提及。[4]同时，我国尚未建立完整的数字人民币去中心化的监管机构，导致监管部门无法及时进行监管，容易引发巨大的金融风险。[5]相较之下，世界上部分国家已经着手制定法律来规制数字货币行业的发展，[6]并对其实施监管。因此，我国应当抓住机遇，在研发数字人民币的同时建立健全监管体系，创新货币监管方式和技术手段，[7]从而优化货币金融体系、提高资金结算和管理效率，提升金融监管的精准度，[8]并保护金融安全和公民个人隐私。[9]

（二）数字人民币的现行监管体制

现有体制下，我国法定数字货币的运营构架可被概括为典型的“双层运营模式”，[10]具体而言，可将其基础架构的主要特征概括为“双层、双链、三中心”（见图1）。其中，“双层”指的是央行控制货币发行库和商业银行等授权机构管理货币存放库分别对应“发行层”和“流通层”。[11]由此，数字人民币可分为直接发行与间接发行两种模式，前者是央行直接向其开户单位或个人账户中发行数字货币，后者是指央行不直接向单位和个人发行数字货币，而是通过单位和个人在商业银行或支付机构的账户发行。为充分利用现有支付结算体系的网络资源，防止出现整个货币系统的整体性风险，我国数字人民币流通机制应采纳间接发行模式，由央行统一监管，负责数字人民币的形成、发行和最终认证，再以分布式网络通过各商业银行实现货币流通的共识机制。[12]基于此，个人信息保护从监管层（央行层）、交易

---

〔1〕 参见范云朋、尹振涛：《数字货币的缘起、演进与监管进展》，载《征信》2020年第4期。

〔2〕 参见王定祥、何乐佩：《法定数字货币替换现金货币的社会治理机制研究》，载《金融理论与实践》2020年第11期。

〔3〕 参见刘少军：《法定数字货币的法理与权义分配研究》，载《中国政法大学学报》2018年第3期。

〔4〕 倪清、梅建清：《当前数字货币管理存在的问题》，载《上海金融》2017年第11期。

〔5〕 张春丽：《比特币监管：风险防范与信用重塑》，载《中国社会科学报》2014年1月22日。

〔6〕 温信祥、陈曦：《如何监管数字货币》，载《中国金融》2017年第17期。

〔7〕 季晓南、陈珊：《法定数字货币影响人民币国际化的机制与对策探讨》，载《理论探讨》2021年第1期。

〔8〕 何德旭、姚博：《人民币数字货币法定化的实践、影响及对策建议》，载《金融评论》2019年第5期。

〔9〕 穆杰：《央行推行法定数字货币DCEP的机遇、挑战及展望》，载《经济学家》2020年第3期。

〔10〕 陈熹：《法定数字货币中的个人信息保护》，载《东南学术》2022年第5期。

〔11〕 姚前、汤莹玮：《关于央行法定数字货币的若干思考》，载《金融研究》2017年第7期。

〔12〕 陈熹：《法定数字货币中的个人信息保护》，载《东南学术》2022年第5期。

层（商业银行层）和应用层（用户层）三方面入手。

双层结构	央行层	用户层
主体	中央银行 商业银行	商业银行 个体用户
共识机制	多中心	去中心
交易频率	低	高
主要功能	发行、回笼	流通

图 1　法定数字货币基础架构特征

（三）上海数字人民币应用场景

1. 将上海市作为人民币离岸交易的试点城市。

拓展数字人民币业务是上海市建立国际金融中心城市的主要抓手，也是提高上海市国际竞争力的关键举措。上海金融要素市场国际化程度较高，有资源也有技术在风险可控的前提下发展数字人民币业务，主要分为：其一，关联公司之间的跨境贸易结算。上海的国内跨国企业通过数字人民币在离岸市场对应收账款进行转换后汇入境内，当汇率间的差价对国内企业有利时，赚取汇兑利益。其二，通过数字人民币进行投融资方面的跨境使用，以上海为试点为人民币的回流提供稳定、持续、高效的利益渠道。其三，降低海外贷款的违约风险。在“一带一路”沿线国家中，我国的政策性银行可以对债务人的风险进行评估，将数字人民币专项拨付给中国企业。

2. 将上海市作为人民币数字化商业的试点城市。

2022 年上半年疫情期间，数字商业发挥了不可替代的核心作用，也为商业数字化转型提供了时间契机和有益经验。近年来，上海也正凭借其突出的市场和技术优势，正在成为数字化商业转型的主要城市——从 2020 年的“五五购物节”、2021 年上海市商务委员会的《全面推进上海数字商务高质量发展实施意见》《上海市推进商业数字化转型实施方案（2021—2023 年）》，到今年 3 次的“爱购上海”电子消费券——可以看出，上海市已经为数字人民币商业化使用提供了足够的应用场景。目前看来，上海数字化商业运营应用主要可以概括为“数字商圈无忧购、智慧早餐惠民心、智慧菜场惠民生”三个特色。根据市商务委员会发布的两个文件，上海市数字化转型主要聚焦于“数字化贸易、数字化实体商业、数字化零售、数字化口岸、数字化供应链等任务，有针对性地推行了智慧商圈、智慧早餐、智慧菜场、智慧钢铁全产业链、智慧云上会展、智慧末端配送”等数字人民币重点应用场景。[1]

二、数字人民币监管中的个人信息保护

数字人民币这种全新类型的法定货币的出现，已经引发现行货币体系及其法律关系的变化，冲击了已有的货币监管体系，从而在监管理念、监管规范、监管模式方面形成新的法律风险。例如，运营管理系统的技术风险、商业银行中的存款（M1，M2）挤兑的信用风险、假币和洗钱的金融犯罪风险等。在法定数字货币蓬勃发展的背景下，个人信息是否得到保护将直接影响数字人民币能否健康运行，在数字人民币发行和流通过程中实现全过程监管显得尤为必要。

（一）现行监管体制下个人信息风险的识别

1. 监管层的个人信息泄露与监管权力滥用风险。

相对匿名性是法定数字货币流通的重要特征，与绝对匿名性不同的是，相对匿名性表现为只是对交易前台匿名，而央行的监管后台则是实名，央行或者央行授权主体可以查询用户的身份信息。[2]虽然相对匿名性特征能够显著降低因分布式账本验证节点过多而造成的个人信息泄露风险，但是后台实名使央行不得不处理大量身份和交易信息，从而使其面临技术安全与内部人员非法占有问题，这些信息一旦被监管人员滥用，则扩大了个人信息滥用的可能性。

2. 交易层的个人信息处理风险。

间接发行模式下，处于交易层的各商业银行采用的是许可型分布式记账模式，接受央行的监管。但在庞大的支付结算体系中，央行无力完全承担全部职责，叠加个人信息保护自有风险和跨境贸易的不可控性，无疑扩大了信息系统性威胁。此外，鉴于信息技术手段的不断更新，尤其是“信息数量叠加法”的使用，即便是数字人民币中已经被匿名化的个人信息，也可能仍然面临通过反向识别技术将已经脱敏的个人信息回溯到确定主体的风险。此过程中，即便个人信息处理者掌握的都是匿名信息，也会因为对某一信息主体所掌握的信息足够丰富，从而通过技术手段恢复身份识别因子，将累计得到的个人信息与特定信息主体关联起来。

3. 应用层的交易信息泄露及二次侵权风险。

应用层是数字人民币运行最活跃的阶层，也是个人信息最容易出现风险的阶层。数字人民币的权属及交易确认完全依靠信息传输系统，一旦出现危险将同时威胁个人信息和金融系

---

〔1〕《促数字商务高质量发展　上海梳理出首批 24 个数字化转型重点项目》，载人民资讯，https：//baijiahao. baidu. com/s? id =1709800955297658026&wfr =spider&for =pc，最后访问日期：2022 年 10 月 4 日。

〔2〕参见陈熹：《法定数字货币中的个人信息保护》，载《东南学术》2022 年第 5 期。

统安全。从信息主体角度来说，数字人民币用户不仅面临手机 APP 授权、物理链接技术、Andriod、iOS、Windows 等网络终端本身带来的互联网技术风险，也面临信息泄露后的二次侵权风险，即互联网软硬件技术造成个人信息伴随数字人民币的流通而产生的连锁侵权反应之后，不但危及互联网金融系统的整体安全性，更因此产生信息泄露后被不法分子再次利用的非数字货币层面的侵权行为，例如经济诈骗、垃圾短信、骚扰电话、垃圾邮件、个人名誉侵害等。

（二）现行监管体制下个人信息保护的特殊性

网络服务提供商在当事人充分知情的前提下经过其同意，才能收集和利用个人信息，这便是知情同意原则。知情同意原则是个人信息保护的基石，具有“帝王条款”的意义，恰如意思自治原则在民法中的地位。[1] 与一般个人信息保护规制不同的是，数字人民币在知情同意方面独具特殊性。

1. 数字人民币的信息主体缺乏同意层级的选择权。

数字人民币的流通离不开网络服务提供商的支持，用户需要下载指定的 APP 才能使用数字人民币，但这些 APP 中通常都会带有服务协议以及隐私政策，有关个人信息的内容会出现在同意条款和告知事项当中。按照现行的“知情同意”规则，用户无法选择在何种程度上确认同意，如果用户想要在消费中使用数字人民币，就意味着必须完全按照服务提供商的要求，全盘接受服务协议中的内容，不能对个人信息保护条款提出任何异议。如果对条款内容的某些部分存在异议，要么让步于网络服务供应商，要么放弃使用数字人民币。可问题在于，信息原本是具有层次的，例如个人可以在多个场景中使用数字人民币，对于信息主体而言，不同场景下的不同类型信息对个人影响是不同的。在现有条件下，同意要件面临全有或者全无的两个极端。可见，信息主体对于个人信息使用范围并没有足够的选择空间。当从商业主体的视角来看待这一问题时，同样也会发现无法在不同场景中区分使用收集到的信息。

2. 数字人民币的信息主体认知水平存在差异。

如果采取“知情同意”规则，则必须满足如下法律假定：商业银行或互联网企业向用户告知在信息处理中自己采取的方式，达成的目的以及处理的范围，对于这些告知内容，用户可以准确理解并表示同意。但从实际运行状况来看，和纸质人民币一样，境内数字人民币的使用范围面临庞大的用户群体，而群体成员间的文化认知水平却存在差异。一方面，为数字人民币流通提供网络服务的运营商即便能够通过正式的服务协议，或者告知书的方式就其获取个人信息的相关事项作出明确告知，因为其告知内容中必然存在大量专业术语，能够对这份告知内容做到准确理解的用户也必然是少数的。换言之，要让大部分用户都能准确理解这些内容，需要将服务协议和隐私条款极力细化，这造成用户浪费大量时间进行阅读。另一方

---

〔1〕 参见李瀚琰：《儿童个人信息保护的父母知情同意原则》，载《图书馆论坛》2020 年第 8 期。

面，由于信息存在时效性特征，在处理个人信息的时候还潜藏着远期风险。假设所有用户的认知状态都已经达到了理想型，在准确理解目前被告知事项的基础上，也无法准确预测未来潜藏的风险。从当前整体上看，用户的认知水平并不能满足高度理想化的状态，在同意规则的理解上尚且存在问题，更无法保证数字人民币的使用过程中可以有效规避风险。

3. 数字人民币信息主体的一般和敏感信息难以区分。

在对个人敏感信息进行界定时，我国在立法中采取的方式是定义式加列举式，但并未明确数字人民币流通过程中个人信息的属性。数字人民币的使用不可避免地要采集、使用用户的个人信息，在这些信息中，哪些属于敏感信息，界定起来存在一定的难度。比如某用户在某电商平台购物时，使用数字人民币完成支付，其中的支付信息可能只是一般信息，但是如果购买的产品是用于治疗自身疾病的，而疾病涉及人们的隐私，那么这笔支付信息就变成了敏感信息。由于用户之间存在个体差异，以至于某类信息对于部分群体属于一般信息，而对于另一部分群体来说，就变成了敏感信息。因此，在数字人民币流通过程中，具体信息是不是敏感信息可能因用户主体不同而存在个性化差异，这大大增加了对用户信息分类的时间，造成数字人民币使用成本激增。此情形下，有必要改造同意规则，在同意层次和程度上创造一个带有弹性的空间。

4. 数字人民币中个人信息的二次处理难以控制。

现代社会充斥着海量的个人信息，数据传输速度加快，用户想要时刻控制个人信息变得十分困难。在数字钱包、APP、网络链接等的个人信息二次处理条款中，可能会被信息处理者达成约定——信息处理者可以将个人信息分享给第三方。在第三方掌握个人信息后，将不再征求信息主体的意见，而信息主体作为用户，也没有能力对第三方利用个人信息提出反对意见。比如，某互联网公司为用户提供结算服务，凭借应用软件可以轻松获取用户的信息，然后将这些信息分享给第三方企业，后者运用大数据手段处理这些信息，并借助精准营销牟取利润。因此，对于数字人民币流通中二次处理信息的问题有必要加大控制力度。

（三）现行监管体制下个人信息保护风险的产生原因

1. 监管层：数字人民币与金融监管形成张力。

当前金融监管能力、手段与适用范围与数字人民币本身的技术特征产生张力，即如何在金融监管与个人信息保护之间寻求流通有效性和交易安全的平衡成为新的难题。一方面，相比传统交易中货币适用“占有即所有”的权属规则，数字人民币的占有外观已经发生改变，需要经过央行链登记中心、认证中心处理信息后才能确定其流转的法律效力。因此，要保证数字人民币的流通效力和交易安全，须对交易双方的个人信息进行查询、公示，从而有损交易双方的个人信息安全。得益于大数据技术的不断发展，采集和抓取个人信息的途径和方式变得多样且更加便捷，这也造成在用户使用数字人民币过程中，流通的数字货币数据链条上所包含的个人信息也更容易被获得，这种单向化、扩散化流通的信息渠道进一步加深了用户个人信息被不当使用的可能性。[1] 另一方面，数字人民币的正常流通必须使用互联网技术和终端。受制于居民使用习惯、年龄水平的限制，与纸币长期共存是不可避免的事实。而个人信息泄露问题同样会消减居民使用数字人民币的积极性。此背景下，只要市场主体中有一方没有使用数字人民币，其交易过程就只能使用纸币、存款货币或者移动支付方式，进而削弱数字人民币的法偿性。换言之，不论国家如何在支付场景中采用何种强度的手段推广应用数字人民币，其法偿性的实现仍依赖市场的接受程度。因此，在我国包括《个人信息保护法》《个人金融信息保护技术规范》在内的基本法律、国家标准等还没有明确提出监管策略的前提下，监管立法仍需系统性调整以积极应对数字人民币投入使用后的客观变化。

2. 交易层：交易安全突破原有的信息保护方式。

信息处理主体是指包括第二层运营体系中的商业银行和其他支持结算应用的非金融机构在内的全部商业主体。首先，从交易层的商业银行方面来看，数字人民币的流通过程为"央行→商业银行→个人或者企业用户"，即央行发放给商业银行，根据应用层主体的申请兑换再流向用户终端。而在深圳市的试点过程中，数字人民币钱包 APP 已经可以实现绑定银行卡与数字人民币账户之间的双向兑换。在使用过程中，商业银行将数字钱包的额度划分为不同等级，如果用户需要提升数字钱包使用额度，仍需要通过钱包 APP 绑定的银行卡进行充值。在此过程中，个体用户何时申请兑换、兑换习惯、持有数字人民币数量等个人金融信息都将在商业银行系统中留下记录，商业银行能够轻松获得。其次，从交易层的非金融机构主体角度来看，虽然央行并不直接向非金融机构发行数字人民币，且运营过程中互联网企业、电信运营商等信息控制者并不能直接获取用户的个人信息，但是在支持数字人民币结算的应用场景——APP 或者网络链接——中，可以通过传统的服务方式和技术手段来对用户进行数字画像、脱敏，从而收集、处理并加以利用个人信息。

3. 应用层：流通场景与个人信息保护冲突。

相较于纸币的完全匿名属性，数字人民币直接搭载了个人信息，既包括交易场景、货币权属在内的直接信息，也包括大数据技术下对数字人民币用户进行数字画像产生的衍生信息。部分理论认为，个人信息兼具人格与财产的双重属性，是一种新型的权益客体。尽管存有争议，但从侧面反映出在货币与信息深度融合的背景下，数字人民币中的个人信息已经不再单纯地是用户人格权的外在表征，而是兼具财产属性的法益价值，其范围已经超出了隐私权、金融隐私权的概念。由此，在进一步扩大信息泄露风险的同时，还可能造成个人丧失对数字人民币的权属及占有。长期以来，无论是数字人民币的应用场景还是广义上的个人信息保护应用，都面临以"知情同意"为基础的保护架构存在的本身问题：用户在个人信息流通过程中处于弱势地位，对于数字钱包、应用程序、网络链接等提出的同意条款，他们并没有

---

〔1〕 参见孔霜依：《我国法定数字货币流通中的个人信息私法保护规则研究——以"告知—同意"规则为视角》，载《浙江金融》2021 年第 11 期。

选择拒绝的可能，对于条款本身而言，其一揽子协议也让用户无法选择部分同意或者部分不同意。此情形下，数字人民币用户不得不完全向应用层面的互联网企业妥协，将性别、行为特征、消费偏好等信息交给数字人民币的交易对象，互联网企业可以通过消费记录对用户进行精准画像并实现精准营销，从而获取期待的经济利益。

三、上海市数字人民币试点中个人信息监管的可行性

上海市作为试点数字人民币的重要阵地，在先行先试的过程中面临难以预测的信用、成本、币值稳定以及安全风险，需要建立相应的监管制度，将风险稳定在可控的范围内。为保障数字人民币的法律地位、货币政策贯彻执行的有效性，有必要在试点中实现全过程监管。金融科技以数字科学技术为依托，为高效合规和有效监管提供技术可行性依据，加之我国数字人民币的“双层、双链、三中心”运营构架，央行可以直接在上海市设立认证中心、登记中心、大数据分析三大中心进行全方位监管。

（一）可控匿名化为实现个人信息金融监管提供基础

与以基于区块链技术的比特币为代表的私人数字货币不同，我国央行发行的数字人民币属于法定数字货币。法定数字货币与比特币等私人数字货币的相同点在于，二者都是去中介化的，即交易是点对点（peer－to－peer）进行的，无须传统支付的金融机构结算环节。尽管私人数字货币公开账本，但记录交易信息的账本仅记录交易发生的两个地址。因此，私人数字货币的账户是匿名的，且匿名并非对记录的个人信息进行匿名化处理，而是从信息源头就不采集个人信息。而数字人民币则根据测试环节所披露的信息，基于手机号、身份证号等实名认证机制建立。相对于传统法定货币完全匿名化的点对点支付，数字人民币在“双层运营体系”与“双离线支付架构”的前提下对用户、商业银行等匿名，但对央行并不匿名。因此，央行能够掌握数字人民币交易的全过程数据，能够基于这些数据，更为精准地解决传统法定货币投放所难以解决的非常规货币政策调节、信贷市场利率传导等问题。[1]此前，第三方支付机构对小额交易数据的沉淀，为大数据算法与用户交易数据结合提供了参考依据，进而实现更精准的营销内容推送。相比较之下，数字人民币不完全匿名化特征使得央行能够结合用户小额交易数据，实现更精准的货币政策调节和货币政策传导。

为防范洗钱、恐怖主义融资等风险，有效实施金融监管，我国于2000年3月开始实行个人存款账户的实名制，早在2007年5月，央行就已经要求进一步落实银行账户实名制，同年7月会同公安部门建成联网账户核查系统，促进社会征信体系建设和反洗钱工作开展。2019年1月，原银保监会发布《银行业金融机构反洗钱和反恐怖融资管理办法》，着手预防洗钱

〔1〕 参见姚前：《法定数字货币对现行货币体制的优化及其发行设计》，载《国际金融研究》2018年第4期。

和恐怖融资风险。但以上这些措施，对使用现金的交易依然无法渗透，使用现金的交易依然是央行无法控制的匿名化过程。而当小额支付交易更多地通过法定数字货币这种交易渠道进行时，央行对小额交易数据的监测便成为可能，这也成为各国央行开发法定数字货币，以替代传统法定货币动机之一。为了避免个人信息泄露等风险，我国数字人民币将匿名化的控制权保留在央行层面，央行基于此实现了对可疑交易、违法交易中个人信息追踪的权力的行使而无须依赖公安机关。而在交易双方层面实行不可控匿名化，即交易双方均对交易信息的匿名化不具有控制权，交易双方中任何一方均无法直接或结合其他信息得知另一方的个人信息。

（二）上海现有立法为数字人民币监管及个人信息保护提供依据

数字人民币的推进是我国在当前历史环境下的必然选择。经过将近 6 年的研发筹备，到 2019 年年末，我国已经推出了“4 + 1”先行试点地区，分别为雄安、深圳、苏州、成都以及北京冬奥会场景。次年 10 月又增加上海、长沙、海南、青岛、大连、西安 6 个第二批试点地区，正式形成当前“10 + 1”试点格局。[1] 从 2020 年正式提出“积极争取数字人民币运用试点”[2] 以来，上海市多次颁布文件，开展数字人民币应用试点，[3] 稳步推进数字人民币试点，丰富数字人民币应用场景、[4] 鼓励数字人民币在购物节红包、园区补贴等场景定向使用[5] 完善重点商圈数字人民币受理环境建设，[6] 拓展线下和线上支付、交通出行、政务和民生等场景应用。[7] 可以说，数字人民币的出现丰富了现有的支付手段，也提升了普惠金融服务，使得上海市的普通民众能第一时间享受到数字时代的红利。宏观层面，数字人民币已经成为不可或缺的“新型基础设施建设”，一旦功能得到充分发挥，对重构上海市乃至整个国家层面的货币支付体系、建设稳健金融体系均有重要现实意义。[8] 因此，在上海市的试点工作中通过现有政策法律调整、限制数字人民币的劣势，确保法定数字货币在合理有效的监管下健康有序发展，最大限度地发挥其新基建中的通道作用，从而实现国家货币政策的宏观调控，促进经济社会的总体发展。

相比纸质、硬币，数字人民币天然具有低成本和去中心化的特点。我国央行推出数字人民币不仅会颠覆现有的个人支付方式、改革货币发行方式，也会重塑贸易结算体系，从而形

---

〔1〕 参见《厉害了！10 家银行落地数字人民币业务！》，载腾讯网，https：//new. qq. com/omn/20210808/20210808A01AYL00. html，最后访问日期：2022 年 5 月 20 日。

〔2〕 2020 年 11 月 25 日《中共上海市委关于制定上海市国民经济和社会发展第十四个五年规划和二〇三五年远景目标的建议》。

〔3〕 2021 年 4 月 19 日《关于加快建设上海国际消费中心城市　持续促进消费扩容提质的若干措施》。

〔4〕 2021 年 7 月 28 日《上海国际金融中心建设“十四五”规划》。

〔5〕 2021 年 9 月 1 日《上海市促进城市数字化转型的若干政策措施》。

〔6〕 2021 年 8 月 25 日《上海市建设国际消费中心城市实施方案》。

〔7〕 2021 年 10 月 24 日《上海市全面推进城市数字化转型“十四五”规划》。

〔8〕 参见张健：《数字人民币试点推广模式及优化对策研究——以上海市为例》，载《中国物价》2022 年第 3 期。

成一场重大的货币体系变革。在新环境下，传统货币运行体系和法律制度将受到挑战。通过对上海市现有文件的梳理不难看出，当前政策立法多以规划和促进为主，一方面体现了上海对试点数字人民币展开了前瞻性的政策规制，试图将数字人民币的发展限制在合法有效的框架内，另一方面也反映出，在数字人民币的试点工作中，上海仍然面临着制度盲区，不仅域外没有可以借鉴的优秀经验，国内其他地区亦没有先行先试的制度可供参考。由于数字人民币承载了货币政策调整、全要素生产率提高、标准机制设立等诸多重要功能，关系国家总体安全，[1]上海有必要从立体监管体制入手，以审慎监管为原则，通过合规框架保障数字人民币的快速发展。

（三）金融科技为数字人民币监管中个人信息保护提供技术支持

科学技术的进步不仅极大促进了金融业的发展，同时也为金融监管提供了必要的技术手段，金融科技监管概念逐渐兴起的背后是不断创新的金融科技。人工智能、大数据、区块链等新时代数字科技的出现，将人类带入了以新兴技术为代表的数字时代。科学技术与传统金融业务的融合，直接催生了金融行业的全新概念——金融科技。作为一种新型业态，金融科技与数字货币的跨行业性和去中心化特点相呼应，深度融合了科学技术与传统金融行业，无疑给我国金融行业的发展带来了巨大的机遇，但也提出了相应的挑战。可以说，金融科技的创新发展，有效拓宽了金融可得性，提高了金融行业的质量与效率。[2]因此，我国传统的金融监管体系应当积极应对科学技术发展带来的变革，在享受金融科技带来的发展红利的同时，避免因制度欠缺造成的系统金融风险。

金融科技是在新老动能交替之中，随着社会推进发展而并生的一系列附随品。“金融科技”是一个宽泛定义的术语，指的是金融服务中由技术驱动的创新，并由此推动产生新的业务模式、应用程序、流程或产品，并在社会的形成和发展中对金融服务的提供产生重大影响。在万物可联以及“互联网＋”的驱动下，金融科技的覆盖面越来越广，不仅在参与人数上日渐增多，吸收的资金也不断增大。金融科技创新了金融服务的模式，营造了金融产品的新业态，但是也对我国金融的发展提出了新的挑战。随着金融科技的不断发展，金融监管科技也应运而生，监管科技以数字化为核心驱动，以新一代数字科学技术为依托，致力于创造高效合规以及有效监管的综合解决方案。[3]在时代背景下，自《“十四五”国家信息化规划》发布以来，我国已经正式将监管科技纳入国家战略层面，加大监管科技方面的制度建设。同时，为加快推进上海金融科技中心建设，落实《金融科技发展规划（2022—2025

---

〔1〕参见袁曾：《数字人民币创新的合规监管研究》，载《江淮论坛》2021 年第 6 期。

〔2〕参见蔡元庆、黄海燕：《监管沙盒：兼容金融科技与金融监管的长效机制》，载《科技与法律》2017 年第 1 期。

〔3〕参见程雪军、尹振涛、李心荷：《金融科技创新与监管路径探寻：基于监管科技的研究视角》，载《电子政务》2021 年第 1 期。

年）》（银发〔2021〕335 号），央行对上海金融科技创新监管工作也进行了大量的指导。[1] 可以预见的是，在国家政策的引导下，上海的监管科技必将助力金融科技的发展，为数字人民币的平稳运行提供一个良好的环境，更为个人信息保护创造一个优质的平台。目前，央行已经正式启动金融科技创新监管试点工作，通过穿透性金融科技监管体系的构建，打造金融科技监管工具。[2] 数字人民币是央行主导研发的金融科技产品，必然也会成为金融科技监管的重要对象，在以央行为中心的“中心化”监管模式下，金融科技监管将配合上海的数字人民币流通模式发挥维护金融系统稳定的重要作用。

四、上海市数字人民币试点中的个人信息监管制度设计

推进数字人民币建设是上海在特定历史时期的重要任务，须通过法规政策进行调整，确保数字人民币在准确的监管下沿着正常的轨道发展。利用好上海市试点应用数字人民币的时机和工作成果，为“数实融合”发展和产业数字化转型贡献力量。

（一）确立上海市数字人民币监管中个人信息保护的目标

《中国人民银行法》第五章第 31 条至第 36 条规定具体设计了央行的金融监管职责，确立了央行在金融监管体系中的核心地位。根据规定，政府可以对金融体系实施管制行为，政府中的特定机构可以对金融交易活动作出的规制和调控，运用一系列的资本规制工具将以银行为监管中心的管理模式用于降低系统性金融风险。[3] 在地方立法层面，上海市享有地方立法权，浦东新区作为社会主义现代化建设引领区，决定了其合规目标的特殊性：首先，利用上海中心地位对资金流向进行追溯，实施审慎监管防止派生债务，保持币值稳定；其次，上海在金融创新的同时，可以利用“浦东新区”的特殊立法地位制定规则，通过有效机制实时甚至提前预判可能存在的违法违规操作，通过预防性措施显著降低系统性金融风险发生的概率；再次，鼓励上海市政府构建并完善征信体系，通过金融科技手段进行大数据分析，对流通中的数字人民币进行实时监督，增强对不良贷款的预防和处理能力；最后，以上海为开放口岸，加大中国与外部世界金融交互的自由度，为确立法定数字货币的中国标准提供经验。[4]

（二）构建、培育上海市金融数据库和金融生态

数字人民币在流通过程中产生了海量的交易信息和金融数据，这些信息在区块链的可追

---

〔1〕 参见《上海金融科技创新监管工具创新应用对外公示》，载 https：//baijiahao. baidu. com/s? id = 1727238868510196905&wfr = spider&for = pc，最后访问日期：2022 年 9 月 28 日。

〔2〕 参见中国人民银行长沙中心支行课题组：《金融科技发展研究与监管建议——基于金融监管者视角》，载《金融经济》2021 年第 4 期。

〔3〕 参见沈伟：《金融科技的去中心化和中心化的金融监管——金融创新的规制逻辑及分析维度》，载《现代法学》2018 年第 3 期。

〔4〕 参见袁曾：《数字人民币创新的合规监管研究》，载《江淮论坛》2021 年第 6 期。

踪性与不可篡改性有效保障了个人信息的稳定和真实，在挖掘其金融价值的同时，上海市及时构建和培育金融数据库和金融生态。例如，金融数据港在浦东张江开港，其建设将依托浦东金融数据海量、应用场景丰富的优势，重点聚焦支付、清算、征信、监管、安全、标准六大功能，推动金融和科技双向赋能、金融城和科学城双城辉映，推动金融更好地服务实体经济，为上海国际金融、科创、消费中心建设提供重要支撑。[1]

（三）系统完善数字人民币监管中个人信息保护规范

有研究认为，由于法定数字货币所采用的分布式记账技术的存储属性，交易信息和记录天然具备了不可篡改性和可删除性。相较传统纸质货币能够实现更安全的交易，且流通过程也体现出相对的稳定性，数字人民币不足之处在于存储流通特质下牺牲了对个人信息的保护。[2]为维护交易安全，避免因技术层面遭到不法分子的破坏形成系统性金融风险，消除公众在使用数字人民币过程中的顾虑，有必要从立法层面提升个人账户的安全性。当前我国已经正式颁布并生效了《数据安全法》与《个人信息保护法》，结合前文所述的数字货币的可控匿名化，应当及时在立法中完善数字人民币流通过程中的个人信息保护立法，减少货币形态变革带来的负面影响，进而根据上海的实际需求和城市特色，制定上海市实施办法或者条例。

可控匿名化为数字人民币中的个人信息保护提供了最主要的技术性支撑。如前文所述，数字人民币承载的个人信息由央行后台数据库保存，但只要参与流通，个人信息便不可避免地在数据控制者、商事主体等机构留下交易信息，为其利用还原手段溯源用户特定个人信息提供可乘之机。因此，上海市数字人民币试点工作的首要目的应当是明确信息保护的主体及其责任：首先，提高和健全数字人民币经营平台和机构的技术程度和行业规范，规范电子认真服务中心的主体行为，非经法律法规允许，电子认真服务中心不得向其他任何组织和个人提供其持有的个人信息。加大数字人民币经营平台的责任，能够倒逼经营平台采取技术措施及合规手段，从源头上杜绝因为违法违规造成用户个人信息泄露的情况。其次，规范数字人民币经营管理平台行为，与纸质货币结算方式不同，数字人民币的结算需要数字签名和密码验证，使数字人民币经营管理平台在交易过程中掌握了大量的个人信息，一旦数字签名和密码丢失在造成个人信息的泄露的同时常常伴随着个人财产的损失。只要能够证明信息泄露并非用户过失，数字人民币经营管理平台都应当向用户进行先行赔付，再根据侵权行为人与平台之间的过错进行责任划分。最后，通过立法严格限制信息读取主体的范围。除央行及依法授权的机构和货币所有权人以外，任何机构或个人无权查询、收集和使用法定数字货币客户端信息，同时依法限定该类机关读取用户身份信息的内容和程序。对于因数字人民币匿名性

〔1〕 参见陈晓静、乔继凡、杨润昌：《数字人民币对上海国际金融中心建设的影响及其对策》，载《科学发展》2022 年第 8 期。

〔2〕 参见樊云慧、栗耀鑫：《以比特币为例探讨数字货币的法律监管》，载《法律适用》2014 年第 7 期。

可能会引发的金融犯罪，如洗钱、腐败、资助恐怖组织、偷税漏税等违法犯罪，金融监管机关、公安机关、监察机关、司法机关或者具有公共性质的法人及其他组织在申请临时读取法定数字货币的信息时应满足内容相关性、行为必要性、主体不可替代性等条件。〔1〕

（四）改良数字人民币监管中的知情同意规则

1. 实现知情同意规则的分层构造。

在现有的“知情同意”框架下，对“同意”规则要么全盘接受，要么全部否定，这是一种典型的“一刀切”做法。凭借“知情同意”规则来区分一般和敏感信息存在一定的难度。可以划分知情同意的层次，灵活处理信息。无论是我国现行《网络安全法》，还是欧盟的立法，均将明示同意的模式作为基础。从前述的分析来看，完全采取明示同意的做法存在一定的难度，原因在于用户缺乏足够高的认知水平，而且同意的真实与否也难以判断。所以，有必要分层重构“同意要件”，在特定范围内采取明示同意的做法，闲置信息自决权。〔2〕换言之，在以正当手段获取个人信息的问题上，除了明示同意之外，还可以有其他理由。有的事项不再采取主体同意的做法，而是让信息主体以“拟制同意”的方式来处理。首先，通过立法的形式规定在某些情形下，可以采取拟制同意的形式；其次，在合理情境下，对无法通过沉默作出意思表示的情况作出细分，并认为这些可以采取拟制同意的表示方式。具体来说，处理个人信息必须遵循知情同意规则，而在规则进行重新构造后，产生了两个层级：一是符合告知和明示同意这两个条件，就算合法处理。二是在已经告知的基础上，还需要情境合理和拟制同意，才算是合法处理，即只有在“情境合理”这个前提下，才能采取拟制同意的做法。拟制同意这一法律行为是对如何处理作出的规范，只有满足上述要件才能取得合法处理这一法律效果。〔3〕

在重构“知情同意”规则上，法律规定基于两个目标：一是以更高的速率利用信息；二是提高个人信息利用价值。按照这一新规范，只要满足情境合理的要求，就可以采取拟制同意，这样就可以通过更低的成本获取信息。对知情同意规则分层，说明我国在信息领域的治理上遵循的是激励和保护相容的理念，除此之外，还说明在保护个人信息的同时，遵循与场景导向风险评估相衔接的理念。

2. 引入合理使用场景下的动态评估机制。

前文提到，一旦数字人民币完全进入流通环节，在处理数据和信息上，就会面临许多不确定因素，这也导致使用信息的行为是否合理合法变得难以界定。在完善使用规则的问题上，首先要确定必须在合法、正当和必要的原则上使用个人信息；其次，需要按照一定的标

---

〔1〕 参见张运峰、曾艳、肖文昊：《数字加密货币交易平台监管研究》，光明日报出版社 2020 年版，第 188—190 页。

〔2〕 参见蔡星月：《数据主体的“弱同意”及其规范结构》，载《比较法研究》2019 年第 4 期。

〔3〕 参见蔡星月：《数据主体的“弱同意”及其规范结构》，载《比较法研究》2019 年第 4 期。

准确定个人信息使用范围。早在欧盟成立数据保护委员会之前，数据保护工作由欧盟第 29 条工作组负责。针对控制者和处理者的问题，该工作组曾在 2010 年提出在确定使用范围的时候，需要将“信息控制者的合法利益、对信息主体的影响、义务的平衡、额外的保障措施”[1]作为考量因素，提出所谓的“控制者和处理者意见”。最后，在场景的基础上确定风险评估机制，为合理使用信息提供保障。针对信息处理中存在的风险，要采取个案分析的方法对风险程序加以评估。对于高风险的处理，需要为处理主体增设义务，这种义务是额外的，且属于增强型。而对于低风险处理，则可以豁免主体的义务。[2]在引入该机制之后，信息主体可以采取更加灵活的同意形式，个人信息也能够得到更有效的保护。但不能忽视的问题是，就算使用场景不存在任何问题，“知情同意”规则依旧是基本遵循，并且该规则并不是风险评估机制可以替代的，即便信息主体已经授权，也不能替代信息主体的同意授权。

3. 建立数字人民币流通中的禁止溯源制度。

传统的“知情同意”规则之外，还存在一些可能被再识别的匿名信息，为避免可能存在的再识别风险，可以建立禁止溯源制度。换言之，数字人民币在流通过程中，禁止信息控制者通过反向识别技术重新识别个人身份和信息。禁止溯源制度建立之后，即可以对接收匿名信息的主体进行规制，防止信息处理者有意识地收集个人信息和构建数据库，再对这些信息进行交叉对比，进而达到识别个人身份、实现信息不法利用的目的。

（五）构建立体的数字人民币的监管体系

1. 监管层：建立立体的数字人民币的监管体系。

传统法定货币体系向数字化转型离不开完善的监管体系，数字人民币实现了货币的创造、记账、流动等过程数据的实时采集，央行只需对资金流、数据流进行全面追踪，就可以提升监管的精准性，在实现货币权力与信息保护职责统一的同时提升监管的准确性：首先，由央行统一进行数字人民币的发行、监管与信息授权，降低商业银行节点分散造成的信息泄露风险；[3]其次，建立央行与国家金融监督管理总局、证监会、国家外汇管理局的分工合作监管机制，实施全过程监管；最后，创新数字化监管模式和技术，通过专门的信息保护机构与国家网信部门实行统筹协调，对应用场景进行实时监控。

2. 交易层：构建多主体协同的信息行业自律保护格局。

数字人民币在交易层发行流通后，交易层的商业银行成为用户的信息处理者，根据前文所述的数字人民币流通机制，商业银行主体在数字人民币流通过程中对用户的基础信息进行采集、储存、传输；而其他互联网企业和通信运营商则主要对用户的支付信息进行加工、分

---

〔1〕 参见韩旭至：《个人信息保护中告知同意的困境与出路——兼论〈个人信息保护法（草案）〉相关条款》，载《经贸法律评论》2021 年第 1 期。

〔2〕 参见范为：《大数据时代个人信息保护的路径重构》，载《环球法律评论》2016 年第 5 期。

〔3〕 参见陈熹：《法定数字货币中的个人信息保护》，载《东南学术》2022 年第 5 期。

享与利用。[1]此时，商业银行可以与互联网企业、通信运营商之间形成合力，共同构筑一个个人信息保护的行业保护模式，实现行业内部到外部的分工配合。此模式下，以商业银行作为保护主体，其他主体发挥补充和促进作用，这种多方配合的保护格局，既能够在交易层满足对数字人民币整个流通过程的监管，又能够在社会分工日益精细化的今天，依靠行业内部从业者的专业技能和高度的敏感性发现个人信息保护的漏洞。在促进数字人民币发展的同时，兼顾个人信息的商业价值利用和行业的健康发展。

3. 应用层：完善用户信息泄露后的救济手段。

相比立法和技术措施较为完善的监管层和交易层，应用层面临的信息泄露风险更为突出，在遭遇初次、二次侵权后及时获得救济，直接关系到数字人民币的正常运行。首先，转变以损害结果为中心的赔偿模式，引入违法性判断标准。实现民事赔偿、行政处罚、刑事责任的立体保护机制，并由公权力机关承担公益诉讼职能。其次，完善民事赔偿制度。参考《消费者权益保护法》中的最低赔偿数额标准，建立最低赔偿标准制度，即使个人权利受轻微影响也可以获得民事赔偿。最后，制定数字货币信息安全程序与免责制度。申言之，数字人民币流通中的个人信息泄露责任仍属于一种过错责任，上至监管层，下至应用层，信息处理者只要按照信息处理流程进行操作，并尽到合理的注意义务，不存在主观上的过错，则不应当对不可预知和控制的个人信息泄露问题承担损失赔偿的责任，否则应根据过错程度分担法定数字货币使用者的损失。

（六）采用先进的科技监管模式

在金融科技监管的类别中，高度集中统一的金融监管模式核心在于通过国家设立专有单级机构的模式，对金融机构进行监管，在原有的金融机构不变的情况下，增添其对金融科技进行监管的职能。以 2008 年国际金融危机为分界线，对金融科技的监管逐步由传统金融监管模式下的微观个体监管与行业自治向宏观经济统一管理转变，除了要对具体新兴行业进行监督管理外，监督方式也向宏观方向进行转变，以宏观审慎的角度出发，对金融体系加以监督和管理。此监管模式下，不同国家有不同的方式，英国采取较为激进的机构优化重组方式，原本是英格兰银行、金融服务管理局、财政部三方涵盖地方、行业、国家多头经营的模式，直接在废除后成立了金融行为监管局（FCA），统一进行金融监管，为了有效规避金融科技的高创新性与政策制定滞后性的问题，FCA 在之后又增设了创新项目计划，增设创新中心的模式，负责金融科技创新与监管，积极引入监管沙盒等新兴监管科技与监管办法，将公司的金融发展在小范围内进行实验模拟，并在实验中控制投资资本并对资金损失进行补偿，任何公司，无论是金融还是非金融，都可以申请加入金融沙盒。[2]在金融沙盒内，个人参与

---

〔1〕 参见陈熹：《法定数字货币中的个人信息保护》，载《东南学术》2022 年第 5 期。

〔2〕 FSB. FinTech and Market Structure in Financial Service：Market Developments and Potential Financial Stability Implication s. Basel：Financial Stability Board，2019.

者获得各种形式的监管救济。此类救济可能包括部分授权开展特定活动，或就参与公司业务相关的法律和监管问题进行个人咨询。随着这一趋势的蔓延，其他各个国家纷纷模仿在本国建设相关的沙盒模式，而初创机构 FCA 在建立一个由金融监管机构组成的国际集团以推行跨境沙盒战略方面发挥了领导作用。并基于信息共享和互助的目的正式推出了“全球沙盒”，即全球金融创新网络（GFIN）。[1] 旨在将沙盒的范围进一步扩大的同时，实现沙盒内部管理的统一化和有效化管理。在引入金融科技并实现本土化上化繁为简，通过互动性监管，帮助金融科技企业一步步平和过渡，让个人参加金融科技的风险降到最低。我国在 2020 年深圳前海地区进行法定数字货币测试的过程中，也开展了“沙箱监管”试点工作，目前正在进一步细化试点方案。[2] 上海可以有效借鉴域内外的优秀经验，在数字人民币流通领域积极改变传统的监管模式，替代使用柔性管理制度，高效利用云计算、分布式账本和区块链等技术对数字人民币数据库内的数据变化实时监控，预测可能存在的系统性金融风险，在金融创新的同时保护用户的个人信息安全。

此外，穿透式监管是在数字时代的一种综合监管模式，它不仅可以对行业内的行为进行监管，还可以对产品的功能进行监管，采用这种监管模式的好处是可以冲破行业与行业之间的界限，为共同的行业目标，建立一个监管机制，达到让各行业互相监管，方便监管执行，预防系统性风险的作用。[3] 早在 2020 年，央行便发布了《金融分布式账本技术安全规范》（JR/T 0184—2020），从行业技术角度对穿透监管进行制度设计，其在 15.5 “交易干预”[4] 中明确要求为限制交易权限、冻结账户等功能提供技术干预手段。可以说，在立法还存在空白的前提下，该规范为数字人民币穿透式监管指明了方向，也提供了一定的实践经验，为后续立法优化制度设计、制定反洗钱规则实现了规则供给。[5]

（七）强化个人信息保护国际合作

在对数字货币展开研究的国家当中，已经有国家对数字货币流通中的个人信息保护展开实践，以期在数字货币正式流通后对信息泄露情况进行预防。例如，在巴塞尔委员会、支付和市场基础设施委员会、经济合作与发展组织、金融行动特别工作组等国际金融组织的框架下，国际法定数字货币个人信息保护已经展开国际合作，尤其注意到数字货币在跨国流动时个人信息保护的协作机制，并要求各国之间确立积极协作原则、达成法定数字货币流通中个人信息保护的国际合作意识。目前看来，我国在法定数字货币的推行上仍处于世界前列，不

---

〔1〕 See Saule T. Omarova, *Dealing with Disruption: Emerging Approaches to Fintech Regulation*, Washington University Journal of Law & Policy, Vol. 61, p. 25 -54 (2020).

〔2〕 参见赵莹：《我国法定数字货币的金融监管制度构建》，载《重庆社会科学》2020 年第 5 期。

〔3〕 参见赵莹：《风险社会视阈下物联网金融监管制度构建》，载《贵州社会科学》2019 年第 8 期。

〔4〕《金融分布式账本技术安全规范》15.5 “交易干预” 规定：应具备限制交易权限、冻结账户等功能，为监管机构提供交易干预的技术手段。

〔5〕 参见孟于群：《法定数字货币跨境支付的法律问题与规则构建》，载《政法论丛》2021 年第 4 期。

仅具有庞大的市场基数，也有丰富的第三方支付实践，而上海的金融科技普及率占比在 50% 以上。在上海这片广袤的试验田里，完全有理由与世界上经验丰富的国家——新加坡、瑞典等——展开合作，一方面，各国可以相互借鉴法定数字货币运行与个人信息保护监管相关的原则性、基础性标准规范，共同致力于构建完整的信息安全制度框架；另一方面，在未来我国法定数字货币正式发行流通后，可以积极提供个人信息保护的实践做法和经验，完善国内对个人信息保护的落实和国际个人信息跨境流动机制，促进各国之间个人信息保护与商业利用之间的平衡。

非同质化代币数字藏品合规探析

全开明 *

非同质化代币（Non - Fungible Token，NFT），是区块链技术的最新应用。NFT 数字藏品系 Web 3.0 技术下萌生的新兴数字产物，而 NFT 数字藏品受到市场热捧的背后，依然存在引发资本炒作、洗钱等非法金融风险、知识产权侵权等法律风险的较大隐患。本文试以 NFT 数字藏品监管动态、税务规划等有关问题作为切入点，全面分析 NFT 数字藏品在交易过程中涉及的上述问题，并就此提出相应的合规应对措施。对基于真实场景的 NFT 数字藏品税务规划及合规处置，还需要具体问题具体分析。

一、NFT 数字藏品概述

（一）NFT 数字藏品的基本概念及关联主体

NFT 因其唯一性、不可替代性、不可分割性的特征，可以锚定绘画、摄影、游戏等元素，成为具有收藏价值的数字资产。在国内，在“去币化”的监管趋势下，NFT 体现为数字藏品应用。NFT 数字藏品作为新生事物，由于法律的滞后性以及其自身法律属性的不明确，在实践中会产生诸多法律风险。

目前，NFT 数字藏品交易主要涉及创作、铸造、发行等阶段，在这一交易过程中涉及多方主体，包括原作作者、发行方、交易平台、购买方和区块链技术支持方。“原作作者，即原作品的创作者，是原作品的著作权人。发行方，系在交易平台销售 NFT 数字藏品的一方，一般为 NFT 数字藏品的铸造者。交易平台，即提供与 NFT 数

---

* 全开明，上海锦天城律师事务所合伙人、律师。

字藏品交易相关的网络信息技术服务及其他辅助服务的平台。购买方，即支付对价购买 NFT 数字藏品者。区块链技术支持方，系为 NFT 数字藏品提供区块链底层技术支持的一方。”[1]

（二）NFT 数字藏品的二大价值属性

1. 基本价值属性。

NFT 数字藏品具有不可替代性、唯一性的属性，使其与实体艺术品、收藏品的性质天然符合。NFT 数字藏品有着投资理财的作用，在国外市场，一枚 NFT 数字藏品的价格可能高达数十万美元；而在国内市场，即便 NFT 锚定的是名不见经传的艺术作品，其定价一般也以万元计量，并且大多在首日即售罄。NFT 数字藏品的唯一性，使其具有较大的升值空间，可以作为债权进行高价抵质押，在未来安全有序的二级市场，也有较大的出让价值。NFT 数字藏品还有观赏收藏的作用，国内的大部分数字藏品，都是锚定我国知名的古玩、文物、书画作品，在购买后可以进行观赏；此外还有部分数字藏品与知名的 IP 联动，能够激发爱好者的购买欲望。最后，NFT 数字藏品还具有身份认同的作用，NFT 数字藏品是基于区块链技术，使得其他人可以查询某个 NFT 数字藏品的持有者（如 NFTCN 交易平台上，每枚 NFT 数字藏品都会注明持有者 ID），可以凸显出收藏者的身份。

2. 服务价值属性。

此外，企业还可以为 NFT 数字藏品附加一定的服务属性，使其具有类似“VIP”卡的作用。以“五粮液数字酒证”为例（见图 1），数字酒证用户在线享有原厂直供、原厂仓储、原厂直发配送到家、产品到货扫码验证、专业仓储、一键质押、在线馈赠、便捷转让等多元服务，结合保证保险实现全闭环保真，轻松管理数字酒证资产。该数字酒证锚定高端白酒，一方面确保消费者购买白酒的真实性，解决了保真难、存储难、收藏难、流通难、交易难等问题，使得消费者更加放心；另一方面高端白酒因年份增加增值，数字酒证的价值可能会随之增值。由此，企业在出售 NFT 数字藏品时，可以将其锚定实体商品，以自身商品财产价值兜底，附加 NFT 数字藏品服务价值，引起广大消费者的购买欲望。

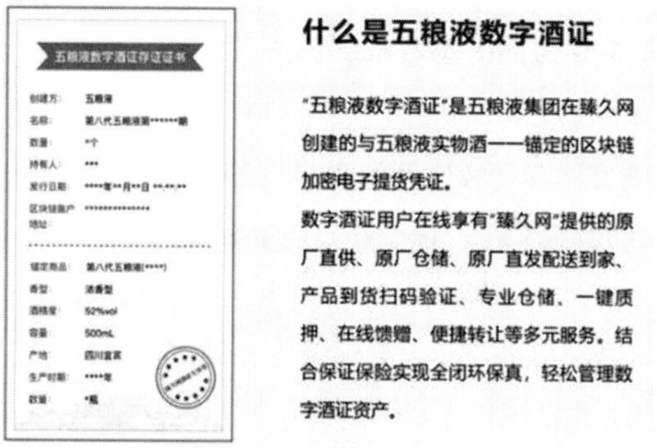

图 1　“五粮液数字酒证”NFT 数字藏品

[1] 彭胜锋、于千惠：《NFT 数字藏品交易涉及的法律问题及风险防范》，载微信公众号“锦天城律师事务所”，最后访问日期：2022 年 7 月 6 日。

二、NFT 数字藏品的税务规划

（一）NFT 数字藏品的税务比较研究

对于 NFT 数字藏品的税务问题，我国大陆还没有专项的法规政策出台。目前有部分国家与地区已经发布了数字藏品的税收政策，笔者主要选取了两个用法定货币出售或购买数字藏品时的税收政策作为参考。

1. 美国。

美国国税局（IRS）将 NFT 数字藏品视为财产，NFT 数字藏品的发行方，在铸造 NFT 数字藏品时，是无须缴税的；而在出售所铸造（或委托他人铸造）的 NFT 时，出售 NFT 数字藏品的收益应作为普通收入，需要缴纳所得税。对于 NFT 数字藏品的购买者，IRS 要求投资者（主要是指利用加密货币购买 NFT 数字藏品，以待升值再进行出售的人）缴纳资本利得税。此外，某些 NFT 数字藏品被 IRS 视为收藏品（如 Bored Ape Yacht Club 头像），当这些资产在一年后出售时，它们的最高税率为 28%，而典型的长期资本利得率在 0% 到 20% 之间。而用美元进行购买的普通消费者，则无须交税。[1]

2. 我国台湾地区。

在我国台湾地区，财政部门表示 NFT 数字藏品的课税问题可以用现行税法进行调整。NFT 数字藏品的发行方及交易平台出售 NFT 数字藏品时，应当根据“所得税法”和“加值型及非加值型营业税法”规定按照财产交易所得缴纳综合所得税或营业事业所得税与营业税。如 NFT 数字藏品为经文化部门核准之艺术品，该财产交易所得可适用“文化艺术奖助及促进条例”第 29 条有关艺术品之税捐优惠。[2]

（二）NFT 数字藏品国内税务分析

可见，一般来说 NFT 数字藏品的购买者无须缴税。而根据中国互联网金融协会、中国银行业协会、中国证券业协会共同发布的《关于防范 NFT 相关金融风险的倡议》以及 2022 中国数字文创高质量发展论坛中近 30 家机构联合发布的《数字藏品行业自律发展倡议》，虽没有法律明文禁止 NFT 数字藏品的二级市场的交易，但我国各行主体都持较为保守的态度。回归到我国税收相关法律视角，笔者将对以下三个方面进行分析。

1. 增值税。

根据《增值税暂行条例》第 2 条规定，NFT 数字藏品作为无形资产，无论是企业还是个

---

〔1〕 参见 Ekin Genç，Crypto Tax Guide：NFTs and DeFi，https：//decrypt. co/95971/crypto－tax－guide－nfts－and－defi，最后访问日期：2022 年 5 月 28 日。

〔2〕 参见廖元庆：《虚拟通货与 NFT 的所得税在台湾怎么课》，载《北美智权报》2022 年 5 月 26 日。

人出售 NFT 数字藏品时，应当按照 6% 的税率缴纳增值税。而境内企业和个人跨境销售 NFT 数字藏品是否税率为 0%，由于未明确 NFT 数字藏品是否属于国务院规定范围内的服务、无形资产，尚且无法判定。

此外，增值税适用于销售服务、无形资产、不动产以及进口货物等情况，而根据《营业税改征增值税试点实施办法》第 14 条规定，若企业或个人赠与 NFT 数字藏品，则无须缴纳增值税。此外，根据《关于对增值税小规模纳税人免征增值税的公告》规定，小规模纳税人出售 NFT 数字藏品的，属于销售无形资产，适用 3% 征收率，在 2022 年 4 月 1 日至 12 月 31 日，可以免征增值税。

2. 企业所得税。

企业作为发行方出售 NFT 数字藏品的情形在我国较为常见，例如上汽奥迪、茅台、奥利奥、伊利等均发布数字藏品，为品牌带来巨大的营销效应。而在企业出售 NFT 数字藏品时，如果认定该行为是出售 NFT 数字藏品的所有权，则应当将收入作为转让财产收入处理，如果认定为著作权授权行为，则应当将收入作为特许使用费处理。杭州互联网“NFT 侵权第一案”中，法院认定 NFT 交易实质是“数字商品”所有权转移，NFT 交易模式本质上属于以数字化内容为交易内容的买卖关系，购买者所获得的是一项财产权益，并非对一项数字财产的使用许可，亦并非对一项知识产权的转让或许可授权。[1] 根据该案，应当认定企业出售 NFT 数字藏品的收入应当作为转让财产收入处理。

除此以外，根据国家税务总局《关于企业所得税若干政策征管口径问题的公告》规定，企业购买的文物、艺术品用于收藏、展示、保值增值的，作为投资资产进行税务处理。文物、艺术品资产在持有期间，计提的折旧、摊销费用，不得税前扣除。若 NFT 数字藏品被认定为艺术品资产，企业在购买 NFT 数字藏品时的支出不能税前扣除；在企业转让或者赠与 NFT 数字藏品时（国内仍有一部分 NFT 数字藏品交易平台支持二次交易），其成本可以扣除。[2] 若按此认定，可能会产生此种情况：企业在购买 NFT 数字藏品后，或者委托他人铸造 NFT 数字藏品再购买其所有权，然后再进行大量转让或赠与，使企业所得税扣除成本增加，达到降低所缴企业所得税的目的。

3. 个人所得税。

个人作为发行方出售 NFT 数字藏品时，也需要明确该转让所得收入的性质。需要注意的是，个人所得税中，特许使用费所得属于综合所得，适用 3% 至 45% 的超额累进税率；而财产转让所得适用比例税率，税率为 20%。根据上述判例，个人出售 NFT 数字藏品收入应当按照财产转让所得，适用比例税率。

---

[1] 参见杭州互联网法院（2022）浙 0192 民初 1008 号民事判决书。

[2]《企业所得税法实施条例》第 71 条。

此外，NFT数字藏品除了在交易平台出售，还存在以拍卖的方式出售，如阿里拍卖以人民币8901元成交《千里走单骑》NFT数字藏品作品。根据国家税务总局《关于加强和规范个人取得拍卖收入征收个人所得税有关问题的通知》的规定，个人以拍卖方式出售NFT数字藏品的，应以其转让收入额减除财产原值和合理费用后的余额为应纳税所得额，按照“财产转让所得”项目适用20%税率缴纳个人所得税。若不能计算NFT数字藏品财产原值的，按转让收入额的3%征收率计算缴纳个人所得税。

（三）NFT数字藏品的税务规划建议

发行方在出售NFT数字藏品时所须缴纳的税种包括增值税、企业所得税、个人所得税。那么作为企业，如何利用这一新兴的区块链技术应用来进行税务筹划？笔者认为，可以从以下几方面入手。

1. 锚定实体商品。

应当利用NFT数字藏品锚定实体商品，以数字藏品与实体商品的总价值取代原实体商品的价值，以此降低所须缴纳的增值税。根据《增值税暂行条例》第2条规定，企业销售货物的税率为17%，销售不动产、粮食等农产品、食用植物油、食用盐，自来水、暖气、冷气、热水、煤气、石油液化气、天然气、二甲醚、沼气、居民用煤炭制品，图书、报纸、杂志、音像制品、电子出版物，饲料、化肥、农药、农机、农膜等货物的税率为11%。而NFT数字藏品作为无形资产，其增值税税率仅为6%（见表1）。

表1 商品锚定NFT前后应纳增值税差异

商品种类	价格	增值税率	应纳税额	绑定NFT后价格	绑定NFT后增值税率	绑定NFT后应纳税额
白酒	1000元	17%	170元	1000元	6%	60元
唱片	1000元	11%	110元	1000元	6%	60元

从表1中可见，将NFT数字藏品与实体商品锚定，通过销售NFT数字藏品的方式来盈利，由于NFT数字藏品的增值税率较低，能够使企业降低所缴的增值税额。

因此，企业应当积极开发锚定自身品牌商品的NFT数字藏品。例如，酒企可以出售数字酒证，国外已经有多家酒品牌开设“元宇宙”酒庄，并发布在酒类NFT平台BlockBar上。消费者在该网站上可以购买高端酒品，并且不用担心其假冒伪劣问题。并且消费者还可以通过数字酒证了解到对应酒品的年份、产地，甚至原浆出自几号橡木桶的信息。这满足了消费者对高端酒品的购买、收藏的需求。通过蚂蚁链数字藏品，某音像企业通过出售数字唱片证书的方式来销售各类音像制品及衍生品，也是一种成功实践。

2. 强化服务价值。

NFT数字藏品为人所追捧的重要原因是其锚定了现实世界的物品，其价值很大程度上受到现实世界物品价值的影响，而提高NFT数字藏品的成本，降低现实世界物品的成本，需要通过为NFT数字藏品附加一系列服务。例如，上文中所提到的“五粮液数字酒证”，通过附加多元服务，一定程度上降低了仓储、运输、打假等成本。

五粮液前任总经理陈林曾在采访中表示，五粮液每年的打假经费高达1.5亿元。可见假冒伪劣产品不仅给消费者带来困扰，也加重了企业的负担。而利用区块链不可篡改、可追溯等特点，用NFT数字藏品锚定生产的每瓶酒，使NFT数字藏品成为酒的“身份证”，使消费者通过购买NFT数字藏品获得酒，同时满足双方的防伪需求，实现双赢。此外，在酒窖里贮藏的酒，也可以通过NFT数字藏品的形式，实现流通盘活资金。

3. 结合实体经济。

除了目前已经出现的酒品NFT、唱片NFT、绘画NFT等，NFT数字藏品可以与更多的实体业务进行结合。例如，近年出现的“云养牛”项目，消费者可以在线上认养自己心仪的奶牛，而企业则进行全程饲养、记录、反馈，让消费者体验“云养牛”乐趣，并且通过24小时牧场直播展示奶牛的日常生活，消费者还可以喝到自己认养的奶牛产的牛奶，甚至能将牛奶出售。

这种“云养牛”项目可以与NFT数字藏品相结合。奶牛作为动物，每一头奶牛本身就具有独特性。企业出售带有唯一ID的“奶牛主人”的NFT“领养证”，“领养证”附带身份证明、会员、透明生产、免费牛奶等服务，一方面满足了消费者在高品质牛奶、线上养牛等各方面需求；另一方面，在纳税上，所销售“领养证”不论作为服务还是无形资产，其增值税率为6%，能够达到让企业降税，从而增加利润的目的。

4. 尽享税务政策。

发行方可以充分利用当前的税务政策，但是前提必须是真实、合法、合理。比如发行方尽量以小微企业/小规模纳税人的身份出售NFT数字藏品，目前我国对小规模纳税人阶段性免征增值税，利润100万元以下小微企业的企业所得税仅2.5%，以该种身份发行NFT数字藏品，能够极大降低税率。

此外，若未来NFT数字藏品能够被认定为文物艺术品，可以考虑采取拍卖的方式出售NFT数字藏品，根据国家税务总局《关于加强和规范个人取得拍卖收入征收个人所得税有关问题的通知》的精神，拍卖文物艺术品视为转让财产收入或特许使用费收入。故企业作为委托人拍卖数字藏品时，无须缴纳增值税。

三、NFT数字藏品的监管

（一）NFT数字藏品的金融监管

对于区块链技术下的新兴应用，我国一直采取的是强监管态度。2021年中国人民银行等十部委联合发布的《关于进一步防范和处置虚拟货币交易炒作风险的通知》明确规定虚拟货币相关业务活动属于非法金融活动。这使得在NFT数字藏品在我国出现后，无法使用比特币等虚拟货币进行购买。而对于NFT数字藏品而言，2022年5月20日，福建省发布《福建省清理整顿各类交易场所工作小组关于防范NFT违规风险的提示函》，提示函要求福建省内所有交易场所不参与、不背书、不批准NFT相关发行、交易活动。福建省地方金融监督管理局相关负责人表示，该提示函所指的交易场所是“7+4”类金融组织，包括小额贷款公司、融资担保公司、区域性股权市场、典当行、融资租赁公司、商业保理公司、地方资产管理公司、地方各类交易场所、开展信用互助的农民专业合作社、投资公司、社会众筹机构。以“鲸探”NFT数字藏品交易平台为例，其运营方上海小块头数字科技有限公司和开发者杭州蚂蚁酷爱科技有限公司不属于交易场所。可见，主管部门虽然没有对NFT数字藏品交易平台进行规制，但是严禁金融组织从事NFT数字藏品的相关活动，延续了此前对于虚拟货币的去金融化做法。

而在行业中，已经有一系列行业公约对NFT数字藏品交易平台进行规制。2021年10月31日，国家版权交易中心联盟、蚂蚁集团、京东科技、腾讯云等机构联合发布《数字文创行业自律公约》，防范对数字藏品的投机炒作和金融化，抵制数字藏品的拆分交易。2022年4月13日，中国互联网金融协会、中国银行业协会、中国证券业协会联合发布《关于防范NFT相关金融风险的倡议》，提出坚决遏制NFT金融化、证券化倾向，从严防范非法金融活动风险。2022年5月10日，61家机构共同签署《中国NFR数字权益行业自律公约》，要求不在底层商品中包含证券、保险、信贷、贵金属等金融资产，抵制变相发行交易金融产品，提供集中交易、持续挂牌交易、标准化合约交易等服务。2022年6月30日，近30家机构联合发起《数字藏品行业自律发展倡议》，反对二次交易和炒作。可见，我国NFT数字藏品行业遵循了之前我国对于虚拟货币的强监管态度，形成了坚决抵制NFT数字藏品金融化的共识。

在行业实际经营中，各平台几乎也都遵守了以上准则。阿里旗下的“鲸探”NFT数字藏品交易平台只允许进行转赠，禁止NFT数字藏品的二次交易；微信公众平台也新增了数字藏品交易行为相关条款，即《数字藏品行为规范》，该规范第3.24条规定中显示，账号涉及虚拟货币相关的发行、交易与融资等内容的，一经发现，微信公众平台将根据违规严重程度，对违规公众账号予以责令限期整改及限制账号部分功能直至永久封号的处理，账号提供与数字藏品二级交易相关的服务或内容的，也按本条规范进行处理。（见图2、图3）

协议内容

为维护数字藏品平台的正常运营，保障各方的合法权益，严格防范和打击任何形式的转售、炒作数字藏品的违法违规行为，依据《蚂蚁链数字藏品平台用户服务协议》制定本规则。

1. 如果我们收到投诉或举报，或通过其他途径，经过合理判断认定您从事了以下违法、违规或违约行为的，我们有权根据您的具体行为和情节实施下述处罚措施，并向您发送处罚通知：

行为	具体情形	处罚措施
转售数字藏品	任何形式有偿转售数字藏品的行为，包括但不限于在任何平台、网站、社交媒体等发布转售信息、转售要约或言论的行为。	针对首次违规的，1年内关闭您账户的数字藏品转赠功能；针对重复违规或恶意违规的，酌情加重处罚，包括永久关闭您账户的数字藏品转赠功能，或者永久封禁账号。

图 2　数字藏品交易部分协议条款

3.24 虚拟货币及数字藏品交易行为

账号涉及虚拟货币相关的发行、交易与融资等内容，例如提供交易入口、指引、发行渠道引导等，包括但不限于以下类型：

3.24.1 虚拟货币与现实货币、虚拟币与虚拟币之间的交易和兑换业务；

3.24.2 为虚拟货币交易提供信息中介和定价服务；

3.24.3 代币发行融资以及虚拟货币衍生品交易。

账号提供与数字藏品二级交易相关的服务或内容的，也按照本条规范进行处理。

处罚规则

一经发现此类违规行为，微信公众平台将根据违规严重程度，对违规公众账号予以责令限期整改及限制账号部分功能直至永久封号的处理。

图 3　《数字藏品行为规范》部分条款

可见，在 NFT 数字藏品交易平台中，将 NFT 数字藏品视为虚拟商品，杜绝其二次交易以防止炒作，杜绝其金融化、证券化，已然成为大趋势。虽然目前还有例如 NFTCN 等一部分支持二次交易的 NFT 数字藏品交易平台存在，但随着行业规范的逐渐完善，支持二次交易的平台数量会逐渐减少。

综上而言，对于 NFT 数字藏品，国内将其视为一种虚拟商品，采取抵制其金融化、证券化的态度，拒绝 NFT 数字藏品参与金融活动，以排除对其进行 ICO、炒作等可能带来的风险。在这种监管背景下，各类市场主体在冲入 NFT 数字藏品圈时，需要时刻保持警惕，不轻信各类平台或者机构的增值宣传，才能防患于未然。

（二）NFT 数字藏品的市场监管

NFT 数字藏品目前作为一种虚拟商品，在各种交易平台上售卖，这就涉及对 NFT 数字藏品的市场监管问题。由于其是一种区块链技术下的新型事物，所以应当对其在市场监管中可能遇到的价格合规、广告合规以及交易平台规制等问题进行具体分析。

1. NFT 数字藏品涉及的价格合规问题。

在目前市场环境下，NFT 数字藏品的价格存在严重的资本炒作问题。根据《2022（上半年）全球 NFT 数字藏品市场发展研究报告》[1]所述，5 月 17 日数据显示，全球最大的 NFT 交易平台 OpenSea 交易额高达约 235 亿美元。NFT 市场交易总额排名前五的项目为：Looks Rare（181. 亿美元）、Axie Infinity（41. 7 亿美元）、Crypto Punks（26. 6 亿美元）、NBA Top Shot（8. 85 亿美元）。以上项目的单个 NFT 数字藏品更是经常以十万余美元价格出售，而其

〔1〕《2022（上半年）全球 NFT 数字藏品市场发展研究报告》，载 https：//zhuanlan. zhihu. com/p/533656675，最后访问日期：2023 年 2 月 18 日。

锚定的往往仅仅是一幅画。国外这种价格炒作的乱象，也是国内杜绝NFT数字藏品金融化的主要原因之一。

NFT本身只是一组元数据，需要锚定相应的实体物品才具备一定的现实价值。国内对于NFT数字藏品的定价，一般都以其所需的“燃油费”为基础，再附加锚定的实体物品的价值。但是这种实体物品大部分为摄影、绘画作品，其价格具有不确定性。那么如何防止NFT数字藏品的价格虚高，目前还未建立一个有效的评估体系。《关于防范NFT相关金融风险的倡议》提出“确保NFT产品的价值有充分支撑，引导消费者理性消费，防止价格虚高背离基本的价值规律。保护底层商品的知识产权，支持正版数字文创作品。真实、准确、完整披露NFT产品信息，保障消费者的知情权、选择权、公平交易权”。该文件虽然并不具备法律效力，但在一定程度上透露了主管部门未来对于NFT数字藏品价格的监管趋势，即对于NFT产品的价值应当建立公平合理、符合防止价格虚高背离基本的价值规律的价值审核、评估体系。

由此，发行方在交易平台销售NFT数字藏品时，应当依循《关于防范NFT相关金融风险的倡议》基本态度。并且《价格法》第8条规定：“经营者定价的基本依据是生产经营成本和市场供求状况。”发行方从数字藏品的生产成本、艺术价值、应用价值等进行综合评断，遵循公平、合法和诚实信用的原则，并且不能出现不正当价格行为，防止价格虚高而背离基本的价值规律。

数字藏品背后的知识产权价值是其底层价值所在。基于此，从交易平台来看，一方面，平台方应当建立有效的知识产权审查机制以及相应的侵权预防机制。平台应当对在平台上交易的NFT数字藏品的著作权权属做初步审查，并且应当建立包括停止使用机制、担保机制等侵权预防机制，对NFT数字藏品侵权行为承担注意义务。[1]另一方面，平台应当建立完善的价格审核体系，对于在本平台上发布的NFT数字藏品，应当对其设定价格从作品权属、作品知名度、市场一般价值等知识产权价值因素进行综合审核评估，确保定价处于一般理性人所能认可的价格维度。此外，亦建议平台将有关价格审核体系、参考因素、定价细则等进行公示，从而从最大程度上避免因定价不合理而造成的有关法律风险。

2. NFT数字藏品涉及的广告合规问题。

国内各大企业都已经着手建立数字藏品交易平台，如腾讯旗下的“幻核”、阿里旗下的“鲸探”、京东旗下的“灵稀”等，反映了NFT数字藏品不断上升的市场热度，随之而来的是，各大企业亦开展了对于自身发布的数字藏品的各种营销和推广，比如以限量发行、个人定制等方式进行售卖，从而增强数字藏品的稀缺性。

在广告宣传中，与普通商品类似，在国内交易市场上流通的NFT数字藏品同样会受到

---

〔1〕 参见杭州互联网法院（2022）浙0192民初1008号民事判决书。

《广告法》《互联网广告管理暂行办法》等法律法规的规制。2022 年，Web 3 游戏开发商 Polium 正式宣布，将推出世界首款采用 NFT 技术的游戏主机“Polium One”，其在公布信息中心宣称主机功能强大，但后续被玩家以虚假宣传、抄袭等理由进行举报。[1]因此，企业对自身发布的 NFT 产品进行广告宣传时，依然会面临有关的合规风险。企业若欲借助 Web 3.0、元宇宙等概念进行投机炒作、虚构产品价值、使用与产品实际功能不符的宣传用语等，都可能受到监管部门的稽查。

广告的合规问题主要在于广告的内容是否真实、准确。对于 NFT 数字藏品而言，由于其所依赖的区块链技术具有较强的专业性，当广告主在对其进行广告宣传时，如何认定广告是否违法，目前具有一定难题。以虚假广告为例，《广告法》第 28 条第 2 款规定：“广告有下列情形之一的，为虚假广告：（一）商品或者服务不存在的；（二）商品的性能、功能、产地、用途、质量、规格、成分、价格、生产者、有效期限、销售状况、曾获荣誉等信息，或者服务的内容、提供者、形式、质量、价格、销售状况、曾获荣誉等信息，以及与商品或者服务有关的允诺等信息与实际情况不符，对购买行为有实质性影响的；（三）使用虚构、伪造或者无法验证的科研成果、统计资料、调查结果、文摘、引用语等信息作证明材料的；（四）虚构使用商品或者接受服务的效果的；（五）以虚假或者引人误解的内容欺骗、误导消费者的其他情形。”对于以上五项构成虚假广告的情形，消费者由于处于弱势地位，不具有对区块链技术、NFT 等专业知识的储备，通常会难以发现广告宣传与实际商品中的差别。同样，如果广告发布者并不是铸造 NFT 数字藏品的专业人士，也很有可能在制作广告时，违反上述规定。

由此，发行方或交易平台在对自身发布的 NFT 产品进行推广宣传时，应当严格遵守《广告法》等规定，根据实际情况对自身 NFT 产品进行描述和宣传。对 NFT 数字藏品信息应当准确、清楚、明白地进行全面披露，广告内容不得含有虚假或者引人误解的内容，不得欺骗、误导消费者，应当对有关商品的性质进行准确判断，避免作出与实际情况不符、对购买行为有实质影响的广告行为。此外，《广告法》第 4 条规定，广告主应当对广告内容的真实性负责。故广告主需要为自己的广告行为是否违规承担举证责任，如果无法自证清白，就要接受行政处罚。故企业应当建立系统的自查机制，包括可以在企业内部采用专业大数据合规工具或咨询专业人士以全面有效地对 NFT 数字藏品宣传内容进行审核，提前做好合规措施，保留相应的证据，从而避免因虚假宣传等造成的违法风险。

3. 对 NFT 数字藏品交易平台的规制。

购买 NFT 数字藏品的消费者，理应受到《消费者权益保护法》的保护，发行方和交易平台都应当保护消费者的合法权益。目前国内 NFT 数字藏品的出售模式，主要是企业或个人

---

〔1〕参见网易新闻，https：//3g. 163. com/dy/article/HBFGNT9R0526K1KN. html，最后访问日期：2022 年 7 月 4 日。

作为发行方，将NFT数字藏品委托给交易平台进行售卖，而交易平台与淘宝、京东等网络交易平台相类似，但由于NFT数字藏品与普通商品的不同，在规制方面又有一定的特殊性。

（1）NFT数字藏品交易平台的性质。根据杭州"NFT侵权第一案"的判决，NFT数字藏品交易平台是专门提供NFT数字藏品交易服务的平台，交易的NFT数字藏品是由平台注册用户提供，且不存在与他人以分工合作等方式参与NFT数字藏品交易，根据《信息网络传播权保护条例》规定，NFT数字藏品平台属于网络服务提供者。[1]

（2）NFT数字藏品交易平台的经营责任。NFT数字藏品交易平台作为网络服务提供者，需要承担网络服务提供者的责任，此外，杭州互联网法院认定NFT数字藏品交易平台并不适用"避风港原则"。"避风港原则"是指在发生著作权侵权案件，并且网络服务提供者为服务对象提供搜索或者链接服务时，网络服务提供者在接到权利人的通知书后，根据《信息网络传播权保护条例》的规定断开与侵权的作品、表演、录音录像制品的链接，不承担赔偿责任。杭州互联网法院结合NFT数字藏品平台的交易模式、技术特点、平台控制能力、盈利模式等因素，认定NFT数字藏品平台应当负有较高的注意义务，要对平台上的NFT数字藏品的著作权进行审查，否则应当承担NFT数字藏品锚定的原作品的著作权人著作权受侵害的侵权责任。

（3）NFT数字藏品交易平台的格式条款效力。目前NFT数字藏品交易平台的用户协议中，还存在一些具有争议的格式条款，包括著作权侵权的免责以及清退的免责条款。例如NFTCN平台用户协议中，表明需要由用户自行辨别平台上的作品是否属于原创作品，并且在服务终止时可以永久删除用户数据，无返还义务。

笔者认为这些条款存在效力瑕疵。NFT数字藏品交易平台不保证其平台藏品的著作权，不承担任何损失，与前述的"NFT侵权第一案"中的法院判决相悖。NFT数字藏品目前处于立法空缺，该案件的判决具有一定的指导意义。根据《民法典》第496条和第497条的规定，NFT数字藏品交易平台在格式条款中约定排除自己的著作权审查义务，属于不合理地免除其责任、加重消费者责任的行为。

此外，格式条款中约定服务终止时平台可以永久删除用户数据，并无义务返还数据。该数据所指可能不仅包括用户信息，还可能包括用户所购买的NFT数字藏品。因为NFT本身是一组元数据，只有锚定现实中的作品，才成为NFT数字藏品。而当该数据删除后，用户所购买的NFT数字藏品可能就成为一幅图画，丧失了本身由区块链技术所带来的不可替代性和唯一性，丧失了收藏的价值，使用户财产权利受到极大的损失。根据《民法典》第497条以及国家工商行政管理总局《关于发布〈网络交易平台合同格式条款规范指引〉的公告》第12条规定："网络交易平台经营者不得在合同格式条款中排除或者限制平台内经营者或者消

---

〔1〕 参见杭州互联网法院（2022）浙0192民初1008号民事判决书。

费者的下列权利：……（六）平台内经营者或消费者依法享有的其他权利。”此种格式条款很可能构成故意或重大过失造成用户财产损失的免责条款无效事由，也有可能因排除用户对 NFT 数字藏品享有的所有权而被认定为无效。

（4）NFT 数字藏品交易平台的退货义务。目前国内主要的 NFT 数字藏品平台，例如“幻核”“鲸藏”等都明确声明不支持七日无理由退货。

而根据《消费者权益保护法》第 25 条及《网络购买商品七日无理由退货暂行办法》（以下简称《退货暂行办法》）第 6 条明确规定，经营者采用网络、电视、电话、邮购等方式销售商品，消费者有权自收到商品之日起七日内退货，且无须说明理由，但下列商品除外：（一）消费者定作的；（二）鲜活易腐的；（三）在线下载或者消费者拆封的音像制品、计算机软件等数字化商品；（四）交付的报纸、期刊。此外，《退货暂行办法》第 7 条还规定：“下列性质的商品经消费者在购买时确认，可以不适用七日无理由退货规定：（一）拆封后易影响人身安全或者生命健康的商品，或者拆封后易导致商品品质发生改变的商品；（二）一经激活或者试用后价值贬损较大的商品；（三）销售时已明示的临近保质期的商品、有瑕疵的商品。”NFT 数字藏品交易平台，按照通常理解，应当是采用网络方式销售商品，应当适用上述法律。而交易平台服务协议对退货义务的排除，是否符合上述法律规定，主要是看从交易平台销售的 NFT 数字藏品是否属于可以不适用七日无理由退货的商品。

根据《消费者权益保护法》第 25 条及《退货暂行办法》第 6 条、第 7 条规定，NFT 数字藏品最有可能符合不适用七日无理由退货规定的商品是在线下载或者消费者拆封的音像制品、计算机软件等数字化商品或一经激活或者试用后价值贬损较大的商品这两种情形。

第一，NFT 数字藏品是否属于在线下载或者消费者拆封的音像制品、计算机软件等数字化商品？

对于在线下载或消费者拆封的音像制品、计算机软件等，由于该商品对于消费者的价值就在于进行观看、收听、使用等，消费者很可能在较短的时间内就完成观看、收听、使用等行为，达成了购买商品的目的。此时若赋予消费者七日无理由退货的权利，很可能会造成消费者达成目的后就进行退货，导致经营者无法盈利。此外，数字化商品都存在被复制拷贝的可能，若消费者退货，经营者没有能力确认消费者是否保留了复制件，这不利于对知识产权的保护。

NFT 数字藏品，属于一种数字化商品，但目前国内的 NFT 数字藏品主要锚定的实体商品是绘画、摄影等艺术作品，主要价值在于收藏，而不同于普通的音像制品。从这个意义上看，NFT 数字藏品理应不属于可以不适用七日无理由退货的数字化商品。但是还有少数 NFT 数字藏品锚定了例如唱片、视频等同时具有收藏价值和观看、收听价值的实体商品，此时是否适用七日无理由退货，还存在一定的争议。

第二，NFT 数字藏品是否属于一经激活或者试用后价值贬损较大的商品？

有观点认为，NFT 数字藏品的产权归属、交易流转都被记录在加密、不可篡改且可溯源的区块链上，即便消费者退货，一般也不会发生 NFT 数字藏品被破坏或者无法进行二次销售的情形，所以 NFT 数字藏品不属于一经激活或者试用后价值贬损较大的商品。该观点从 NFT 数字藏品的技术原理进行分析，具有一定的合理性。但是同样出于 NFT 数字藏品的技术原理分析，激活或试用行为也可能会给 NFT 数字藏品的价值带来较大的影响。

NFT 数字藏品的产权与交易都会被记录在区块链上，并且无法篡改，这就意味着消费者在接收所购买的 NFT 数字藏品后，信息即被记录在区块链上。而消费者后续进行退货，区块链上的相关信息也无法进行删除。NFT 数字藏品的重要价值就在于收藏，对于部分特定的 NFT 数字藏品，在消费者购买后价值可能会有一定的波动。例如数字酒证、定制头像等消费者购买时便希望是全新的、未经转售的，消费者购买的目的之一就是其作为唯一收藏人的身份凸显、炫耀等。而此类藏品若属于之前的消费者购买并使用过的（尤其是以头像为锚定对象的 NFT 数字藏品，此类头像一般具有唯一性，每一枚 NFT 数字藏品的头像都不相同），就不能满足消费者购买的目的需求。

对于 NFT 数字藏品，应当根据其锚定的不同实体商品种类，分析具体情况，基于 NFT 数字藏品本身的价值取向，对七日无理由退货的规定进行选择适用，但是需要具体问题具体分析。笔者认为，对于 NFT 数字藏品是否适用七日无理由退货，可以根据四条标准进行评估。若 NFT 数字藏品同时符合以下四条标准，则可以适用七日无理由退货（见表 2）。

表 2　NFT 数字藏品是否适用七日无理由退货的四标准分析

标准一	NFT 数字藏品不具备观看、收听等须收货后的使用功能
标准二	NFT 数字藏品锚定的商品售卖后不具有可复制性
标准三	NFT 数字藏品锚定的商品不属于定制、唯一性的商品
标准四	NFT 数字藏品不具有独特的身份标识价值或者功能

标准一是考虑到 NFT 数字藏品可能会锚定例如唱片、视频等具有观看、收听价值的商品，对于此类 NFT 数字藏品，消费者在购买前无法知晓其具体内容，只能通过经营者的广告宣传、文字描述等了解。故在消费者购买后，由于经营者难以对消费者是否进行了使用举证，所以推定消费者购买后即观看、收听了其锚定的唱片、视频等，以此减少对经营者的限制。

标准二是考虑到 NFT 数字藏品锚定的商品以类似盲盒的形式进行售卖时，由于不同于其他锚定绘画等直接可见的商品的 NFT 数字藏品，此类 NFT 数字藏品出售前，消费者无法知晓其样式，在购买后允许七日无理由退货，无疑是对这种形式的 NFT 数字藏品的价值进行较大的减损。

标准三是针对 NFT 数字藏品锚定的商品是具有唯一性的定制头像等情形。这里的唯一性指的是 NFT 数字藏品锚定商品的唯一性，NFT 数字藏品本身就具有唯一性，但是虽然元数据都有所不同，但 NFT 数字藏品锚定的可能是同一种绘画、摄影作品。这种 NFT 数字藏品是根据消费者的要求定制，或者发行方铸造时，一种实体物品只有一枚对应的 NFT 数字藏品，理应不适用七日无理由退货。

标准四是考虑到一部分 NFT 数字藏品创造的目的就是凸显消费者的独特的身份地位，故此类 NFT 数字藏品往往定价极高，消费者在购买后，就与其身份相绑定，而这种 NFT 数字藏品若适用七日无理由退货，则会使其价值大大受损。

综上，NFT 数字藏品作为新兴商品形态，在目前监管和法律尚不能完全匹配的情况下，企业需要在满足基本法律原则和精神的基础上，保障消费者的知情权、选择权和公平交易权，做到有价值的创新，才能走得更远，才不负时代机遇。

四、结语

NFT 数字藏品作为伴随 Web 3.0 技术而诞生的新兴数字产物，存在引发资本炒作、洗钱等非法金融风险、知识产权侵权等法律风险，值得从税务管理和政府监管两角度展开合规分析。虽然我国大陆暂未对 NFT 数字藏品的税务问题颁布专项政策，但美国和我国台湾地区用法定货币出售或购买数字藏品时的税收政策可以作为参考，在缴纳增值税、企业所得税、个人所得税时具有税务筹划的空间，如利用 NFT 数字藏品锚定实体商品而增加总价、附加服务价值而缩减打假成本、与更多实体经济进行结合、充分利用小规模纳税人和拍卖相关的税务优惠政策。

在金融监管领域，主管部门和行业公约都遵循对虚拟货币强监管态度，形成坚决抵制 NFT 数字藏品金融化的共识，削弱进行 ICO、炒作等可能带来的风险，因此各类市场主体在冲入 NFT 数字藏品圈时，需要时刻保持警惕，不轻信各类平台或者机构的增值宣传。而在市场监管领域，对 NFT 数字藏品定价，应当从作品权属、作品知名度、市场一般价值等知识产权价值因素进行综合审核评估，确保定价处于一般理性人所能认可的价格维度，并将有关资料进行公示；对 NFT 数字藏品进行推广宣传，应当严格遵守《广告法》等规定，对有关商品的性质进行准确判断，真实、准确、清楚、明白、全面地披露，采用专业大数据合规工具或咨询专业人士以提前做好合规管理；对于 NFT 数字藏品交易平台，应注意网络服务提供者需负有较高的注意义务，要对平台上的 NFT 数字藏品的著作权进行审查，在格式条款中约定排除自己的著作权审查义务，是不合理地免除其责任、加重消费者责任的行为，属于无效条款，且 NFT 数字藏品是否适用七日无理由退货应当结合四条标准进行具体评估分析。

『民事强制执行法』（草案）与金融债权执行

寿险保单强制执行的保险法思考

方乐华 *

由最高人民法院牵头起草的《民事强制执行法（草案）》（以下简称《强制执行法》），于2022年6月提请十三届全国人大常委会第三十五次会议审议。其中第159条规定："被执行人的其他财产不足以清偿执行债务的，人民法院可以依法通知保险公司解除被执行人作为投保人的人身保险合同，依据本节规定执行其享有的现金价值债权。投保人与受益人不一致的，人民法院应当告知受益人可以在指定期限内向人民法院支付相当于保单现金价值的价款，变更自己为投保人。受益人拒绝支付或者逾期未支付的，人民法院可以依法通知保险公司解除人身保险合同。"该条与人寿保险（以下简称寿险）关联密切的规定，与积极应对人口老龄化的国家战略，[1]《保险法》的相关规范均存在较大冲突。依据《立法法》第60条的规定，法律草案与其他法律相关规定不一致的，提案人应当予以说明并提出处理意见，必要时应当同时提出修改或者废止其他法律相关规定的议案，而最高人民法院在向全国人大常委会的说明中，并未予以说明并提出处理意见。同时，从程序法与实体法的关系考量，寿险保单在实体条款中处于权属不明状态，致使寿险保单的强制执行存在根本性缺陷，哪怕程序正义（指程序公开、透明、合法），也会导致结果错误。

本文仅讨论寿险保单的强制执行问题。人身保险（以下简称人身险）中的意

---

* 方乐华，华东政法大学教授。

〔1〕 2021年11月18日，中共中央、国务院发布《关于加强新时代老龄工作的意见》，其中提出完善多层次养老保障体系的国家战略，包括健全基本养老保险待遇调整机制，保障领取待遇人员基本生活；大力发展企业（职业）年金；促进和规范发展第三支柱养老保险。

外险和健康险人身依附性和专属性强，无保单现金价值可言；且现行《保险法》将保险分为人身险与财产险，混淆了寿险与意外险、健康险的根本区别，不利于保单强制执行问题的探明。其实，有强制执行财产价值的，非寿险保单莫属。

一、国家战略的基础不能动摇

在《强制执行法》起草过程中，各地法院基于“执行难”的巨大社会压力，早已将寿险保单纳入了执行标的。例如上海市高级人民法院在相关会议纪要中规定：冻结或扣划投保人（被执行人）的现金价值、红利等保单权益，投保人、被保险人或受益人均为被执行人同一人时，人民法院可直接冻结或扣划。冻结或扣划投保人（被执行人）的现金价值、红利等保单权益，投保人（被执行人）与被保险人或受益人不一致时，人民法院应秉承审慎原则，保障被保险人或受益人相关赎买保单的权益。[1]浙江省高级人民法院早在 2015 年就发布通知明言：“投保人购买传统型、分红型、投资连接型、万能型人身保险产品的，依保单约定可获得的生存保险金、或以现金方式支付的保单红利、或退保后保单的现金价值，均属于投保人、被保险人或受益人的财产权。当投保人、被保险人或受益人作为被执行人时，该财产权属于责任财产，人民法院可以执行。”[2]江苏省高级人民法院发布的通知中规定：“投保人为被执行人，且投保人与被保险人、受益人不一致的，人民法院扣划保险产品退保后可得财产利益时，应当通知被保险人、受益人。被保险人、受益人同意承受投保人的合同地位、维系保险合同的效力，并向人民法院交付了相当于退保后保单现金价值的财产替代履行的，人民法院不得再执行保单的现金价值。”[3]无须赘言，法院秉持执行穷尽原则，[4]倾向于一网打尽被执行人购买的各种寿险保单。

值得一提的是，无论是学界还是司法界，都将从国外引进的“赎买保单”之措施称为“救济”，依笔者之见，“赎买保单”之策，实乃大陆法系保险立法陷入投保人、被保险人和受益人“三分天下”之困局后，试图摆脱寿险保单权属不明的无奈之举，其实质是抛弃三分法而返身于投保人中心主义，或曰回归合同相对性原理。但我国的保险立法，依然是权属不

---

〔1〕 上海高级人民法院《关于建立被执行人人身保险产品财产利益协助执行机制的会议纪要》(2021 年 11 月 18 日)。

〔2〕 浙江高级人民法院《关于加强和规范对被执行人拥有的人身保险产品财产利益执行的通知》(浙高法执［2015］8 号)。

〔3〕 江苏高级人民法院《关于加强和规范被执行人所有的人身保险产品财产性权益执行的通知》(2018 年 7 月 9 日) 已失效。

〔4〕 执行穷尽原则：法院根据债权人的请求，为了实现生效法律文书所确定的权利，穷尽各种执行方法、措施和途径，对被执行人的财产进行了必要的调查、审计，依法采取了查封、扣押、冻结、拍卖、变卖等执行行为，在履行了上述程序后仍不能满足权利人利益的，法院才能裁定终结执行程序。

明且向被保险人中心主义倾斜的格局，导入该措施无异于迫使与被执行案无关的保单权利人（被保险人或受益人）充当被执行人。且不说有赎买能力而缺少意愿者，从表 1 的数据看，利他寿险合同中占比最多的是父母为未成年子女购买的类型，2016—2018 年分别占比 71.35%、71.23% 和 65.33%，罔顾未成年子女为被保险人的现实情况，所谓“赎买保单的权益”更像一块遮羞布，借此掩盖错误执行的内涵。

表 1　利他寿险合同中的被保险人类别

份数	占比%	子女%	配偶%	父母%	孙辈%	亲属%	雇员%	祖辈%	其他%
83, 261	38. 27	71. 35	26. 53	1. 71	0. 24	0. 13	0. 02	0. 01	0. 02
188, 126	47. 31	71. 23	26. 89	1. 55	0. 17	0. 13	0. 02	—	0. 01
76, 351	37. 16	65. 33	30. 61	3. 78	0. 04	0. 18	0. 05	—	0. 01

注：①投保人与被保险人不为同一人的寿险保单，称为利他合同；反之，则为利己合同。②表中“占比”，即利他合同占全部寿险保单的比例，显然，寿险合同中，为自己投保的比例高于为他投保，但在强制执行的寿险保单中，最值得审慎对待的，则是利他合同。[1]

与各地法院纷纷出台寿险保单执行令相匹配，寿险保单被强制执行的案件近年来激增，内蒙古大学苏可新硕士研究生中查阅了中国裁判文书网，以保单现金价值为关键词，将案件类型指定为执行案件后，核实 2013—2021 年共有 2130 份相关裁判文书，其中 2020—2021 年为 1885 份，占比 88.5%。[2]

然而，占保险市场半壁江山的寿险，[3]早已超越了商业保险的初衷，在全球老龄化趋势下，其被许多国家视为应对老龄化的重要战略储备。究其原因，随着老龄化急剧进展，越来越多的国家在面临种种危机后意识到：政府主导的养老保险独木难支，唯有国家、社会和公民齐心合力，才能保障公民养老。中国的老龄化态势十分严峻，最典型的就是未富先老、未备先老[4]，且进展迅猛，老龄化高潮迫在眉睫。这种态势下国务院适时将商业寿险作为应对老龄化战略的第三支柱，可谓审时度势、高瞻远瞩。从表 2 中，我们可以分析未备先老的状况，从中权衡寿险在三支柱养老保险体系中的分量和优劣势。

---

〔1〕 参见葛金飞等：《人身险投保人权益探讨——为他人投保情况下投保人权益保护》，载《中国保险》2019 年第 12 期。

〔2〕 参见苏可新：《人寿保单现金价值强制执行研究》，内蒙古大学 2022 年硕士学位论文。

〔3〕 原银保监会《2021 年 12 月人身险公司经营情况表》表明：2021 年全国合计寿险保费收入 23, 572 亿元；意外险、健康险同期收入分别为 583 亿元、7069 亿元（另查同年财产险保费收入 13, 676 亿元）。详见银保监网站，http：//www. cbirc. gov. cn/cn/view/pages/ItemDetail. html? docId = 1034666&itemId =，最后访问日期：2022 年 10 月 7 日。

〔4〕 发达国家一般在人均 GDP10, 000 美元时进入老龄化社会，而 2000 年中国进入老龄化社会时，人均 GDP 仅为 3976 美元，故为未富先老。所谓未备先老，指社会养老保险体系不完备之际，老龄化态势已经迫在眉睫。

表 2　第一、二、三支柱各项养老保险的保费收入规模比较　　单位：亿元

分类	项目	2018	2019	2020	2021
第一支柱	城镇职工养老保险	51, 168	52, 919	44, 376	60, 455
	城乡居民养老保险	3838	4107	4853	5339
第二支柱	企业年金	累计 14, 770	累计 17, 985	累计 22, 497	累计 26, 100
	职业年金	—	—	累计 12, 900	累计 17, 900
第三支柱	寿险	20, 723	22, 754	23, 982	23, 572
	个人养老金	国务院办公厅 2022 年 4 月发布《关于推动个人养老金发展的意见》			

注：①企业年金由企业自愿建立，职业年金在机关事业单位强制实施。两者数据系累计金额，第一支柱两项保险和寿险都是年度金额；②第三支柱中的个人养老金，在城镇职工、城乡居民养老保险基础上实行，由人社部门建立个人养老金账户，实行政府政策支持、个人自愿参加、市场化运营的方针。

前四项数据源自“人力资源和社会保障事业发展统计公报”，详见人力资源和社会保障部网站：http：//www. mohrss. gov. cn/，政务公开栏目。寿险数据源自银行保险监督管理委员会的“统计数据”栏目，详见银保监网站：http：//www. cbirc. gov. cn/。

三支柱中，真正符合基本养老的是城镇职工养老保险，其定位是保障老年基本生活，最大问题是覆盖面有限，不少农民工、新业态劳动者（网店、网约车、快递等从业人员）未被纳入。城乡居民基本养老保险的养老金水准低，若个人没有其他资金准备，难以满足基本养老生活。企业年金自 2004 年实施以来，发展缓慢，截至 2021 年年末，有 11. 75 万户企业建立了企业年金，[1] 而国家市场监督管理总局的数据显示，截至 2022 年 5 月，注册登记的企业有 5011. 9 万户。[2] 职业年金限于机关事业单位。个人养老金曾经短时间内实施过，现在重新拾起，让城镇职工或城乡居民在基本养老保险基础上补充缴费，短时间内难以形成规模，且月缴 1000 元的水准保障程度有限。与此相比，寿险的最大优势是，可以全方位充当所有公民的补充养老内容，且功能齐备。其可以为企业职工提供基本养老以上的老年生活保障；为城乡居民补足养老金的缺口，重要的是，第二、三支柱补充养老项目中可供城乡居民选择的并不多；而未被纳入第一支柱的公民，也可以通过购买寿险保障老年生活。同时，寿险在保障资金的规模上，制度的成熟、有效、持续上，也具有不可替代的优势地位。凡此种种，都使寿险在三支柱体系中具有举足轻重的地位。

第三支柱中的各个项目，各有定位和特点，各司其职，在国家战略这个层面，都是不可

〔1〕 人力资源和社会保障部《2021 年度人力资源和社会保障事业发展统计公报》。

〔2〕《2022 年第二季度例行新闻发布会》，载 https：//www. samr. gov. cn/xw/xwfbt/202206/t20220629_348237. html，最后访问日期：2022 年 10 月 11 日。

或缺的战略储备资金，应当适用共同的政策支持和保护。最高人民法院在2000年发布的通知中指出："社会保险基金是由社会保险机构代参保人员管理，并最终由参保人员享用的公共基金，不属于社会保险机构所有。社会保险机构对该项基金设立专户管理，专款专用，专项用于保障企业退休职工、失业人员的基本生活需要，属专项资金，不得挪作他用。因此，各地人民法院在审理和执行民事、经济纠纷案件时，不得查封、冻结或扣划社会保险基金；不得用社会保险基金偿还社会保险机构及其原下属企业的债务。"[1]笔者感兴趣的是该通知阐述理由时的表述，如果换成寿险应当也可以适用：保险基金是由保险人代参保人员管理，并最终由参保人员享用的公众基金……那么法院查封、冻结和扣划时的保单现金价值，属于保险基金。此外，笔者担心第三支柱中的"个人养老保险账户"，将来也会被法院强制执行，其个人储蓄性质与寿险保单极其类似，若只因管理主体（人社部门与保险公司）不同而被区别对待，于理于法都无法解释。当然，一旦养老金、保险金由相关机构发放到参保人员手里，性质即发生根本性改变。

综上所述，"一刀切"地将被执行人为投保人的寿险保单一网打尽，与国家的老龄化战略背道而驰，有釜底抽薪之嫌。保单权利人若因寿险保单被执行而老年陷入生活困境，国家和社会不可能见危不救，最终损害的是国家战略、社会利益。

二、寿险保单强制执行的基础性法律依据是《保险法》

无论从《强制执行法》与《保险法》同位阶的角度考虑，还是从实体法与程序法的关系视角分析，《强制执行法》缺少《保险法》上的依据，甚至与《保险法》规定相冲突，是无法施行的。

（一）保单强制执行规定与《保险法》的诸多冲突

《保险法》第15条规定：除本法另有规定或者保险合同另有约定外，保险合同成立后，投保人可以解除合同，保险人不得解除合同。这条规定没有给《强制执行法》中"人民法院可以依法通知保险公司解除被执行人作为投保人的人身保险合同"的规定，留下任何余地。既然除《保险法》有规定外（未如实告知；未履行安全责任；危险显著增加；谎称发生保险事故骗保；故意制造保险事故；效力中止后未复效），保险人不得解除合同，那么，在《保险法》并无明文规定的情况下，法院凭什么可以通知保险人解约？与此相比，《日本保险法》在"因合同外第三人请求的解约之效力"栏目下，明确规定抵押权人、破产管理人可以解除被执行人（投保人）的寿险保单，该解约通知在保险人收到后一个月产生效力。若解约通知

[1]《关于在审理和执行民事、经济纠纷案件时不得查封、冻结和扣划社会保险基金的通知》（2000年2月18日）。

尚未生效而发生保险事故，保险人在债权额度内向债权人给付保险金，若有剩余支付给受益人。[1]此外，保险人在《保险法》没有规定的情况下解约，是否构成违法解约，该否承担相应的法律责任？如上所述，《强制执行法》与《保险法》系同位阶法律，在两法规定发生冲突时，没有优先适用《强制执行法》的任何法理依据。

《保险法》第 23 条第 3 款规定：任何单位和个人不得非法干预保险人履行赔偿或者给付保险金的义务，也不得限制被保险人或者受益人取得保险金的权利。那么，法院强制执行寿险保单的行为，不是限制，而是剥夺了“被保险人或者受益人取得保险金的权利”，尤其是利他合同，被保险人或受益人与强制执行案毫无关联，难道法院强制执行寿险保单的行为没有违反《保险法》的禁止性规定？

《保险法》第 12 条第 5 款规定：被保险人是指其财产或者人身受保险合同保障，享有保险金请求权的人。投保人可以为被保险人。第 34 条第 1、2 款规定：以死亡为给付保险金条件的合同，未经被保险人同意并认可保险金额的，合同无效。按照以死亡为给付保险金条件的合同所签发的保险单，未经被保险人书面同意，不得转让或者质押。第 39 条第 2 款规定：投保人指定受益人时须经被保险人同意。在利他寿险合同中，这些林林总总的规定（不一一列举），相当于被保险人对该寿险保单的“所有人宣誓”，那么，法院在实质性剥夺被保险人（受益人另当别论）权利时，是否要取得被保险人的同意？

（二）寿险保单权属不明导致强制执行存在基础性缺陷

“实体法是指以确定和确认权利和义务或职权和职责为主的法律……程序法是指以保证权利和义务得以实施或职权和职责得以履行的有关程序为主的法律。”[2]显然，投保人与被执行人的双重身份，将《保险法》与《强制执行法》匹配成实体与程序的组合。值得关注的是，依据上述法理，只有《保险法》确定投保人处于寿险保单所有人地位时，程序法才能据此强制保单变现履行义务。例如，美国保险法中并不存在“投保人”这一概念，而是另外一个概念——“保单所有人”，他可以是投保人、被保险人或其他与合同有关的利害关系人。保单所有人拥有指定和变更受益人、获得保单红利、保单转让、退保后取得保单现金价值等权利和负有缴纳保费的义务。[3]由此，事情就变得非常简单，在不考虑老龄化战略的前提下，保单所有人一旦成为被执行人，其所有的寿险保单理所当然成为可供执行的金钱债权。

令人遗憾和困惑的是，依据我国《保险法》的相关规定，难以确定寿险保单的所有人。可以说，寿险保单权属不明是我国乃至大陆法系保险立法的根本性缺陷，其根源是投保人、被保险人、受益人三分定位的立法理念，以及在合同相对性原理的把握上之游移不定。为摆

---

〔1〕《日本保险法》第 60 条、第 62 条。

〔2〕张文显主编：《法理学》，法律出版社 1997 年版，第 87 页。

〔3〕参见［美］乔治·E. 瑞达、［美］迈克尔·J. 麦克纳马拉：《风险管理与保险原理》，刘春江译，中国人民大学出版社 2015 年版，第 250—259 页。

脱困境，大陆法系重镇日本，在2008年新制定的《保险法》中，抛弃了实行130年的三分定位立法，走向投保人中心主义。这种格局下，投保人（直译为保险契约者）是寿险合同当事人，享有受益人指定权和变更权，享有寿险合同任意解约权和保单现金价值所有权；且明确规定其可以成为被执行人。〔1〕被保险人则成为一般意义上的保险标的（与财产及其利益之保险标的并无二致），无保险金请求权、受益人指定或变更权，增加的一项权利为寿险合同解除请求权（向投保人）；〔2〕受益人享有保险金请求权，其中生存受益人可以是被保险人，也可以是他人。笔者无意评价该法，只是从本文的主题出发，认为投保人中心主义至少摆脱了投保人与被保险人之间“剪不断、理还乱”的困境，为寿险保单的强制执行奠定了《保险法》基础。

与此相比，我国《保险法》有关投保人、被保险人、受益人的规定，依然处在“剪不断、理还乱”的状态。

1. 保险金请求权形同虚设、徒有其名。

《保险法》有关投保人解约的表述是“保险合同成立后，投保人可以解除合同”，这种毫无限制的解约权，使被保险人或受益人享有的“保险金请求权”只能加上“所谓”两字。法理学在界定权利时认为，可以把权利理解为“具有正当性、合法性、可强制执行的主张”，“法律所承认和保障的利益”，“法律赋予权利主体的一种用以享有或维护特定利益的力量”，“法律所保障或允许的能够作出一定行为的尺度”，“在特定的人际关系中，法律规则承认一个人（权利主体）的选择或意志优越于他人（义务主体）的选择或意志”〔3〕。将被保险人所谓的保险金请求权与法理学界定的权利内涵一一对照，找不到其成为权利的法理依据。因为投保人可以随时随地、任意剥夺所谓的保险金请求权，且属于单方民事行为，通知保险人即生效。假如投保人甲为36岁的乙投保养老型寿险，约定缴费期10年，年缴费30万元，60周岁开始领取养老金，在被保险人乙59岁那年（亦即第23保单年度），保单现金价值达到峰值，甲若退保总共可领取367.62万元现金价值；而甲若不退保，乙次年即可领取养老金至79岁。若甲执意退保，或甲被法院强制要求退保，乙得不到任何法律保护和救济。很多教科书把保险金请求权界定为一种期待权，台湾学者王泽鉴认为“所谓期待权者，系指因具备取得权利之部分要件，受法律保护，具有权利性质之法律地位……期待权与期待之区别，

---

〔1〕《日本保险法》第37条（当事人）、第43条（受益人指定、变更权）、第54条（解约权）、第60条（被执行人）、第61条（被执行人）、第63条（现金价值所有权）。有关《日本保险法》的翻译，均为笔者对照法律条文直译，与其他译文无关。

〔2〕《日本保险法》第58条。我国台湾地区也曾发生夫妻离婚后，身为被保险人的妻子要求解除寿险合同而遭拒绝、败诉的案例，其原因无非被保险人非合同当事人。为此，我国台湾地区“保险法”修订时专门打上补丁：“被保险人依前项所为之同意，得随时撤销之。其撤销应以书面通知保险人及要保人。被保险人依前项规定行使其撤销权者，视为要保人终止保险契约。”

〔3〕张文显主编：《法理学》，法律出版社1997年版，第113—115页。

乃在于前者受法律之保护；后者则非法律上之权利，并不受法律上之保护”[1]。依据王泽鉴的观点，被保险人所谓的保险金请求权，只能是一种期待，因为哪怕寿险合同明日就将到期，投保人也可以在今日通知保险人解约，让被保险人请求保险金的期待落空，而法律对此却爱莫能助。与此相比，《韩国商法》第 649 条规定：“在保险事故发生之前，保险合同人随时都可以解除全部或者一部分合同。但是，在第 639 条之保险合同的情形下，若保险合同人未经该他人的同意或者持有保险证券，则不得终止该合同。”[2]这里的该合同即利他寿险合同，意为投保人须经被保险人同意才能解约。这里的保险证券即保险合同，而保单持有人即保单所有人，看来，同为大陆法系的韩国，保险立法与日本大相径庭，不但坚持被保险人中心主义，还导入了保单所有人制度。在理论和法律供给不足的情况下，笔者比较研究国外的寿险立法，旨在表明可供我们“取其精华、采其要点”的立法理念和思路很多。

在《保险法》中，受益人所谓的保险金请求权当然更是一种期待。以受益人的相关规定观之，指定或变更受益人这一行为，只对被保险人、投保人和保险人具有法律意义，对受益人本身不具有法律意义，其至多只能产生主观上的期待，毫无期待权可言。[3]其既会因投保人任意解约而丧失地位，又随时可能被被保险人更换，完全处于一种不确定状态。

显然，在《强制执行法》实施后，被保险人或受益人所谓的保险金请求权，又增加一个变数：因投保人成为被执行人而期待破灭。这里还有深层次的困惑，一是被保险人或受益人因投保人自主解约而期待破灭，如今投保人并无解约意愿，换言之，被保险人或受益人原本可以继续期待合同的存续，却因强制执行而结束。就此角度而言，强制执行利他寿险保单损害无辜被保险人或受益人合法权益的后果，不言自明。二是寿险保单中有相当部分是趸缴或缴费期限已满的，投保人已完成缴费义务，其在时间或动机上与投保人的债务纠纷毫无关系的可能性居多，而被保险人实质上是等待期满领取保险金，强制执行的合理性、合法性更应该受到质疑。

2. 寿险保单是一份财产，不可人为分割成两份。

“寿险保单是一份财产”[4]，所以，寿险合同中投保方诸多当事人权利和义务的共同指向，即这份“可依法赢得但尚未占有的动产”[5]之所有权问题。从这一角度考虑，缔约时若无法确定寿险保单的所有权人，那就意味着这份财产处于无主之不确定状态，其法律后果可想而知。而大陆法系保险立法所构建的投保人、被保险人和受益人三分定位，现金价值与保

---

[1] 王泽鉴：《民法学说与判例研究》（第 1 册），中国政法大学出版社 1998 年版，第 147 页。

[2] 吴日焕译：《韩国商法》，中国政法大学出版社 1999 年版，第 176—177 页。

[3] 参见方乐华：《保险与保险法》，北京大学出版社 2009 年版，第 239 页。

[4] [美] 肯尼思 · 布莱克、哈罗德 · 斯基珀：《人寿保险》（第 12 版），洪志忠等译，北京大学出版社 1999 年版，第 149—150 页。

[5] 参见方乐华：《保险与保险法》，北京大学出版社 2009 年版，第 158 页。这是笔者对“寿险保单是一份财产”的注解，笔者认为，可依法赢得但尚未占有的动产指的是为某些有形的但无价值的东西所见证的所有权。这样，保单就是可依法赢得但尚未占有的动产，保单本身没有价值，但它意味着无形的价值。

险金分割的格局，不但无助于确定寿险保单的所有权，反而使保单权属问题变得更加扑朔迷离，故为根本性缺陷。

《日本保险法》关于现金价值和保险金的定义，阐述了两者的共同来源：“保险人收取的保险费总额中，用于生命保险合同之保险给付的部分，系以确定保险费或保险金额时预定的死亡率、预定利率等为基础计算出来的金额。”[1]据此，无论是现金价值还是保险金，来源都是保费及其利息，且都是用于保险给付的那份债权，为何要将其割裂开来分属于不同主体呢？有人说保费是投保人支付的，所以现金价值属于投保人，按照这一逻辑，保险金亦非投保人莫属。寿险保单的现金价值和保险金，与银行零存整取的存单非常相似：每月存 100 元，年利 5%，5 年到期的终值为 6762.5 元，其 1 年后的现值是 1232.5 元，第 3 年现值为 3877.5 元。存户起存时想和银行约定：未满期的现值属于我（甲），满期后终值属于乙，银行肯定心生疑虑而拒绝，生怕陷入存单权属纠纷，道理很简单，存单到期后，甲完全可以想给谁就给谁，何必让银行代办，而关键是这种格局导致存单权属不明。目前的寿险保单就是如此，说保单属于投保人，期满或出险时，保单的核心权益——保险金却属于被保险人或受益人；反之，则保单的现金价值，以及保单的“生死存亡”完全捏在投保人手里。

寿险保单权属不明的根源是对合同相对性原理的拿捏不定。如前所述，寿险与其他险种的根本性区别，即在于寿险保单是一份财产，投保方诸多当事人权利和义务的共同指向，即这份“可依法赢得但尚未占有的动产”之所有权问题。让人困惑的是：大陆法系国家或地区的保险立法，虽然形式上突破了罗马法上“不得为他人订立契约”的原则，但实质上却依然拘泥于合同法的这一规则，忽略了保险合同投保方诸多当事人的特殊性，尤其是未能适当反映当事人之间错综复杂的人身、经济和社会关系，以及由这些关系产生的不同投保目的。法律试图为投保方诸多当事人构建一种定式化的内部关系，却难免在平衡各方当事人利益时顾此失彼，乃至出现匆忙修法以弥补破绽的情况。[2]而其中的根本缺陷，即在于投保人、被保险人和受益人的三分定位，导致无法确定寿险保单的权属。其实，投保人是合同当事人，缴费是其主合同义务，只是基于合同相对性原理的一种法律辞令。实质上，投保人相当于投保方内部组合推举的对外名义代表，保费的资金来源，取决于内部组合的人身、经济和社会关系，以及投保目的。以未成年子女为被保险人的寿险保单，其保费源自父母共同财产，基本上属于人生特殊阶段的寿险，其特殊性在于届时需要高额消费，如高中、大学阶段学费，婚姻费用等，父母为此未雨绸缪投保，父或母谁为投保人并不重要，重要的是这种寿险保单的所有人非被保险人莫属，乃至保险人推出父母意外死亡豁免保费的条款，以确保被保险人的保险权益。难道这种保单也可以被强制执行？以债务人为被保险人的寿险保单，其投保目的是保全债权，防止债务人因意外、疾病甚至死亡而丧失偿债能力。经双方协商后，可以安排

〔1〕《日本保险法》第 63 条。
〔2〕我国台湾地区在实务中遇到被保险人想解约而不能的困境，修法赋予被保险人撤销同意的权利。

债务人投保并支付保费，也可以安排债权人投保并支付保费，重要的是确保债权人为保单所有人（受益人）。为此，建议引进国外保险发达国家和地区较多建立的“不可撤销受益人”制度。当然，不可撤销受益人制度有各种类型，有文章认为“理论上可将不可撤销受益人分为‘合一型’‘共有型’‘独立型’……但立法不宜作出强制性规定，而应允许当事人根据实际情况选择不同类型的不可撤销受益人〔1〕”。

三、保单强制执行的《保险法》准备

之所以用“准备”，是因为按照现行《保险法》，缺少寿险保单强制执行的基础，需要尽快修法以满足强制执行的条件。

（一）改变保险分类方式

从宏观层面说，首先应当改变财产险与人身险的分类方式，按照国际保险业的惯例分为财产险、寿险和第三领域（或伤害）保险。这样分类，有利于根据不同类别险种的特点，构建相适应的保险法律关系。这不仅仅是因为寿险占据半壁江山的市场地位，更是寿险储蓄性、战略性、给付性特征通过立法进一步明确、强化的需要。

近年来，寿险市场风起云涌，自 1999 年引进“保障＋理财”的投资连结型保险以来，其发展历程错综曲折，一度步入忽略保险保障的歧途，其中尤以万能险为甚，并导致个别保险公司利用万能险快速扩充的体量，在资本市场“翻江倒海”，〔2〕其登峰造极者是已解散的安邦保险。同时，寿险市场存在长险短做、非法承诺保证收益、虚假宣传等种种乱象，甚至承诺投保当年即可获得高额红利，完全背离了寿险初心和战略性。2016 年 9 月，原保监会发布通知强化人身保险产品监管工作；同年底提出“保险姓保”理念，强调保障与投资的主次之分，决不能本末倒置。2017 年 5 月，原保监会发布通知要求进一步加强人身保险公司销售管理工作；2018 年 2 月，原保监会宣布接管安邦保险集团；〔3〕2018 年 5 月，原银保监会组织开展人身保险产品专项核查清理工作，旨在强化长期储蓄和保障功能。在上述监管措施取得重大成果基础上，原银保监会于 2019 年 5 月发布《关于开展“巩固治乱象成果　促进合规建设”工作的通知》；2019 年 12 月，原银保监会发布《关于规范两全保险产品有关问题的通知》；2020 年 6 月，原银保监会发布《关于开展银行业保险业市场乱象整治“回头看”工

---

〔1〕 廖望：《不可撤销保险受益人之比较法考辨》，载《金融发展研究》2020 年第 9 期。

〔2〕 例如万科股权争夺战中，宝能的收购资金中，有 100 余亿元来自前海人寿的万能险保费。前海人寿几度举牌“南玻 A”，让万能险再度站上风口浪尖。安邦保险是万能险占比最高的公司，先后持有金融街 29.88%、金风科技 16.51%、金地集团 20.49%股权；同仁堂、大商股份、欧亚集团、招商银行、中国建筑各 10%股权。

〔3〕 安邦保险集团于 2020 年 9 月 14 日宣布申请解散并清算，其后由新设立的“大家保险集团”受让全部股权、业务、资产和负债。

作的通知》，明确要求对连续三年市场乱象整治工作进行"回头看"[1]。凡此种种，都彰显了监管部门的干预目标：让寿险回归初心，强化其服务于老龄化社会的战略储备功能。当然，寿险出现种种问题，乃至形成系统性金融风险，绝非单纯的保险监管问题，更折射出我国寿险立法的缺陷。由于人身险包括意外险和健康险，即使从"公约数"原理出发，立法时也将更多选择三者的共性之处进行规范，这直接导致了意外险、健康险的财产性被抹杀；并忽略了寿险的储蓄性和战略性特征，没有向市场主体发出明确的信号：寿险应当以提供保障为主，以投资理财为辅，投资理财的根本目的是提供很好的保障。而更重要、更明显的影响是：在意外险和健康险基本没有权属问题的情况下，寿险保单亦形成了权属不明的格局。

（二）导入保单所有人制度

人寿保险保单所涉主体除保险人以外，还包括如下当事人：(a) 保单所有人，保单所有人有权指定或更改受益人，有权转让保单（在一定情况下），有权退保而将保单变现为解约价值或者将保单作为担保物取得贷款，并且，保单所有人有义务支付保险费。(b) 以自己生命作为保单对象的人。(c) 接受保险金的受益人。通过指定自己为受益人，某人可以充当三种角色；三种角色中的每一种都可以分别由不同的人担任。[2]这段简明扼要的文字，勾勒出美国寿险制度的基本框架。

从形式上看，美国寿险制度中的投保方也有三个主体（这实际上是寿险特征使然），只是将投保人换成了保单所有人，但实质上，与投保人大相径庭的是，保单所有人集寿险合同之权利于一身，包括受益人指定和变更权。其实，受益人指定与变更是一项非常重要的权利，系保单权属的标志之一：通过指定自己为生存受益人，实质上是保单所有人生前处分自己财产、安排相关事务，并于死后发生法律效力的单方民事行为。用这一标准衡量我国《保险法》的投保人和被保险人关系，显而易见又是一种困惑：既然受益人由被保险人指定或变更，那寿险保单的所有权当属被保险人无疑，因为其只能处分自己的财产，但保单的现金价值却属于投保人，在合同到期或死亡事故发生之前，被保险人的指定或变更，随时可能因投保人解约而变得毫无意义。反之，寿险保单若属于投保人，怎么可以由被保险人通过指定死亡受益人来处分其财产。

其实，保单所有人的确立，就合同相对性原理而言，就是投保方内部经过协商一致而确立的一位合格、名副其实的当事人，享有寿险合同规定的权利、承担合同规定的义务。由于寿险合同的长期性，在保单所有人与保单对象非同一人时，难免会出现两者关系的各种变化，为确保保单对象的人身安全，保单对象既可以向保单所有人提出解除合同，也可以对保单所有人处置保单的行为（如转让、质押等）表示"不"，但保单对象的这些意思表示，并

---

〔1〕 方乐华：《保险法治建设的新进步》，载季立钢主编：《中国金融法治前沿报告（2019～2020）》，法律出版社2021年版，第141—143页。

〔2〕 参见［美］约翰·F. 道宾：《美国保险法》（第4版），梁鹏译，法律出版社2008年版，第4—5页。

不影响保单持有人的合同权利，寿险合同解除后，保单所有人可以领取现金价值；转让或质押遭否定后，若与保单对象无法协议，保单所有人可以解约而领取现金价值，而转让或质押所能获取的金额，其实与现金价值相差无几。举个简单例子，一位全职家庭主妇，既对婚姻稳定性缺少信心，又担心将来无独立经济能力或子女生活没有保障，在家庭内部协商购买寿险时，提出自己为保单所有人，只要丈夫同意，妻子可以享有寿险合同规定的所有权益，妻子可以指定自己为受益人，也可以指定子女为受益人，还可以为取得丈夫同意而指定其为受益人，一旦婚姻出现危机，就变更受益人。至于缴费义务，本来就是夫妻共同财产，只是以谁的名义缴的问题。这件事情放在国内，妻子只有身兼投保人和被保险人两种角色，才能像保单所有人那样享有寿险合同规定的权利。这种格局，一方面说明两种制度有相通相容之处，导入保单所有人制度并无法律障碍，只要将投保人改为保单所有人，并将投保人与被保险人的合同权利归并于保单所有人即可。细细数来，包括该寿险合同的解约权；现金价值返还权；受益人指定或变更权；保单抵押担保、质押贷款、保单转让等处置权；寿险保单信托；保险金请求权（指定自己为生存受益人；指定死亡受益人处分保单这份财产）；共同灾难中保险金归属的确定权等诸多合同权利。而另一方面，又凸显出三分定位的缺陷：既然投保人与被保险人合一，才是享有合同规定权利的合格当事人，那么为何不选择更简单明了的保单所有人制度？此外，三分定位对于基本不具备寿险知识和投保经验的普通人来说，很容易陷入只要成为被保险人，并指定自己或子女为受益人就万事大吉的误区，殊不知一旦婚姻家庭出现危机，投保人将是保单杀手，让被保险人的保险权益竹篮打水一场空。

（三）在寿险立法中增加保单强制执行的规定

在确立保单所有人的基础上，寿险立法应当对保单的强制执行增添一些实体性的规定，毕竟，《强制执行法》是程序法，其基本作用是“保证权利和义务得以实施”。其实，因寿险保单核心的财产性，对于保单交易、担保、质押、信托等制度，寿险立法也应当有所涉及，只是受篇幅和主题影响，本文不予论述。

《日本保险法》在“因合同外第三人请求的解约之效力”之名义下，对谁可以成为该第三人、第三人解约请求的生效、期间发生保险事故时的保险金冲抵债务、被保险人或受益人的赎买保单之权利等事项进行了规范。笔者认为，这些规定过于简单，应该再增加“可执行保单的条件”“保障性保额的豁免”“禁止执行的保单”等规定。

1. 可执行保单的条件。

邱美星在其研究强制执行立法基本原则的论文中，引用了韩国民事执行法中人道主义的保护和社会公益之间的协调等三个原则；同时，在我国基本原则的选择和论证中，提出了“执行标的有限原则”和“执行公正、公开原则”等五项原则。[1]综合上述基本原则的内

〔1〕 参见邱美星：《我国强制执行立法基本原则之选择》，载《宁夏社会科学》2013 年第 1 期。

涵，考虑到寿险保单的战略性特征，笔者认为，寿险保单的强制执行应当审慎限制在有限范围内。其一，应当考虑保单订立与债务形成在时间和动机上的关联，若寿险保单订立在先，且动机上没有任何关联的应当审慎考虑不执行。其二，应当综合考察被执行人参加社会及补充养老保险、寿险保额的多寡、年龄与家境等情况，若确认寿险保单用于其基本养老，且被执行后难以再积蓄养老金，应当考虑不执行。当然，上述条件均以寿险保单为被执行人所有为前提。

2. 保障性保额的豁免。

耐人寻味的是，对于法院能否强制执行寿险保单之问题，《美国联邦破产法》和各州保险立法多持审慎或否定态度，但为了防止恶意债务人因此规避执行，制定了保障性的限额豁免规定。例如《美国联邦破产法》提出财产最低额豁免制度，其第 522 条（d）款第（7）项和第（8）项规定债务人未到期的保险合同和分红、利息等收益在 8000 美元以内的可以豁免执行。[1]各州立法虽有不同，但大多基于"公共政策原则"制定豁免或豁免限额规定，维护保单所有人的生存，如佐治亚州规定不得强制执行债务人的保单现金价值。[2]阿拉斯加州以 10,000 美元为限豁免未到期保险合同。[3]加利福尼亚州规定未到期的保险合同以 9700 美元为限豁免，已到期的以债务人及其抚养者必需的生活费用为限豁免。[4]美国早在 1950 年就进入了老龄化社会，这种"保障性保额豁免"立法，与老龄化战略对策密切相关。有鉴于此，我国的寿险立法也应当就寿险保单的保额豁免作出规定。

3. 禁止执行的保单。

在没有任何被执行人恶意逃避债务的证据之条件下，凡是子女、配偶、父母所有的寿险保单，应当禁止执行。

---

〔1〕 参见 11U. S. C §522（d）（7）（8）。
〔2〕 参见 Ga. Code Ann. §33 –25 –11（2010）。
〔3〕 参见 Alaska stat. §09. 38. 030（2008）。
〔4〕 参见 Cal. Civil. Proc. Code §704. 100（Deering 1998 & supp）。

金融债权执行中变更、追加执行当事人问题分析

——对《民事强制执行法（草案）》相应条款的修改建议

谢庆彬 *

《民事强制执行法（草案）》（以下简称《强制执行法（草案）》）于2022年6月提请十三届全国人大常委会第三十五次会议审议，并向社会公众公开征求意见。强制执行法具有特殊功能和地位，金融债权执行案件适用强制执行的法律规定，其中，有关金融债权执行中变更、追加执行当事人的规定，对金融债权当事人极为重要，本文就此进行分析并提出建议。

一、问题的提出

在金融债权执行中，金融机构特别是银行提出变更申请执行人、追加被执行人的情况比较常见（以下均以银行为例）。笔者在Alpha案例库中，以执行为案由，裁定为文书类型，变更、追加为关键词，金融业为行业为检索条件进行检索，数据采集时间为2022年11月28日，案件数量为18,661件。

从年份分布可以看出，自最高人民法院《关于民事执行中变更、追加当事人若干问题的规定》（以下简称《执行变更追加规定》）实施以来，变更、追加执行当事人的案件数量急剧增加。

从行业分类情况可以看出，金融业案件数量最多，占全部执行案件

* 谢庆彬，中国民生银行上海分行资产保全部总经理助理。

的 51.51%。

银行转让不良资产后需按照规定申请变更申请执行人；银行执行案件陷入僵局后，会根据法律规定申请追加有偿债能力的公司股东、出资人等主体为被执行人。变更、追加执行当事人，实质是原本应由审判程序判断的实体问题通过执行审查程序进行处理，法理上是生效法律文书既判力和执行力主观范围在法定情形下的扩张。执行力的主观范围，是指执行力所及的主体界限，亦即基于具体的执行名义（执行依据），哪些人可以申请强制执行，可以对哪些人进行强制执行。通常情形下，执行力仅及于执行名义中载明的当事人。也就是说，通常情况下只有执行名义中载明的债权人可以申请强制执行，只能对执行名义中载明的债务人实施强制执行。但是，在某些情形下，执行力会发生扩张。执行力主观范围的扩张，是相对于执行名义所确定的权利义务关系主体而言，是在此范围之外，执行力效力及于其他主体。[1]因此《强制执行法（草案)》关于变更、追加执行当事人的内容，既要体现法定性，又要符合提高执行效率、便于操作执行、减少诉累的现实需要。

二、对变更、追加执行当事人规定的总体思路

《强制执行法（草案)》第 18—21 条规定了变更、追加执行当事人的主要情形和审查程序，一共仅 4 条，多处用了"等"字进行兜底概括，较为原则、笼统。与之相关的内容，最高人民法院在《执行变更追加规定》中用了 35 条，做了相对细致、可操作性更强的规定。

从体例编排上分析，《强制执行法（草案)》是第一次以法典形式，体系化地对强制执行程序进行规定，在吸收、取舍司法解释相关内容的基础上，立法语言必然更加原则、更加概括，这导致条文表述不追求事无巨细，也不完全追求操作性。笔者认为，如果以上分析成立，这种过于原则性的立法并不太适合规范强制执行方面，特别是不适合变更、追加执行当事人方面，主要理由如下：

1. 强制执行法的核心功能是通过法定程序依据法定职权，对当事人财产和行为进行处置，最终实现执行依据确定的权利。执行权通常被认为兼具司法权和行政权特性，与旨在解决纠纷的司法权不同，执行权旨在强制实现申请执行人的实体权利，因此，强制执行法以依法、高效地实现执行依据所确定的权利为目的，在价值取向上更加注重效率价值，这一点与更加强调公平价值的审判权截然不同。[2]对于这类实践性较强的法律，过于原则性、体系性的立法，对执行工作人员、执行当事人和案外人，将会提出非常大的挑战，各方主体在理解与适用具体条款时，难免存在不同甚至完全相反的意见，容易出现类似"同案不同判"的情形。

---

〔1〕 参见肖建国、刘学勇：《论执行力主观范围的扩张及其正当性基础》，载《法学论坛》2016 年第 4 期。

〔2〕 最高人民法院《关于政协十三届全国委员会第一次会议第 4247 号（政治法律类 451 号）提案的答复》。

2. 变更、追加执行当事人是生效法律文书既判力和执行力在法定情形下的扩张，因此变更、追加执行当事人，应当符合法定条件。

首先，变更、追加执行当事人必须以法律、司法解释为依据。其次，变更、追加执行当事人要符合程序要求，不能直接依据实体法变更、追加。最后，除了必须有法律规定以外，司法实践中法院还会有裁量性的判断。在执行程序中申请追加承担补充赔偿责任、连带赔偿责任或者清偿责任等的主体为被执行人，法院的裁判意见还要求以承担责任的事实具有外观上的明显性为前提。只有案件事实能够明显证明要求追加的执行人应当承担责任，才会追加为被执行人；如果难以判断，则不应直接追加，而应另案起诉。

最高人民法院（2021）最高法民再218 号民事判决书提出："《执行变更追加规定》主要解决民事执行中变更、追加当事人问题，是执行法院追加变更执行当事人的程序性法律依据。执行法院依据《执行变更追加规定》第 17 条规定追加股东为被执行人，其实体法基础是未缴纳或未足额缴纳出资的股东依法应当在尚未缴纳出资本息的范围内对公司不能清偿的债务承担补充赔偿责任。由于执行程序对效率的追求，为避免执行程序中对实体权利义务判断与当事人之间的实际法律关系出现明显背离，因此，执行法院在执行程序中追加股东为被执行人，应当以股东承担责任的事实具有外观上的明显性为基础。根据最高人民法院《关于适用〈中华人民共和国公司法〉若干问题的规定（三）》第 13 条、第 18 条规定精神，有限责任公司的股东未履行或者未全面履行出资义务即转让股权，受让股东对此知道或者应当知道的，受让人应当与转让人就公司债务不能清偿部分向债权人连带承担补充赔偿责任。由于受让人是否知道或者应当知道转让股东未履行或者未全面履行出资义务这一事实，通常不具有外观上的明显性，因此，一般不宜在执行程序中依据《执行变更追加规定》第 17 条规定，由执行法院裁定追加受让股东为被执行人。"

因此，对于变更、追加执行当事人的规定，总体上的建议是：以问题为导向，在吸收《执行变更追加规定》、执行司法实践和各地高级人民法院指导意见的基础上，对变更、追加执行当事人的各类情形进行完善，作出细致的、可操作性强的规定，多列举少概括，更符合强制执行程序的实际情况。

三、关于变更申请执行人的规定

《强制执行法（草案）》第 18 条规定了有权申请执行的主体范围，执行依据确定的权利人可以作为申请执行人。执行依据确定的权利的继承人、承受人等主体可以变更、追加为申请执行人。执行依据确定的权利人是遗产管理人、破产管理人等主体的，继承人或者破产债务人等主体可以变更、追加为申请执行人。对于金融债权，从银行的角度，变更申请执行人主要有两类情形，这两类情形都属于申请执行权利承受主体发生变化的情形。一类是银行转让债权（不良资产），最为常见的是，银行将债权转让给资产管理公司或者其他社会投资者，后者申请变更为申请执行人，银行退出执行程序。另一类是资管通道类业务，银行作为委托人，信托或者券商作为资管计划的管理人，在符合约定的条件时，将信托财产/资管计划项下的权益按照原状返还给委托人，即以原状返还信托财产/资管计划财产的方式进行债权转让，将银行变更为申请执行人，银行加入执行程序。

以上两种情形中，受让债权的资产管理公司、接受资产计划原状返还的银行，属于《强制执行法（草案）》第18条中执行依据确定的权利承受主体，都规定在变更申请执行人的范围里，不是可以直接申请执行的主体。

《强制执行法（草案）》引出一个问题：银行在取得执行依据后申请执行前转让债权，受让债权的资产管理公司能否直接申请强制执行立案？还是只能在执行程序中变更申请人？第37条第2款规定：申请人不属于执行依据确定的权利人的，应当提交依据本法第20条或者第21条规定作出的生效法律文书。此处涉及的生效法律文书就是指变更执行当事人的生效裁定或者执行异议之诉的判决书。按照第37条的文义理解，如果银行在取得判决后申请执行前转让债权，受让债权的资产管理公司不能直接作为申请执行人，只能在执行中经变更程序取得生效文书，才能成为申请执行人。这一规定存在两个方面的问题。

1. 第37条第2款的规定与正常的债权转让实际情况不符。

银行在取得执行依据后申请执行前转让债权，其实际上已经不是真正的债权人，按照《强制执行法（草案）》规定还要先申请执行，再申请变更申请执行人，经过法院审查裁定资产管理公司为申请执行人，增加了银行和资产管理公司不必要的负担，也浪费司法资源。

2. 目前的执行规定和司法实践明确可以直接申请执行。

根据最高人民法院《关于人民法院执行工作若干问题的规定（试行）（2020修正）》第16条第1款"人民法院受理执行案件应当符合下列条件：……（2）申请执行人是生效法律文书确定的权利人或其继承人、权利承受人……"的规定，作为权利承受人的资产管理公司可以直接向法院申请执行，不必在执行程序中变更。

此外，最高人民法院2014年12月18日发布的第34号指导案例"李某玲、李某裕申请执行某洋公司、某实业公司执行复议案"[1]进一步明确："生效法律文书确定的权利人在进入执行程序前合法转让债权的，债权受让人即权利承受人可以作为申请执行人直接申请执行，无须执行法院作出变更申请执行人的裁定。"这种情况可以理解为广义上的申请执行主体变更，即通过立案阶段解决主体变更问题。对于债务人而言，所履行的义务是相同的，该债权转让本身并不损害债务人的合法权益。

结合《强制执行法（草案）》第18条和第37条的规定，至少从文义上理解，银行在取

---

〔1〕 参见最高人民法院（2012）执复字第26号。

得判决后申请执行前转让债权，受让债权的资产管理公司不能直接作为申请执行人。这将导致以收购、处置债权为主业的资产管理公司产生过重的负面影响，因为对于资产管理公司而言，这将延长处置周期，增加收购不良资产的资金成本，加大处置风险。

之所以出现这样的问题，原因可能在于《强制执行法（草案）》过度强调体系化，僵化地提取公因式，而准确地提取公因式做法应当是提取最大公约数。申请执行程序与变更、追加当事人程序，有时间先后顺序，如果为了将关于执行当事人的条款都放在一起规定，只注重执行当事人条款的空间顺序，忽略了时间顺序，就会出现矛盾。

综上所述，建议第 18 条第 2 款修改为：执行依据确定的权利的继承人、承受人等主体可以作为申请执行人，或者变更、追加为申请执行人……第 37 条第 1 款增加 1 项：继承人或权利承受人等主体申请执行的，应当提交继承或承受权利的证明文件；删除第 2 款。相应地修改第 39 条第 2 项，改为申请人属于执行依据确定的权利人或其继承人、权利承受人等主体；被申请人属于执行依据确定的义务人或该义务的承受人等主体。

四、关于追加被执行人的相关问题

《强制执行法（草案）》第 19 条是关于追加被执行人的规定，执行依据确定的义务人可以作为被执行人。下列主体可以被变更、追加为被执行人：（1）执行依据确定的义务的承受人等主体；（2）执行依据确定的义务人是遗产管理人等主体时的继承人等主体；（3）为执行依据确定的义务人或者前述两项规定主体的利益而占有执行依据确定交付的特定物的占有人；（4）非法人组织不能清偿债务时对该债务承担连带清偿责任的普通合伙人、个人独资企业投资人等主体；（5）法人财产不足以清偿债务时依法对该债务承担清偿责任的出资人（分立合并、分支机构、股东出资不实、抽逃出资、未出资的原股东、一人公司股东、股东清算责任）；（6）有限合伙企业财产不足以清偿债务时未缴纳或者未足额缴纳出资的有限合伙人。

追加被执行人需要解决的问题主要有：

1. 关于出资人或有限合伙人出资义务的期限利益是否需要保护的问题。

在出资人或有限合伙人的出资期限还未届满时，是否可以直接申请追加其为被执行人。鉴于《全国法院民商事审判工作会议纪要》（以下简称《九民纪要》）对加速到期的问题已经有了明确的意见，也是对司法实践经验的总结，建议根据《九民纪要》第 6 条的规定进行完善，明确以下两种情形可以申请出资加速到期：一是法院穷尽执行措施无财产可供执行，已具备破产原因，但不申请破产的；二是在公司债务产生后，通过公司股东（大）会决议或其他方式延长股东出资期限的。

2. 关于追加向法院书面承诺代为履行的第三人为被执行人的问题。

《执行变更追加规定》第 24 条已经有明确规定，但本次《强制执行法（草案）》没有做出规定。执行实践中，第三人向法院出具代为履行债务的书面承诺与执行担保经常混淆。执行担保以暂缓执行或者变更、解除执行措施为目的，由被执行人或者他人提供财产担保、保证，以担保被执行人履行生效法律文书确定的全部或者部分义务。最高人民法院《关于执行担保若干问题的规定（2020 修正）》第 11 条规定："暂缓执行期限届满后被执行人仍不履行义务，或者暂缓执行期间担保人有转移、隐藏、变卖、毁损担保财产等行为的，人民法院可以依申请执行人的申请恢复执行，并直接裁定执行担保财产或者保证人的财产，不得将担保人变更、追加为被执行人。执行担保财产或者保证人的财产，以担保人应当履行义务部分的财产为限。被执行人有便于执行的现金、银行存款的，应当优先执行该现金、银行存款。"因此，《强制执行法（草案）》有必要加以明确，符合什么具体情形可以追加为被执行人；被追加的被执行人是按其承诺范围承担责任，还是对其他被执行人的债务承担连带清偿责任。

综上所述，建议第 19 条第 1 款修改为，执行依据确定的义务人或该义务的承受人等主体可以作为被执行人；增加关于出资人或有限合伙人出资义务加速到期、追加向法院书面承诺代为履行的第三人为被执行人的规定。

金融债权强制执行难题的立法破解

——“民事强制执行法”与金融债权强制执行研讨会综述

王 璐 汪鸣飞 喻 浩*

《民事强制执行法（草案）》（以下简称《执行法（草案）》）于2022年6月21日由第十三届全国人大常委会第三十五次会议初次审议，会后公开向社会征求意见。这是我国首部民事强制执行的专门立法。近年来，人民法院“基本解决执行难”攻坚战成果显著，其中金融债权的执行占很大比重，据统计，从2009年至2022年8月15日，民事执行程序中涉及金融业的案件占比达78.07%（2,968,128件），案件大多分布在山东、广东、江苏、浙江等经济较为发达地区。但金融债权执行中仍存在无财产可执行、期限较长等执行难问题，从执行裁判结果来看，近一半的案件（占比48.22%）都以终结本次执行程序结案；从执行期限来看，长达365天以上的案件占比5.94%，平均期限为144天。因此，紧密结合金融市场制定民事强制执行法，对于保护金融活动主体合法权益、维护金融市场秩序十分重要。为此，上海法学会金融法研究会会同仲裁法研究会等分别于2022年8月和9月连续召开“‘民事强制执行法’与金融债权强制执行”研讨会，邀请金融、司法、法律服务和法学界专家学者与会讨论，为立法集思广益、出谋划策，并将意见建议汇总提交立法部门参考，一些观点可供学界深入研究。

一、关于被执行的金融资产范围

《执行法（草案）》第100条规定了被执行人的责任财产范围，涉及被执行人

---

* 王璐、汪鸣飞、喻浩，上海财经大学法学院硕士研究生。

名下的存款资金、股权、基金份额、资产管理产品份额、信托受益权等金融资产。专家学者提出以下问题。

（一）关于信托受益权

首先，要区分信托财产和信托受益权。《执行法（草案）》明确了信托受益权为可强制执行财产，因为信托财产本身具有独立性不可执行，所以执行中要区分信托财产和信托受益权，被执行人应是受益人而非委托人或管理人。但在保险金信托等创新业务中，信托受益权与信托财产会存在重叠，在对保险金信托采取强制执行措施时，人民法院应当充分依据信托文件和相关材料，确定保险金信托所属模式，判断其保单及保单所有权是否归属于委托人。又如，家族信托可装入的资产范围越来越广泛，包括债权、股权、不动产等类型资产，基于信托关系的资产权属导致不同的信托受益权，也将增加强制执行实务操作难度。因此建议依据《上海市浦东新区绿色金融发展若干规定》，加速推进在浦东新区试点信托财产登记，为强制执行涉及信托财产与信托受益权的区分进行有益的探索。

其次，要区分信托受益权与信托公司财产的受益权，即信托公司作为管理人身份管理委托人财产产生的受益权，与其本身固有资产投资产生的受益权要加以区分，特别是实践中有些情况下信托公司自身财产与信托财产模糊不清，导致受益权难以执行。

最后，涉及信托财产独立性的异议问题。若当事人一方或信托公司提出冻结查封财产系信托财产，基于信托财产的独立性提出执行异议，要求法院解除对信托财产的冻结查封，这时应实质性审查信托公司出示的委托人名单即信托文件，不应当简单地依据形式即进行解封。若债务发生在信托计划设定前，之后债务人参加信托计划将责任财产隔离了，此时债权人是否可以通过行使撤销权请求撤销该信托来维护自身利益？行使撤销权时，法院能否通过在执行程序向各信托公司发布查询令，查询债务人在信托公司是否有信托计划？另外，是否在执行中审查债务人信托设定时的主观目的，若有逃避债务目的能否将信托归于无效。

（二）关于期货保证金账户

《执行法（草案）》没有明确"资产管理产品份额"或"其他财产权利和利益"是否包括被执行人在期货公司开立的"期货保证金账户"。期货保证金账户不同于银行账户，单一的保全账户余额和限制转出不能够完全实现保全目的。期货保证金账户中可能存有的是"可用保证金"或"期货权益"，而现有的"资产管理产品份额"通常是指某项权利在数量上分割后对应的数额，两者在语言表述及本质含义上不必然匹配。因此，在司法实践中可能导致期货公司对法条所指具体执行标的难以认定，从而引发争议。另外，司法机关办案人员对期货交易规则也不够熟悉，容易出现"协助执行通知书"的表述不准确和保全要求不到位的情况，导致债务人财产转移或者期货公司难以协助执行的情况，故涉及"期货保证金账户"等专业性较强的财产，以及期货保证金价值衡量等，需要立法予以明确。

（三）关于证券账户

证券公司部分经营业务如融资融券、基金托管、证券经纪等业务涉及的账户，如融资融券账户、私募基金募集结算资金专用账户、各种交收账户、汇总账户性质不同于一般的被执行人资金账户，其中资金财产权不属于证券公司，不应随意采取冻结、扣划等执行措施，可增设对该类特殊账户的特殊执行规范。

客户的证券账户可按《证券公司融资融券业务管理办法》第 30 条规定处理，“司法机关依法对客户信用证券账户或者信用资金账户记载的权益采取财产保全或者强制执行措施的，证券公司应当处分担保物，实现因向客户融资融券所生债权，并协助司法机关执行”。

二、关于股权的执行

（一）对未上市、挂牌股权、股份的查封

《执行法（草案）》规定查封有限公司股权、非上市未挂牌股份公司股份的，人民法院应当通知公司登记机关办理查封登记。查封后，人民法院应当书面通知公司。

这里涉及公司登记机关进行查封登记，目前市场监管部门仅为公司进行工商登记。《公司法》第 138 条规定：“股东转让其股份，应当在依法设立的证券交易场所进行或者按照国务院规定的其他方式进行。”依照规定，非上市股份有限公司的股权登记机关由国务院另行规定，目前尚未明确规定市场监管部门为股权登记机关。

有专家认为，依照《公司法》和《公司登记管理条例》规定，公司的（工商）登记事项仅含有限责任公司股东或股份有限公司发起人的姓名或者名称，非上市股份有限公司除发起人以外的其他股东不在工商登记范围内，即股份有限公司非发起人股东名称及其股权变动不属于工商登记法定事项。因此对非上市股份有限公司的股权采取查封、冻结等执行行为的效力，不应以是否向工商登记机关（市场监管部门）登记公示为必要条件。也有专家认为，股权执行司法解释已明确了工商登记机关为非上市股份有限公司股份办理查封的机关，《执行法（草案）》予以再次明确。司法实践中，非上市股份有限公司股份经评估拍卖等司法处置后，人民法院至工商登记机关要求办理过户登记，登记机关以市场主体登记管理条例及其实施细则规定其只登记发起人信息而非登记股东信息为由拒绝协助办理司法过户登记，损害了股份受让人利益和司法权威，故建议增设工商登记机关负有股份过户登记义务。

《执行法（草案）》解决了工商登记机关抗辩其不掌握股份有限公司股份变动信息从而拒绝协助办理查封登记的争论，但登记机关登记的股份有限公司股东、股份信息与股份有限公司实际发生股份转让后的股东、股份信息往往并不一致，法律未明确查封的效力究竟以何者为准。

有专家提出，非上市公司股权等不易变现资产的处置属于典型的执行难点，实践中障碍

较多、法院处置意愿不高，而股权冻结对被执行人的限制效果也不够全面，导致很多非上市公司股权的保全冻结沦为形式。建议《执行法（草案）》增加该类财产的执行处置的原则、规则。

（二）对上市、挂牌股票的查封

《执行法（草案）》规定查封上市公司股票、在全国股份转让系统挂牌公司股票的，人民法院应当通知托管该股票的证券公司或者证券登记结算机构办理查封登记。

这里的“托管该股票的证券公司”与之前实践中的“主办券商”并非同一概念。根据《中国结算北京分公司退市板块证券登记结算业务指南》第2章的“2.1.4注意事项”中的规定，“涉及退市前依照最高人民法院、最高人民检察院、公安部、中国证监会《关于进一步规范人民法院冻结上市公司质押股票工作的意见》（法发〔2021〕9号）办理的司法标记，主办券商应于退市后按司法冻结程序处理，冻结股票的数量为证券登记结算机构或者证券公司在系统中已司法标记的股票数量。主办券商在向本公司申请办理股份初始登记时，应进行司法冻结申报”。因此需要对协助查封的证券商在市场、监管、规范方面加以统一。

（三）对上市公司股票的变价

《执行法（草案）》规定查封上市公司股票后，人民法院可以通知被执行人或者证券公司在指定期限内以市价依法变卖。逾期没有变卖或者无法变卖的，可以进行拍卖。

如果进入拍卖阶段，合理的价格形成与拍卖方式、影响股权价值的信息密切有关。最高人民法院《关于人民法院确定财产处置参考价若干问题的规定》（法释〔2018〕15号）第2条规定：“人民法院确定财产处置参考价，可以采取当事人议价、定向询价、网络询价、委托评估等方式。”第33条第1款规定：“网络询价费及委托评估费由申请执行人先行垫付，由被执行人负担。”司法实践中，股权价值可能评估为负值，实际操作中对于负值股权如何变价、如何处理有待明确，建议规定“对股权价值具有重要意义的约定应当在拍卖中披露”。

（四）对被查封股权的表决权限制的担保

《执行法（草案）》规定人民法院因股权权属纠纷查封争议股权时，可以根据申请执行人的申请，裁定禁止被执行人在股权所在公司股东会或者股东大会就增资、减资等引起股权变动的事项进行表决时，在被查封股权范围内表示同意。申请执行人应当提供担保，不提供担保的，驳回申请。

有专家认为该条款实际赋予申请执行人禁止被执行人在特定范围内行使表决权的权利。从股权执行司法解释规定和司法实践看，法院冻结股权的，可以要求股权所在公司在实施增资、减资、合并、分立等对被冻结股权所占比例、股权价值产生重大影响的行为前向法院书面报告有关情况。股权所在公司或者董事、高管故意实施增资、减资、合并、分立、转让重大资产、对外提供担保等行为导致被冻结股权价值严重贬损，影响申请执行人债权实现的，申请执行人可以诉讼。换言之，司法不事先介入公司增资、减资等重大决策，而给予申请执行人事后诉讼的方式防止公司恶意决策损害其权益，但该条款规定实质是让司法实时介入公司即时决策，可能导致公司因被执行人被禁止行使表决权而无法及时形成符合商业利益、程序合规的重大决策，产生不良影响。

另有人建议需进一步明确申请人应提供担保的具体数额以及担保的类型。

三、关于人身保险合同现金价值的执行

《执行法（草案）》第 159 条规定：被执行人的其他财产不足以清偿执行债务的，人民法院可以通知保险公司解除被执行人作为投保人的人身保险合同，依据本节规定执行其享有的现金价值债权。投保人与受益人不一致的，人民法院应当告知受益人可以在指定期限内向人民法院支付相当于保单现金价值的价款，变更自己为投保人。受益人拒绝支付或者逾期未支付的，人民法院可以依法通知保险公司解除人身保险合同。

（一）现金价值的权属与可执行性

有专家担心人身保险合同现金价值强制执行的合理性，认为由于我国保险合同当事人三分定位的格局和理念不明晰，对合同相对性原理的把握犹疑不定，导致保单的权属在投保人、被保险人、受益人三者之间犹疑不定，说明保险合同立法存在根本性的缺陷。与其他保单不同，授权保单实际上是一种财富，若在订立授权合同时不能确定权属，后患无穷。因此，可以要求投保方在订立授权合同时确定所有人。根据不同的投保目的和用途，保单可以属于投保人、被保险人或者受益人，保险人可以引导投保方通过内部协商的方式来确定所有人，如果所有人权属能够确定的话，强制执行就有基础，所以当务之急是修订保险法相关规定，对保单强制执行要慎之又慎，贸然行事可能后患无穷，既影响授权这种重要的商事活动的稳定性，也会损害被保人和受益人的合法权益。

也有专家认为强制执行的对象是保单的现金价值，具有可执行性。债权人提出执行申请时，在未解除保险合同的情况下，保费由保险人控制，“占有即所有”，投保人对保单现金价值所享有的权利是附条件的债权。人身保险解除后才有现金价值，是保费扣除已开支成本的剩余部分，保单现金价值权利归属通常也是在保险解除后才能明确。

有专家指出，保单现金价值不属于保险公司，更不是保险公司的破产财产。一是其来源上是投保人“溢缴”的保费，二是归属上不属于受益人、被保险人。现行保险法在实体层面已经有了一些的设计，例如规定了投保人的任意解除权、保单转让及质押（投保人可以自行处分），最高人民法院通过《关于适用〈中华人民共和国保险法〉若干问题的解释（三）》（以下简称《保险法司法解释（三）》）表明了立场。所以保单现金价值应该归属于投保人。保险现金价值不属于不可执行财产，从法律性质讲，它是投保人对保险人享有的金钱债权，也可以代位执行。

有人认为应承认债权人可代位行使保单质押借款权。原因如下：（1）保单质押借款的金额与保单现金价值大致相当；（2）可避免保险合同被解除的后果，平衡债权人与利害关系人之间的利益；（3）相较于债权人代位行使解除权，该种方式也能兼顾保险人对维持保险合同所具有的期待。

还有人建议"执行其享有的现金价值债权"的表述，如该保险合同项下存在未归还的保单贷款本息及其他费用，应扣除上述贷款本息及相关费用。

与会者一致认为，保单的现金价值除了理论和立法基础的支撑外，还要考虑是从债权人和被执行人的角度看待。人身保险现金价值的强制执行问题还需要进行立法上的协调，与保险法、破产法的规范及修订相衔接，最高人民法院亦可能需要对《执行法（草案）》第159条进行司法解释才能强制执行。

（二）人身保险合同的解除

专家指出《执行法（草案）》第159条规定的解除保险合同是法定解除，即为了执行的需要而强制解除，该解除权在现行的法律中是有依据的，如《保险法》第15条。如果保险合同中约定不得解除，由于强制执行法是法律，故法定高于约定，仍然可以解除。

有专家指出保险合同的解除本来是投保人的权利，现在法院强制解除，就明确了投保人是被执行人。有专家建议明确法院通知解除的时限，因为从解除通知发出到保险公司办理退保业务解除保单，二者之间存在时间差，对于保单现金价值而言有极大影响。

有与会者呼吁执行保险现金价值应适用比例原则。解除保险合同后，保单现金价值可能远大于执行款数额，全部解除对于被保险人、受益人而言损失较大，考虑到效率和公平价值平衡，完全可以部分解除保险合同来满足"申请执行人的受偿比例"。

（三）赎买权的主体

《执行法（草案）》规定受益人可以在指定期限内向人民法院支付相当于保单现金价值的价款，变更自己为投保人，此即赎买权。专家指出，赎买权行使后，保险合同投保人变更，保险利益的存在仍为保险合同成立的先决条件，对于以死亡为给付保险金条件的合同，需重新经被保险人同意并认可保险金额；其中应考虑到父母作为投保人成为被执行人时，其为未成年人子女投保的寿险合同，有赎买权的人选问题。从相关主体是否重合方面分析，条文所称投保人与受益人不一致时的赎买权，应及于被保险人，不仅限于受益人。

有专家认为受益人行使赎买权变更为投保人后，最大的问题是保险法是被保险人中心主义，现在拿钱赎买保单成为投保人的主体是否会变更受益人与被保险人，若保险事故发生，结果受益人与被保险人变更是否合理。保险法可以考虑限制变更受益人。

有人认为赎买权涉及我国到底是被保险人为中心还是投保人和受益人为中心。《执行法（草案）》该条规定是受益人中心，这与保险法及《保险法司法解释（三）》的被保险人中心直面冲突。

有专家指出赎买权在德国、日本是规定在保险合同法中的，德日保险合同法规定主要针对执行和破产的情形，与我国强制执行一致，但是与我国《保险法司法解释（三）》的赎买权不同。所以目前我国就有两种路径，会产生三个问题。一是在某一主体缴纳了保单的现金价值款项后，是否可以成为保险合同的当事人。德国法律规定应当成为，日本法没有规定，日本法的理由是投保人应当是保险合同主体，如果受益人或被保险人想成为这样的主体，必须经过原来的合同主体即投保人的承认。但问题在于我国的被保险人和德日法上的被保险人权利不同，我国可以同意变更受益人，可以同意承保，可以直接撤销投保，权利完全具有公益性。二是否有义务通知，《执行法（草案）》规定法院通知受益人赎买，《保险法司法解释（三）》规定被保险人、受益人等其他主体都有权赎买。三是单一解决问题还是综合性解决问题。建议不区分解除和执行两种情形，统一放在保险法中规定可能更有效，因为强制执行法可能解决不了身份的变更问题。缴纳了保单现金价值款项的主体当然要成为合同当事人，如果面临二次执行或者二次个人破产的情况下，再次行使介入权不如让其直接成为当事人。

多数与会者认为，目前只规定可以告知受益人支付相当于保单现金价值的价款赎买。该行为从性质上说，属于变价程序，本质上为变卖，但是目前法律只是把它限定为受益人赎买。而受益人可能不一定有经济实力来赎买。因此建议考虑扩大范围，使得被保险人、投保人也有权赎买。

（四）平衡生存权与债权

有专家建议对人身保险合同的执行，要平衡生命健康权与债权，采取审慎原则和最小范围原则，即强制执行在保留被执行人及其所扶养家属的生活必需费用和生活必需品的前提下实施。要最小化可执行的人身保险产品类型。从被执行人而言，投保人、被保险人、受益人为债务人时，如保险合同中有归属于其的既定财产性权益时，该财产具有可执行性，可不局限于投保人；从产品种类上，分红型、万能型的人寿保险、普通年金保险因其储蓄性质更为明显，可列入；普通型人身保险产品、健康保险产品、意外伤害保险产品，因人身依附性质更强，建议不列入；养老年金、政策性养老年金等国家倡导作为养老补充的，尤其对于无社会养老保险的人群而言，建议不予列入。从投保人看，个人人身保险产品和团体人身保险产品有所不同，除按照产品类别予以区分外，还应区分有无被保险人参与交费情形以及权益归属情形，如合同中已归属于个人的部分，将不能作为投保人的财产被执行。同样，关于赎买权的规定，亦与个人保险合同不同；关于团体保险合同，建议专章规定。

有专家指出，强制执行法以债权人利益为优先，赋予受益人赎买权，但是由于其他人没有该项权利，或者在受益人没有能力行使赎买权的情形下，可能会出现生存权优于财产权的问题。法律很难对利益平衡进行具体的规定，需要给执行法官一定的裁量权。

有人认为强制执行法设计的机制必须考虑所涉及相关主体利益保护的平衡，即债权人、投保人、被保险人与受益人各方利益的平衡。强制执行法主要目的就是保护债权人的利益，但投保人可能利用保险机制为本人或者家庭成员未来的生活进行保障，这样的预期利益也要有合理保障。受益人的利益是需要保护的，强制执行法规定了赎买的方法，但是在受益人没有能力的情况下，很难实现保护其利益的目的。从受益人的角度而言，投保人用一种类似于赠与的方式使其享有未来生活保障的预期利益，在此情况之下，用强制性的机制完全否定这种利益似乎不合理。

有人认为无民事行为能力人或者限制民事行为能力人并非一定没有财产，有一部分人可能有经济实力，但是如何来实施赎买权才是问题，建议考虑由法定代理人代为行使，同时考虑，将法定代理人变更为投保人时，保险公司如何操作。现金价值是变化的，因此现金价值的执行金额和标准需要进行规定。

不少人认为，目前强制执行法更多强调保护债权人的利益，完善强制执行法可以考虑在一定程度上对投保人和受益人利益的保护。

四、金融债权执行中的清偿分配顺序

《执行法（草案）》第179条规定，执行款在优先清偿执行费用和共益债务后，依照下列顺序进行分配：维持债权人基本生活、医疗所必需的工资、劳动报酬、医疗费用等执行债权；对执行标的享有优先受偿权的债权；其他民事债权。其中其他民事债权，按照查封财产的先后顺序受偿。刑事判决中确定被告承担赔偿责任的，按照民事债权顺位受偿。

（一）金融担保债权与其他优先权的关系

金融债权多附带担保，实践中就会发生与其他优先权的顺位问题。例如意定优先和查封顺序优先、担保物权与公证债权的顺位等。

金融担保债权与税款优先权之间的冲突问题。《执行法（草案）》第179条规定尚未明确税款优先受偿的顺位问题，有人认为税收应放在共益债务中优先清偿，即优先于金融担保债权；但也有人认为税收归入享有优先受偿权的债权，仅优先于无担保债权（法律另有规定除外），纳税人欠缴的税款发生在纳税人以其财产设定抵押、质押或者纳税人的财产被留置之前的，税收应当先于抵押权、质权、留置权执行。

金融担保债权与首封债权之间财产处置权移送的规则问题。案发时债务人往往陷入债务危机，担保财产被其他债权人抢先查封。虽然最高人民法院《关于首先查封法院与优先债权执行法院处分查封财产有关问题的批复》中对优先债权案件与首封债权案件之间财产处置权移送规则进行了规定，但将处置权移送界定为法院自由裁量权，未考虑首封法院尚未进入执行阶段的情形，需要在强制执行制度中予以明确。

根据《执行法（草案）》第159条规定可知，担保物权可参与执行款的分配，另第131条第1款规定"不动产上的担保物权及其他优先受偿权，因变价而消灭"，但若担保物权未参与分配，在实体权利并未消灭的情形下，享有优先受偿权的担保物权该如何救济，对此尚无明确规定。

（二）一般金融债权的顺位与延付利息

有人指出一般的金融债权也包括本金、利息、违约金、律师费、迟延履行利息等不同性质内容，或因合同对清偿顺位未进行约定，或因虽有约定但生效法律文书未直接载明等原因，执行中各方对清偿顺位经常产生争议。《执行法（草案）》对此应有规定。

建议明确规定迟延履行利息的具体计算方式。金融债权一般金额巨大，执行周期较长，迟延履行利息持续产生。尽管最高人民法院《关于在执行工作中如何计算迟延履行期间的债务利息等问题的批复》（法释〔2009〕6 号）对迟延履行利息的计算（一般债务利息、加倍部分债务利息）进行规定，但对加倍部分债务利息计算的基数等未有明确，如是否包括债务本金之外的其他费用（律师费、预缴的案件受理费、财产保全费等），导致实践中多有争议。

五、与执行相关的保险产品

（一）继续执行保险

《执行法（草案）》第 90 条规定，案外人异议审查期间和案外人异议之诉审理期间，停止相应的处分措施。申请执行人提供担保请求继续执行的，可以继续执行，但是继续执行可能对案外人权益造成不可逆重大损害的除外。被执行人异议之诉审理期间，一般不停止执行。被执行人提供书面证据的，停止对争议部分的处分措施，对无争议部分继续执行；申请执行人提供担保请求继续执行的，应当继续执行。

该条是继续执行的法律依据，也是继续执行保险的法律来源。如果执行异议系案外人提出，不排除案外人对据以执行的判决提出事实或法律认定错误的异议事由。在这种情况下，继续执行保险是否要承保案外人对原审法律判决提出的异议，需要分析继续执行的保险条款的内容。

保险公司《继续执行责任保险条款》所述的提出异议的一方包括《执行法（草案）》中的案外人。就被执行人和利害关系人对执行行为提出的执行异议，实践中的案例并未形成统一认识。根据现有案例，法院存在两种认定思路。一种是法院基于执行错误包括执行行为错误与执行结果错误两种情形，认为案件属于因执行依据发生变化导致的执行回转，而执行回转所产生的执行错误在继续执行保险的承保范围内。另一种是法院认为案件本来不具备执行的条件，但继续执行保险人提供了担保导致条件成就，最后因原审判决被改判所致的法律后果自然应当由保险人承担，担保行为与继续执行造成的损失之间存在直接因果关系，故继续执行保险应当承保执行回转的风险。两种认定思路均指向一个核心的观点，即继续执行保险应当承保执行回转的风险。

继续执行保险是一种司法保险产品，不应超出司法担保范围，所以继续执行保险是否要承保执行回转风险，应当回到法律和司法解释考量。《关于适用〈中华人民共和国民事诉讼法〉执行程序若干问题的解释》第15条明确规定：申请执行人提供担保请求继续执行有错误，给对方造成损失的，应当予以赔偿。该条是继续执行保险责任的来源。可见，法律规定的范围仍然严格限定于执行阶段，并没有扩展到原审判决阶段。

除看产品来源外，还可以从另外一个角度进行解读。原审判决错误所导致的执行回转之所以不属于继续执行的承保范围，是因为继续执行承保范围源于执行错误，而原审判决错误不等于执行错误。二者最明显的区别在于法律性质不同，继续执行的执行错误意味着原审判决有效，只不过因执行过程中的执行行为违法，基于违法的行为做出的执行错误。但是原审判决错误所导致的执行回转，仅是基于原审判决的事实认定和法律适用错误。二者的法律程序也不同，执行错误本身不是独立的执行程序，而是以原执行程序为基础；而原审判决错误独立于原执行程序，一旦执行回转程序启动，原执行程序即告终结。此外，二者的法律后果也不同，原审判决错误不属于国家赔偿范围，但是执行错误可能涉及国家赔偿，最高人民法院颁布的《关于审理涉执行司法赔偿案件适用法律若干问题的解释》明确了因原审判决错误所作出的执行行为，不属于错误执行。

就继续执行保险存在到底是责任险还是保证险的问题。责任险最主要的特点是其承担终极责任，也即保险公司承担责任之后不能追偿；而保证险在保险公司承担责任后还可以追偿，也即保险公司不承担最终的损失，二者在实际运行中费用也不一样。继续执行保险是出于解决执行难问题所产生的，实际上保险人并不知道原审判决是否会产生错误，因此不应当由保险人来承担原审判决错误的风险。

实践中保单有两种不同的描述方式，第一种是保险公司对于继续执行造成的损失在责任范围内承担责任，此时这种情况属于责任险。第二种是因投保人向人民法院请求继续执行存在错误造成的损失，应由投保人向被保险人承担的经济赔偿责任而投保人未承担的，保险人根据保险合同的约定进行相应赔偿，此时该保险具有保证的性质。所以不一定要把继续执行保险限定在责任险还是保证险，而是交由法官根据条款的描述作出判断。然而，实践中存在将责任险描述为保险公司承担连带清偿责任的现象，这种描述体现了保证的性质。如果将其定位为责任险，应该表述为：申请人要赔偿的具体金额，保险公司在保险责任范围内优先赔偿，不足部分由申请人赔偿。

（二）诉讼保全责任保险

专家认为，目前对诉讼保全责任保险有两点共识。第一，诉讼保全责任保险的性质肯定不是担保，上海金融法院对相关案例持责任保险观点。第二，诉讼保全责任保险的触发条件是申请人有错误，认定申请人有错误应回归侵权法视角，也即要满足侵权法的条件。财产保全申请错误的条件，应该包括申请人存在过错，申请保全行为违法，造成被保全人或者第三人利益有损失，行为与损害结果之间有因果关系。回归到《民事诉讼法》，申请人有错误应该包括主观错误，不应该简单地通过诉讼请求是否得到支持来做判断，还应该考虑超标的保全、保全对象错误、保全措施等情况进行综合认定，同时还需要结合民事诉讼保全的功能，划定主观过错与申请人注意义务，且不应对保全错误事前的注意义务过于苛责，只有在申请人构成重大过失或者故意的时候才应该认定过错。

在保险责任的司法认定上，若诉讼保全有保全记录，则保险人承担申请保全一方的责任，此并无争议。但是，如何认定《民事诉讼法》所规定之保全错误？最高人民法院 2016 年指导案例指出的确定原则是过错原则，即判断申请保全是否错误，不仅要看申请人的诉讼请求是否得到法院支持，还要结合其他各个要素做综合的判断，如是否故意滥用诉权，有无重大过失等。由于通常由被申请人提起侵权诉讼，基于申请错误起诉申请人申请赔偿，此时按照一般法律，应由被申请人承担对方有错误的证明责任，但是过错是很难证明的，此时根据申请人败诉的结果，可以推定其有过错，申请人要推翻这个推定就要承担证明责任。易言之，被申请人只要看法院是否支持申请人的诉讼请求，若没有，那么根据该事实就可以推定申请人有过错。目前最高人民法院认为还需要有其他证据证明，但是对被申请人而言很难证明对方有无故意提起诉讼，有无重大过失，这导致被申请人要保护自己权益十分困难。法国、德国规定了无过错责任，只要申请人败诉，就要承担责任。日本规定了过错推定，即只要败诉，就推定有过错，除非能够证明自己没有过错。

解除保全不属于责任险，实务中对于解除保全的保险多将其作为保证保险，因为它保的是信用风险而非责任风险。

有专家指出，诉讼保全责任保险与所有的保险产品一样，需要把“保不保，保什么，赔什么”问题解释清楚。

保不保，也即保险公司的核保政策，主要需要考虑两个方面的问题：一是审核是否存在因诉讼风险导致保全错误，包括：申请人有无诉权；申请人或被申请人的主体资格是否错误；申请人是否恶意诉讼及保全；证据不足导致败诉。二是保全行为不适当导致的保全错误有哪些，包括保全标的错误以及超标的保全，即保全的财产价值超过了合理的范围。

保什么。保险责任承担要满足四个条件：一是诉讼财产保全申请错误；二是诉讼财产保全被申请人确有实际损失的存在；三是诉讼财产保全被申请人损失的出现，与被保险人的诉讼保全申请错误存在因果关系；四是财产保全错误及造成的损失大小，须经法院判决确认。根据司法实践中常见保全错误的情形和损失确定核保政策。

赔什么。赔不赔的条件是申请错误，要考虑保全错误造成的损失有哪些，如利息类相关损失、保全标的物贬值的损失、保全标的物本身的物理性损失、其他经济损失及费用支出。由于责任保险具有补偿性，因此不能以责任保险的方式提供司法担保。但是，对外担保在责任承担的方式上一定不是补偿性的，只是在司法实践中，保险人用责任险方式来提供担保。

例如，当财产被申请人申请法院查封过后，为了确保财产被解除冻结扣押，保险公司提供相应担保，这样的解除保全一定是保证险而非责任险。同时还造成了一个困扰，继续执行保单责任争议不可抗辩，保险人申请被保险人承担责任时，由于不能进行代位追偿，所以可能要通过不当得利来实现。

以责任保险方式提供司法担保时，保险公司与接受担保的法院之间存在对内和对外的两种法律关系。对外，只要保险公司出具了担保书，就是担保法律关系；但对内，投保人与被保险人之间是保险合同的关系。

新虚假陈述司法解释的理解与适用

我国预测性信息安全港规则：实践、移植与演化

王 洋*

我国证券法律制度很多借鉴于外国法律，但其在司法实践的适用中又要面对极具本土化特色的问题。这样的制度变迁路径也深刻地影响了我国的信息披露制度，以及相关的虚假陈述司法实践。同时，长期以来在法律不完备、“重行政、轻司法”状态下，所谓的“剩余立法权”一直在行政部门把握下，致使法院存在“比较劣势”。[1]但2022年最高人民法院发布的《关于审理证券市场虚假陈述侵权民事赔偿案件的若干规定》（以下简称新《虚假陈述司法解释》）反映了司法权力对“剩余立法权”的行使，其中一个重要的制度变革就是增加了有关预测性信息安全港规则的内容，其第6条规定：“原告以信息披露文件中的盈利预测、发展规划等预测性信息与实际经营情况存在重大差异为由主张发行人实施虚假陈述的，人民法院不予支持，但有下列情形之一的除外：（一）信息披露文件未对影响该预测实现的重要因素进行充分风险提示的；（二）预测性信息所依据的基本假设、选用的会计政策等编制基础明显不合理的；（三）预测性信息所依据的前提发生重大变化时，未及时履行更正义务的。前款所称的重大差异，可以参照监管部门和证券交易场所的有关规定认定。”

这一规则的确立当然可以视为法律移植的一部分——不难看出，这一制度借鉴了美国证券法中的“预测性信息安全港”（safe harbor for forward - looking

---

* 王洋，中国海洋大学法学院讲师、经济法学博士。

〔1〕 参见黄韬：《公共政策法院：中国金融法制变迁的司法维度》，法律出版社2013年版，第303页。

statements）制度；除此之外，这一规则的确立在回应我国司法实践的同时，也提出了一系列新的问题。例如，如何进行投资者和上市公司的利益衡量？最重要的是，如何在鼓励上市公司进行自愿披露的前提下，避免虚假陈述的发生？预测性信息安全港规则当然能起到鼓励上市公司进行自愿披露预测性信息的效果，但是在此规则适用之前，我国的司法实践领域适用什么样的规则？本文试图对这一规则在我国的实践、移植及演化作梳理，以探求其在金融司法中的适用路径。

一、我国确立预测性信息安全港规则的背景

（一）新《虚假陈述司法解释》“去前置程序”的辐射作用

论及新《虚假陈述司法解释》，不可避免地需要谈到废除前置程序的问题。“去前置程序”既是一种对司法角色的重构，也是一系列规则构建的起点。在 2003 年《关于审理证券市场因虚假陈述引发的民事赔偿案件的若干规定》（以下简称 2003 年《虚假陈述若干规定》）中并无有关预测性信息虚假陈述的内容，但这并非表明此时我国没有预测性信息披露规则——相反，在一段时间内，我国证券法中将预测性信息披露在某种程度上视为强制性而非自愿性的规则。诸如最高人民法院对 2003 年《虚假陈述若干规定》的理解与适用中也说明，在虚假陈述案件中，为更为精确地认定被告过错及其责任，需对预测性信息的不同有所了解。[1] 彼时不在证券法中对预测性信息披露的问题进行规制，可能更多的是将判断预测性信息是否涉及虚假陈述的责任交给了行政监管部门进行判断。或者也可以认为，此时的虚假陈述规则对于预测性信息和事实性信息的披露是一视同仁的——但这对于预测性信息的披露当然是非常不公平的。预测性信息顾名思义，其准确性当然与事实性信息差别甚大。因而为了鼓励预测性信息披露，认定其作为虚假陈述而进行行政处罚的案例极少，这就导致另一个极端——信息披露义务人可能滥用这一制度，致使投资者遭受损失。

进而，如果说此前的行政程序前置使得“软信息”和“硬信息”的区分并无太大意义，那么“去前置程序”后两者的划分标准区分就显得非常重要。既然对预测性信息作出的行政处罚也无法作为司法认定其虚假陈述的依据，那么司法需要对于不实的预测性信息是否可能构成虚假陈述进行判断。何种情况下以“安全港”鼓励预测性信息的披露，何种情况规制可能造成投资者损失的不实预测性信息披露，需要有一个衡量的标准。此类标准如何与我国的虚假陈述诉讼体系相衔接显得刻不容缓。

（二）新《虚假陈述司法解释》出台前的司法实践现状

在新《虚假陈述司法解释》出台前，涉及不实预测性信息的证券虚假陈述案件虽然存

---

〔1〕 参见李国光主编、最高人民法院民事审判第二庭编著：《最高人民法院关于审理证券市场虚假陈述案件司法解释的理解与适用》，人民法院出版社 2015 年版，第 201 页。

在，但极为稀少。笔者在 2022 年 6 月 1 日以“预测性信息”为检索词，在中国裁判文书网上共搜索到案由为“证券虚假陈述责任纠纷”的裁判文书 183 件。虽然看似数量众多，但事实上其中很多案件是由于同一个证券虚假陈述事实引发的不同的民事诉讼纠纷，如表 1 所示。

表 1　截至 2022 年 6 月 1 日我国涉及“预测性信息”的证券虚假陈述纠纷

序号	案件名称	法院	案号	文书
1	贵州长征天成控股股份有限公司证券虚假陈述责任纠纷	贵州省高级人民法院	（2020）黔民终 578 号等	179 件
2	朱某河与海控南海发展股份有限公司、朱某华证券虚假陈述责任纠纷	广东省深圳市中级人民法院	（2019）粤 03 民初 2031 号	1 件
3	海南康芝药业股份有限公司证券虚假陈述责任纠纷	海南省高级人民法院	（2016）琼民终 107 号等	3 件

资料来源：中国裁判文书网。

除此之外，根据笔者的检索，如 2021 年我国首例证券纠纷普通代表人诉讼案“飞乐音响案”中，也曾涉及对相关业绩预增报告是否构成预测性信息虚假陈述的论证。[1]但总而言之，在此之前，与“预测性信息”虚假陈述有关的诉讼实际上并不多见。某种意义上这也是“行政程序前置”导致的——事实上被认定为预测性信息披露构成虚假陈述的行政处罚也并不多见；且证券法中对预测性信息的规定长时间以来亦有缺失。

这导致一个问题——只有行政处罚中认为相应的预测性信息披露不实构成虚假陈述，在法院的虚假陈述诉讼中才能认定其作为虚假陈述。譬如“飞乐音响案”中，因为案涉行政处罚决定书并没有认定该案中的“2017 年半年度业绩预增公告”构成虚假陈述，仅认为其不实，因此法院认为其不构成预测性信息的虚假陈述。[2]又如 2016 年的海南康芝药业股份有限公司证券虚假陈述责任纠纷（以下简称海南康芝公司虚假陈述案）也同样如此，在原行政处罚决定书中并没有认定相关的预测性信息披露构成虚假陈述时，法院也并没有超越行政处罚决定书的认定，认为此时并没有构成虚假陈述。[3]

若行政处罚决定书中认定了某种预测性消息披露构成虚假陈述，法院也往往对相应的认定予以确认和沿用。诚然，有部分法院作出了大胆尝试，如《深圳市中级人民法院证券虚假陈述责任纠纷审判白皮书（2017—2021）》中认为在 2019 年的朱某河与海控南海发展股份有

---

〔1〕 参见上海市高级人民法院民事判决书，（2021）沪民终 384 号；上海金融法院民事判决书，（2020）沪 74 民初 2402 号。

〔2〕 参见上海市高级人民法院民事判决书，（2021）沪民终 384 号；上海金融法院民事判决书，（2020）沪 74 民初 2402 号。

〔3〕 参见海南省高级人民法院民事判决书，（2016）琼民终 107 号。

限公司、朱某华证券虚假陈述责任纠纷（以下文简称海控南海公司虚假陈述案）中深圳法院借鉴了域外的“预测性信息安全港”规则，但对此也只能认为是个案下的创新，并不能视为普遍的司法共识或共通的规则。

总之，对于此前预测性信息虚假陈述案件进行简单的统计后不难发现，相关样本较为稀少且孤立，其中也并没有形成普遍的预测性信息虚假陈述认定规则；在“行政处罚前置”的大背景下，法院更多依赖行政处罚的认定；因而即使有部分法院认为与现实不符的预测性信息可以在满足一定条件下豁免虚假陈述的法律责任，对相关条件仍然有较为差异化的认识。

（三）2019 年《证券法》体系下对“预测性信息”的认定

披露与公开是证券法的主线。《证券法》第 78 条第 1 款规定：“发行人及法律、行政法规和国务院证券监督管理机构规定的其他信息披露义务人，应当及时依法履行信息披露义务。”预测性信息在上市公司的信息披露的重要性不亚于“硬信息”。但长久以来，预测性信息作为并非法定需要披露的信息——大部分属于《证券法》第 84 条第 1 款规定的自愿性信息披露，对此《证券法》规定：“除依法需要披露的信息之外，信息披露义务人可以自愿披露与投资者作出价值判断和投资决策有关的信息，但不得与依法披露的信息相冲突，不得误导投资者。”证监会 2021 年修订的《上市公司信息披露管理办法》第 5 条第 2 款进一步规定：“信息披露义务人自愿披露的信息应当真实、准确、完整。自愿性信息披露应当遵守公平原则，保持信息披露的持续性和一致性，不得进行选择性披露。”证监会 2018 年修订的《上市公司治理准则》中第 91 条对此进行明确：“……自愿披露具有一定预测性质信息的，应当明确预测的依据，并提示可能出现的不确定性和风险。”可以看出，在证券法体系中，预测性信息往往作为自愿性信息披露的一部分被规制。

那么《证券法》第 84 条第 2 款的“承诺”，即“发行人及其控股股东、实际控制人、董事、监事、高级管理人员等作出公开承诺的”是否也属于“预测性信息”？毕竟，这种信息披露并不是基于已发生的事件，而是同样需要基于将来可能发生的事件，因此也有学者认为，承诺也应当适用预测性信息的相关规则。[1]

预测性信息作为自愿披露信息，在监管中也被其在上交所的股票上市规则中，对于“预测性信息及其他涉及公司未来经营和财务状况等信息”的披露，要求上市公司应“合理、谨慎、客观”。比起对于信息披露一般要求的“真实、准确、完整”标准，实际上监管机构赋予了信息披露义务人一定的容错空间。实际上，对于预测性信息披露是鼓励还是限制，也反映了对投资者理性程度的一种判断。有学者指出，限制预测性信息披露背后的原因是认为投

---

〔1〕 参见龚澄渝：《公开承诺的法律定位与责任框架——论〈证券法〉第八十四条第二款的适用》，载《金融法苑》2021 年第 1 期。

资者理性程度不足，面对预测性信息和历史性信息在性质和可信程度方面的差异，一般投资者可能并没有办法进行判断，则相关投资风险较大。[1]那么，在司法中对此采取何种态度，显然对预测性信息披露制度有很重要的影响。

二、新《虚假陈述司法解释》中的预测性信息安全港规则构建

（一）“预测性信息”的内涵及其特殊性

预测性信息往往是对未来某事实的估计和推测，它反映的是公司的现有事实和未来事实的联系，一般称为“软信息”。[2]在新《虚假陈述司法解释》中，对预测性信息进行了列举，认为其包含“信息披露文件中的盈利预测、发展规划等”。那么预测性信息的范围包含什么呢？新《虚假陈述司法解释》并未进一步说明，但我们可以从最高人民法院在关于2003年《虚假陈述若干规定》的理解与适用寻找到一些答案，其认为“预测性信息”可能包含“对利润、收入（或亏损）、每股盈利（或亏损）、资本成本、股利、资金结构或者其他财务事项预测的陈述；公司管理层对未来经营计划与目标的陈述，包括有关发行人产品或服务的计划与目标；对未来经济表现的陈述，包括管理者对财务状态分析与讨论中的任何陈述；任何对上述事项所依据的假设前提及相关事项的陈述；任何证券管理机构可能要求对上述事项预测与估计的陈述”。[3]美国证券法对此的表述与之亦较为接近，包含收益情况、收入（或损失）、每股盈利（或损失）等与财务相关的预测；关于发行人未来一段时间内的公司经营和管理上的战略安排、计划和目标的预测陈述（如公司的产品或服务等）；关于发行人未来一段时间的经济业绩情况的表述等。[4]

从以上定义中可以看出，预测性信息有两个维度的特征：第一个维度是信息生成的时间，其与“历史性信息”相对，并非对公司已发生或正在发生的经营活动、运营安排等进行陈述；第二个维度是披露信息的主观程度，预测性信息更多是基于企业现在的经营情况及未来可能发生的事项等，依照历史经验进行的主观估计和评价。从这两个维度不难看出，对预测性信息的披露是其基于现有财务信息及与之相关的外部信息，对公司发展前景、盈利预测等进行自愿披露，可以给报表使用者提供更为丰富的、差异化的决策信息；但其毕竟是在“有限已知”的基础上对未来期望进行描述，这就使得其具有不确定性和风险性。

目前较为多见的预测性信息多为“业绩快报”“业绩预告”等法律法规已明确规定的类

[1] 参见廖凡：《鼓励与强制之间——美国证券法对前瞻性信息披露的规定》，载《金融法苑》2003年第3期。

[2] 参见吴弘主编：《证券法教程》（第2版），北京大学出版社2017年版，第151页。

[3] 参见李国光主编、最高人民法院民事审判第二庭编著：《最高人民法院关于审理证券市场虚假陈述案件司法解释的理解与适用》，人民法院出版社2015年版，第202页。

[4] See Section 27A（i）in Securities Act of 1933 and Section 21E（i）in Securities Exchange Act of 1934.

型。而前文中已提到，随着新《证券法》中自愿性信息披露制度的适用，上市公司应当会有更多的预测性信息予以披露。但一方面监管部门无法以要求所谓“硬信息”一样的标准来要求此类“软信息”的披露，也需要防止投资者动辄以此类“软信息”存在瑕疵为由进行滥诉；另一方面“软信息”仍然有可能具有重大性，投资者可能基于对具有误导性的“软信息”的信赖而造成损失，因此仍然需要对此类投资者进行保护。在鼓励上市公司披露预测性信息和对投资者保护之间，亟须一个平衡点，而预测性信息安全港在其中扮演了重要的角色。

（二）对“与实际经营情况存在重大差异”的认定

新《虚假陈述司法解释》中第6条规定除三种情况外，其他情况下“原告以信息披露文件中的盈利预测、发展规划等预测性信息与实际经营情况存在重大差异为由主张发行人实施虚假陈述的，人民法院不予支持”。那么其中“重大差异”的含义显得尤为重要。新《虚假陈述司法解释》第6条第2款认为“前款所称的重大差异，可以参照监管部门和证券交易场所的有关规定认定”，而根据证监会《首次公开发行股票并上市管理办法》（已失效）〔1〕及上海交易所的上市规则，〔2〕一般是围绕公司的业绩、利润等指标进行认定，若本期业绩与业绩预告差异幅度达到20%以上，或者盈亏方向发生变化，属于“重大差异”。

当然，监管机构及交易所的这种认定标准不统一，且不免略显片面。事实上，在不同的市场（如主板市场、科创板、创业板）中，“重大差异”可能也并不相同；而且这里仅以这些财务指标的差异为标准，可能不足以囊括所有“重大差异”的情形。此前由于行政处罚前置，法院无须对“重大差异”作出认定。但废除行政处罚前置后，法院需要对不同案件中的“重大差异”树立一定的标准，这也有待法院和证券监管部门、证券交易所进行沟通，并在实践中确立相应的“重大差异”标准。

如果对“重大差异”背后的理论进行分析，不难看出，这种“重大差异”标准仍然应当基于虚假陈述的“重大性”理论。在美国法中，“非重大性”（immaterial）是预测性信息安全港规则适用的前提之一，若相关的预言、预测或评估已经作出，且存在任何不准确之处，都需要经受重大性的审查；仅以预测被证明是错误的事实，是不足以构成虚假陈述的，法院甚至容忍某种程度的“鼓吹”或“游说推销”。〔3〕而在我国司法实践中，也通常会考虑

---

〔1〕《首次公开发行股票并上市管理办法》第57条规定：“发行人披露盈利预测的，利润实现数如未达到盈利预测的80%，除因不可抗力外，其法定代表人、盈利预测审核报告签字注册会计师应当在股东大会及中国证监会指定报刊上公开作出解释并道歉；中国证监会可以对法定代表人处以警告。利润实现数未达到盈利预测的50%的，除因不可抗力外，中国证监会在36个月内不受理该公司的公开发行证券申请。”

〔2〕《上海证券交易所股票上市规则》第5.1.8条规定：“上市公司披露业绩快报后，如预计本期业绩或者财务状况与已披露的业绩快报数据和指标差异幅度达到20%以上，或者最新预计的报告期净利润、扣除非经常性损益后的净利润或者期末净资产与已披露的业绩快报发生方向性变化的，应当及时披露业绩快报更正公告，说明具体差异及造成差异的原因。”

〔3〕参见［美］托马斯·李·哈森：《证券法》，张学安等译，中国政法大学出版社2003年版。

预测性信息与现实情况的差异是否构成重大性。所以，法院对“重大差异”标准的认定仍需要围绕虚假陈述的“重大性”理论展开。

（三）预测性信息安全港规则的实质——动态的非排他豁免

法律中的“安全港”一词常常意味着一种“豁免”。元照英美法词典中认为安全港（safe harbor）意味着一种在“成文法规定的措辞过于宽泛时”，以“某种适当的方式遵守法律就应被视为已经履行了法律义务”这样的一种“法律解释和适用的一项规则”。[1]也就是说，原本对于预测性信息披露而言，其在披露时已然面临一个较大的风险——因预测性信息不实而被认定为虚假陈述，并可能陷入投资者的“滥诉”中——这也大大增加了其合规的成本。但是，出于鼓励预测性信息披露的原因，需要降低这一风险。这两种冲突的目的使得对预测性信息合法与否的判断陷入一种两难的混沌状态中。那么既然法律很难逐一判断，安全港原则就可以通过筛选出“某种适当的方式”作为合法的情形，在这种风险的“沼泽”中挑选出不违法的、绝对安全的路径；但这并不是“非排他性的豁免”，在安全港之外的路径也并非一定会被认定为违法，而是会在事后进行具体认定。[2]换句话说，符合预测性信息安全港规则的信息不违法；不符合预测性信息安全港规则的信息，也有可能因为其不符合虚假陈述诉讼的某些要件，因而豁免其责任。

此外这种豁免也是一种“动态”的豁免。学者们普遍认为，“动态”相对于“静态”的豁免，强调发行人或其他相关主体的能动性，而非只是一般性地要求“事物本身性质符合法律规定，或者具备法律特殊规定的情形”，无须相关主体的作为。[3]也就是说，尽管对于“预测性信息与实际经营情况存在重大差异”这样的情况，通过预测性信息安全港规则的规定对此进行了豁免，但是发行人或其他主体仍然需要履行一系列义务。这一系列义务在新《虚假陈述司法解释》的在安全港的三类“例外情形”中得以体现。

三、我国预测性信息安全港的例外情形

在新《虚假陈述司法解释》中规定了三种例外情形，即“（一）信息披露文件未对影响该预测实现的重要因素进行充分风险提示的；（二）预测性信息所依据的基本假设、选用的会计政策等编制基础明显不合理的；（三）预测性信息所依据的前提发生重大变化时，未及时履行更正义务的”。如果符合这三种情形中任意一种，原告以“信息披露文件中的盈利预

---

〔1〕参见薛波主编：《元照英美法词典》，法律出版社2003年版，第1218页。

〔2〕参见魏俊：《证券法上的安全港及其制度价值——以前瞻性信息披露为例》，载《证券法苑》2014年第3期。

〔3〕参见魏俊：《证券法上的安全港及其制度价值——以前瞻性信息披露为例》，载《证券法苑》2014年第3期。

测、发展规划等预测性信息与实际经营情况存在重大差异”主张发行人构成虚假陈述的，不适用预测性信息安全港规则。换言之，从安全港的动态的、非排他的豁免来看，只要满足以下四个条件，即对影响该预测实现的重要因素进行充分风险提示；预测性信息所依据的基本假设、选用的会计政策等编制基础未出现明显不合理；预测性信息所依据的前提发生重大变化时，及时履行更正义务；预测性信息即使存在重大差异也会因预测性信息安全港规则而豁免。在某种意义上，这是信息披露人适用预测性信息安全港规则的前提。

新《虚假陈述司法解释》中所规定的这三种例外情形，借鉴了美国证券法中的相应制度，又与我国虚假陈述司法实践密切相关。此前我国为数不多的虚假陈述司法实践中，对于预测性信息适用安全港的条件考量并不相同，而新《虚假陈述司法解释》的相关规定有助于对司法实践进行统一。

（一）未对影响该预测实现的重要因素进行充分风险提示

这显然是借鉴了美国证券法中预测性信息安全港规则中的“预先警示理论”（bespeaks caution doctrine），最初源于司法实践，后来在 1995 年美国的私人证券诉讼改革法案（PSLRA）中得以确认。一般认为，证券欺诈的基础是信息的重大性和信赖理论——假定投资者信赖已披露的信息，而信息具有重大性，因此导致对投资者的决策产生影响，致使其遭受损失。如果预测性信息中附有相应的警示语言，那么此类投资者对此类预测性信息的合理信赖当然减损，进而这些信息不会影响提供给投资者的信息总和。总而言之，如果已存在充分的警示语言，那么文件中即使出现某种遗漏或不实陈述，其也不具备重大性，则因果关系的确立即无从谈起。那么，其中“充分的警示语言”（meaningful cautionary statements）显得尤为重要。

1. 目前的“格式化”风险提示问题

对于预测性信息的披露，信息披露义务人当然会通过各种方式进行风险提示，完全不进行提示的情况并不多见；监管机构也往往会作出形式上的要求。而在我国司法实践中，一般也会对是否进行了警示性提示进行判断。例如，“海控南海公司虚假陈述案”中，明确指出认定预测性信息披露是否构成虚假陈述，其判断的依据即包括“上市公司在披露预测性信息时是否做了预测具有不确定性的警示性提示”，而该案中认定海控南海公司在预测性信息披露中提到“由于经营活动的内在不确定性，需要对无法准确计量的包括未来发生的递延所得税资产等九个项目在内的报表项目的账面价值进行判断、估计和假设，这些估计的不确定性所导致的结果可能造成对未来受影响的资产或负债的账面金额进行重大调整”，因此其“在年度报告中已经对未来递延所得税资产数值等预测具有不确定性向投资者做了明确的警示性提示”。[1]

---

〔1〕 参见广东省深圳市中级人民法院民事判决书，（2019）粤 03 民初 2031 号。

又如，上文中提到的深圳市日驰智慧科技有限公司与海南康芝药业股份有限公司（以下简称康芝药业公司）证券虚假陈述责任纠纷二审民事判决书中认为，康芝药业公司在2011年业绩快报中作出特别提示即“本公告所载2011年度的财务数据仅为初步核算数据，未经会计师事务所审计，与年度报告中披露最终数据可能存在差异，请投资者注意投资风险”。因为这一特别提示“已经明确表示所载2011年度的财务数据仅为未经会计师事务所审计的初步核算数据，所公布的数据并非其后进行正式信息披露的公司年度报告中的数据内容”，因此，虽然其业绩快报中披露的“上市公司股东净利润”与真实情况相差远超20%的限度，也不应认为2011年业绩快报中的不实信息即构成虚假陈述。[1]

但是细究起来，这种“警示”是否一定具有充分性？笔者在我国上市公司的制定信息披露平台“巨潮资讯网”进行检索，上文中康芝药业公司在业绩快报中的“财务数据仅为初步核算数据，未经会计师事务所审计，与年度报告中披露最终数据可能存在差异，请投资者注意投资风险”这样的表述实际上是极为多见的，甚至可以说已经成了格式化的风险提示。以郑州三晖电气股份有限公司2022年第一季度业绩预告修正公告为例，其中的表述为“本次业绩预告是公司财务部门初步估算的结果，未经审计机构审计。公司2022年第一季度业绩的具体数据将在公司公布的2022年第一季度报告中详细披露，敬请投资者注意投资风险”。此类表述事实上大同小异，只是一般性地设置诸如“本公告仅为预测性信息，不作为正式披露的信息，本预测信息最终未必实现，请投资者注意风险”等条款，而对预测依据、对预测性信息影响的不确定因素所言甚少。也就是说，此类陈述有格式化的问题。

这样的“格式化”风险提示的危害显而易见。风险提示流于形式，而投资者在看到这种格式化的风险提示后，难以感知到其中的投资风险，而会将其认知为原则性的宣示。尽管交易所一般会在相关的自律性监管指南中，要求上市公司应当在业绩预告中明确披露业绩变动范围、盈亏金额区间等，不得采用措辞模糊的表述，如“一定幅度”“较大幅度”“较高”等，[2]但上市公司仍然倾向于在风险提示中模糊其词，以期通过缺乏风险提示且激进的业绩预告来提升股价，再通过“马后炮”式的业绩预告修正来“规避”责任；而这样的做法鲜有被行政处罚的案例，顶多会受到交易所的自律监管处分，如被公开谴责等。这显然会使得投资者对上市公司的预测性信息披露丧失信任。总之，司法实践中出于保护投资者的考量，

---

〔1〕 参见海南省高级人民法院民事判决书，（2016）琼民终107号。相关类似案件还可参见海南省高级人民法院民事判决书，（2016）琼民终123号；海南省高级人民法院民事判决书，（2016）琼民终123号。不过，本案发生在2016年，法院对虚假陈述的判断更多依赖监管机构的行政处罚前置程序——在行政处罚书中，是将2011年年度报告的前期会计差错认定为证券虚假陈述，而非“2011年业绩快报”——因此法院不太可能认定“业绩快报”构成虚假陈述，其对“业绩快报”是否构成预测性信息的虚假陈述的论证，只是为了证明康芝药业公司的2011年业绩快报并不是虚假陈述行为的实施日。

〔2〕 以深圳证券交易所的自律监管指南为例，2022年深圳证券交易所发布的《深圳证券交易所创业板上市公司自律监管指南第1号——业务办理》及《深圳证券交易所上市公司自律监管指南第1号——业务办理》均有此类的“业绩预告方式”的规范。

需要对“充分的风险警示”中是否使用了“有意义的警示性语言”进行考量。

2. “风险提示”的充分性标准——对“有意义的警示性声明”理论的借鉴

从美国证券法的实践来看，预先警示理论与立法中的“有意义的警示性声明”相比较而言，之所以后者更有可操作性，正是因为后者对于如何进行风险提示进行了较为充分的描述，对于所谓“格式化的警示性语言”（boilerplate warnings）进行了排除。相关国会报告中即提出：“格式化的警示性语言不能构成有意义的警示性陈述。警示性陈述必须传递可能现实地导致事实结果与前瞻性陈述有重大不同的实质性信息，例如发行人商业信息。”〔1〕有学者将美国判例法中“有意义的警示性声明”总结为以下四个方面：首先，其中使用的警示语言须非总括性的，应具有针对性，需考量这种警示语言是否针对有争议的相关陈述；其次，使用的警示语言在形式上应清晰且显而易见，即警示语言是否放置在披露文件中的显要位置，或用斜体或黑体进行标识；再次，警示语言必须是与重要的风险因素相联系，即是否披露了“那些可能会导致预测性信息所预测的结果与实际所发生的结果存在重大差异的潜在影响因素”；最后，随着公司原有环境变化，警示性语言应当及时更新。〔2〕当然，以上几点“有意义的警示性声明”也并非美国所有法院的共识。

那么，如果结合对“有意义的警示性声明”理论的借鉴，如何认定“未对影响该预测实现的重要因素进行充分风险提示”？应当结合预测性信息的具体情况，进行综合判断。一方面，此种风险提示应当“清晰可见”，这点争议不大；另一方面，对于“有意义的警示性声明”如何符合针对性和与重要的风险因素相联系的特点，需要进一步进行规制。仍以“海控南海公司虚假陈述案”为例，其中“无法准确计量的包括未来发生的递延所得税资产等九个项目在内的报表项目的账面价值进行判断、估计和假设，这些估计的不确定性所导致的结果可能造成对未来受影响的资产或负债的账面金额进行重大调整”这样的表述，具有针对性，与重要的风险因素相联系，某种程度上足以使得投资者对于此处的预测性信息的信赖产生影响，使其未必会按照此种预测性信息进行投资决策，因而法院自然会认为其“公司年报中用明确的警示性语言直接告知了预测的不确定性”。而如果仅以格式化的风险提示语言，概括性地提出“该预测性信息有风险”，则难以适用相应的预测性信息安全港规则。这自然对公司披露预测性信息时的风险提示提出了更高的要求。

（二）预测性信息所依据的基本假设、选用的会计政策等编制基础明显不合理

对预测性信息的不实披露是否可能构成虚假陈述，是否应当考虑其主观状态？在美国法中一般要求“心理确知要件”，即对发行人主观状态进行考量，探究其在披露预测性信息时，

〔1〕 See H. R. Conf. Rep. No. 104 -369，at 43（1995），转引自魏俊：《证券法上的安全港及其制度价值——以前瞻性信息披露为例》，载《证券法苑》2014 年第 3 期。

〔2〕 参见李先波、戴华丰：《美国对有意义的警示性语言的规制》，载《时代法学》2011 年第 6 期。

是否合理地相信信息的真实性，且不知道未披露的、可能严重损害该信息准确性的事实。〔1〕也就是说，如果发行人明知这一预测不可能实现，或并不打算实现，那么预测应构成虚假陈述。

在我国的司法实践中，对此问题的认识不一。如在贵州长征天成控股股份有限公司（以下简称贵州长征天成公司）证券虚假陈述责任纠纷（以下简称“贵州长征天成公司虚假陈述案”）其中提道“可能是恶意虚构，也可能是出于过失而错误陈述，但其这种主观过错形态并不影响其虚假陈述行为的成立，根本的还在于这种不实陈述是否可能影响投资人的投资决定”，进而否定了贵州长征天成公司认为其在披露信息时系善意且披露当时并不知晓任何披露产生重大影响的事实的抗辩。〔2〕也就是说，该案中法院在说理部分认为，不必过于纠结预测性信息披露人是否具有相应的主观过错。与此相反的是“海控南海公司虚假陈述案”中，法院认为判断被告行为是否构成虚假陈述的一大重要原因是考量“上市公司披露预测性信息时的主观心理状态，即上市公司当时是否有理由真实地相信预测性信息，是否有意出具虚假预测信息误导投资人”。〔3〕

实际上，判断信息披露人是否具有主观过错并不容易，更为可行的是通过其他的客观性标准，即坚持“主客观相统一”的认定原则，除考量上述主观因素外，还需要结合信息披露义务人在信息预测时是否符合交易所上市规则所规定的“合理、谨慎、客观”的标准，来判断是否构成预测性信息的虚假陈述。〔4〕

我国司法实践中，对预测性信息是否可能构成虚假陈述的客观性标准，一般是考量其是否建立在合理的基础上。例如在“贵州长征天成公司虚假陈述案”中，法院认为，“预测性信息所做的虚假陈述”是否会产生民事赔偿责任的关键，“在于预测性信息是否建立在合理的基础上且以诚信方式披露或确认”，进而认为贵州长征天成公司出具的 2016 年年度业绩预告中认为 2016 年实现扭亏为盈，“实现归属于上市公司股东的净利润在 1000 万元至 1500 万元之间”，但根据更正公告 2016 年贵州长征天成公司实际净利润为 -9700 万元，这种依据无合理基础的事项作出的披露行为，一方面违反了对预测性信息披露“合理、谨慎、客观”的要求，另一方面显然会影响投资人的投资决定，因此“应承担虚假陈述产生的民事赔偿责任”。〔5〕又如在“海控南海公司虚假陈述案”中，认为“中航三鑫公司虽然对海南特玻公司 2016 年递延所得税资产确认审慎性不足，但该确认陈述是建立在一定合理性推断基础之上，并已经以善意方式予以披露”，因此不构成虚假陈述。

对此，新《虚假陈述司法解释》主要围绕客观的基础假设、会计政策等编制基础，来

〔1〕 参见蒋尧明：《美国财务预测信息披露与监管的经验及借鉴》，载《当代财经》2007 年第 12 期。
〔2〕 参见贵州省高级人民法院民事判决书，（2020）黔民终 657 号。
〔3〕 参见广东省深圳市中级人民法院民事判决书，（2019）粤 03 民初 2031 号。
〔4〕 参见王通平、钱松军：《论证券市场信息披露误导性陈述的界定》，载《证券市场导报》2016 年第 9 期。
〔5〕 参见贵州省高级人民法院民事判决书，（2020）黔民终 657 号。

"印证"预测性信息披露人的主观心理状态。对于基础假设，一般是对诸如会计主体、持续经营、会计分期、货币计量等根据客观情况作出相应的合理推断；而对于会计政策，应当考量其一致性，若在不同时期采用了不同的会计政策，而预测性信息披露人又无法说明其存在何种合理理由，则应当认为其采用的会计政策不合理。不过，由于基础假设及会计政策的采用与披露时的经济、政策状况等密切相关，因此应当以"事中"的角度来证明合理性；应结合预测性信息披露人的抗辩，判断其是否符合相应的合理、谨慎、客观的标准。

（三）预测性信息所依据的前提发生"重大变化"时信息披露人的更正义务

1. "更正义务"的必要性

自愿披露的预测性信息是按照此时的情况作出的，一旦后续相应的条件发生改变，这些预测性信息就很有可能不再准确。而如果投资者基于此前的预测性信息的信赖进行投资决策，则仍然有可能导致相应的损失。那么，预测性信息安全港规则豁免了信息披露人披露不实的相应责任，是否也应赋予信息披露义务人以更正的义务？

实际上，综览学者的观点和域外的司法实践，对更正义务（duty to correct）进行怀疑的并不少见。的确，结合前述的两条除外情况，如果在披露时，"预测性信息所依据的基本假设、选用的会计政策等编制基础"不存在"明显不合理"的情况，那么为何要对信息披露人课以"事后诸葛亮"式的披露义务？如果披露时信息披露人已经对相关风险因素进行了"充分的风险提示"，那么是否可以认为这是对投资者对预测性信息的"信赖"的阻却，使得投资者并不完全信任相关预测性信息？最主要的是，既然自愿性披露信息并非法定的披露义务，那么是否应当强制其履行更正义务？

在证监会和交易所的相应规则中，一般认为预测性信息的披露人应当负有更正义务。这也与我国尚不成熟的证券市场有关——预测性信息的披露人并非"无意"地披露了与现实差异较大的预测性信息，很多情况下预测性信息的披露人滥用了相关规则，致使相关的业绩预报、业绩快报与实际情况相差较大的情况屡见不鲜。而虽然有充分的风险提示，但是基本处于弱势的投资者，对于基于公司管理层判断而作出的预测性信息更多还是依赖其本身陈述的正确性，几乎没有太多自我判断的空间——从这个角度而言，尽管预测性信息的披露与否属于公司自治的范畴，但其一经披露，就产生了相应的强制的更正义务，以保证披露不至于产生误导。[1]这也是我国的虚假陈述司法解释在预测性信息安全港规则中引入"配套"的更正义务的原因。

2. "更正义务"还是"更新义务"？

商法乃至金融法的权利义务分配必然需要考虑到利益衡量的问题。如果单纯认为"披露越多越好"，那么自应当对信息披露者课以非常严苛的更正义务，但凡披露的预测性信息与

---

〔1〕 参见程茂军：《试论上市公司自愿性信息披露的法律规制》，载《证券法苑》2017 年第 2 期。

后来的事实有任何不符，就应当责成公司进行更正，否则公司就有被认定为信批违规乃至虚假陈述之虞。但是这样的权利义务分配与预测性信息披露的制度利益实际上是不符的。信息披露实际上是“贵精不贵多”的，如学者指出，如果监管者缺乏成本收益考量，一味求多，将更多的披露简单等同于更好的投资者保护，则过犹不及，等同于将成本转嫁给信息披露义务人，致使披露质量越发下降。[1]这样可能对预测性信息所依赖的“自愿性披露”制度基础产生颠覆。自愿性披露的制度优势正在于自愿下的多元化，相比由法律明确规定、近乎机械式的披露内容，公司依其意愿选择披露的内容会更容易展现其优势以吸引投资者，所以立法中允许公司进行自愿性信息披露。[2]不难看出，如果对于公司披露预测性信息在更新义务上过度求全责备，那么无疑会产生“寒蝉效应”（chilling effect），使其不愿自愿披露预测性信息，对预测性信息披露制度的构建也并非好事。

那么，“未及时履行更正义务”这里的“更正义务”是否应当进一步理解为“更新义务”（duty to update）？针对二者的区别，有学者指出，更正义务是对原本的错误信息进行修正，适用于“历史性信息”；而更新义务是在信息披露义务人作出预测性信息披露，这种信息的发生与否此时并不能确定，而此后出现了新事实，致使原预测性信息可能对投资者产生误导时，信息披露义务人应排除相关的误导性信息。因此，如果把这里规定的“更正义务”理解为更新义务，即并非只是对某一个数据的排除原有不实的预测性信息的影响，则更为合理。也就是说，此处需要披露的不仅是信息披露义务人披露后发现存在主观认识偏差的事件，也包括在披露后发生的与披露时事实相冲突的事件。

此外，什么是预测性信息所依据的前提发生了“重大变化”？这实际上是从重大性出发对预测性信息的变化进行考量。要考量预测性信息披露是否构成披露不实乃至虚假陈述，当然要考虑披露在先的预测性信息是否具有重大性，但出于对持续性信息披露体系中公平性的考虑，并非后续稍有变化就要求信息披露人更新披露，而是要考量其后续变化的“重大性”，是否发生“重大变化”以至于可能对投资者的投资决策产生影响。[3]也就是说，如果要适用预测性信息安全港规则，则不必苛责信息披露人对所有的变化都负有更新义务，而是要结合重大性来衡量其是否应负有更新义务。

3. 对“及时”更正的界定

新《虚假陈述司法解释》要求预测性信息所依据的前提发生“重大变化”时，信息披露人要“及时”履行更正义务，才能适用预测性信息安全港规则。不难想象，若信息披露人未能及时更正相关变化，则其时效性大大减弱，这种延后的更正可能会致使投资者遭受损失；这种无意义的事后的更正反而可能使得安全港成为试图从虚假的预测性信息披露中获益

---

〔1〕 参见缪因知：《中国证券法律实施机制研究》，北京大学出版社 2017 年版，第 97—98 页。

〔2〕 参见席珮琳：《论自愿性信息披露后的更新义务：法理解释及适用》，载《法大研究生》2020 年第 2 辑。

〔3〕 参见席珮琳：《论自愿性信息披露后的更新义务：法理解释及适用》，载《法大研究生》2020 年第 2 辑。

的手段。

根据证监会 2021 年的《上市公司信息披露管理办法》，第 62 条第 1 款第 3 项将“及时”定义为“自起算日起或者触及披露时点的两个交易日内”。这一释义也被上海证券交易所、深圳证券交易所等的股票上市规则所沿用。但是，对于法院而言，是否应将预测性信息更正“及时”标准也认定为两个交易日？预测性信息毕竟不同于历史性信息，其是基于长期变化的数据对未来的预测，上市公司可能需要一段时间的观察测试后，才能对其进行准确判断。因此，若以此种标准来要求上市公司，可能导致其具有过大的披露压力。因而，法院可根据信息类型不同，对“及时”更正与否进行综合判断。

四、结论

我国的预测性信息安全港规则是对美国证券法相应制度的移植，其中又不乏根据我国证券市场特点而进行的本土化加工。抛开对法律技术层面的讨论，新《虚假陈述司法解释》整体上显示了自 2019 年新《证券法》颁布以来证券法制理念的变迁，即在“法律不完备”的大背景下，将“剩余立法权”更多地分配给法院，在司法和行政权力配置中达成平衡。这就要通过司法解释这样的“低成本立法”，来解决“司法失灵”的问题，甚至可以认为这不仅是对既有法律的阐明，还是在全新地创设法律制度，“填补”原有法律制度的空白〔1〕——这正是新《虚假陈述司法解释》中对虚假陈述纠纷相关制度进行完善的意义所在，通过这一司法解释，预测性信息安全港规则不再只为部分法院实践所援引，而法院也不需要再依赖证券监管部门行使剩余立法权。

从预测性信息安全港本身而言，行使“公共政策法院”职能的金融司法无疑要在投资者保护和鼓励预测性信息披露、促进市场发展之间作出平衡。从预测性信息安全港的三种例外情况的规定来看，实际上更多地偏向于对投资者进行保护的价值取向；但是司法解释对这三种情况的描述亦过于概括，应当结合相关价值取向，在司法实践中根据具体情况，树立更为具体的裁判衡量标准。

---

〔1〕 参见黄韬：《公共政策法院：中国金融法制变迁的司法维度》，法律出版社 2013 年版，第 308 页。

证券虚假陈述过错认定中的监管与司法纠缠

王　立*

2022年1月21日最高人民法院发布《关于审理证券市场虚假陈述侵权民事赔偿案件的若干规定》（法释〔2022〕2号，以下简称新《虚假陈述司法解释》），废除了证券虚假陈述侵权民事赔偿诉讼的前置程序。前置程序的废除将给法院、诉讼当事人及代理人带来全方位影响，其中最重要的是监管处罚与司法裁判的关系问题。前置程序的废除并不意味着司法裁判不再受行政监管影响。恰恰相反，其中有多处关键条款表明，监管规则与司法认定纠缠交错，可能仍是一个循环往返的"莫比乌斯环"〔1〕。其在过错认定的相关条款体现尤为凸显。

一、证券虚假陈述监管与司法的程序切断与实体牵连

（一）证券虚假陈述纠纷前置程序的废除及影响

新《虚假陈述司法解释》发布前，法院受理证券虚假陈述案件须以行政处罚或刑事判决为前置程序。2003年2月1日最高人民法院发布的《关于审理证券市场因虚假陈述引发的民事赔偿案件的若干规定》（法释〔2003〕2号，以下简称2003年《虚假陈述若干规定》）第6条规定了该类诉讼受理的前置程序，要求投

---

* 王立，杭州师范大学教师、经济法学博士。

〔1〕 莫比乌斯环是一种只有一个面和一条边界的曲面，是一种重要的拓扑学结构。它是由德国数学家、天文学家莫比乌斯和约翰·李斯丁在1858年独立发现的。一只小虫可以爬遍整个曲面而不必跨过它的边缘。笔者借用这个拓扑学概念，拟在说明证券虚假陈述中行政监管与司法裁判的纠缠交叉关系。

资者提起虚假陈述民事赔偿诉讼，须提交有关机关的行政处罚决定或者人民法院的刑事裁判文书作为案件受理的程序要件。此后多年证券虚假陈述民事赔偿案件的受理多依此操作。该规定一定程度上限制了投资者的诉权，在立案登记制改革后存在较大争议。

前置程序的废除并非一蹴而就，而是逐步深入。2020 年 7 月 15 日发布的《全国法院审理债券纠纷案件座谈会纪要》（法〔2020〕185 号）第 9 条废除了债券纠纷的立案前置程序，规定欺诈发行、虚假陈述行为人以债券持有人、债券投资者主张的欺诈发行、虚假陈述行为未经有关机关行政处罚或者生效刑事裁判文书认定为由请求不予受理或者驳回起诉的，人民法院不予支持。而新《虚假陈述司法解释》第 2 条第 2 款则全面废除了证券虚假陈述侵权民事诉讼的前置程序，规定人民法院不得仅以虚假陈述未经监管部门行政处罚或者人民法院生效刑事判决的认定为由裁定不予受理。

2003 年《虚假陈述若干规定》设置前置程序具有一定的合理性。由于证券虚假陈述案件案情复杂、专业性强、取证困难，在证券市场发展早期，为减轻原告举证责任、防止滥诉、统一监管与司法标准，遂要求行政或刑事程序前置。设置前置程序有利于投资者举证，特别是在虚假陈述类案件中有利于投资者证明虚假陈述行为的“重大性”。一般来说，监管处罚和刑事裁判文书中载明的事项具有重大性。但前置程序限制了投资者的诉权，且投资者权利实现周期过长，所以有必要在制度层面增加原告的诉讼前置程序选择权——原告既可等待行政或刑事程序、利用相关证据展开诉讼，也可跳过这些程序自行取证、径行起诉。这两种方案对投资者来说，各有利弊。但无论如何，新《虚假陈述司法解释》切断了监管处罚与司法立案在程序上的必然性，赋予投资者选择权，是一大进步。

取消前置程序后，投资者若选择径行提起诉讼，必然面临举证难题。且新《虚假陈述司法解释》第 2 条第 1 款要求立案时即提交相关证据，又增加了当事人的诉讼难度。为降低投资者举证难度、畅通投资者诉讼救济途径，最高人民法院和证监会为新《虚假陈述司法解释》配套发布了《关于适用〈最高人民法院关于审理证券市场虚假陈述侵权民事赔偿案件的若干规定〉有关问题的通知》（以下简称《联合通知》），建立一系列衔接性安排：一是案件通报机制，即法院受理证券虚假陈述案件 10 个工作日内要向证监会通报；二是调查取证协调配合机制；三是民行交叉处理机制，即法院认为证监会立案调查不影响民事案件审理的应当继续审理；四是专业咨询机制，即法院可就相关专业问题征求证监会及相关会管单位意见且征求意见的时间不计入审限；五是探索专家咨询和专业人士担任人民陪审员机制。尽管如此，在程序上最高人民法院与证监会在证券虚假陈述上的协同安排依然存在不确定性，效果如何有待实践检验。

（二）证券虚假陈述监管与司法的实体牵连：以过错认定为例

证券虚假陈述纠纷前置程序的废除，不仅在程序上会带来监管与司法关系的变化，也会重构实体上的监管与司法关系。前置程序的废除会给法院带来证券虚假陈述在过错认定、损失确定、因果关系判断等专业问题上的认定困难，同时也会在某些司法裁判先行的案件中引发监管处罚是否应严格遵循法院相关认定的难题。但无论如何，证券虚假陈述的行政监管与司法裁判遵循相同的基础逻辑。

以证券虚假陈述的过错认定为例。在证券虚假陈述民事侵权赔偿案件中讨论过错，主要是涉及两个问题：一是有无过错？二是谁来证明有无过错？前者是过错的界定标准，后者是归责原则。监管与司法对这两个问题的回答逻辑一致。

1. 实体牵连之一：监管与司法统一适用“过错推定”

行政监管也好，司法裁判也罢，证券虚假陈述的规制都需在《证券法》框架下展开。在过错认定问题上，《证券法》第 85 条、第 163 条构成了证券虚假陈述规制的统一实体法依据，一体适用于行政监管与司法裁判。

《证券法》分三类主体区分证券虚假陈述的归责：第一类为发行人、上市公司等“信披义务人”（《证券法》第 85 条前半句），承担的是无过错责任；第二类为发行人的控股股东、实际控制人、董监高及其他直接责任人员、证券公司及其直接责任人员（《证券法》第 85 条后半句），姑且统称为“内部人”，其归责原则为过错推定，“内部人”能够证明自己没有过错的可以免责；第三类为会计师事务所、律所等证券服务机构（《证券法》第 163 条），姑且称为“外围人”，其归责原则也是过错推定，“外围人”能够证明自己没有过错的可以免责。归纳而言，“信披义务人”承担无过错责任、自己责任，“内部人”与“外围人”承担过错推定的连带责任。

过错推定在监管和司法中的统一运用，实际上改变了举证责任的分配。法律对虚假陈述诉讼举证责任的分配不是简单地出自对投资者的倾斜性保护，而是基于虚假陈述行为证据形成和获取的固有特点；其不仅是对诉讼结构的程序性安排，同时也是虚假陈述侵权责任追究能否得以实现的实体性制度设计。[1] 这种举证责任安排不仅体现在司法诉讼中，同样也贯穿了监管规制过程。

2. 实体牵连之二：监管与司法共同聚焦“重大过失”

不论监管还是司法，在过错问题上都聚焦在了“重大过失”上，而刻意忽略对故意及一般过失的分析。侵权过错分为两种，一为故意，二为过失（又可分为严重过失与一般过失）。新《虚假陈述司法解释》第 13 条对《证券法》第 85 条、第 163 条的“过错”明确做了限缩解释，排除将“一般过失”作为归责要件。而在监管实践中，一般过失也多不会被追责。

对故意的分析也很少。就逻辑而言，责任人要想证明“没有过错”，需同时证明“没有故意”和“没有（严重）过失”。但在监管实践中，承销、保荐机构、证券服务机构涉及虚假陈述的过错情形多为过失，极少故意进行造假。有研究表明，我国资本市场证券发行虚假

---

〔1〕 参见赵旭东：《论虚假陈述董事责任的过错认定——兼〈虚假陈述侵权赔偿若干规定〉评析》，载《国家检察官学院学报》2022 年第 2 期。

陈述案件中审验机构受到处罚的原因，大多是审验机构未能勤勉尽责，即“过失”而非“故意”。[1] 从制度建构意义上，督促审验机构勤勉尽责才是《证券法》规制的核心要义。[2] 而司法案例也几乎没有涉及责任人之间的合谋或故意。新《虚假陈述司法解释》除了第 13 条提到了“故意”之外，在“过错认定”这一节后续的几个条款中都只是围绕“过失”进行相应的规定，而对“故意”只字未提。[3]

3. 实体牵连之三：监管与司法的过错认定标准均为“勤勉尽责”

要求被告证明自己没有“任何”过失并穷尽排除，显然是强人所难。于是监管将规制重心放在了是否勤勉尽责上，只要责任人在本职基础上尽到了勤勉义务，就予以免责。司法上也采用了同样的标准。新《虚假陈述司法解释》并未具体描述何谓“没有过失”，而是替换为“勤勉尽责”标准：只要被告能够证明自己已“勤勉尽责”，即可免责。如新《虚假陈述司法解释》第 14 条、第 16 条规定，“能够证明勤勉尽责的”应当认定其没有过错。

监管与司法如此操作，符合实际、整体可行，也有理论支持。在法经济学分析中，有一个著名的侵权过失分析框架——“汉德公式”。这是美国联邦上诉法院第二巡回法庭法官汉德（Learned Hand）在 1947 年“美国诉卡洛尔 · 波音拖船公司”一案中提出的过失认定公式：B 为预防事故的成本，L 为事故造成的损失，P 为事故发生的概率（PL 为预期损失）。当 B > PL 时，就应放任 PL 发生、不采取损害防止措施 B（即便不采取措施也无过失）；但当 B〈PL 时，就应避免 PL 发生、采取损害防止措施 B（不采取措施就有过失）。[4] 该公式试图量化判断侵权法中“过失”要件。简化理解就是，我们不应该“不计成本”地去预防损害发生。一个小概率且损失很小的事故，不应该劳师动众、不计成本去防范，否则得不偿失。这个理论尽管有很多争议（比如有反对者认为该理论太过冷酷或每个变量无法精确量化等），但其原理确实能够帮助人们理解什么是“过错”（特别是“过失”）。

作为特殊领域侵权，证券虚假陈述实际上也遵循该逻辑：不能为了保护投资者，就“不计一切代价”惩罚独立董事、券商及中介服务机构。而应区分对待，仔细在投资者保护与资本市场健康发展之间找到合适的平衡点。前述所谓“勤勉尽责”标准，就是汉德公式中的 B。作为虚假陈述的“外围人”，独立董事、券商及中介服务机构等不是因为“做了什么”而承担责任，而是因为“没做什么”而负有责任。而这个“没做什么”的前提（“你本应做些什么”）不能没有上限，这个上限就是“勤勉尽责”。新《虚假陈述司法解释》过错认定

---

〔1〕 参见湘财证券课题组、周卫青：《IPO 注册制下发行人与中介机构虚假陈述民事责任研究》，载《证券市场导报》2021 年第 4 期。

〔2〕 参见陈洁：《证券虚假陈述中审验机构连带责任的厘清与修正》，载《中国法学》2021 年第 6 期。

〔3〕 实际上，在过错推定归责原则下，“内部人”和“外围人”都不可能证明“自己没有故意”从而免责。自己没有做的事情如何能够证明呢？实践的通常做法是，先有行政处罚决定或刑事判决书，再有民事赔偿案件中的故意认定。仅凭律师及民事诉讼中的证明责任等规则，无法处理“没有故意”的证明问题。

〔4〕 参见刘巧兴：《汉德公式在侵权过失责任认定中的应用》，载《河北法学》2013 年第 10 期。

部分的几个条款，实际上讲的就是证券虚假陈述中责任人应如何勤勉尽责。“没有过失”被替换为“已勤勉尽责”，勤勉尽责成为理论和实践中判断责任人过失的一个重要标准或替换根据。[1]这与美国证券法中的“due diligence defense”相对应，译为“合理勤勉抗辩”。此外，合理勤勉抗辩也在其他国家和地区的法律中得以确立，如2000年《英国金融服务与市场法》第90条及其附录10《损害赔偿：豁免》、《德国交易所法》第45条第1款、《日本金融商品交易法》第21条、我国台湾地区“证券交易法”第32条等。[2]

接下来的问题就变成：什么才是“勤勉尽责”？勤勉尽责在监管与司法中的认定又有何异同？

二、新《虚假陈述司法解释》过错认定条款中司法对监管的回归

在证券监管与司法实践中，规则制定与实施者常常会对勤勉尽责标准摇摆纠结：在造假泛滥、投资者权益得不到保护的情况下，监管与司法迫切想制定规则“从严惩罚”造假者；可近两年经过各项严格规则的密集出台，监管与司法又开始考虑“惩罚过度”会不会妨碍市场发展。一方面，不能肆意降低勤勉尽责标准；另一方面，若勤勉尽责要求过高，又可能会导致相关主体为规避风险而采取保守、消极态度对待具体信批业务，从而导致勤勉尽责标准的异化。从2019年从严修订的《证券法》到五洋债案、康美药业案的争议，都体现了立法、监管与司法的态度摇摆。新《虚假陈述司法解释》的出台尝试做一个新的平衡。在这个尝试中，新《虚假陈述司法解释》通过废除前置程序强调了司法裁判之于监管的独立性，但却在过错认定等诸多条款的具体表述中体现了司法裁判在勤勉尽责标准上对金融监管的靠拢与回归。

（一）勤勉尽责辨析

在我国的法律体系中，勤勉义务仅规定于《公司法》中，且非常原则化，不具有可操作性，无法为司法裁判提供依据。各国公司法的规制策略一般都是以抽象的标准（standard）来规定，而非具体的规则（rule），其目的之一在于方便法院在事后灵活地根据具体情况进行审查。[3]然而，我国《公司法》的现实是，既没有标准，也没有规则。我国《公司法》第147条第1款规定：“董事、监事、高级管理人员应当遵守法律、行政法规和公司章程，对公司负有忠实义务和勤勉义务。”除此以外，别无其他。这充其量只能是一种宣示性规范。[4]所以，勤勉尽责与否的标准又是证券执法和司法实践中的一大难题，具有较强的主观性、弹

---

〔1〕 参见赵旭东：《论虚假陈述董事责任的过错认定——兼〈虚假陈述侵权赔偿若干规定〉评析》，载《国家检察官学院学报》2022年第2期。

〔2〕 参见邢会强：《证券市场虚假陈述中的勤勉尽责标准与抗辩》，载《清华法学》2021年第5期。

〔3〕 See John Armour，Luca Enriques et al.，*The Anatomy of Corporate Law：A Comparative and Functional Approach*，OxfordUniversity Press，2017，p. 32－33.

〔4〕 参见王真真：《董事勤勉义务制度的利益衡量与内涵阐释》，载《财经法学》2022年第3期。

性及模糊性。[1]

有观点认为，公司法需要对勤勉义务的内容作出清晰的界定，勤勉义务的规则应当采用"3 + X"的立法技术，以知情、监督及合规作为勤勉义务的明确示例，以兜底条款规定勤勉义务的一般要求。同时，引入商业判断规则辅助对勤勉义务的审查。[2]

然而，《公司法》上的勤勉义务，与《证券法》中证券虚假陈述的勤勉尽责可能还不是一回事。

第一，《公司法》上的勤勉义务是对董事、监事、高级管理人员履职的多元要求，包括对上市公司、非上市公司开展商业经营决策等积极事项的行为要求，以及进行公司治理意义上的经营监督、注意义务；而《证券法》虚假陈述中的勤勉尽责则仅是对董监高、证券服务机构在上市公司信息披露等具体事项上的注意要求，其主要是履行监督职能，而非履行商业经营决策职能。[3]这种区分，是董监高等责任主体在履职上的多重角色所决定的。例如，独立董事作为某个领域的专家，既是商业经营的决策者，也是法定的经营监督者。换言之，《证券法》更关注董监高等在履职中是否尽到了注意义务。

第二，《公司法》上的勤勉义务是对董事履职情况的整体评价，《证券法》虚假陈述中的勤勉尽责是针对董事某个特定行为的单独评价。证券虚假陈述中的勤勉尽责，通常指向的仍然是对具体事务的注意义务。之所以用勤勉尽责标准来替换注意义务，是因为相对而言勤勉尽责表现在董事履职的系列行为之中，有较多的工作底稿可以留痕，更容易在司法上进行证据固定。在汉德公式中，注意义务就通过勤勉尽责标准来衡量是否有过错。新《虚假陈述司法解释》在整体定性上也已经取得共识，[4]证券虚假陈述行为属于侵权行为，[5]且核心问题为多数人侵权责任。[6]注意义务是侵权法上的概念，勤勉义务是《公司法》上的概念，这两个相互牵连的概念[7]在证券虚假陈述民事赔偿案件中成功融合，为一体两面。

---

〔1〕 参见邢会强：《证券市场虚假陈述中的勤勉尽责标准与抗辩》，载《清华法学》2021 年第 5 期。

〔2〕 参见王真真：《董事勤勉义务制度的利益衡量与内涵阐释》，载《财经法学》2022 年第 3 期。

〔3〕 从这个意义上来说，商业经营判断规则对厘清《证券法》意义上的勤勉义务是没有什么帮助的，只是对《公司法》意义上、决策性事务的勤勉尽责的厘定有重大作用。

〔4〕 参见于莹：《证券法中的民事责任》，中国法制出版社 2004 年版，第 36 页；周友苏主编：《新证券法论》，法律出版社 2007 年版，第 626 -633 页。

〔5〕 与旧规相比，新规标题中增加了"侵权"二字。此二字意义重大，说明经过多年的学术讨论与裁判经验总结，主流观点已经统一：证券虚假陈述行为的法律性质为"侵权"。而旧规名称表达模糊（"引发的"），可以看出，当时对证券虚假陈述的定性是游离的。同时，从新规逻辑结构看，侵权定性也贯穿全文。一般而言，侵权行为的构成要件为四方面：违法行为、因果关系、主观过错、损害结果。新规全文结果分为八个部分，除第一、七、八部分为一般规定、诉讼时效和附则外，第二、五部分分别为"虚假陈述的认定""责任主体"（违法行为），第三部分为"重大性及交易因果关系"（因果关系），第四部分为"过错认定"（主观过错），第六部分为"损失认定"（损害结果）。整个文本呈现清晰的行文逻辑：除程序性规定外，实体性条款全部围绕侵权行为的四要件展开。

〔6〕 参见丁宇翔：《证券发行中介机构虚假陈述的责任分析——以因果关系和过错为视角》，载《环球法律评论》2021 年第 6 期。

〔7〕 在起源上，董事勤勉义务通常被认为是借鉴了侵权法上的注意义务，只是在后续发展中有了较强的分离趋势。See PaulDavis & Sara Worthington, *Gower's Principles of Modern Company Law*, Sweet & Maxwell, 2016, p. 478.

侵权法意义上的注意义务通常指向某个特定的具体行为或事项，即就董事履职中某次行为的实施、某个决议事项发表的意见、某个法律文件的签署是否尽到应尽义务的评价。董事个别行为的错误和一次行为的失职不一定否定该董事总体上的勤勉尽责。[1]反之，董事总体上未能勤勉尽责也不表明其某个具体行为未能尽到应有的注意。如果说《证券法》上的勤勉尽责主要用于对董事履职情况的个别评价和部分评价，那么《公司法》上的勤勉义务则重在对董事履职情况的整体评价和全面评价。[2]

第三，《公司法》上的勤勉义务主要调整的是董监高与公司之间的关系，强调董监高要为公司及股东尽职尽责；但《证券法》中证券虚假陈述中的勤勉尽责主要调整的是董监高、券商、证券服务机构与整个证券市场之间的关系，强调董监高等主体须在职责范围内尽最大的努力，为信息披露的真实性尽职尽责，守护证券市场基本秩序。

（二）司法裁判对监管标准的靠拢

勤勉尽责存在标准客观化的趋势。注意义务也好，勤勉义务也罢，大体来说都属于一种抽象规范，强调普通人或一般理性人在本身职权基础上的善良管理或合理注意义务，为公司或公众最大利益行事。从国内外立法及实践来看，趋势是更加强调合理的客观标准，逐渐弱化侵权法上的主观标准。国内也有学者提出，在法律意义上使用所谓注意义务或勤勉义务的理性人概念，不等于经济学上的理性人，这种用法拔高了勤勉义务的标准，因而过于主观。[3]美国法律 MBCA 认定的董事勤勉义务包含三要素：（1）善意；（2）尽到处于类似地位的理性人应有的注意；（3）合理地相信为公司最大利益行事。并且强调这里的应有或合理应当采用客观标准。[4]客观标准不重视特定独立董事实际拥有的能力、知识、经验或资格，而是强调普通理性独立董事在相同或类似情形下应尽的注意程度。[5]

这种勤勉尽责标准客观化的趋势，必然会导致监管规则越来越复杂，数量越来越多。《证券法》第 85 条、第 163 条采用过错推定原则，显然是要先确定一些标准，这些标准规定了董监高、券商及证券服务机构应当有哪些作为和不作为，然后再去在个案中对比分析适用。冲在资本市场第一线的监管机构，显然比法官更接近实务，制定出了很多符合金融实践的复杂标准。如在债券发行与交易领域，涉及《债券纪要》《公司信用类债券信息披露管理办法》《公司债券发行与交易管理办法》《公司债券承销业务尽职调查指引（修订稿）》《公司债券业务工作底稿内容与目录指引》等规范性文件。银行间市场则还涉及《非金融企业债

---

〔1〕参见傅穹、陈洪磊：《商业判断规则司法实证观察》，载《国家检察官学院学报》2021 年第 2 期。

〔2〕参见赵旭东：《论虚假陈述董事责任的过错认定——兼〈虚假陈述侵权赔偿若干规定〉评析》，载《国家检察官学院学报》2022 年第 2 期。

〔3〕参见翁小川：《董事注意义务标准之厘定》，载《财经法学》2021 年第 6 期。

〔4〕See Model Business Corporate Act § 8.30 (a) and (b).

〔5〕参见刘俊海：《上市公司独立董事制度的反思和重构——康美药业案中独董巨额连带赔偿责任的法律思考》，载《法学杂志》2022 年第 3 期。

务融资工具主承销商尽职调查指引》（2020 年版）与《非金融企业债务融资工具注册文件表格体系》。前述文件为承销机构的尽职调查工作提供了较为完善的指引和遵循，不仅涵盖了综合性规则中承销机构的职责要求，还对尽职调查范围、尽职调查方法以及底稿的制作与保存进行了详尽的规定。这些监管规定相较于新《虚假陈述司法解释》的几个条款，显然要更加具体且更具有可操作性。

监管规则的详尽，会让司法越来越对这些细节规则产生直接援引倾向。法官会有这样的心理：既然行业监管规则已经有了明确的导向，并已形成了责任人员相对稳定的行为预期，而且这种预期有利于维护金融市场秩序，那么司法也就没有必要去打破这种预期了。如在五洋债案中，承销机构德邦证券公司、会计师事务所大信会计分别被证监会作出（2019）121 号、（2019）6 号行政处罚，信用评级机构大公国际和发行人律师事务所锦天城则未被行政处罚或行政监管。在诉讼程序中，一审、二审判决基本沿袭了证监会对各中介机构的认定和责任区分：在事实认定上，法院认定德邦证券公司、大信会计未勤勉尽责的具体理由，大部分复制了证监会行政处罚决定书的内容；在责任形态上，二审判决判令被行政处罚的两主体承担连带责任，未被行政处罚的两主体则酌情在 10%、5% 的比例内承担连带责任。

近年来的金融审判实践，也越发显现出司法裁判向金融监管靠拢的趋势。如我国《民法典》第 153 条第 2 款规定："违背公序良俗的民事法律行为无效。"《全国法院民商事工作会议纪要》第 30 条规定："……下列强制性规定，应当认定为'效力性强制性规定'：强制性规定涉及金融安全、市场秩序、国家宏观政策等公序良俗的……"第 31 条规定："违反规章一般情况下不影响合同效力，但该规章的内容涉及金融安全、市场秩序、国家宏观政策等公序良俗的，应当认定合同无效……"这些规则落实到证券虚假陈述纠纷中，法官在裁判时自然会对金融监管规则予以更多的尊重。

（三）新《虚假陈述司法解释》过错认定条款的"引致"分析

新《虚假陈述司法解释》实际上也在做一个勤勉尽责标准客观化的工作，尽可能多地将常见的勤勉尽责审查要素进行罗列，并将各种免责情形加以说明。如其第 14 条规定，董监高主张对虚假陈述没有过错的，法院应当根据其工作岗位和职责、在信息披露资料的形成和发布等活动中所起的作用、取得和了解相关信息的渠道、为核验相关信息所采取的措施等实际情况进行审查认定。第 15 条至第 19 条则分主体列举了尽可能多的"应当认定没有过错"的安全港情形。

然而实践比新《虚假陈述司法解释》更加复杂，第 14 条至第 19 条对各类的过错认定标准作了相对详细的描述，但整体来看还须后续司法实践进一步通过个案明确。比如，即便在同一个案件中，也并非所有董事在过失认定上有统一的结论，而可能出现部分董事存在过失、其他董事不构成过失的特殊情况，具有会计、法律专业背景的董事可能被认定应当知道信息虚假，而其他董事则不应知道。[1]不同岗位、职责的董事在具体个案中的注意义务也应有所不同。

一种常见的处理思路是交给专家进行鉴定，比如在安全事故、医疗责任事故等领域，多依赖专门机构的鉴定。但在证券信息披露领域是否适用专家鉴定，一定会有较大争议。争议来源：第一，这个专家是证券领域专家还是行业领域专家？法律专家还是财务会计专家？第二，不同专家或专业人士对于相同事实的专业判断也会有所出入，甚至大相径庭。[2]

面对文字规则之于实践的匮乏以及专家鉴定的不确定，新《虚假陈述司法解释》的处理方式是：尽可能多地例举安全港情形，并更多地将勤勉尽责标准导引至监管规则。必须关注一个重要细节，即新《虚假陈述司法解释》第 16 条第 2 款、第 17 条第 1 款第 1 项、第 18 条第 1 款、第 19 条都提到了相关责任主体应当按照“监管部门制定的规章、规范性文件、行业执业规范或职业准则”等要求进行审慎尽职调查。换言之，新《虚假陈述司法解释》认为哪怕是在司法程序中，过错认定、勤勉尽责标准的核心依据仍然是监管规范或行业规范。司法认定与监管标准，两者合二为一。

如此一来，行政处罚与司法裁判的关系就变得十分微妙。一般来说，行政监管部门作出处罚决定的依据就是行政监管规范，一旦作出处罚决定，就意味着该行为一定是不符合行政监管规范的。当事人既已提交行政处罚决定书，是否意味着法官即可无须重新审查相关证据并作独立判断？依据新《虚假陈述司法解释》第 16 条等的引致条款，行政处罚所认定的事实与定性是否具有免证效力？证券虚假陈述的过错认定，最终是否仍会回到行政处罚或刑事判决等前置程序？本次通过对前置程序的废除、重大性标准的重置[3]等条款，部分去除了行政处罚的免证效力，凸显了法官裁判的独立性。而新《虚假陈述司法解释》第 16 条等条款的引致，是否会削减这个效果？

三、新《虚假陈述司法解释》过错认定条款中司法对监管的疏离

尽管新《虚假陈述司法解释》与《联合通知》试图在实体与程序上弥合前置程序废除带来的分歧与争议、统一认定标准，但监管和司法的不同价值取向以及在不同阶段的取证差异，保持了监管处罚与司法裁判的相互独立性，仍有巨大价值。

---

〔1〕 参见赵旭东：《论虚假陈述董事责任的过错认定——兼〈虚假陈述侵权赔偿若干规定〉评析》，载《国家检察官学院学报》2022 年第 2 期。

〔2〕 参见翁晓健：《证券市场虚假陈述民事责任研究——美国证券法经验的反思与借鉴》，上海社会科学院出版社 2011 年版，第 7 页。

〔3〕 新《虚假陈述司法解释》第 10 条通过对重大性要件的重新界定，实际上废除了《全国法院民商事工作会议纪要》中行政处罚的免证效力。

（一）证券虚假陈述中监管与司法的独立性

证券虚假陈述侵权民事赔偿诉讼前置程序的废除，在形式上截断了监管与司法的程序连接。而在实体上，新《虚假陈述司法解释》也有相似倾向，其试图将法院的说理裁判摆脱监管处罚的牵制，增加司法裁判的独立性与裁量空间。

实践中，已经有体现司法独立性的证券虚假陈述案例出现。如五洋债案将行政处罚决定中未予以处罚的主体，在民事赔偿诉讼中纳入侵权责任人的范围。该案在一定程度上体现了法院裁判上的能动性和独立性，但这种扩大打击，并非真正作出与监管处罚相左的意见。真正的相左意见是：有没有可能监管进行了处罚，但司法裁判却认为其无须担责？新《虚假陈述司法解释》施行后的最新案例表明，即便受过行政处罚也仍可能被认定为不具有重大性而被予以免责。如 2022 年 2 月 14 日新疆维吾尔自治区高级人民法院（2022）新民终 1 号民事判决书，推翻了一审法院依据证监会行政处罚内容对某证券公司的过错认定，以虚假陈述行为不具有重大性为由，改判该证券公司完全免责。

在不久的将来，甚至还有可能出现在民事诉讼中被认定不构成过错、但在其后的行政处罚程序中被认定存在过错的情形。监管处罚与司法裁判相互关联却又并行的情况可能会越来越多。

（二）证券虚假陈述过错推定抗辩的“非穷举性”

与群体性人身侵权相比，实际上证券虚假陈述侵权没有那么大的严重性，证券投资者也并不一定需要特殊的倾斜性保护。只是因举证、取证上的特殊性，所以证券虚假陈述才采取了“过错推定”这种举证责任倒置的方式来处理原被告的过错证明问题。因此，并不是将董事、中介机构等的过错范围无限扩大，才显示出制度上的其正义性。相反，既然已经给了投资者“过错推定”的归责工具，那么就应当适当限缩责任方的过错范围来平衡各方利益。

如前所述，理论上董监高等责任人要想证明“没有过错”，须穷尽列举并逐项排除故意和过失的存在。但仔细看新《虚假陈述司法解释》第 14 条至第 19 条所列的免责情形，其实并非按照穷尽列举模式来处理。这几个条款中，有两种立法模式：一是“之一”模式（第 16 条、第 19 条），在该种条款下，只要能够证明所列情形中的一项，人民法院就“应当认定其没有过错”；二是“全部”模式（第 17 条），在该种条款中，需要证明所列三种情形的全部，人民法院才“应当认定其没有过错”。新《虚假陈述司法解释》第 14 条、第 15 条与第 18 条只列了一种情形，也可以归入“全部”模式。

若完全按照过错推定原则的逻辑，对于“没有过错”的证明，“之一”模式显然在逻辑上是错误的——不能说没有犯 A 过错，就等于“没有过错”。没有过错的证明，需要证明 A、B、C、D 等所有可能出现的过错都没有犯。新《虚假陈述司法解释》第 14 条至第 19 条列举的情形是对一些针对具体情形的抗辩工具。这些抗辩工具的成功证明，并不能完整证明“没有过错”，只是证明了其中一部分。这种绝对化的过错推定理解，本文认为不妥，这种制度安排严重限制了董监高等责任人的抗辩空间，甚至使得抗辩完全不可能成功。正确的理解是，不需要为了完全证明“没有过错”而进行穷尽列举，只需针对监管机构或民事诉讼原告的具体控告事项进行有针对性的无过错抗辩即可，其他没有控诉的部分默认为无过错。换言之，证券虚假陈述纠纷中的无过错抗辩不是一种“证明”，而是一种反证。

（三）新《虚假陈述司法解释》过错认定条款的“引致”再分析

在上述分析的基础上，有必要对新《虚假陈述司法解释》第四部分“过错认定”的所有条款做一完整的体系解释。新《虚假陈述司法解释》第13条将《证券法》第85条、第163条中的过错在整体上限定于故意或严重过失，而第14条至第19条列举了一些具体情形下责任人的抗辩理由。因此，新《虚假陈述司法解释》第13条是所有过错认定条款的纲，后续条款则是第13条的目。在新《虚假陈述司法解释》第14条至第19条列举的具体抗辩情形外，依据第13条的总纲条款，还有着广阔的抗辩空间。第14条至第19条并未限制被告的抗辩空间，只是提供了一些极端典型情形的“安全港”。在证券虚假陈述纠纷中，角色、工作岗位和职责的不同责任人员对过错认定的影响有所不同，[1]司法裁判不能被第14条至第19条列举的“抗辩安全港”工具所限制。正确的理解是，尽管不能归入列举的那些抗辩情形，但仍然可以根据《证券法》第85条、第163条的规则以及新《虚假陈述司法解释》第13条的限缩解释展开列举情形之外的抗辩。法院不能仅因这些抗辩不属于明确列举的“安全港”而不予支持，而应综合分析、个案裁量。“安全港”之外，仍大有可为。

这种例举与兜底的关系，新《虚假陈述司法解释》的其他一些条款中也有所体现。例如，新《虚假陈述司法解释》第14条就是第15条、第16条的纲。若董监高不能证明自己符合第15条、第16条规定的具体抗辩事由，并不意味着董监高就丧失了抗辩空间，而是应该回到第14条的规定，去考察该条所列举的“工作岗位和职责、在信息披露资料的形成和发布等活动中所起的作用、取得和了解相关信息的渠道、为核验相关信息所采取的措施等”要素展开综合抗辩。[2]又如，新《虚假陈述司法解释》第16条第1款列举了几种具体的抗辩事由，而第2款则增加了监管规范的遵守作为免责的抗辩综合判断要素。这里的遵守监管规范，并非过错推定抗辩的绝对安全港，而是在第1款列举的安全港之外给法院提供了“结合案件事实综合判断其过错”的自由裁量空间。这既是赋予法官的裁量空间，也是独立董事等被告的兜底抗辩空间。

回到本文讨论的核心即证券虚假陈述中监管与司法的关系问题，前已提到，新《虚假陈

---

〔1〕 参见冯果、王怡丞：《证券市场虚假陈述中责任人员类型划分的制度逻辑》，载《法学适用》2020年第21期。

〔2〕 对于我国虚假陈述诉讼，新《虚假陈述司法解释》第14条是迄今为止首次对董事过错的认定因素和根据作出直接和具体的规定。但在美国司法实践中，对董事勤勉尽责的裁判考量因素早有系统的归纳总结。参见郭锋主编：《虚假陈述证券侵权赔偿》，法律出版社2003年版，第217页。

述司法解释》过错认定的多处“引致”条款可能会让过错认定最终回到行政处罚或刑事判决等前置程序效果，但在体系解释中，这些“引致”条款只不过是目，而非总纲。在“引致”条款之外，还有诸多其他目及总纲可以给责任人提供抗辩空间。所以就整体而言，法院并不会因为“引致”条款的存在而丧失裁判的独立性。怀疑过错责认定会回归到行政处罚的担心是不必要的。

尽管本文仅分析了新《虚假陈述司法解释》过错认定部分的条款，但其背后的原理与结论同样适用于证券虚假陈述其他要件的认定与审查：在证券虚假陈述侵权民事赔偿诉讼中，司法裁判不当然受行政处罚决定的约束，更不应无条件地采纳行政处罚决定所认定的事实与定性。新《虚假陈述司法解释》对前置程序的取消及最高人民法院和证监会《联合通知》在程序上体现了前述精神，未来我们也期待在实体上能够强化法院的独立裁判，[1] 达成金融监管与金融审判的各自制度价值。

〔1〕 参见赵旭东：《论虚假陈述董事责任的过错认定——兼〈虚假陈述侵权赔偿若干规定〉评析》，载《国家检察官学院学报》2022 年第 2 期。

房地产金融法律问题

商品房预售资金监管法律制度的完善*

吴 弘 黄健傑 等

一、商品房预售资金监管法律制度完善的背景与意义

（一）商品房预售制下预售资金的风险

商品房预售是指获得预售许可的房地产企业将正在建设尚未竣工的商品住宅（期房）预先出售给购房者，购房者预付款项（包括定金、首付款、后续款、按揭款），房地产企业在未来约定时期交付所预售房屋的一种房产交易行为，俗称卖期房、卖楼花。商品房预售可以弥补房地产企业资金不足，提高房地产开发资金使用效率，降低开发资金的使用成本，加快城镇住房建设。依据相关数据，2021 年 10 月以后，半数以上的房地产开发资金来自居民预付购房款。但因商品房预售制度和运营监管制度尚不健全，市场中存在不能按期交房、预售资金也无法返还的购房纠纷，甚至出现群体性纠纷。

2022 年年中，房地产行业的巨额债务再度拉响了风险警报。由于缺少法规和监管约束，一些开发商将商品房预售资金挪用于房屋开发建设外的其他用途，导致建造资金短缺而无法按期建成交房。挪用资金的房地产企业又因盲目扩张陷入债务危机，项目违约、烂尾楼盘在各地频现，个别问题严重的企业被迫申请破产重整。致使交付了数百万元购房预付款的业主“钱房两空”，处境艰难：一是交涉难起诉难，投诉无门，维权成本高；二是举证难，合同有漏洞，口头约定多；三

---

* 本文为上海市房屋管理局研究项目“本市房地产资金监管相关法律制度研究”（项目编号：FG202208）的部分成果。项目组负责人：吴弘、黄健傑；项目组成员：杨勤法、钱尘、陆瑶。

是执行难，大量资金被占用、未完工楼房又无法交付，业主胜诉也无法执行。

房地产企业债务危机和业主追讨预售资金纷争集中爆发，容易酿成房地产金融市场局部甚至区域性风险。

（二）完善商品房预售资金监管法律制度的意义

商品房预售资金监管是指由房地产行政主管部门会同银行对商品房预售资金实施第三方监管，房产开发企业须将预售资金存入银行专用监管账户，只能用作本项目建设，不得随意支取、使用。

商品房预售资金监管制度从全国层面作出统一安排、确定监管机制，能够维护购房人合法权益，规范开发商行为，促进房地产市场平稳健康发展，为房地产市场改革创新创造条件。

商品房预售资金曾是一个规模庞大的资金池，其中包括大量购房者已付的购房款，这是房地产高周转模式的重要支撑，然而一旦烂尾，购房者的心血可能“付诸东流”。尽管预售资金领域蕴含了大量的风险，亟待相关法律制度的构建与完善来对其加以防范，然而一直以来，我国缺乏统一的预售资金监管规定。各地预售资金的监管方式因属地管理原则而形成较大的差异，有些地方管理颇为严格，而有些地方则实施了较为宽松的监管措施，各地相关规定之间的不协调乃至于相掣肘，不利于预售资金监管制度实施绩效的发挥。

商品房预售资金监管制度能规范商品房预售资金运行，确保商品房预售资金用于相关工程建设，防止商品房交易风险，保障购房者的合法权益，维护房地产市场正常秩序。同时也会对房地产市场产生一些影响，具有实施房地产行业宏观调控的潜在功能。完善商品房预售资金监管制度具有明显的现实意义。

首先，切实保障购房者合法权益。安居乐业是亿万百姓追求美好生活的必含内容，而购房资金又是人民群众十分重要的财产权，保障预售资金安全，在有效监管下专款专用于项目楼盘建设，确保按期完工交房，是实现人民群众美好愿望和财产权利的必然要求。商品房预售制度下，购房者承担了较大的资金风险。监管必须有效避免预售资金被开发商挪用于投拍新地块或用于其他项目，影响现有项目的工程质量和交盘时间，造成烂尾楼损害购房者的权益。

其次，提高房地产市场调控有效性。加强预售资金监管收紧了开发资金链，防止了“七个锅盖盖九口锅”式的腾挪资金应付多个项目的操作，促使开发商集中力量快建、快销，加快项目建设和销售回款，避免铺摊子、囤地、捂盘惜售等行为，从而有利于楼市宏观调控，增加市场房源供给、促使房价理性回归。

再次，促进房地产开发企业与行业经营规范化。预售资金管理涉及全面规范房地产开发资金的筹集、调度、周转、使用，更关系到开发商生产经营活动各个方面。加强制度建设与严格执行，可以纠正市场中相关领域一些恶习陋习，固本清源，使期房预售及预售资金使用回归规范运作，促进房地产开发商公平竞争、健康发展，也有效防止因大量资金挪用后亏损导致企业生存危机。

最后，保障房地产金融市场安全。防范金融风险要从各个细分市场着手，期房预售资金管理失控，也会造成开发企业、银行的相应风险，更会因损害购房者群体权益而形成涉众型风险，影响社会稳定。如果开发企业或楼盘规模较大、涉及面广涉及人员多、关联企业或金融机构受影响，甚至多个企业或楼盘风险集中爆发，则还会导致区域性风险，风险从房地产市场蔓延到金融市场。

二、商品房预售资金监管法律制度的实践与不足

（一）国家对商品房预售资金监管的规范

《城市房地产管理法》《城市商品房预售管理办法》等法律法规是商品房预售资金监管的基础性依据，而目前直接规范该领域的最主要文件无疑是2022年住房和城乡建设部、人民银行、原银保监会发布的《关于规范商品房预售资金监管的意见》，该意见指出当前部分城市商品房预售资金监管不到位，一些房地产开发企业违规挪用预售资金，严重侵害了购房人合法权益。为保障房地产项目竣工交付，维护购房人合法权益，促进房地产市场平稳健康发展，该意见就商品房预售资金监管中招标确定监管银行、按预售许可设立监管账户、合理确定监管额度、保障资金专款专用、按工程进度及时拨付资金、商业银行依约履行账户管理责任、实行资金全过程监管、提高资金管理服务水平、完善工作机制等方面，提出了有针对性的规范措施。

此外，最高人民法院、住房和城乡建设部、中国人民银行《关于规范人民法院保全执行措施　确保商品房预售资金用于项目建设的通知》（法〔2022〕12号）是人民法院对预售资金监管账户采取保全、执行措施的重要准则。在商品房项目完成房屋所有权首次登记前，对于预售资金监管账户中监管额度内的款项，人民法院不得采取扣划措施。商业银行对于不符合资金使用要求和审批手续的资金使用申请，不予办理支付、转账手续。商业银行违反法律规定或合同约定支付、转账的，依法承担相应责任。房地产开发企业提供商业银行等金融机构出具的保函，请求释放预售资金监管账户相应额度资金的，住房和城乡建设主管部门可以予以准许。

（二）各地商品房预售资金监管法律制度

1. 成都市

成都市住房和城乡建设局《关于商品房预售款监管中使用银行保函有关事项的通知》（2021年1月发布），全市预售款监管的监督指导工作由成都市住房和城乡建设局负责，各区（市）县住房和城乡建设行政主管部门具体负责辖区内预售款监管工作。各区（市）县政府

（管委会）负责加强组织保障，确保辖区内预售款监管工作顺利实施。成都市住房和城乡建设局负责建立全市统一的预售款监管服务平台，以建设工程规划许可证确立的商品房项目为单位，与商品房预售许可、预售合同网签备案、建设工程施工管理、信用信息管理等系统共享信息，实现预售款监管网络化、自动化。

2. 武汉市

武汉市住房保障和房屋管理局《关于进一步加强新建商品房销售全过程监管的通知》强调，加强新建商品房售前监管，一是明确预售申报形象进度和规模要求，倘若房地产开发商欲申请预售许可的新建商品房项目，主体结构施工形象进度应达到以下要求：15 层以上建筑达到总层数的 1/3 且不少于 7 层。建筑物有地下层的，每层可抵减主体结构一层；底商和裙楼应结构封顶。无土地或在建工程抵押的省、市重大房地产开发项目申请预售许可的，主体结构施工形象进度可降低至总层数的 1/4。二是房地产开发企业应合理确定新建商品房项目预售规模，不得小于栋或分层、分单元申请预售许可。三是加强预（销）售方案管理。房地产开发企业申请预售许可或现售备案时，应合理制定并向房管部门提交新建商品房项目预（销）售方案。四是实行售前承诺与检查制度。新建商品房销售前，房地产开发企业应向房管部门提交规范开展销售活动的书面承诺，并配合房管部门开展售前各项检查工作，检查内容主要包括施工形象进度、销售现场公示、样板房设置、房地产开发项目手册信息填报等落实情况。此外，房管部门要加大市场监督和整治力度，建立完善协调联动机制，维护房地产市场秩序。

3. 浙江省

2020 年 12 月实施的浙江省住房和城乡建设厅《关于进一步规范商品房委托销售行为的通知》规定，省住房和城乡建设厅加强对房地产承销机构代理销售行为管理。一是房地产承销机构应当依法及时到所在地房地产主管部门备案。二是房地产承销机构不得代理销售不符合销售条件的商品房，违反规定的，依照《商品房销售管理办法》处理。三是房地产承销机构及其人员代理销售商品房时，应向购房人表明身份，不得以提供居间服务等名义变相收取由开发企业支付的佣金以外的“电商费”“服务费”“咨询费”等价外费用。不得在房地产调控政策之外设置资金、身份等条件变相限制购房权利。四是房地产承销机构在销售现场以外开展咨询、宣传等销售相关活动时，应在活动现场出示营业执照等主体资格证明、商品房销售委托书和批准商品房销售的证明文件；发布房地产项目代理销售广告的，应当严格遵守《广告法》要求。五是房地产承销机构应当加强对房地产行业从业人员的教育培训管理，从事房地产销售的人员应当经过房地产主管部门或相关单位组织的专业培训，从而有利于这些从业人员服务水平和职业素养的提升。六是房地产承销机构应加强对购房人个人信息的管理，不得泄露和非法提供购房人个人信息。七是房地产承销机构要严格落实房地产调控政策，并书面告知购房人相关政策，严禁故意误导、诱导、欺骗、强制或协助购房人提供虚假证明材料骗取购房资格或规避限购政策。八是房地产承销机构对外销售的商品房价格，应当与该项目申报的“一房一价”保持一致，不得使用虚假或不规范的价格标识、标价方式误导消费者，不得捏造或者散布不实信息恶意炒作，不得出现预售商品房“售后包租”等商业宣传，不得以任何形式拆分购房款，不得变相捂盘惜售扰乱市场秩序。

据统计，2020年以来，已有26个省市出台加强预售资金监管的相关政策或实施细则，确保专款专用，保障项目按时按质完成，既维护了购房者的权益，也为开发商健康发展提出了约束。政策主要关注点集中在以下几个方面：要求开发商开设商品房预售资金监管专用账户；要求开发商与监管机构、监管银行签订预售资金监管协议；〔1〕对信用资质不同的开发商实行差别化资金监管额度；在预售资金使用上，按照工程进度支取相应比例的资金。〔2〕

（三）商品房预售资金监管的探索实践

1. 加强预售资金专户管理

房地产开发企业按照“一个预售许可对应唯一监管账户”的原则，又称“一证一账户”。开设预售资金监管账户，账户须采取专户管理模式，真正实现预售资金的闭环管理，仅用于预售资金的收存、支取与管理使用。具体而言，购房人缴交的定金、首付款、商业银行发放的按揭贷款和其他形式的购房款等商品房预售资金，应当全部直接存入监管账户。

2. 明确资金监管银行标准与责任

在行政主管部门、房地产开发商、监管银行三方的预售资金监管协议下，统筹做好房地产项目预售资金的专户管理和拨付审核，做好监管账户监控，倘若发现房地产开发商存在违规挪用监管额度内资金问题，应当停止拨付并立即告知行政主管部门。预售资金的监管账户开户行须是商业银行二级分行或一级支行（含）以上的分支机构。商业银行上海市分行应向行政主管部门提供其辖内有资格开展预售资金监管的二级分行或一级支行（含）以上的分支机构名单。行政主管部门仅接受上述名单内的机构开展预售资金监管工作。

资金监管银行作为房地产项目预售资金监管的责任主体，统筹做好房地产项目预售资金的专户管理和拨付审核，做好监管账户监控，发现房地产开发企业存在违规挪用监管额度内资金问题的，应当停止拨付并立即告知行政主管部门。监管银行未履行监管职责并造成不良社会后果的，由行政主管部门将其撤出短名单，并规定其3年内不得在辖区内承担相关金融业务、享受相关支持政策。同时，行政主管部门将向市级监管部门通报有关情况。

资金监管银行标准亟待统一的另一个原因在于“因城施策”、有松有紧，政策指向更具有针对性和精细化。如成都市住房和城乡建设局发布的《关于精准应对疫情冲击全力实现年

〔1〕 参见《多地加强商品房预售资金监管》，载 https：//news. sina. com. cn/c/2020－12－10/doc－iiznezxs6118143. shtml，最后访问日期：2023年2月16日。

〔2〕 参见徐帅：《多地加强预售资金监管取消期房预售制大势所趋?》，载微信公众号“和讯房产”2020年12月10日，https：//mp. weixin. qq. com/s/621HbQlvaxWgdizitnAHzg。

度目标的通知》规定："房地产企业信用等级为 A 级及以上的，可使用外地银行保函替代相应下浮的监管额度。在项目主体结构工程完成四分之三以及主体结构封顶两个节点，监管额度内预售资金支取比例上限分别提高 5%；项目并联竣工验收备案后，监管额度内预售资金支取比例可达到 95%。"这在一定程度上被认为是对楼盘项目的预售资金监管限制的放松。明确资金监管银行标准，对于重点额度、以银行保函代替重点监管额度的监管等政策性目标的明确意义重大。

3. 落实预售资金全过程监管

预售资金监管期限自预售资金监管协议签订之日起，至完成项目房屋所有权首次登记后结束，需严格落实预售资金全过程监管。办理房屋交易合同网签备案时，商品房预售资金应当按要求同步存入监管账户。[1]商品房项目完成房屋所有权首次登记，且经行政主管部门审核同意后，才能解除商品房预售资金监管。

一般项目月报。对于一般性监管项目，监管银行须出具预售资金监管书面月报，并上报至行政主管部门。月报中应详细披露预售资金的进出账情况，若出现变动异常应在当日报行政主管部门。一经发现预售资金的突发情况，可以及时采取有针对性的监管措施，防止房地产市场风险的爆发。

认购签约期日报。在监管项目认购、签约期间，监管银行应将监管账户入账及余额信息及时报备政府主管部门，项目认购期、签约期日报。

重点项目即时报。对于行政主管部门研判列入重点警示清单的项目，监管银行须将监管账户入账及余额信息日报并即时上报资金的支出情况，不得延误。重点项目的即时报，有助于对商品房预售资金监管实施情况的督促检查。

监管部门通过加强对预售资金的专户管理，落实预售资金全过程监管等措施，在一定程度上有利于房地产开发商资金到位。2021 年，房地产开发企业到位资金约 201,132 亿元，比上年增长 4.2%。[2]体现在房地产销售方面，2021 年商品房销售面积 179,433 万平方米，比上年增长 1.9%。[3]

（四）商品房预售资金监管法律制度存在的问题

1. 销售款监管的规范性文件效力层次较低

国家层面的监管依据主要是规范性文件或司法指导性意见。地方层面包括北京、成都、石家庄等多个城市发布了升级版预售资金监管的相关规定，如成都市住房和城乡建设局规定

---

〔1〕 参见《银保监会：加强小额贷款公司监管不得用于房地产市场违规融资》，载 https://new.qq.com/omn/20200917/20200917A0KLOH00.html，最后访问日期：2023 年 2 月 16 日。

〔2〕 参见《信用债市场、策略及细分行业年度回顾与展望》，载 https://www.gelonghui.com/p/504334，最后访问日期：2023 年 2 月 16 日。

〔3〕 参见中研网财经：《中国房地产经纪行业发展态势分析 2020 年房屋租赁行业发展前景趋势及现状分析》，载中研网 https://finance.chinairn.com/News/2020/09/11/17261759.html，最后访问日期：2023 年 2 月 16 日。

了商品房预售款监管中使用银行保函的有关事项，武汉市住房保障和房屋管理局针对如何进一步加强新建商品房销售全过程监管作了规定，而浙江省住房和城乡建设厅则出台了关于进一步规范商品房委托销售行为的通知。这些文件少数是省级政府颁发，多数是省会城市政府颁发，都属于规范性文件。

2. 监管协调缺失和权责不对等

住房建设管理部门与金融监管机构之间监管尚未完全形成合力，影响预售资金监管效用。一般预售资金通常由地方政府、房地产开发商和监管银行签订三方监管协议规定监管内容，主要是通过开户行来对房地产开发企业进行监管，然而企业是银行的“衣食父母”，银行对开发企业常常网开一面。而商品房预售资金领域监管竞争与监管缺失的法律规制缺失，也是不少房地产企业资金暴雷的深层次原因。由政府、房地产开发企业、监管银行（开户行）签订的三方协议，对项目整体情况、开户情况、三方主体之间的权利义务作出的规定较为笼统，可操作性有待加强。不仅如此，政府和银行之间的监管功能有待相互协调、相互衔接，否则不同制度之间容易相互掣肘、冲突，不利于预售资金监管制度实施。

3. 预售资金入账、收存、拨付、使用的监管程序不完善

期房预售合同未统一规定期房预售款不得由房地产开发商直接收存，既未规定开发企业专项专存、专款专用的义务及其违约责任，也未规定购房者监督和维权的途径。

一些银行发放的项目按揭贷款，实际并未打入指定的监管账户，而是存放在自己银行账户上，脱离资金监管叠加巨大的经济利益诱惑易使房地产企业抽逃资金。监管制度要求一个项目只能开立一个银行监管账户，但是项目的按揭贷款往往需要由好几家银行一起办理，那些发放了较多按揭贷款而并非主监管账户的银行，就不太情愿将自己的按揭贷款直接划入他行的监管账户。住房按揭贷款利率较低，如果银行刚发放完按揭贷款就将贷款划入他行的监管账户，并没有获取实际的存款收益，是难以激发这些银行监管的积极性的。有些地方采取了一些变通措施，即允许在银行自己账户上将自己发放的按揭贷款留存一段时间，以此来鼓励非主监管账户对项目的贷款支持。

三、商品房预售资金监管法律制度的若干理论分析

（一）商品房预售资金运行的法律关系

商品房预售在国外更多的是一种销售模式，而在我国更多的是一项融资手段。商品房预售活动中存在多种融资，继而存在多个融资主体。商品房预售所包含的法律关系复杂，往往涉及开发商、购房者（业主）、银行三方主体，其中银行在对预售资金账户监管的同时，又分别承担购房者按揭贷款发放和开发商开发贷款发放的职责，身份多元。购房者向开发商支付的商品房预售资金是重要的融资，相当于2年左右的“无息贷款”，开发商使用钱把楼盘

建好；因而资金融入方是开发商，资金融出方是购房者。开发商与购房者签订的商品房预售合同，属于买卖合同的一种，但商品房预售合同又因为存在融资而与一般买卖合同有所不同。

1. 开发商与购房者（业主）之间的法律关系

开发商与业主签订商品房预售合同，业主交付部分房屋价款，待房屋建成后，由开发商办理过户手续，业主取得房屋所有权。开发商与业主之间的法律关系应当认定为不动产买卖合同关系。也有学者认为是承揽合同关系。[1]但对比商品房预售合同与承揽合同，两者存在较大的差异。第一，从合同目的出发，商品房预售合同目的在于实现该特定房屋的所有权转移，由业主取得房屋所有权，开发商获得房屋的相对应价款，而承揽合同旨在完成一定工作，工作成果所有权归属定作人，承揽人取得一定的加工报酬，并非工作成果的相应价款。第二，在实际中，商品房预售合同往往为标准合同，业主并没有权利要求开发商进行“定制”，只能在开发商提供的户型范围内选择；而承揽合同中，定作人可以提出具体的要求，承揽人需遵循要求完成工作成果。第三，承揽合同具有人身性质，承揽人应当亲自完成主要工作，显然开发商担任的是总承包商的角色，其将具体的建设工程分包给他人，并不会亲自完成，这也不是业主所关心的重点。第四，在权利救济方面，若业主未按照商品房预售合同约定支付相应价款，开发商可依约要求对方支付违约金，或保留房屋的所有权。但在承揽合同中，承揽人仅具有对工作成果的留置权，无论定作人是否支付报酬，都能直接取得工作成果的所有权，这明显区别于商品房预售合同。综上所述，在商品房预售制度中，开发商与业主之间具有不动产买卖合同关系。

在购买商品房的过程中，大部分情况下业主需要“按揭贷款”支付房款。按揭人即业主在购买商品房时，以其享有的预售商品房的权益做担保，向按揭权人即银行申请购房贷款。在实际生活中，银行在为业主提供贷款的同时，往往也会要求开发商在其与业主完成房屋抵押登记前提供阶段性担保；部分开发商也会与业主签订担保追偿合同。故开发商与业主之间不仅具有不动产买卖合同关系，还存在担保关系。开发商为业主的借款提供担保，在业主逾期还款或不履行相应合同义务时承担担保责任，在承担担保责任后对业主享有追偿权。

2. 购房者与开发贷银行之间的法律关系

在商品房开发、销售的整个过程中，主要存在三种民事法律关系。第一，房地产开发商以在建工程为抵押向银行申请房地产开发贷款，形成的主合同即房地产开发贷款合同和从合同即在建工程抵押合同。第二，购房者向房地产开发商支付全额购房款或者首付款，形成的商品房买卖合同。第三，非全额支付购房款的购房者以其所购房产作为抵押，与银行签订的个人按揭贷款合同。基于合同的相对性原理，购房者与开发贷银行之间没有签订任何合同，

〔1〕 参见孟勤国：《论备案登记应有预告登记效力——一个事关我国经济和民生的重大法技术问题》，载《法治研究》2022 年第 5 期。

所以通常情况下双方之间并不存在民事法律关系。但是，在某些特定情况下，会突破合同的相对性原理，由购房者向开发贷银行直接履行还款义务。

例如，由于房地产开发商通常是用购房者通过个人按揭贷款所得的资金去偿还所欠开发贷银行的贷款，一旦购房者违反购房合同的约定，没有及时将所获得的个人按揭贷款资金支付给房地产开发商，就会导致房地产开发商的资金链断裂，进而导致其无法偿还房地产开发贷款。鉴于房地产开发贷款的金额巨大，若无法按期足额归还，将会增加银行的不良贷款率，从而引发系统性金融风险，破坏金融市场的整体稳定。因此，《民法典》规定了债权人代位权的保全方式。根据《民法典》第535条至第537条之规定，因房地产开发商怠于行使对购房者购房款的债权，进而导致开发贷银行无法实现其债权时，开发贷银行有权以自己的名义向法院提起代位权之诉，请求购房者直接向其履行还款义务。

此外，在预售商品房的情况下，开发商通常不具备足够的资金，因此常抵押在建工程以获得贷款，但在抵押在建工程后，开发商会通过预售的方式获得资金以偿还贷款，此时并非所有购房者都能一次性付清房款，根据《城市房地产抵押管理办法》，购房者往往以预购商品房贷款抵押。由于商品房尚处于在建状态，当房地产开发商的经营状况发生恶化，尤其是遭遇资金链断裂时，因购房者抵押的预购房属于在建工程的一部分，开发贷银行的在建工程抵押权与开发商的商品房预售抵押权之间会发生冲突。当在建工程抵押权设立在前时，根据《民法典》第406条之规定，开发贷银行同意开发商预售商品房，那么开发商可以实施预售商品房的行为，但是其预售商品房获得的购房款应当提前清偿所欠房地产开发贷款，直至抵销债务时，在建工程的抵押权不复存在，此时购房者再将预购房作为抵押担保便不会出现与在建工程抵押担保发生冲突的情况。如果未获得开发贷银行的同意便预售商品房，对开发贷银行的利益造成损害，那么开发商预售商品房的行为是无效的，此时作为从权利的商品房预售抵押权同样被视为无效。但是，依据《民法典》第524条之规定，基于第三人清偿规则，因开发商不履行其对开发贷银行的债务会损害购房者的合法利益即无法购买预售商品房，此时购房者有权向开发贷银行代为履行清偿房地产开发贷款的义务，那么开发商无论是否征得开发贷银行的同意均可实施预售商品房的行为。

（二）商品房预售资金监管模式分析

各地的预售资金监管在实践中形成了多元的监管模式。

1. 政府主导的监管模式

目前我国主要的监管模式是政府监管，以广州为例，其为国内实施商品房预售款监管比较早的城市之一，监管主体是商品房预售款监督管理小组，由该小组负责监督管理该市商品房预售款的收存和使用。其监管模式是由商品房预售款监督管理小组、预售人及设立预售款专用账户的商业银行等三方签订商品房预售款专用账户监管协议书，明确各自的职责和义务。政府（房地产建设主管部门）通过直接管理或授权管理的方式，对监管账户设立、资金入账、使用审批等全程监管，银行仅担任出纳角色，没有审批权。

通过政府的行政职能对预售款进行监管的主要优势在于政府本身的行政权对房地产开发企业有更强的约束力，能够保证监管的效果。同时可以配合商品房预售相关的行政许可、登记备案等管理手段来进行全方位的监管。

但由于政府行政主管部门是政策的制订者和执法者，其职能应该是对商品房预售资金监管主体的资格进行审查，对监管行为进行监督，对违法的房地产开发企业进行惩处，从而切实保证资金监管的合法性、公正性和落实有效性。如果政府作为监管主体来直接参与市场行为的操作，一旦出现风险，势必由政府承担国家赔偿责任，给政府造成损失；而且，国家赔偿程序复杂，难度较大，难以对商品房的购房者给予及时、全面的赔偿。此外，政府主管部门利用行政权进行监管，会因其权力过大、干预过多而影响开发项目的正常运作；在监管过程中产生的监管成本也增加了政府的财政支出；而由政府对开发商收取监管费用又会影响管理部门的公正性和权威性，影响政府的形象。

2. 银行主导的监管模式

许多地区选取银行作为预售资金的监管主体，政府行政主管部门则配合履行好监督和保证的职责。采用这种模式的有南京市和杭州市等。此模式下，银行与开发商签订预售资金监管协议，资金的监管和拨付使用均由银行根据开发企业提供的材料进行审批拨付，政府进行政策指导和过程监督。

银行作为监管主体优势在于，其作为专业的金融机构，有大量专业人员，同时银行也可以清晰地掌握开发企业的资金使用情况和资产情况，对于开发商违规调拨资金行为能够较及时发现。这也避免了政府过多地干预市场的运营，减少政府工作人员寻租行为的发生。对于资金监管，银行的监管成本较小，同时银行关心其自身资金安全，监管上也更有主动性。

但是其不利的方面是商业银行与开发企业因信贷业务而产生的利益关系，可能会使银行监管行为产生错位，无法保证其具体监管行为的公正性和可靠性。银行在开发商营业场所内设立资金托管窗口，甚至会出现购房款看似被银行托管，实则并未打入银行托管账户的情况。

3. 多方共管的监管模式

多方共管模式由行政主管部门、监管银行、开发企业签订三方监管协议，就各方权利义务和违约责任进行事先约定，相比于银行监管模式，政府还承担审核款项使用等实质性职能，这种模式以成都为代表。

“三方协议”存在的问题是常给人一种误解，即似乎政府为房地产开发商的资金能力与信用背书。一旦发生房地产开发商资金风险，受害人就会要求政府承担连带责任，这样会影响政府信誉，造成政府负担、舆情风险及其他不必要的麻烦。开发商可能主动利用“三方协议”增加购房者的误解，购房者对交易中风险识别的能力将大大减弱。

四、新加坡和我国香港特别行政区商品房预售资金监管法律制度的借鉴

（一）新加坡

新加坡是东南亚的城市岛国，人口稠密程度位居世界前列，但新加坡是世界上公认的住房问题解决得好的国家之一。新加坡的住房保障是典型的政府主导型，政府将“居者有其屋”定为国策，即全民住宅保障模式。新加坡在20世纪60年代成立了建屋发展局（Housing & Development Board，HDB），并推出“居者有其屋”的政府组屋计划，自此全面启动公共住房政策。新加坡政府十分明确自身在解决住房问题上的责任，每五年制订一个建屋计划，采取了一系列行政、法律、金融和财政手段，大规模兴建公共住房，使其在较短时期解决了国民住房问题。

1. 灵活的公积金制度

1955年，新加坡建立了中央公积金制度，该制度是一项全面的强制储蓄制度，其规定雇主和雇员都必须以雇员的薪金为基数，按照法定的公积金缴纳率将个人月薪的一部分存入中央公积金局的个人账户，用于退休、住房、医疗、教育、投资增值等诸多方面。中央公积金最初是为养老保险、社会保险的实施而设立的，后来逐步发展成为居民购买住宅的主要资金来源。中央公积金局把公积金归集起来后，除留足会员提款外，其余全部用于购买政府债券，为政府建立了强大的资金储备。政府利用部分公积金储备，以贷款和补贴的形式注入HDB的组屋建设，这样，中央公积金局实际上就为公共住宅建设提供了源源不断的大量资金来源。此外，政府还允许公积金会员动用公积金存款作为首期付款购买组屋或转售的组屋，不足金额由每月交纳的公积金分期支付，如果普通账户的存款不足支付，还可向HDB贷款，用将来的公积金来偿还。这项规定使低收入者既能购房又不影响生活，极大地促进了低收入者购房的积极性。该规定最初只针对最低收入家庭，1975年后政府对中等收入家庭放开了限制，允许中等收入会员申请购买政府组屋。1981年，中央公积金局又实施了“私人住宅产业计划”，允许会员使用公积金存款在新加坡购买商品住宅。由此，公积金制度形成了老百姓、政府和HDB三者之间的良性循环。

2. 预售款提取节点与施工进度挂钩

新加坡的房屋预售制度直接剥除了一切融资功能，在预售款的支取方面作出了极为详细的规定。首先，购房人所支付的一切房屋款项必须存入银行的专门账户，所有款项只能用于房屋建设。新加坡的预售资金监管制度中，监管主体为银行。监管银行应当设置专项账户来保管预售款。购房者按照工程进度分期付款。每一期支付的比例都有具体规定，购房者在订立买卖合同后，需要预付20%，地基打好后支付10%，楼盘的整体结构基本成型后支付10%，完成水电、水管等线路铺设支付5%，完成砖墙修砌、门窗安装等后支付15%，房屋

质量过关且产权无纠纷后支付25%，最后等所有施工项目都建成时支付剩余的15%。[1]开发商申请使用相关款项，也有严格的规定，必须用于工程建设，且需要结合工程整体进度，提供相关证明材料，由银行审核决定是否划拨资金。

预售资金提取节点的设置应当兼顾资金运用安全与资金使用效率。可借鉴新加坡的经验，根据建设项目的资金使用需求和施工进度来确定节点，如签订合同、地基建设、主体结构、电路铺设、门窗砖墙、竣工验收等节点，或者按照楼层高度来增设节点。[2]由此可见，新加坡的分期付款规定可以使预购人参与到监管过程中，降低房地产开发企业挪用资金的风险，保证了预售资金安全。[3]

（二）香港

1. 律师行的监管

在香港，律师行负责托管商品房预售款，是“买卖双方的共同托管人”，向开发商和预购人负责。律师行将收到的预售款存入独立的银行账户，按照以下顺序处置款项：第一，根据建筑师或其他专业人士的证明，在建造房屋的各个不同阶段支付所需的建筑费。第二，如开发商已向银行贷款并在土地及在建工程设置抵押，把部分款项向银行偿还贷款。第三，上述款额完全付清之后，才把余款交给开发商。香港这种预售监管制度既能保证房地产开发企业合理使用预售款，保证开发项目的顺利建设，帮助其减轻经营压力，同时也能很好地保护预购人的合法权益，总体上效果较好。

经办律师需要出具宣誓书，并以此提交给田土厅注册官员，申请交易。宣誓书内容是香港律师协会和田土厅共同商定的。合约需要使用香港律师协会和田土厅共同商定的标准格式。所有的按揭契约、抵押契约及买卖合约等，都需要一式两份提交田土厅注册处审阅。如果开发商情况特殊，没有受到政府限制，就可以不提交申请许可便能出售楼花。这种情况下，香港律师协会下发“执业指示”，律师根据指示选择标准合约。这种标准合约同样遵循以上规定。

香港的开发商与预购方在签署预购合同时，约定的支付楼价款的方式主要有以下两种：一是即时支付全部楼价款，即由预购方按照一定比例支付楼价款的首付款，余款由按揭银行支付。预购方随即将他在房屋买卖合同项下的权益抵押给银行，同时，银行把抵押合同送往土地注册署办理登记手续。二是只支付楼价款的5%—10%作为定金，无论采用哪种方式，所有款项都要直接交给律师行代为托管。律师行必须专设一个独立的专用银行账户存放收到的上述款项，不可擅自调动或使用该款项。律师行须按照以下顺序处置该款项：根据建筑师或者其他专业人员的证明，在建设工程的各个不同阶段支付所需的建筑费；如果开发商已将

---

〔1〕 参见《时代金融》编辑部：《境外主要经济体管理预售房制度揭示》，载《时代金融》2011 年第 7 期。

〔2〕 参见田冰雅：《商品房预售资金监管问题研究》，载《西部金融》2022 年第 6 期。

〔3〕 参见杨阳：《商品房预售风险防范法律制度研究》，南京大学 2016 年硕士学位论文。

土地及在建工程抵押给银行贷款，应把部分款项用来偿还银行贷款；上述款项完全付清之后，把余款交予开发商。以此防止开发商滥用预购方支付的楼价款或定金，大大减轻开发商中途因资金不足或其他原因而不能完成建设工程的风险，这样尽管对开发商而言融资效率降低了，但是对于购房者和提供贷款的银行而言，预售风险也得到了更好的规避。

因此香港律师在监督预售款使用甚至是整个商品房预售过程中都发挥着巨大的作用，香港良好的商品房预售形势证明这一制度取得了良好的效果，而且这一经验已经被多国所借鉴。如美国就将之适用于商品房预售中的定金管理。美国相关法律规定：购房者在购入预售房的时候首先需要支付一笔定金，这笔定金将会被存入开发商聘请代理律师事务所负责管理的托管账户上，直到正式交房的时候，开发商才能拿到这笔钱。

2. 对开发商的预售资格实行严格的准入制度

香港制定了严格的预售房屋市场准入机制。例如，开发商必须在预售之前对房屋的质量和完工作出担保，同时想要获取预售资格必须要保证房屋的进度达标。因此，在香港想要以预售方式进行开发，开发商必须要有较强的资金实力，能够承担项目建设，而不是需要依赖预售回款进行后期建设；此外，对于预售房屋香港也有严格的质量要求，对开发商的专业水平也是一道考验。因此，预售市场准入机制是对开发商的综合性要求。

3. 对楼花交易价格、定金的要求

土地年限应当剩余 10 年或以上使用期，如不足 10 年，则需要续期到 10 年或 10 年以上，这是最低的土地使用年限。如果地产已经买入多年，那么地价是按照当前市场行情计算，但是对于市场行情，田土厅可以单独寻找专家进行评估。这一条表明政府对于楼花价格中地价的影响因素进行规范。开发商收取定金的数量不得高于单位楼价的 5%。这一条是对开发商的限制和对买家的保护。交付给开发商的临时定金，如果是住宅单元，则不能超过每个单元 1 万元定金；如果是商业单元，那么定金也不能超过每个单元 2 万元。在开发商收取该款项的时候，需要开具有效收据，并且在收据上备注该款项不视为有效合约，相关条款应当以正式合约为准。该款项在 4 天内移交到居中人，并存到原付款人名下账户。除非这笔款项能够用于冲抵房价，否则应当无息退还。每笔定金在收取后，开发商不得自行保管，而是应当委托居中人保管。开发商方面的居中人需要具有律师资格，在开发商与购房者交易中，负责收取定金和合约规定的其他款项。如果收取资金总数超过了发展资金数，那么可以将超出的部分支付给开发商，否则不行。

在我国香港特别行政区，预售款也是与工程进度挂钩的，每个工程进度完成后才需要支付下一笔预售款。因此，开发商也会积极开发，并主动申请监管机构出具证明，及时披露进度。这样，一方面强化了房屋建设监管，另一方面也保证了信息的公开透明。

4. 有效的预售后保障制度

在房屋预售制度中，预售后保障是必须具备的一项保障制度。良好的售后保障，不仅能够保证预购房的法律权益，也能够提升开发商的违法成本，保证预售行为的各方都能各安其位，各司其职，实现降低或预防预售风险。在香港，对房屋预售使用的是风险保险制度。在预售开始之前，开发商需要提供自有资金，投保预防预售风险，这样预售风险就从购房者转移到了保险公司方面。另外，房屋质量与房款也存在关联，如果开发商建设的房屋无法满足一定的质量要求，则无法收到全款。〔1〕

香港模式虽广受好评，但内地受房地产市场和律师服务体制及习惯的限制，尚难以照搬，还需在统一认识的基础上健全相关制度，才能付诸实践。

五、完善商品房预售资金监管法律制度的设计

（一）完善商品房预售资金监管法律制度的思路

1. 把资金安全作为监管的核心

鉴于我国国情，预售资金“去金融化”一时尚难推行，但既已金融化了，就需要把它当作金融对待，纳入金融监管。因此防范金融风险、保障资金安全应该是目前阶段商品房预售资金监管制度的基本思路。

监管部门严管预售资金，关键是防止挪用。在 2021—2022 年的房地产开发商暴雷事件中，各地进行的预售资金保卫战实践证明，〔2〕只要资金没有挪用，一般就不会发生楼盘烂尾情形，也不会引发很大风险。对一些房地产开发商挪用资金的行为要严格追责。地方政府要与金融监管部门携手，并与住建、税务、司法、公安等机关形成合力，管住预售资金，确保购房人的合法权益。

2. 强化期房交易公开、公平、公正性

期房预售之前，房地产开发商必须按诚实守信、公平公正的市场交易原则，将预售的期房及抵押融资的重要信息告知期房购房者，不能刻意隐瞒，否则即构成期房交易中的欺诈。购房者为防止房财两空的风险，往往不愿让房地产商将自己已支付了巨额预售款的期房用来抵押融资。为此，可在《城市商品房预售管理办法》修订时规定开发商应在发布期房营销广告、商签期房预售意向书和期房预售合同时，向购房人披露期房预售许可证中拟预售的期房是否已被抵押及担保债权的种类、数额、担保期限，并在期房承购意向书、预售合同中对上述内容加以明确，不如实披露需负违约责任。有关部门还可在期房预售合同示范文本中列入上述内容。政府行政主管部门要加大对资金监管工作的宣传力度，让购房人知晓备案之后的资金要打入监管账户，动员购房人积极参与、加大社会力量对开发商的监督。

〔1〕 参见曹双：《预购方在商品房预售中法律风险防范研究》，中国政法大学 2015 年硕士学位论文。

〔2〕 参见李嘉珣：《“双循环”背景下房地产“去金融化”影响分析及展望》，载《海南金融》2021 年第 7 期。

3. 充分发挥银行的资金监管作用

如前所述，政府不适合既当“裁判员”又当“运动员”，并不适合在工程建设中对具体资金收付进行审核。政府应更多地对预售资金日常监管进行指导监督，并在重大风险出现时介入处置。预售资金入账、归集、拨付、使用的监管之责应当主要由商业银行来承担。

银行作为独立主体对开发商资金监管是其开展业务的必然义务，即银行只要开展对开发商的业务，就负有对预售资金账户进行监管的法律上义务，同时也是作为金融机构控制自身风险的需要。商业银行在业务开展过程中，负有防范被监管人（房地产开发企业）滥用资金的风险，确保交易资金安全的责任。

4. 预售资金监管信息共享

政府行政主管部门、监管银行、房地产开发企业等各方加强相互之间的信息共享。例如，商业银行按预售资金监管协议加强账户监测，定期和地方住房和城乡建设部门进行对账。地方预售资金监管部门和地方银保监部门（已变更）也应建立监管信息共享平台，各商银行应当将房地产开发企业开设的银行账户报送至银保监部门，地方银保监部门如有发现房地产企业非监管户经常性的不明入账，除了依照自身法规进行监管以外，还应当将相关信息通报给建设行政主管部门，建设行政主管部门在日常监管中发现监管银行违规行为的，也应当及时通报给银保监部门。

商业银行以及贷款银行应当将相关的流水账户信息与行政主管部门实时共享，以便行政主管部门能够及时与网签备案信息相比对，能够及时核对监管银行的数据和款项进而判断开发企业是否按照约定进入监管账户，对未按规定及时转入的，应当暂停新的网签备案和预售资金支取。

（二）选择银行主导监管模式

1. 银行监管协议

“银行监管协议”本质上是银行与房地产开发商之间的资金监管关系。银行和房地产开发企业之间签署《资金监管协议》，明确具体监督事项，主要包括：开立和维护监管账户或子账户；保管监管账户的资金；根据约定的合规指令及监督标准办理资金支付；及时披露监管资金的相关信息；等等。而政府可以通过市场监管规范，对银行与开发商之间监管协议的签订与执行提出一般的、普遍的要求。

明确资金监管职责范围、合理设置监管事项，对银行实际履行监管职责及防范风险具有重要意义，为此，银行应切实加强合同管理，规范资金监管协议的制定与使用。

（1）应审慎研究制定资金监管协议文本，确保协议符合业务实际需要和运行要求，除明确约定监管对象、监管方式及监管事项外，还要进一步对银行职责范围及履职标准等事项进行具体、客观、清晰地界定。

（2）在签订资金监管协议时，应尽可能采取已有统一制式的协议文本，倘若确因客观原因需要变更协议内容，银行应当从业务运行可行性和合法有效性等方面，对协议文本进行认真审查，尤其应重点关注涉及具体监督事项的约定是否合理合法，是否具有可操作性，避免发生监督职责和范围约定不明确、监督事项缺乏现实可行性等情形。

（3）依法约定银行免责条款。首先，应限定监管银行责任范围，明确监管银行仅负责依据监管协议约定监管资金进行监管和划转，但对于监管资金基础交易（如贷款或理财等）的合法性与有效性不承担责任。其次，应明确监管银行对被监管人发送的指令及涉及的材料仅根据协议约定进行表面形式审查，对其实质真实性、合法合规性不承担责任。此外，应强调监管银行负有协助司法执行的法定义务，当发生有权机关查封、冻结、扣划监管账户资金时，监管银行有权按照有权机关的要求履行法定义务，对此产生的后果，银行不承担责任。

2. 监管银行准入制

国内多数地方要求预售资金监管银行应是本地有分支机构的银行，部分地区还会设白名单。如北京要求在中标银行范围内选择，上海临港要求对监管银行实行短名单制，济南要求为预售资金监管系统内的监管银行，宁波要求银行应为预售项目所属区县（市）的银行，无锡要求在本市范围内具备保证监管资金安全、规范运行所需的金融管理业务能力及网络技术条件的银行，[1]青岛要求在各区（市）均设有营业网点的分行级及以上的银行，漳州要求注册在漳州中心城区的银行等。

也有部分地区要求监管银行应与开发贷的贷款行、项目抵押权行一致。例如，太原要求有贷款的商品房预售项目，专用账户原则上应开立在提供贷款的商业银行；设定土地使用权抵押或在建工程抵押的项目，预售人应保证商品房预售资金监管银行是该项目的抵押权人。

适当的准入制是必要的，但也要以监管能力、业绩等为标准，防止地方保护等因素影响监管。

3. 规范银行自身经营

对资金监管的银行的合规运行，除金融监管部门依法监管外，利用和完善监管协议规范银行亦很重要。监管协议中应当明确银行的职责和违约的后果，明确违规操作应当与房地产开发企业承担连带的赔偿责任。行政主管部门应当对违规的监管银行在一定期间内限制其办理新监管业务。[2]

银行要在行政主管部门指导下，建立日常检查制度和工程节点的核验制度，不能盲目信任总包施工企业、监理机构。在拨款时应当加强对施工企业、材料供应商等提供的发票真伪

---

[1] 《新政！太原市发布新建商品房预售资金监管实施细则（附政策解读）》，载 https://shanxi.leju.com/news/2020-12-02/1629673981773113071211.shtml，最后访问日期：2023 年 2 月 19 日。

[2] 参见《预售资金监管问题之银行篇》，载微信公众号“鱼龙聊房”2021 年 11 月 2 日，https://mp.weixin.qq.com/s/pbbDazocflFIGMiJh385SQ。

性进行核验。对有区分重点监管资金和非重点监管资金的地方还应当加强对重点监管额度的核定，以避免重点监管额度不够覆盖工程建设和交付的资金需要。

（三）设定商品房预售资金监管的标准

1. 监管标准的统一

根据《城市商品房预售管理办法》，预售资金监管制度是“一城一策”，始终没有全国统一的标准，细则由地方政府自行拟定，执行情况也不尽相同。2022 年住房和城乡建设部、人民银行和原银保监会联合发布的《关于规范商品房预售资金监管的意见》首次统一规定预售资金监管，明确了预售资金监管的基本标准。对监管资金监管额度、交纳范围、取用条件等进行了明确。各地在此基础上因城施策制定细则。预售资金在地产开发资金来源中占比 30% 左右，相关政策的优化对于畅通地产业良性循环和健康发展具有重要作用。从全国层面进行统筹，明确整体方向，并给予各地区一定的灵活调整空间，有助于各地分散的预售资金监管做法得到相应矫正，推动房地产市场良性循环和健康发展。

统一标准明确了预售资金各流程监管的主体责任与关键环节、按预售许可证设立监管账户、预售资金监管额度根据项目工程造价确定、超过监管额度的资金可以自由提用、监管资金必须专款专用、提取资金使用范围仅限于项目及其相关支出等。如此，住建部门、央行在进行窗口指导时便有了一定依据。同时，明确预售资金监管银行要通过招标形式确定；仅明确了首次拨付节点和最后拨付节点，对中间的具体拨付节点没有明确，由各地灵活调整。

2. 预售资金额度监管为“重点额度监管”

存入预售资金监管账户的资金又分为重点监管资金和一般监管资金：重点监管资金用于确保项目工程建设进度的正常推进，一般以工程造价或预售款为基准乘以一定比例来提取；一般监管资金只超过重点监管资金额度以外的监管资金，开发商可按照各城市规定提取，但应当优先用于监管项目的建设或开发贷的偿还。目前，预售资金监管主要有以下三种模式（见表 1。）

表 1　预售资金监管主要模式

模式	计算方法	城市	要求
预告资金比重模式	预售款总额 × 监管比例	重庆	纳入监管的首付款按照预售总额的 35% 确定
		珠海	专用监管账户内累计进账总金额原则上按 10% 预留，90% 拨付
		太原	总预售款的 40%
		昆明	重点监管资金额度为项目预售总额的 30%

续表

模式	计算方法	城市	要求
计划工程造价模式	工程造价×上浮比例	厦门	工程造价的 1.2 倍
		杭州	监管项目工程预算清册总额不低于 130%
		福州	不少于项目工程总造价的 1.2 倍
		大连	工程预算造价的 1.1 倍
		合肥	工程预算造价的 1.2 倍
固定工程造价模式	预售面积×固定单方造价成本	北京	每平方米不得低于 5000 元
		济南	3300 元平方米

资料来源：大公国际整理。

重点监管资金金额一般与工程款金额相当，用于保障项目交付，根据工程进度支取。从重点资金监管额度来看，各地的计算口径一般分为四种，分别是：以预售款总额为基数计算、以工程造价总额为基数计算、固定计价模式、“一盘一策”等。以预售款总额或售价总额计算的城市较多，10% 至 50% 的监管额度居多。比如四川成都要求工程形象进度为正负零的商品房，监管额度不低于预售挂牌价款总额的 25% 。[1]也有相当一部分城市以工程造价总额为基数，监管比例多在 100% 至 130% 。以浙江省为例，要求商品房预售监管资金范围为监管工程造价的 130%；北京采用固定计价模式，要求重点监管额度不得低于 5000 元/平方米；而河北邯郸则是“一盘一策”，重点监管资金标准由市住建局组织相关专业机构，结合区域、建筑结构、用途等因素综合测定。尽管算法不同，但各地政策的基本原则大体一致，即监管账户中的留存资金要足以确保项目完工。

借鉴北京、深圳、杭州、河南等地在确定监管额度方面采取的措施，可以依据各地区的实际情况以及房地产开发企业的信用评价，实施差异化管理，探索监管额度。可以根据预售资金总额，确定最低比例的监管额度，如应收预售资金 1 亿元，按照最低比例 10% 来计算，重点监管资金至少为 1000 万元。重点额度资金必须落实，确保项目竣工交付，而对于一般监管资金，开发企业可以提取。

3. 提升商品房预售资金使用的灵活性

“监管账户内的资金达到监管额度后，超出监管额度的资金可由开发企业提取使用”的规定，有助于促进房企资金周转、现金流的适度改善和房地产开发良性循环。购房人的定金、首付款、按揭款和他形式的购房款，应全部直接存入预售资金监管账户，有效防止开发商非法挪用，保障资金监管的效率。预售资金监管账户中的监管额度内资金必须专款专用，使用用途包括建筑材料、设备款、施工款等相关支出。另外，预售资金监管额度由有关城乡

〔1〕 参见《成都商品房预售款监管升级：2021 年 1 月实施，有效期 3 年》，载 https：//www. sohu. com/a/437029938_100233975，最后访问日期：2023 年 2 月 16 日。

建设部门根据工程造价合同等进行核定，以确保项目竣工所需资金充足。当账户内资金达到监管额度后，超出额度的资金可以由开发商提取自由使用，具体拨付的节点由有关城乡建设部门确定。

提升资金利用的灵活性将有助于促进监管资金及时充分利用和良性循环，减少资金沉淀，让资金尽量地流动起来和循环起来。发挥预售资金的作用，缓解房地产企业的资金紧张状况。

（四）完善预售资金监管的相关程序

1. 建立购房者参与预售资金监管的程序

期房购房人签订预售合同后，应在住建部门或房地产主管部门协同监管银行建立的以楼盘为索引的期房预售管理平台、期房预售资金管理信息平台注册登记，登录该管理系统，分区、分幢填写，具体包括承购期房所在建设用地的土地使用权证号，建设、勘察、设计、施工监理单位及其法定代表人、监管银行及其法定代表人、监管账号、期房预购合同号、承购期房所属的分区号、幢号、单元号、楼层及房号、建筑面积，房价及其支付方式、支付日期、合同签订日期、承购人姓名、身份证号。按要求将首次期房预售款及其分期付款存入指定的监管账户后，登录该信息管理平台，在系统自动生成的包含上述信息的承购人缴存期房预售款信息表上填写缴款人姓名、缴款人身份证号、金额、缴款日期、缴款方式等，并在平台上上传监管银行收据。

按揭贷款放贷行、公积金放贷行将贷款转入指定监管账户后，应在该信息平台自动生成的包含上述信息的期房预售款收存信息表中填写按揭贷款放贷行、公积金放贷行名称、放贷金额及日期、贷款申请人等信息。监管银行通过监管账户收到期房承购人或放贷行转来的期房预售款，监管银行在该系统平台自动生成的监管银行收存期房预售款信息表中填写存款人、收款人、监管银行及其账号、金额、日期等信息。监管银行也可以通过监管账户收到上述期房预售款后自动导入期房预售资金管理信息系统，可自动生成包含这些信息的监管银行收存期房预售款信息表。监管银行还可以在期房预售资金监管信息系统中导入有关信息后，由系统自动生成监管银行收存期房预售款信息表。在此基础上，系统还可自动生成分区、分幢、分单元的期房预售资金收存电子台账。期房承购人按分区号、幢号或单元号导入该系统，可查看自己所购期房所属的那一幢期房的预售资金收存电子台账。期房预售资金监管部门、监管银行可依据授权登录系统，查看监管的每一分区、每一幢、每一单元期房的承购人缴款电子台账、监管银行收存期房预售款电子台账。这样可确保期房预售款应收尽收、应存尽存、不留死角，确保期房预售资金安全入账。

期房预售资金主管部门应在期房预售管理信息系统、期房预售资金管理信息系统分区或分幢随机抽取期房承购人代表，通知各分区或各幢期房的承购人代表及其聘请的建筑技术人员，在期房预售资金使用的各个节点，与期房预售资金监管部门一同参与期房建筑工程现场勘查，见证勘察、设计、施工、监理单位以及建筑质量监督机构按照《建筑法》等规定对地基及其基础工程的质量验收、对其他期房预售资金使用节点工程质量的验收、对主体结构封顶工程质量的验收及竣工验收。期房承购人代表和期房预售资金监管部门作为见证人，在这些工程质量验收材料、监理单位出具的工程形象进度表上签字，并有权拍摄期房现场勘察影像资料，上传期房预售及预售资金管理信息系统，防范监理单位出具虚假的工程形象进度表。此外，期房承购人代表和期房预售资金监管部门还可参与期房的工程合规审计，从期房的工程合规审计维度，保障期房预售资金安全。承购人还有权在管理信息系统平台上查看已购期房所属的那幢期房的预售资金流量表、工程形象进度表。

2. 建立监管银行、工程监理单位的回避程序

如果监管银行并非预售房地产项目的开发贷款银行，却又对开发该项目的房地产商拥有巨额债权，监管银行可能会为了收回对该房地产商发放的贷款而放松监管。逐利性是商事主体的本质属性，"天下熙熙皆为利来"，但凡经济人，免不了受到有限理性的驱使，因而在此种情况下，监管银行可能会用监管账户中的期房预售资金冲抵其对该地产商的债权。如果房地产开发企业及其董事长、总经理、控股股东、控股影子股东与该银行的总经理、董事长、行长及该银行的控股股东存在关联关系，特别是当两者之间存在密不可分的利益联系、利益冲突并极有可能妨碍其公平公正行使监管职责，该银行必须实行监管回避，不能负责期房预售资金的监管。

按照《建设工程质量管理条例》第 67 条，为了防范工程监理单位与建设单位串通、弄虚作假，监理单位与房地产公司存在上述利害关系，也必须实行监理回避。否则，监理单位及其监理人员可能沦为房地产开发企业的代言人，从而在期房预售资金的拨付、使用中，妨碍其客观公正地出具工程形象进度证明等房地产开发企业申请使用被监管的期房预售资金所需的材料。虽然房地产开发及期房预售资金的收存、使用需要房地产开发企业的自律，但是更需要住房和城乡建设部门或房管部门、监管银行的外部监督，房地产开发商的自律与外部监督的相得益彰，是实现本市房地产资金监管法律制度高效率的必要条件。

3. 建立防范违规使用预售资金的程序

商品房预售资金需投入合规的期房建设中，建立有效防范违规使用预售资金的程序势在必行。预售资金在期房建设过程中的运用是否符合程序要求，对于预售资金监管制度的实施绩效至关重要。为此，行政主管部门需对如下环节加以严格把关：在期房地基施工及建设至首层室内地坪标高时，城市规划主管部门应检查监督房地产开发企业是否按开发地块的规划条件及其附图、控制性详细规划、国土空间开发利用的要求，进行开发建设和地基施工。当期房建造至规定层数且主体结构封顶时，城市规划主管部门应监督房地产开发企业是否擅自增加期房建设层高、层数。在深基坑施工、基础工程验收或施工至首层室内地坪标高、主体结构封顶验收的期房预售资金使用节点，建议城市规划主管部门经施工现场勘察核验，出具

房地产开发企业按照《城乡规划法》等法律规定进行期房建设的证明材料后，住房和城乡建设主管部门或房地产主管部门才能同意拨付期房预售监管资金。

保障商品房预售资金合规用于期房建设，亟待构建一个健全的预售资金监管机制。具体而言，首先，每个节点拨付的金额和比例需要由多方协商确定，包括本市的住房和城乡建设部门、人民银行以及相关商业银行部门。其次，要建立一整套行之有效的资金监管体系和监管机制。可能需要委托三方认可的第三方监管机构，对监管进度实时进行监管和报告，而商业银行、住房和城乡建设部门，以及金融监管部门需要不定期进行抽查。房地产开发商在申请预售资金的支取时，需首先向第三方监管者提出申请并经第三方监管者实地检测，达到要求提供相关证明手续，开发企业依据相关证明手续，向商业银行申请办理资金拨付。但要简化资金申请材料，推行资金申请、审核、拨付“全程网办”，提高效率。

在该监管机制下，对于不符合资金使用要求和申请资金使用未审批，商业银行应不予办理。不过实践中，会存在一些值得关注的问题，如果预售资金监管银行往往同时是个人住房按揭贷款发放银行和地产企业开发贷发放银行，则预售资金监管银行会有义务和动力履行相关责任；但如果地产企业开发贷款发放银行和个人住房按揭贷款发放银行不是同一家，则上述要求执行起来可能会存在一定困难，不同银行之间的相互博弈也会在一定程度上削弱执行效力。

（五）优化商品房预售资金监管协议文本

从部分省市提供的商品房预售资金监管协议书范本来看，主要包括监管项目情况、开户情况、商品房预售资金的范围及监管额度、预售资金收存和使用方式、资金使用节点申请、三方的权利义务及违约责任等内容。尚需优化的有以下几个方面。

1. 应当体现对预售资金的全过程监管

现有监管协议要求监管银行在发现预售资金、开发贷款等未按时、足额存入监管账户等行为时，应当及时告知行政主管部门。该规定过于笼统，其可操作性有待加强，“如何告知”应当予以细化，以落实预售资金的全过程监管。对于一般性监管项目，监管银行须向行政主管部门出具预售资金监管书面月报；在监管项目认购、签约期间，监管银行应将监管账户入账及余额信息及时报备行政主管部门，项目认购期、签约期日报；而对于经行政主管部门研判列入重点警示清单的项目，监管银行须将监管账户入账及余额信息日报并即时上报资金的支出情况，不得延误。若监管银行没有按规定及时报告，应当承担相应后果。

2. 应当要求各方主体信息共享

具体包括行政主管部门应当负责建立全市统一的预售款监管服务平台，以商品房项目为单位，与商品房预售许可、预售合同网签备案、建设工程施工管理、信用信息管理等系统共享信息，实现预售款监管网络化、自动化。银行与行政主管部门对开发企业流水账户信息实时共享，可以规范银行经营，便于行政主管部门日常检查制度和工程节点的核验制度的落实，也有利于加大对监管资金的宣传力度。

3. 存入预售资金账户的资金进行分级管理

重点监管资金用于确保项目工程建设进度的正常推进，一般以工程造价或预售款为基准乘以一定比例来提取；一般监管资金指超过重点监管资金额度以外的监管资金，开发商可按照各城市规定提取，但应当优先用于监管项目的建设或开发贷的偿还。

金融司法实践

地方投融资平台合规运营与争端评析

——第二届“金融法案例研究论坛”综述

张永奇　韦　畅 *

近年来，随着国家对地方融资平台监管的加强，其规范运营的要求亦大幅提高。2021 年 3 月，国务院公布《关于进一步深化预算管理制度改革的意见》，要求加强风险防控，增强财政可持续性，进一步清理规范地方融资平台公司，剥离其政府融资职能，对失去清偿能力的平台要依法实施破产重整或清算。近年一些事件和案例也显示融资平台公司和金融机构之间的纠纷增多，暴露出融资平台公司在治理上存在众多漏洞，也反映出金融机构在相关业务上存在不规范的问题，法律风险凸显。由上海市法学会金融法研究会主办的第二届“金融法案例研究论坛”，以“地方投融资平台纠纷案件评析与合规管理”为主题，围绕近年来地方融资平台企业与金融机构之间争端的典型案例展开分析研讨，积极回应社会热点，归纳法律疑难问题，从学术和实务不同角度深入讨论，为保障融资平台公司规范运营、防范化解地方政府债务风险献计献策。

一、地方投融资平台的特性、风险与合规管理

（一）地方投融资平台的性质及作用演进

宋晓燕教授指出，融资平台的产生，是与中国特色的“土地财政”并行发展

---

* 张永奇，北京中凯（上海）律师事务所高级合伙人；韦畅，北京中凯（上海）律师事务所律师助理。

的，是地方政府投融资的主要路径，也是中国经济发展特殊性的一种现象。自 2008 年的 4 万亿元经济刺激计划开始，地方融资平台公司呈现爆发式的增长；2010 年后，因为爆发式增长出现了很多问题与风险，国家对融资平台从鼓励转向风险防控，平台发展速度减缓，进入债务整肃期。国务院《关于加强地方政府性债务管理的意见》出台后，地方政府获得了适度举债的权利；再到《关于进一步规范地方政府举债融资行为的通知》，推进了地方政府融资平台公司和政府脱钩的进程。《银行保险机构进一步做好地方政府隐性债务风险防范化解工作的指导意见》，针对地方政府隐形债务的监管进一步收紧。地方融资平台已不太可能像当初一样爆发性地增长，近年来大家比较关注平台与政府脱钩后如何转型。但转型的难点很大，包括核心竞争力不突出、缺乏绩效激励、管控体系不完善等，需要平台探寻突破出路。

伍坚教授回顾了平台企业的发展历程，在分税制改革背景下，地方政府为筹措发展资金设立融资企业，后在中央加强财政管控后，暴露了诸多问题。融资平台企业存在的问题，与其发展历史和融资功能有一定关系。分析融资平台法律性质，其主要承担的是政府投资项目的融资功能，但从商事法律的角度来讲，它属于综合性的投资公司；无论是公益性的平台、竞争性的平台还是兼具两种特性的平台，都需要规范运营，并且要让政府的隐形债务显性化。从形式上来看这些平台有独立法人资格，并且有董事会、监事会等，但其人员本身就是政府官员，平台受政府干预较多，可能无法做到独立经营。

（二）地方融资平台违约风险与原因

据北京中凯（上海）律师事务所的报告，共检索了 2019 年 1 月 1 日至 2022 年 5 月 30 日的 22, 915 篇裁判文书，分析期间涉地方融资平台公司的诉讼数据，指出：从案件地域分布上看，违约主要集中在西部省份（自治区），涉及城投非标违约纠纷较多的贵州、河南、湖南、内蒙古、陕西、四川、天津、云南 8 省（自治区）市，有 5 个为西部省份（自治区）；从案件数量上看，该类案件数量从 2019 年开始增长，在 2020 年到达顶峰，2021 年开始总体呈现下降趋势；主要争议案由以合同纠纷为主，占比 95. 4%，其余为公司、证券、保险、票据有关的民事纠纷和其他特殊诉讼程序案件；合同纠纷中，包含借款合同、租赁合同、买卖合同及其他。违约的产品类型有：资产划转重组、贷款违约、撤函、中小企业私募债担保代偿、城投债提前偿还、信托、券商资管、期货资管、租赁甚至债券。城投纠纷的涉案行业占比最多的是房地产业（占比 30. 28%），其次是建筑业（占比 28. 89%），然后是租赁和商务服务业，金融业、制造业和其他行业占比较低。

由于案由分布的原因，如民间借贷等纠纷占比不小，所以实际上受理较多的法院仍然是基层人民法院，中级人民法院次之。一审案件有 16, 478 件，二审案件有 6189 件，再审案件有 222 件，执行案件有 3 件。通过对一审裁判结果的可视化分析可以看到，当前条件下全部/部分支持的有 12, 996 件，占比为 78. 87%；其他的有 1855 件，占比为 11. 26%；全部驳回的有 1621 件，占比为 9. 84%。通过对二审裁判结果的可视化分析可以看到，当前条件下维持原判的有

4443 件，占比为 71.79%；改判的有 1535 件，占比为 24.80%；其他的有 209 件，占比为 3.38%。通过对再审裁判结果的可视化分析可以看到，当前条件下改判的有 106 件，占比为 47.75%；维持原判的有 104 件，占比为 46.85%；其他的有 12 件，占比为 5.41%。通过对审理期限的可视化分析可以得出，审理时间更多在 31—90 天。

审理案件由多至少的法院分别为贵阳市云岩区人民法院、宜昌市伍家岗区人民法院、重庆市江北区人民法院、四川省成都市中级人民法院、贵州省贵阳市中级人民法院。该数据与前面反映的城投纠纷占比是相呼应的。

问题的原因与融资平台自身相关，平台企业存在行政管理的惯性思维，缺乏商业思维和契约精神，“近亲繁殖”导致人才缺乏，缺乏自主决策，治理结构缺失，业务不规范。近年来发生争议的融资平台企业主要集中在中西部地区，长三角、大湾区等沿海发达地区纠纷相对较少，涉及领域主要在建设工程、房地产和金融领域，与融资平台企业职能高度关联。

地方融资平台中存在的内部治理、外部运营问题，是政企不分导致的。平台未来方向肯定是走向规范化、法治化，深化行政体制改革，将平台的治理和合规上升到高水平。

（三）地方融资平台合规体系建设

张永奇律师从现实困境、常见风险、法律服务和解决方案几方面探讨今后地方融资平台合规体系建设。通过事件和案例的分析，可见地方融资平台在经营过程中确实存在一定的困境，部分现象值得关注，一是“阿哥现象”，即企业的董事长基本上多是地方主政领导担任，在没有企业经营经验情况下，将行政工作中的思路带到企业中来，缺乏商业思维和契约精神；二是“阿斗现象”，即投融资平台没有自主决策的权利，唯上唯官；三是“妈宝现象”，平台公司“近亲繁殖”导致人才缺乏，公司在经营过程中治理结构不完整，没有现代企业管理制度作支撑，业务不规范。从法律层面来说，融资平台面临的主要问题体现在内部治理、债务纠纷和违法犯罪。

地方融资平台的实践需要律师为其合规运行提供服务。首先，加强企业内部治理，建立制度体系，适时解读政策，加强合规审查；对规模企业创新服务，帮助企业建立完善的合规体系；律师全方位参与平台公司的债务处置、破产、并购、重组等事务，对平台企业进行整合升级。平台内部治理的完善，除了要建设制度体系和明晰内部机构的权责之外，还要加强政治引领，把平台公司治理作为一项政治工作来抓，这符合我国国情和当下国企治理的语境，有一定的现实意义。其次，梳理主要业务类型中的风险点，对债券发行、资金使用、对外借款、担保、国有资产无偿划拨等行为，出具独立的法律意见，将风险控制措施前移；根据需要增加内部审计机构，提升监督技术；协助主管部门提升资本监管水平，从资产监管到资本监管理念、措施、机制和责任的转变。最后，对投融资平台的整合升级，在方案实施中兼顾平台企业、债权人和地方政府的不同利益诉求；提升对政策的理解和对全局把握的水平，要熟悉国家和地方政策，了解当地政府和企业的生态；在争端解决时，要关注政府信用的得失和刑事合规等司法政策。

对各地正在进行的融资平台整合升级工作，提出以下具体建议：一是设立新的平台，资产重置、组建新的投融资母公司。二是国企混改，在产业投资、建设施工等业务市场化程度比较高的企业引进社会资本，改善股东结构。三是整合业务，明确子公司业务板块。四是破产清算，对于负债过高的企业，进行破产清算，隔离风险、断臂求生。在整合升级的过程中，首先要尽职调查、资产摸底，其次再进行法律论证、整合方案；在方案完成之后，对新的融资平台要进行战略性的调整，改善治理水平、调整组织架构、优化集团管控。对于债务化解，有三个角度：其中首选置换；在不能置换的情况下，实际违约的有可能产生争端，争端解决过程中除了法律基础外，还应考虑策略；对于合作进行的融资业务，还要进行可视化、动态的管理。在提供法律服务时，也要考虑到刑事合规的问题，将刑事合规的理念和制度引入平台企业法律服务。

二、金融机构与地方融资平台交易中的受托人谨慎管理义务

倪受彬教授从信托公司的受托人义务视角，提出了金融机构与地方融资平台交易时，负有谨慎管理、保障资产安全的义务。第一，信托公司在选择地方融资项目过程中，有谨慎管理的义务。争议解决中要评判受托人在选择投资标的、合格的投资产品、选择地方融资平台时，是否违反了谨慎管理义务。第二，信托公司的资产安全义务。在建仓过程中，它应该选择标的，在“募投管退”的“管”上有没有对这个资产本身的安全，承担一个动态管理的义务，这是其义务的组成部分。第三，信托公司有限责任的例外。《信托公司净资本管理办法》主要管理信托公司的固有业务，但在一定的情况下，信托公司有限责任会被击穿，信托公司信托本管理的偿付能力就变成了一个投资者利益保护的关键问题。信托公司必须动用自己的净资本、净资产来偿付信托产品的赔付责任。《信托法》第 37 条实际上就是有限责任的例外原则，地方融资平台本质上是一个信托贷款，实际上会有很多的固定回报；《信托公司集合资金信托计划管理办法》也要求有谨慎义务，不得向他人提供担保，向他人提供贷款不得超过所管理的所有信托计划实施约 30% 比例原则，不得关联交易，等等。《信托公司净资本管理办法》除了要求净资产和净资本的管理，就是一个风险资本的计算依据，包括一些股权投资、贷款债权等，这是对公司自身资产安全的关注。

谨慎投资包括适当性和合法性，信托公司在选择标的包括地方融资平台的时候，投资是否适当、是否合法，是要考虑到的范围。资产安全维护义务，在整个标的运营过程中应该关注到非标资产抵押、质押的比例问题，是否办理抵押质押登记的问题，是否确保抵押的真实有效和充分的问题。还有流动性管理，信托公司持有资产，如果没有流动性配置到很多的非标资产，就没有可执行性，这事实上也违反了受托人谨慎管理义务。亲自管理义务这个信托

法义务与民法典转代理有完全不一样的地方，其要求转托人对后手的谨慎管理，并承担所有责任，而在民法的委托代理制度上只就选任承担责任，这是一个重要的制度区别。

通过对地方融资平台的案例分析，金融机构需要关注以下环节：一是建仓标的合法性、多元化（分散风险集中度），提倡积极股东主义，怠于行使权利（含撤销权、诉讼权、破产债权申报等）的损害赔偿责任，以及退出的渠道、时机与价格。二是持续动态管理：违反谨慎义务的作为与不作为及其原因厘清、甄别。三是谨慎义务标准与信赖利益保护的平衡，包含监管技术、行业规范与收费模式、合同约定、商业判断（受益人利益最大化）。四是推定过错与举证责任倒置的诉讼依据。五是风险计提与股东、董事、高管义务责任的关系。六是风险拨备资产的来源：管理费收入。

三、地方融资平台"高安城投案"判决的法律争议

"高安城投"案的法院判决简况为：江西省高级人民法院一审认为，高安城投与某证券公司、某基金公司2017年签订《合伙协议》及《补充协议》的真实意思是以合伙人全部出资建立基金投资平台的形式，达到实现某上市公司增资的目的，该意思表示不存在不真实或不一致的瑕疵，也未违反法律、行政法规强制性规定；案涉《合伙协议》《补充协议》已全面履行，应当认定协议中关于合伙体投资项目仅为向上市公司增资扩股的约定，是双方当事人签约时所追求的效果意思，不符合通谋虚伪意思表示的构成条件。故驳回了高安城投要求确认《合伙协议》《补充协议》无效的诉讼请求。

刑事判决认定，时任高安市委副书记、市长潘某、常务副市长肖某在为上市公司获取上述融资过程中，非法收受该公司法定代表人罗某国贿赂，两次违规签发抄告单支持该公司发展。

最高人民法院二审认为，相关刑事判决查明各方当事人是基于促成上市公司向某银行融资目的而签订案涉《合伙协议》《补充协议》；且证券公司签订《合伙协议》《补充协议》成为承担有限合伙投资风险的优先级有限合伙人，同时又与高安城投签订《合伙企业份额受让合同》明确约定转让溢价款的支付方式及金额，作为履行约定案涉款项出资义务及《合伙协议》《补充协议》是否终止的前提，即证券公司成为合伙人的前提是转让合伙企业财产份额退出合伙企业，两者明显存在冲突。综合上述协议的签订背景和约定的内容，认定案涉《合伙协议》《补充协议》均为当事人虚假的意思表示，当事人以虚假的意思表示实施的民事法律行为不能得到保护。[1]

（一）协议有效说

樊健博士从民商事要素方面，分析"高安城投案"基本案情和判决，认为一审判决认定

〔1〕 参见最高人民法院民事判决书，（2020）最高法民终682号。

更符合当前司法要求。第一，典型合伙企业合伙协议中包括三个要素：共同经营、共担风险、共享收益；而一些非典型的合伙协议，可能只包含其中一两个要素。由于合伙企业合伙关系需要从多个维度去认定，除非三个要素都不存在，会否定当事人之间的合伙关系，如果存在一两个要素，是否构成合伙关系，是值得商榷的。第二，商事合同中对当事人的“合意”的解释。本案中一审从文意解释的角度来说，双方的意思表示非常清楚，即成立一个合伙企业；而二审法院从整体解释来考虑，特别是从权益回购的补充协议中看出双方的真实目的并非共同经营、共担风险、共享收益，而是寻求一个固定的回报，因此认为构成借贷关系，两级法院运用了两种解释。在两种解释都可能的情况下，应遵循使得合同有效的解释，促进交易有效。而在本案中高安城投作为一个投资机构，主动说认定合伙协议无效，是否也违反了诚实信用的原则？第三，目前司法机关对穿透式监管有扩大化趋势，从行政穿透到了司法穿透、从主体穿透到了意思表示的穿透，以此最终确定双方的真实意思。法院应当尽量尊重商事外观主义，不宜过多地使用穿透式司法审查。

田慧峰律师认为案件涉及对赌条款的效力，对此在审判实践中已逐渐形成了一定的审判标准，基本上确立了有效性的主线，除非涉及一些确实存在的法律障碍问题，否则不宜认定无效。在目前大力倡导优化营商环境的大环境下，本案对地方投资环境可能形成不利影响。对于高安市来说，它不仅仅是个案，而更会影响到高安市今后招商引资。判决需保护投资者，利用穿透式的审判思维有失偏颇。融资项目出现问题不能回避，案涉平台公司如此主动要求法院确认合同无效的做法不妥。地方政府在出现纠纷时应当反思研究、完善企业融资能力、融资水平和风险防控，而非寄希望通过影响司法裁判来减少损失。

（二）协议无效说

伍坚教授认为，从形式上来看当事人之间签订的《合伙协议》及《补充协议》属于份额转让或份额回购，实质上属于保底。曾经的主流观点认为，如果是资产管理的受托人或受托人关联方承诺保底，会认为该条款无效；而非管理人或其关联方与投资者签订的保底条款，效力是认可的。

要考虑本案特殊性：一是回购触发的条件特殊，协议约定 3 年内必须按照一定的收益回购或者转让，其具有债的属性。二是确实出现了按季付息的做法，因此也更接近债的属性，并且在部分支付的款项中，所谓的溢价款或回报款实际是用款人在支付。这可能会让最高人民法院觉得这更接近债的属性，因此双方的合意不再是字面意义，在此之中可能会有特殊安排，从而必须跳过文意上的通常含义。如果不希望出现这种情况的话，在合约设计上应更接近对赌，而不是仅仅在期限到达后一方有回购或补足的义务，并且如果中间要定期或不定期付款的话，这个钱也应由实际用款人来支付。三是民法中的“以合法形式掩盖非法目的”，其实也体现了穿透的思维，在通谋虚伪表示的情况下，既然否定了表面行为就应该按照实际情况处理，如果认定不是一个投资行为更像一个借贷行为，那意味着最后双方要按照借贷关系履行。综上分析，二审判决的说理部分存在合理性。

江翔宇律师认为，了解地方政府发展经济包括组织各类基金背后的逻辑，对从更深层次认识和处理地方融资平台案件或有帮助。第一，本案《合伙协议》和《补充协议》的有效性问题，实际上涉及基金资金端刚兑，也就是保本保收益的问题，即因为保本保收益而被认定是借贷而非股权投资，这也导致了该案一审、二审判决的截然不同。根据规定，受托人也就是管理人，不能做保本保收益的安排，因为这违背资管业务的逻辑。类似本案名为投资实为借贷的情况在过去几年并不少见，基本上是银行借通道业务和私募基金做表外贷款业务的“常规操作”。第二，高安城投承诺回购，称在回购不足的时候由地方政府做最后的兜底，这不是什么新鲜事，但是出现了一个刑事判决，二审法院据此认为协议是虚假的意思表示；如果换一个案子，同样的安排而没有刑事案件就不一定会无效，可见本案有一定的特殊性。第三，本案中还涉及合同无效后的责任，高安城投依然需要承担相应的责任，但是地方政府原本承诺的兜底责任应该无法再承担。

（三）讨论本案的意义

吴弘教授指出，通过案例探析裁判规律和法律适用具有重要意义，本案涉及地方融资平台行为风险与合规就更有意义。

如果说因为有 3 年固定期限要回购，所以更像是一个普通债务，有一定合理性。有人认为，《全国法院民商事审判工作会议纪要》中关于回购对赌条款的规定仅针对资管业务，不用于合伙或者公司，这个观点值得商榷。回购条款最早就是来自法院涉公司或合伙的判决，后来可能在资管领域里面用得更多一点，但他们的共性都是投资。股东之间、投资者之间可以对赌，管理人不能对赌，否则便是刚兑了。本案例的结构性安排中，劣后的投资人对优先投资人的承诺被认定是一种担保，这在逻辑上是成立的。但这些讨论都是在投资领域，如果到信贷领域就没有这种说法了。

如果否认案涉行为的投资性质，认为其是借贷性质，判决说理逻辑可以成立。按最高人民法院对此类问题的解释，应该是名为合伙实为借贷，并按实质的借贷法律关系认定处理。资金还是要归还的，借贷的担保也是存在的，如果是政府担保则是无效的。因为本案判决里没有涉及这些问题，引起大家一些不同的看法，可见理论研究和司法实务中都要对这些问题给予关注。

由于融资平台公司的特征而存在特有风险，其中不仅有投资方向的风险、投资集中的风险，还有不同地区、不同层级政府的信用风险，包括政府换届、新官不理旧债的风险。因此，与融资平台交易也就存在特有风险，对这类投资的尽职调查，勤勉尽责的标准就要定得高一点。无论怎么讲独立法人、政企分开，平台公司与政府的关系还是很密切的，受地方政府的影响还是不言而喻的，此中的金融风险要高度关注。

2021年金融法制年度报告

2021 年度信托市场法制报告

贾希凌　等 *

一、年度信托市场概览

2021 年，在经济持续稳定恢复的背景下，随着《关于规范金融机构资产管理业务的指导意见》（以下简称《资管新规》）过渡期临近结束，中国信托业的业务转型已取得一定成效——融资类与通道业务继续压缩，房地产信托规模得到有力管控，资金投向不断优化，支持实体经济的力度不断增强。

（一）信托行业发展态势企稳回升

截至 2021 年年末，全行业信托资产规模余额 20.55 万亿元，比上年年末 20.49 万亿元增加 600 亿元，同比增长 0.29%；比 3 季度 20.44 万亿元增加 1100 亿元，环比增长 0.52%。增幅虽然不大，却是信托业自 2018 年步入下行期以来的首年度止跌回升。信托业管理的信托资产规模自 2017 年达到 26.25 万亿元峰值以来，2018—2020 年一直处于负增长的渐次回落之中，3 年间规模分别降至 22.70 万亿元、21.61 万亿元和 20.49 万亿元，同比降幅分别为 13.50%、4.83% 和 5.17%。这种下行趋势在 2021 年前 3 季度出现了明显的企稳迹象，到第四季度实现了止跌回升。

2018—2021 年，全行业资本实力持续增强，风险抵御能力不断提升。2021 年年底，全行业固有资产 8752.96 亿元，同比增长 6.12%，相比 2017 年 4 年间总计

---

* 贾希凌，华东政法大学经济法学院副教授；写作组成员包括华东政法大学经济法学研究生高子捷、张琳、熊海涛、刘则宇、毛修远。

增长了 33.04%；所有者权益 7033.19 亿元，同比增长 4.80%，相比 2017 年 4 年间总计增长了 33.95%；实收资本 3256.28 亿元，同比增长 3.81%，相比 2017 年 4 年间总计增长了 34.69%；信托赔偿准备金 346.28 亿元，同比增长 7.69%，相比 2017 年 4 年间更是增长了 56.60%。

自 2018 年 4 月《资管新规》发布以来，信托行业在严监管的引导下，信托资产规模持续压降，2021 年信托行业资产规模首现环比回升。根据相关行业单位的解释口径，结合 2021 年相关信托监管政策的颁行情况，本课题组认为，中国信托市场 2021 年度相关业务数据趋稳回升的原因可以归纳为以下几点：第一，2021 年金融系统综合收益率下降，证券市场在政策影响下投资回报率逐渐下降，在此综合背景下信托行业主要经营数据出现了明显提升；第二，信托行业经过监管部门的“去通道、治乱象、防风险”的系列整顿，相对应的经营风险和劣后项目有了明显的减少，信托风险项目规模数量受到明显约束；市场环境、制度环境的改变吸引了部分优质资产入场，进而增强了投资者对信托行业的信心；第三，原损失分担机制的不利影响已基本释放完毕，市场的适应性有所提升；信托资产市场化机制改革较为成功，补充提高了信托产品资产估值管理能力，引入市场化竞争机制，明确损失分担机制承担受托责任以及增强损失抵补能力，更好地推动了信托风险处置市场化建设。

（二）信托业务发展结构持续优化

在信托财产来源上，持续呈现“一降两升”趋势，即单一资金信托规模和占比大幅下降，集合资金信托规模和占比稳定提升，而管理财产信托规模和占比则大幅上升。到 2021 年年底，信托来源结构已发生实质性变化。

在信托管理功能上，主动管理信托呈现持续上升趋势，事务管理类信托呈现持续下降趋势，但无论是主动管理信托还是事务管理类信托，其内部结构都在持续发生分化，主动管理信托中的融资类信托加速下降，投资类信托则持续上升，事务管理类信托中的通道信托加速下降，而服务信托则快速上升。到 2021 年年底，信托功能已经发生了重大变化。

2021 年年底，全行业资金信托规模为 15.01 万亿元，在投向上也发生了较大变化。首先，资金信托投向工商企业的占比保持相对平稳。其次，受资本市场发展、资管产品非标转标、投资者需求多元化等因素影响，资金信托投向证券市场的占比自 2020 年开始大幅提升，2020 年年底占比为 13.87%，同比提升了 2.95 个百分点，2021 年年底占比更是达到了 22.37%，同比大幅上升了 8.50 个百分点，在所有投向中的名次也从 2020 年的第五跃至第二，成为仅次于工商企业的投向。最后，受规范政府平台融资、防控地方政府债务风险等政策影响，资金信托投向基础产业、房地产和金融机构三大领域的占比呈现持续下降趋势。

（三）信托新发展格局正在形成

信托的制度价值指明了信托业新发展格局的功能定位。信托制度以其独特的法律构造在社会财富管理方面具有无可比拟的创新价值，内含丰富而灵活的经济管理、金融服务和社会治理等功能。《资管新规》颁布以来，市场和政策环境均已发生根本变化，未来信托的私募投行功能将逐渐淡化，信托的资产管理功能、财富管理功能和社会服务功能将登上历史舞台，成为信托业新发展格局下的主导功能，而这些功能无一不内生于信托的制度价值。

信托的市场需求指明了新发展格局的良好前景。我国已经步入中高收入阶段，社会财富的规模和增长在全球均名列前茅，同时我国也正步入老龄化时代、大规模财富代际传承时代和共同富裕实施时代，由此催生了巨大的资产管理需求、综合化的财富管理需求以及公益慈善等社会服务需求，而这些需求的满足均离不开信托这一良好的管理工具和服务工具，毫无疑问，信托业新发展格局的前景可谓风光无限。本轮调整以来的4年探索实践也充分证明了这一点。虽然原有的融资类信托和通道信托日渐萎缩，但各种策略驱动的、满足多样化资产管理需求的投资类信托得到了充分发展，以资产证券化信托、家族信托、保险金信托为代表的服务信托更是快速发展，而员工利益信托、破产重整信托、涉众资金管理信托、特殊需要信托等其他类型的服务信托以及慈善信托也显示了良好的发展势头。

二、信托市场新出台法规政策梳理

（一）信托业务规制

1. 银保监会办公厅《关于进一步规范商业银行互联网贷款业务的通知》（银保监办发〔2021〕24号），2021年2月19日发布。该通知的内容主要包括严禁商业银行将互联网贷款风险外包，在出资比例、集中度和限额管理方面明确三大量化指标，以及严格控制跨地域经营。数十家信托公司及消费金融公司被纳入监管新规之下，体现出监管层对通道业务的规范与关注。对于信托行业而言，在信托业务发展创新的同时，仍需要防范不规范、不必要的通道业务发生，回归本源。

2. 银保监会办公厅《关于推进信托公司与专业机构合作处置风险资产的通知》（银保监办发〔2021〕55号），2021年4月28日发布。主要内容：首先，明确信托保障基金公司参与处置信托业风险资产路径，提出五种解决风险资产的途径，分别是向专业机构直接转让资产、向特殊目的载体转让资产、委托专业机构处置资产、信托保障基金公司反委托收购，以及鼓励信托公司与专业机构探索其他处置模式，通过多种手段降低行业风险水平，如专业机构批量买断信托业风险资产包，并通过批量转让、证券化、财务重组或管理重组等方式进行后续处置。其次，该通知力图构建信托业风险资产处置市场化机制，加强资产估值管理，引入市场化竞争机制，支持信托保障基金公司、资产管理公司等市场主体在依法合规的前提下，积极参与信托业风险资产处置，同时明确损失分担机制，要求信托公司应当按照“卖者尽责、买者自负”“卖者失责、依责赔偿”的原则，做好信托产品风险承担主体确认、损失认定和划分工作，增强损失抵补能力。例如该通知表示，信托公司因承担固有资产减值损失、固有资产处置损失或信托赔偿损失等原因，资本水平下降的，应当按照监管要求及时补充资本，专业机构买断式收购信托业风险资产，应当在其资产负债表内确认收购标的，并依规加强拨备和资本管理。最后，该通知要求买断式资产收购应当真实、洁净、整体，通过规范的估值程序进行市场公允定价，实现资产和风险的真实、完全转移，双方不得在资产转让合同之外达成改变风险承担和收益分配的约定，为信托公司隐匿风险或隐性加杠杆经营提供便利；信托公司向特殊目的载体买断资产时，不得对特殊目的载体形成控制；专业机构开展资产收购业务应当加强尽职调查，不得以业务创新为名义，协助信托公司变相规避监管展业，削弱国家宏观调控政策实施效果；信托公司应当依法合规开展信托业务，若存在违法违规情形，即使已经对外转让相关资产，监管部门也有权依法查处，信托公司与专业机构开展资产转让业务时不得违规进行利益输送。[1]

（二）信托公司非金融子公司规范

银保监会办公厅于2021年7月21日出台《关于清理规范信托公司非金融子公司业务的通知》（银保监办发〔2021〕85号）。近年来，部分信托公司以固有资产直接或间接设立从事私募股权投资等业务的境内一级非金融子公司。这类公司在服务实体经济、加强与母公司战略协同等方面发挥了一定积极作用，但部分公司由于经营管理相对薄弱、合规意识相对淡薄，在发展过程中也滋生了市场乱象，累积了风险。[2]该通知内容值得关注：第一，清理信托公司在境内以固有资产直接投资设立或以投资资管产品等方式间接投资设立的、具有控制权且未持有金融业务许可证的公司，这表明股权投资类信托产品不在此次规范范畴之内，诸多股权投资类房地产信托产品暂时不会受到影响，但是，部分信托公司通过子公司转换信托业务资金用途、规避穿透监管的行为将无法进行，所以此次清理一级非金融子公司可能在一定程度上影响信托公司的固有资产与信托资产之间的关联交易，进而影响信托业务；第二，该通知从四个方面规定实现对信托公司非金融子公司的清理目标，分别是控增量、去存量、压缩层级以及规范业务，信托公司不得新增设立一级非金融子公司，已设立的境内一级非金融子公司不能再开展投资业务，监管层对信托公司一级非金融子公司的私募股权投资基金业务留了一道口子，信托公司可以保留一家境内一级非金融子公司，仅可作为私募基金管理人受托管理私募股权投资基金，其项下的被投资方需要满足不涉及控制权和投资期限不超过5年两个条件；第三，被保留的非金融子公司和其余非金融子公司都将面临业务的清理，结合监管层回复记者提问，压缩层级、规范业务是重心，因此即使是在被保留的非金融子公司

〔1〕参见冯家庆、李楠：《海华视点丨信托公司处置风险资产的新风向——信托公司与专业机构合作处置风险资产之新规解读》，载https：//www.163.com/dy/article/GBH4V1630514AGAB.html，最后访问日期：2022年4月。

〔2〕参见《中国银保监会有关部门负责人就〈中国银保监会办公厅关于清理规范信托公司非金融子公司业务的通知〉答记者问》，载http：//www.gov.cn/zhengce/2021－07/31/content_5628624.htm，最后访问日期：2022年4月。

中，其项下的投资项目也将面临清理整顿。

（三）行业监管政策密集出台

2021 年 4 月，银保监会发布《关于推进信托公司与专业机构合作处置风险资产的通知》，鼓励信托公司与专业机构加大信托行业风险资产的市场化处置力度，加速出清信托业风险。2021 年 7 月，银保监会下发《银行保险机构进一步做好地方政府隐性债务风险防范化解工作的指导意见》，要求银行保险机构要打消财政兜底幻觉，严禁新增或虚假化解地方政府隐性债务；银行保险机构不得通过理财、信托、保险、融资租赁等方式违规向融资平台公司提供融资或绕道置换不符合条件的隐性债务。这一指导意见毫无疑问会对信托公司三大传统业务之一的“政信合作”信托业务的展业产生重大影响。

三、信托市场监管实践剖析

（一）信托业“压降”与异地部门整顿

在 2021 年 2 月召开的年度信托监管工作会议上，监管部门明确表明 2021 年将继续开展“两压一降”，继续压降信托通道业务规模，逐步压缩违规融资类业务规模，加大对表内外风险资产的处置。在该会议上，监管部门还对 20 多家信托公司因压降任务完成不理想进行点名批评。〔1〕

2021 年下半年，监管部门下发中国银保监会办公厅《关于整顿信托公司异地部门有关事项的通知（征求意见稿）》，要求信托公司一年内完成异地管理总部整改工作，中后台部门应迁回注册地或与注册地部门合并，前台部门应按照要求进行整改。另外还对信托公司单地设立的异地部门数量、单个异地部门员工规模作出了严格要求。〔2〕此外，2021 年年末，监管部门发文重申压降任务，要求各信托公司以 2020 年年底的主动管理类融资信托规模为基础，2021 年必须继续压降约 20% 的比例；至于通道类业务，监管部门给出的处理意见是，“应清尽清、能清尽清”。〔3〕

（二）行政处罚力度远超往年

2021 年，监管机构针对信托行业的行政处罚力度明显加强。2021 年，以监管公布日期为口径，总计有 21 家信托公司受到中国人民银行分支行、银保监会及派出机构的处罚，总

---

〔1〕 参见《信托监管会议定调：今年继续“两压一降”》，载 https：//trust. jrj. com. cn/2021/02/09091931875402. shtml，最后访问日期：2022 年 4 月。

〔2〕 参见《异地管理总部“此路不通”信托业再迎重磅监管》，载 https：//news. cnstock. com/news，bwkx -202110 -4764689. htm，最后访问日期：2022 年 4 月。

〔3〕 参见《信托公司年末再收来自监管部门的“压降指令”》，载 https：//yanglee. com/Information/Details. aspx? i =103222，最后访问日期：2022 年 4 月。

计罚没金额（未含相关责任人）高达 7501 万元，其中有 5 家信托公司年内被罚两次，涉及的罚单数量和金额均远超往年。

2021 年 2 月，四川银保监局对四川信托开出 3490 万元罚单，超过先前安信信托被罚的 1400 万元，创下行业纪录。从公布处罚的案由来看，四川信托存在以下违法违规事实：（1）公司治理不健全，违规开展固有贷款及信托业务，资金流向股东及其关联方。（2）违规开展固有贷款业务，贷款资金被挪用于偿还本公司其他固有贷款。（3）违规开展信托业务，将信托财产挪用于非信托目的用途。（4）违规开展非标资金池等具有影子银行特征的业务。（5）违规发放信托贷款用于购买金融机构股权。（6）变相为房地产企业缴纳土地出让金融资。（7）违规开展结构化证券信托业务。（8）违规开展通道类融资业务。（9）承诺信托财产不受损失或保证最低收益。（10）将本公司管理的不同信托计划投资于同一项目。（11）穿透后单个信托计划单笔委托金额低于 300 万元的自然人人数超过 50 人。（12）违规推介 TOT 集合资金信托计划。（13）未真实、准确、完整披露信息。[1] 2022 年 3 月，四川银保监局连开 17 张罚单，对四川信托违法违规行为的 17 名责任人逐一作出行政处罚，17 名责任人受罚也均与上述 13 项违法违规行为有关。

2021 年 12 月，北京银保监局对外贸信托给予了合计 1080 万元罚款的行政处罚，这是继针对安信信托和四川信托的处罚后，监管部门开出的第三大罚单。根据公开信息，外贸信托存在以下违法违规事实：（1）监管批复增资前违规以负债形式接受“增资款”并使用。（2）未能识别商业银行个人理财资金认购劣后级受益权。（3）合格投资者人数突破《资管新规》要求。（4）员工汇集他人资金购买信托计划，部分被汇集人员认购金额少于 30 万元。（5）以应收账款收购附差额补足承诺形式，变相为房地产企业提供流动资金贷款。（6）项目资本金审核不到位，为资本金不足的项目提供融资。（7）贷款用途审查不到位，信托资金用于置换前期缴纳土地出让金的投资款。（8）房地产信托计划贷款用途管理不到位。（9）贷款用途管理不到位，部分贷款资金流入股市、房市。（10）个人贷款合同及费率管理不到位。（11）借道合作机构变相进行不同集合资金信托计划之间信托财产的相互交易。[2] 从上述两则处罚案例可见，相关信托公司的违法违规行为发生在各个环节，信托公司的守法意识与治理水平都需要加强。

除了外贸信托和四川信托的千万级罚单之外，2021 年仅百万元级罚单就有 12 笔，包括建信信托的 400 万元罚单，中原信托的 130 万元罚单、长城新盛信托的 150 万元罚单等。另外，多家信托公司 2021 年内被处罚两次或两次以上。这一现象与监管部门对信托公司的处罚力度加大与监管趋严的大背景相符。部分信托公司在前期展业过程中，展业风格过于激进，存在风控漏洞，信托行业整体风险水平有所提升。对此，监管处罚力度加大，有助于控

〔1〕 参见川银保监罚决字〔2021〕9 号行政处罚决定书。
〔2〕 参见京银保监罚决字〔2021〕42 号行政处罚决定书。

制信托业务风险，助力信托行业的长期稳健发展。

四、信托纠纷司法案例解读

（一）上海爱建信托有限责任公司与方大炭素新材料科技股份有限公司等股东损害公司债权人利益责任纠纷再审案[1]

1. 基本案情

方大炭素新材料科技股份有限公司（以下简称方大炭素公司）因三门峡惠能热电有限责任公司（以下简称惠能公司）借款提供担保事项与中国农业银行股份有限公司陕县支行发生贷款担保合同纠纷诉讼，已经按照判决书的要求承担保证责任。方大炭素公司在履行了保证责任后提起诉讼，请求判令惠能公司的相关关联人上海爱建信托有限责任公司（以下简称爱建信托公司）和恒昌国际投资有限公司（以下简称恒昌公司）承担一定赔偿责任。工商登记材料及提交证据显示，2006年3月31日，惠能公司决定增资至人民币28,000万元，由中原信托投资有限公司（以下简称中原信托公司）持有的55%职工股不参与本次增资，故该部分股权对应的人民币5839.35万元出资被稀释为增资后股权的20.855%。2006年8月10日，惠能公司职工持股资金信托计划项下受益人于惠能公司会议室召开受益人大会，并作出决议：同意指定刘某锁作为唯一的委托人与爱建信托公司签订《股权信托合同》，将信托计划项下的全部信托财产（本公司的人民币5839.35万元股权）信托给爱建信托公司，《股权信托合同》项下的受益人为信托计划项下的全体受益人，且受益权份额维持不变。为此，中原信托公司须将信托计划项下的信托财产即本公司人民币5839.35万元股权过户到爱建信托公司名下。2006年9月7日爱建信托公司与中原信托公司签订《股权转让协议》，以作为股权变更的依据。且因本次股权转让系信托财产的移交，故爱建信托公司不需要向中原信托公司支付转让价款。2006年8月31日，惠能公司职工持股资金信托计划项下受益人大会召开并通过决议：同意指定并授权刘某锁作为唯一的委托人与爱建信托公司签订《信托合同》，委托爱建信托公司受让英属维尔京泛域发展有限公司（以下简称泛域公司）持有的惠能公司34.145%股权（人民币9560.65万元出资）。根据惠能公司2006年8月18日董事会决议及爱建信托公司与泛域公司于2006年9月8日签订的《股权转让协议》，由于泛域公司未缴纳该部分股权对应的出资，故爱建信托公司以零价格受让该股权，并明确该部分股权对应的人民币9560.65万元出资义务由爱建信托公司履行。

2017年7月，一审法院北京市第四中级人民法院签发民事判决书，判决爱建信托公司和

---

〔1〕事实部分援引自北京市高级人民法院（2017）京民终601号民事判决书，本课题组受篇幅所限对该等事实部分有所删节。

恒昌公司就惠能公司对方大炭素公司人民币 200, 775, 028. 34 元的债务不能清偿的部分，在各自未出资本金及利息范围内向公司承担补充赔偿责任。

爱建信托公司不服，上诉于北京市高级人民法院，称爱建信托公司系基于信托关系持有惠能公司的股权，该股权属于信托财产。信托是一种特殊的委托，如果爱建信托公司基于信托所持股权存在瑕疵增资问题，对应责任依信托法也只能由信托财产来承担。方大炭素公司答辩称，本案是股东损害公司债权人利益责任纠纷，关于股东的出资责任应该根据《公司法》以及《公司法》相关司法解释来作出认定，所以本案不适用信托法。

2019 年 6 月，二审法院签发民事判决书，维持一审原判。法院主张，爱建信托公司是惠能公司在工商登记中所记载的股东，根据最高人民法院《关于适用〈中华人民共和国公司法〉若干问题的规定（三）》（以下简称公司法解释三）第 26 条规定，公司债权人以登记于公司登记机关的股东未履行出资义务为由，请求其对公司债务不能清偿的部分在未出资本息范围内承担补充赔偿责任，股东以其仅为名义股东而非实际出资人为由进行抗辩的，人民法院不予支持。所以，爱建信托公司作为工商登记股东在未履行出资义务的情况下，要承担股东瑕疵出资的责任。爱建信托公司不服，提起再审。

最高人民法院再审认为：（1）爱建信托公司实际上系依据信托合同作为受托人，为委托人持有股权，其与委托人分别属于惠能公司的名义股东和实际出资人。（2）名义股东和实际出资人之间的约定只具有内部效力。（3）上海信托登记中心是区域性登记机构，并非全国统一正式的信托登记机关，不具有法定的公示效力。（4）爱建信托公司所持股权在外观上并不具备信托财产的标识，隔离效果无法得到保障，方大炭素公司无从知晓作为股东的爱建信托公司是否是实际投资人，“故从公示制度的完善程度而言，应优先适用公司法的相关规定”，因此最高人民法院再审认为二审判决并无不当，应予维持。[1]

2. 案件分析

（1）“信托财产的独立性”拥有什么样的内涵？所谓信托财产的独立性，一直被认为是《信托法》的重要特征之一。广义上的信托财产独立性理论被我国学者普遍接受，所谓信托财产的独立性，是指信托一旦有效设立，则信托财产就从委托人、受托人和受益人的固有财产中分离出来，成为一种独立的财产整体，委托人、受托人和受益人各方的债权人行使债权均不得及于信托财产。[2]因此，在使用该术语时，应当注意信托财产与委托人、受托人、受益人之间三个向度的分割，也应注意到资产分割有防卫型资产分割和积极型财产分割两种类型。委托人把信托财产不可撤销、不可变更地转移给受托人，借助受托人的人格，即可达到

〔1〕 参见石睿：《最高法院判决信托公司以固有财产承担股东责任——评爱建信托与方大炭素再审案丨天同快评》，载微信公众号“天同诉讼圈”2021 年 12 月 23 日，https：//mp. weixin. qq. com/s/ukxFyLvvVfYjWwOv3YjUAg。需要指出的是，除该来源外，本课题组并未在公开途径上查询到最高人民法院关于此案的再审判决。

〔2〕 参见徐孟洲主编：《信托法》，法律出版社 2006 年版，第 139 页。

信托财产不再是委托人的责任财产、委托人的债权人无法强制执行信托财产的效果，也能达到将信托债务和委托人的责任财产隔离的效果。同样，信托财产也不是受益人的责任财产，与受益人的债务相隔离。但是，若无法律规定，并不能直接达到把信托财产和受托人的固有债权人相隔离的效果，此时需要法律作出特别的规定，《信托法》第16条正是这样的规定。该条规定了信托财产虽然在受托人名下，但是和受托人的固有财产相分离，受托人的固有债务的债权人不能扣押信托财产，加上适当的公示制度，就能达到把信托财产和固有债权人相隔离的效果。

（2）对于和信托交易的债权人而言，受托人的固有财产能否作为信托债务的责任财产？就这个问题，国际上主要有三种立法例。信托财产保护型〔1〕：信托债权人只能向受托人主张债权，即责任财产仅为固有财产，受托人履行债务后可向信托财产追偿；受托人保护型〔2〕：责任财产仅为固有财产，受托人无须承担责任；债权人保护型〔3〕，固有财产和信托财产均为债务的责任财产。我国《信托法》第37条的语言表达较为模糊，要判断其采用了以上三种之中的哪一种立场，还需进行进一步论证。信托财产保护型涉及信托债权人能否直接请求信托财产承担信托债务的程序问题，非本案讨论重点。受托人保护型对应着有限责任说，即受托人对第三人所负的信托债务，其固有财产不纳入信托责任财产。债权人保护型对应着无限责任说，即受托人需以固有财产一并对信托债务承担责任。支持无限责任说的理由包括：一是根据传统英国信托法，受托人处理信托事务所产生的债务是受托人的个人债务。即使是因管理信托财产而在其职权范围内缔结的合同，合同责任的主体仍然是受托人个人，该信托债务的责任财产仍然只是受托人的固有财产。〔4〕二是遏制受托人道德风险、投机风险进而保护受益人利益。若要求受托人承担个人责任，因信托债务的清偿责任会涉及其固有财产，则会使得受托人抑制其不合理地处理信托事务而从中牟利的想法。同时不要求受益人承担受托人处理信托事务不当的举证责任，而使得受托人需合理控制信托债务的规模以免自身固有财产涉入。三是保护第三人合理信赖利益，在交易时第三人不仅看重信托财产的规模，还看重受托人的信用，而信用背后主要依据的就是受托人的固有财产。将固有财产纳入责任财产范围，将为第三人对受托人信用的信赖提供合理对价。支持有限责任说的理由：一是信托中受

---

〔1〕根据美国权威信托法多卷本著作Scott and Ascher on Trust一书（最新版）引用《美国第二次信托法重述》的第261条，受托人对第三人承担个人责任。

〔2〕美国California Code（1990）§18000、§18001、§18002；Alabama. Code（1975）§19－3B－1010；§19－3B－1011；Delaware Code（2007）§3328；South Carolina Probate Code（1976）§62－7－1010；§62－7－1011等。

〔3〕日本学者道垣内弘人、四宫和夫和中野正俊均持该观点。参见赵廉慧：《信托法解释论》，中国法制出版社2015年版，第377、378页；姜雪莲：《信托制度中受托人对外责任的比较研究》，载《江苏大学学报（社会科学版）》2014年第3期。

〔4〕参见赵廉慧：《有限责任的性质与功能》，载《广东社会科学》2021年第6期；赵廉慧：《信托受托人对第三人责任机理研究》，载《广东社会科学》2016年第4期。

托人是“受人之托、代人理财”的角色，那么受托人付出的劳动，即合理正当的管理信托事务与其取得报酬应成正比，从另一角度而言，受托人并非信托财产的受益人，其承担的风险也应限于其职责内正当履职的风险，由此体现出“风险收益相当原则”。[1]二是市场经济活动本身具有风险性，在受托人正当管理信托事务而与第三人发生信托债务的情形下，受托人方交易的信托财产无法偿还债务，这一定程度上属于正常的商业风险，交易双方均应为其各自承担。以信托财产为限承担责任与第三人承担自己无法获得偿还的部分损失，是贯彻“市场风险自担原则”的一体两面。至于我国《信托法》适用哪种立场应综合考量我国信托发展之实践，即鼓励信托业蓬勃发展。基于此，受托人固有财产全部纳入或不纳入信托债务的固有财产均具有局限性，折中的担保性纳入具有可能性，即对第三人责任财产范围除了现有信托财产外，还包括受托人固有财产，但固有财产以可从信托财产中取得补偿范围为限。该观点将受托人固有财产有限度地涉入信托责任财产，采纳了有限责任说的“风险收益相当原则”与“市场风险自担原则”，也兼顾无限责任说的遏制受托人投机风险与道德风险，保护受益人利益、保护第三人的信赖利益。

（3）本案中，爱建信托公司曾以“信托财产的独立性”的独立性为由进行抗辩，但法院对此为何未予采纳？《信托法》第 37 条确定的信托债务的范围是受托人“因处理信托事务所支出的费用、对第三人所负债务”，而这个债务应当仅仅指受托人通过积极的交易行为而承担的债务，而在本案中，受托人对项目公司债权人所承担的债务并非依据《信托法》第 37 条而承担，对于第三人债权人而言，其主张成立的关键是目前公司的股东的行为是否构成公司法上的抽逃出资，他并没有义务去辨别此时的股东是信托持股的受托人还是“为了经营公司”而取得公司股东的地位。究其本质，对第三人债权人而言，该债权是被动取得的，无法构成受托人处理信托事务对第三人所负债务。所以，在本案中，没有信托财产独立性的相关规定适用之余地。

（二）才某与中信信托公司有限责任公司合同纠纷案[2]

1. 基本案情

才某先后两次向中信信托公司有限责任公司（以下简称中信信托公司）汇款 777.7 万元购买信托产品，汇款摘要载明购买某信托产品。因证券市场大幅下跌，信托产品被全部平仓清算，才某分得信托财产利益 383 万余元，才某以《信托合同》及客户调查问卷并非其本人签署、信托合同不成立、信托公司违反适当性义务为由诉至法院，要求中信信托公司赔偿损失。中信信托公司主张信托合同成立，并以才某拥有多个证券账户，存在证券买卖、融资融券的投资经验为由主张免除适当性义务。

---

〔1〕 参见张淳：《对我国信托法关于信托债务清偿责任的规定的修改》，载《社会科学家》2014 年第 2 期。

〔2〕 参见《北京金融法院成立一周年十大典型案例》，载 https：//bjfc.bjcourt.gov.cn/cac/1648002325433.html，最后访问日期：2022 年 4 月 18 日。

法院认为，双方虽未签订书面合同，但才某已支付认购信托产品的款项，信托合同成立。才某既往投资金融产品的属性、类型、金额等均与案涉信托产品存在较大差异，其既往投资经验不足以免除中信信托公司的适当性义务。中信信托公司所提交证据不足以证明其充分履行了适当性义务，应赔偿才某的投资损失。

2. 案件分析

（1）本案准确适用信托合同成立相关规则。《信托法》第 8 条规定，设立信托，应当采取书面形式。但当事人未签订书面合同并不当然意味着信托不成立。《合同法》第 36 条（《民法典》第 490 条）规定，当事人未采用书面形式但一方已经履行主要义务，对方接受的，该合同成立。信托合同是否成立应以双方当事人是否存在信托合意作为判断标准，适用履行治愈规则。

（2）本案是金融法院维护金融消费者合法权益的经典案例。金融机构适当性义务是一项追求金融交易实质公平、矫正利益失衡的法律制度。金融机构适当性义务应作为一项法定义务（而非先合同义务或合同义务）加以适用。金融消费者既往投资经验是否可以免除金融机构的适当性义务？这涉及金融机构适当性义务的履行判断标准。[1]就形式标准而言，该标准能够便于金融销售机构举证其已完成金融机构适当性义务的履行，也便于法院裁判，但容易陷入“重形式、轻实质”的义务履行，甚至存在“一刀切”现象，即规定免除与否。就实质标准而言，部分法院能够抛弃僵化的形式标准，从金融机构适当性义务内容的实质层面来进行评断，值得肯定。法院对超过客户进行风险承受能力评估时，强调应当充分考虑客户年龄、相关投资经验等因素。随着社会理念由形式理性转向实质理性，金融消费者倾斜保护理念的逐渐兴起和发展，司法裁判的价值追求不再局限于形式正义，而更多关注实质正义。[2]对此，金融消费者既往投资经验是否可以免除金融机构的适当性义务，应综合考量金融消费者既往投资金融产品的属性、类别、投资数额以及投资期间等因素，根据金融消费者的自主投资决定是否受到影响进行判断。该条判断路径，为金融机构准确履行适当性义务提供指引，规范金融机构逃避适当性义务的行为。对于未充分履行适当性义务的行为，本案要求金融机构承担赔偿责任，补偿金融消费者的损失，对于金融市场具有警示意义。

（三）网信证券有限责任公司与科瑞天诚投资控股有限公司质押式证券回购纠纷案[3]

1. 基本案情

网信证券有限责任公司（以下简称网信公司）与科瑞天诚投资控股有限公司（以下简称

---

〔1〕 参见李游：《金融机构适当性义务的履行判断和责任承担——基于 834 份裁判文书的分析》，载《政治与法律》2011 年第 11 期。

〔2〕 参见李游：《“买者自负”的适用逻辑与金融消费关系的“不平等”》，载《北京社会科学》2019 年第 7 期。

〔3〕 事实部分援引自上海市上海金融法院（2021）沪 74 执 49 号执行裁定书，本课题组受篇幅所限对该等事实部分有所删节。

科瑞公司）质押式证券回购纠纷一案，北京仲裁委员会作出的（2020）京仲裁字第 1542 号裁决书已经发生法律效力。因科瑞公司未履行前述生效法律文书确定的义务，网信公司向上海金融法院申请强制执行，要求科瑞公司偿还回购款本金人民币 12.5 亿元和利息及迟延履行期间的加倍债务利息。法院立案受理后，依法向被执行人科瑞公司发出执行通知，责令其限期履行义务，但被执行人未予履行。

本案执行过程中，法院于 2021 年 7 月 29 日 10 时至 30 日 10 时在“公拍网”第一次司法拍卖平台公开拍卖被执行人科瑞公司持有的 104, 539, 300 股上海莱士（证券代码：002252）股票（以下统称标的股票），因无人参与竞价而流拍。申请执行人网信公司申请将标的股票按照第一次拍卖流拍价抵债，并提出其作为“网信公司信富 17 号定向资产管理计划”（以下简称“信富 17 号资管计划”）的管理人与被执行人科瑞公司进行涉案股票的质押式证券回购业务的资金来源于“信富 17 号资管计划”，委托人为苏州信托有限公司（以下简称苏州信托公司），故申请将本次处置的标的股票抵债至“信富 17 号资管计划”名下，“信富 17 号资管计划”开立在证券登记结算机构的户名为“苏州信托有限公司 – 苏信理财・恒源 J1604 单一资金信托”。

法院收到申请执行人网信公司的抵债申请后，根据《信托法》《资管新规》中关于信托财产独立于受托人固有财产的规定，责令网信公司提供材料明确交易资金的真实来源、证明交易资金的独立性。网信公司提供了“信富 17 号资管计划”资产管理合同、苏信理财・恒源 J1604 单一资金信托合同、网信公司有限责任公司股票质押式回购交易业务协议、上海浦东发展银行对账单等证明材料。

法院经审查后对申请执行人网信公司的申请予以支持，于 2021 年 8 月 11 日依法裁定将标的股票过户至“信富 17 号资管计划”名下，具体登记户名为“苏州信托有限公司 – 苏信理财・恒源 J1604 单一资金信托”。

2. 案件分析

本案是上海金融法院将流拍财产通过执行抵债程序过户至资产管理计划的首例案件。人民法院在执行抵债程序时，应当查明资金的真实来源和独立性，并明确抵债股票过户至资产计划名下，确保资管计划后续运行过程中计划财产的独立性。一方面，关于人民法院如何查明资金的真实来源和独立性，可以要求案件的申请执行人即资管计划管理人提供相关材料。根据《资管新规》的要求，资管计划管理人应当对所管理的不同产品受托财产分别管理、分别记账，保存受托财产管理业务活动的记录、账册、报表和其他相关资料。本案中，法院在查明资金真实来源、明确资金独立性的前提下，根据现有法律、司法解释的规定，充分考量监管规则的要求，对申请执行人的申请予以支持，将股票依法通过抵债程序过户至资管计划名下，是法院作出的有益创新。另一方面，关于维持资管计划财产即标的股票的独立性问题。本案严格遵循了信托财产的独立性规则。本案的法律关系由一系列信托关系组成，机构投资者将资金委托给苏州信托公司，即投资于单一资金信托；该资金信托又将资金委托给网信公司，即投资于资管计划。该资管计划中的信托资金进行了质押式证券回购业务，并在回购方违约后通过裁判与执行，将质押证券折抵投资资金。执行过程中，尽管申请执行人是网信公司，但法院将标的证券过户给了网信公司管理的“资管计划”，并登记在苏州信托公司管理的“资金信托”名下，保障了信托财产独立性，维护了实际投资者的权益。

五、信托法制理论研究及学术会议综述

在理论研究方面，通过 CNKI 中国知网的检索发现，以“信托法”为关键词进行主题检索，2021 的信托法文献共有 172 篇文献，其中期刊论文 72 篇，学位论文 77 篇，其他文献 23 篇。

（一）年度著作类研究成果

相关信息统计请参见表 1。

表 1　信托法专著（2021 年出版）

作者	书名	出版社
陈雪萍	《老龄化背景下养老金信托法律制度研究》	中国社会科学出版社
余嘉勉	《慈善信托治理机制法律研究》	法律出版社
李宇	《商业信托法》	法律出版社
窦冬辰	《中国信托法基本问题：信托财产之法律归属》	人民法院出版社
孟强	《信托登记论》	中国法制出版社
于莹主编	《家族信托论》	高等教育出版社
王伟、李冬霞、王硕编著	《金融信托概论》	经济科学出版社
陈赤主编	《信托文化建设概论》	中国金融出版社
翟立宏等编著	《信托金融学（上下）》	中国金融出版社
李凯更	《家事服务信托研究》	浙江工商大学出版社
伏琳娜、孟庆海主编	《金融信托与租赁》（第 4 版）	东北财经大学出版社
李将军、韩圣玥、郭百濂	《中国信托业的发展与转型》	经济日报出版社
张迪主编	《政府和社会资本合作（PPP）预算绩效管理不动产投资信托基金（REITs）政策汇编》	黑龙江人民出版社

续表

作者	书名	出版社
中诚信托战略研究部	《信托市场热点研究 2020》	知识产权出版社
清华大学法学院金融与法律研究中心编著	《2021 年中国信托公司经营蓝皮书》	中国经济出版社

表 2　信托法译著（2021 年出版）

作者	书名	出版社
何锦璇、李颖芝主编，姚江涛、袁田译	《特殊需要信托：财务规划比较研究》	法律出版社
[美] 杰弗瑞·J. 鲍威尔，北方国际信托股份有限公司译	《美国受托机构在债券融资中的信托服务》	中国金融出版社
[英] 里亚斯·班特卡斯，伏军译	《国际法体系下的信托基金》	法律出版社

（二）年度信托法理论研究观点梳理

1. 信托法基础理论研究

围绕民法和信托法的关系问题，学者赵廉慧认为，过分强调信托法的英美法来源及其与我国民法体系的异质性，是不合时宜的，应重新反思二者之间的关系。基于此，该学者从信托法能否在缺乏英美衡平法传统的我国存身、信托关系作为信义关系的特殊性（法律关系）、信托的财产权结构兼容于我国财产法律体系的可能性（财产权）、信托和民事主体法及组织法的关系（主体法和组织法），以及信托法的特殊救济观念（民事责任和救济）等基本理论问题进行梳理，展现信托法作为民事特别法的核心方面。[1]学者韩良、聂俊峰认为，随着《民法典》的颁布，我们应当对民法与信托法的关系、信托及其信托立法进行重新的定位与审视，对《信托法》及其法律支持环境进行完善。他们认为《信托法》是民法的特别法，具体体现为，信托要严格遵从民法的基本原则；信托目的、财产要符合民法的合法性要求；信托行为要符合民事法律行为的规范。但同时，不能简单套用民法既有理论和制度去阐释信托。首先，不能将信托贴上民法物权与债权的标签。其次，信托既不同于合同也不同于代理制度。最后，信托登记不同于物权登记制度，此二者的制度价值和登记内容均不同。此外，信托基于其独特的财产独立性和管理制度的创新优势，可以对《民法典》的财产法律制度与责任制度进行创新和完善。[2]学者陈星宇立足信托实践，从主体性角度寻求信托的合理定位，认为基于信托特殊的主体性特征，信托不能与公司、合伙、财团等主体形式等同，亦不

---

[1] 参见赵廉慧：《作为民法特别法的信托法》，载《环球法律评论》2021 年第 1 期。
[2] 参见韩良、聂俊峰：《〈民法典〉与〈信托法〉的完善》，载《中国金融》2021 年第 11 期。

属于简单的财产集合体，其本身可作为财产载体，是一种新的主体形式，属于未获法律认可的准主体。[1]

关于信托财产独立性的问题，学者赵廉慧就信托财产独立于委托人之责任财产的相关理论问题进行讨论，认为信托法本质上是通过处分行为创设出独立于委托人责任财产的新的特殊财团；对于委托人保留信托财产的完全管理处分权的信托，不一定在性质上否定信托的效力，而只需要作技术处理即可；信托财产独立性是对信托特征的一种描述，是信托成立可能产生的效果，但是并不意味着信托的成立需要把信托财产独立性作为要件。[2]学者甘培忠、马丽艳认为我国《信托法》在民法典时代为保障信托财产独立性、周延解决民商事信托财产权属争议，应当将明确规定信托财产所有权转移作为《信托法》修订的第一要务。为矫正《信托法》第2条“委托给”表述所引发的一系列理论误区与实践障碍，信托立法应顺应时势及时更新，明确规定信托财产转移为信托设立要件之一。[3]学者金晓文认为根据信托财产的独立性，信托财产被隔离在委托人的固有财产之外，但若债务人为了脱产而设立信托，或者设立信托的行为客观上损害了其债权人之利益，则会促成对信托制度的滥用。为了维护债权人的合法利益，增强信托的透明度，追求社会公平，应当对信托财产的隔离机制有所突破。我国应当完善刺穿滥用信托脱产行为的制度，将债务人利用信托恶意脱产的行为认定为无效；将债务人虽无脱产恶意，但设立信托在客观上损害债权人利益的行为，认定为可撤销，从而防止信托沦为债务人脱产和损害债权人利益的工具。[4]

信托的运行过程需要建立在明析各当事人权利义务的基础上。因信托法规定较原则，学者们就实践中各项权利的行权路径进行了一系列的探讨。就委托人与受益人对信托关系的撤销权问题，学者马新彦、崔鸿鸣认为应当以我国《民法典》第199条规定为依据，赋予委托人或受益人对信托关系的约定撤销权，信托主体约定撤销权的，约定事由成立时，委托人与受益人有权通过诉讼程序行使撤销权，因此产生的法律后果应兼顾委托人与受益人、相关债权人与税收征管部门、善意信托受益人以及善意转得人的利益。其中，委托人与受益人对信托关系撤销权的正当性体现在三个方面：一是撤销权有利于维护委托人与受益人的合法民事权益；二是撤销权能够回应司法实践的需求；三是《民法典》的规定为约定撤销权提供了法律基础。[5]就信托中债权人的撤销权的问题，学者马新彦、崔鸿鸣运用比较研究的方法，认为债权人撤销权的行使对象是债务人的处分行为，信托设立后既包括自益受益人，又包括他

---

〔1〕 参见陈星宇：《论信托的准主体性》，载《中国高校社会科学》2021年第6期。

〔2〕 参见赵廉慧：《信托财产独立性研究——以对委托人的独立性为分析对象》，载《法学家》2021年第2期。

〔3〕 参见甘培忠、马丽艳：《以独立性为视角再论信托财产的所有权归属》，载《清华法学》2021年第5期。

〔4〕 参见金晓文：《滥用信托脱产行为的可行性规制路径探究》，载《经济问题》2021年第7期。

〔5〕 参见马新彦、崔鸿鸣：《论委托人与受益人对信托关系的撤销权——以〈信托法〉与〈民法典〉的协调解释为视角》，载《社会科学战线》2021年第11期。

益受益人时，不宜一律撤销整个处分行为，而应结合委托人当时资历以及受益人具体情况，由法官根据自由心证裁量。我国《民法典》债权人撤销权，以及我国《信托法》第12 条委托人债权人的撤销权，其效力均不及于善意受益人与善意转得人。对于上述撤销权的行使后果，我们可参考借鉴《韩国信托法》对于各方当事人责任形式的细致规定。[1]岳卫就信托受益权能否一律强制执行以及能否通过制度设计予以规避的问题提及：……因此如何规避对受益权的强制执行是民事信托必须面对的问题。对此他提出在解释论上，可以通过约定使得信托受益权成为性质上禁止转让债权，以及通过行使受益人变更权等方式使得信托受益权不受债权人的追索。同时，由于规避的达成亦需要满足各个要件，即需根据信托本身的具体情况作出具体判断，那么，不仅民事信托，商事信托若满足一定的要件也可同样适用。[2]

围绕信托法中有限责任的问题，有学者指出，有限责任不是典型的民事责任，是事前约定的风险承担机制。从历史来源上看，有限责任也是一种约定的制度，现代公司法为了提升效率，把有限责任法定化，这可以理解为对约定有限责任的高度标准化，而在信托法中，这种有限责任的法定化并不彻底。如果能把有限责任理解为可以通过约定加以灵活微调的组织法规则之一，会对我们重新认识公司法和信托法等组织法的运作机理有重要的启发意义，并得出如下结论：首先，赋予特定财产以法人人格是达到资产分割目的的最简捷手段，但非唯一手段。如在信托中，若无法律规定，并不能直接达到把信托财产和受托人的固有债权人相隔离的效果，此时需要法律作出特别的规定，《信托法》第 16 条正是这样的规定。其次，不少组织体的资产分割都存在当事人通过约定加以介入的可能。如信托债权人原则上可以追及受托人的固有财产，不过，受托人可以和第三人约定自己只以信托财产为限对信托债权人承担责任，对信托法中确立的一般责任规则加以限制。最后，资产分割的目的是进行责任分割，而通常所说的有限责任只是责任分割的部分内容。不同于公司法关注股东的有限责任这种资产分割，信托法中更关注管理人（受托人）对信托财产的资产分割。[3]

2. 信托税制

关于信托收益权转让业务的涉税问题，学者单祖明认为，信托份额转让应当缴纳增值税，信托受益权转让不涉及增值税。信托受益权既不属于金融商品，亦不具备所有权属性。财产权信托中，委托人与受益人分离，信托份额与信托受益权分离，信托受益权转让不属于金融商品转让，不应缴纳增值税。但面对可能导致的纳税人的税收规避问题还需要从税收政策层面加以控制。首先，应从税法层面完善金融商品的概念体系，对信托受益权是否属于金

---

〔1〕 参见马新彦、崔鸿鸣：《中韩信托委托人债权人撤销权比较研究》，载《东疆学刊》2021 年第 3 期。
〔2〕 参见岳卫：《信托受益权的强制执行与规避可能性》，载《南大法学》2021 年第 6 期。
〔3〕 参见赵廉慧：《有限责任的性质与功能》，载《广东社会科学》2021 年第 6 期。

融商品进一步明确；其次，根据信托受益权转让业务的类型进行分类，区分信托份额及信托受益权的关系，区分信托受益权实质转让与形式转让的关系，在公平合理的基础上明确信托受益权转让业务的具体增值税政策。[1]

3. 慈善信托

学者李德健指出慈善信托包括慈善属性、信义属性与身份属性三大要素。《慈善法》颁布后，慈善信托在这三个方面面临慈善内涵不清、信义义务不足、身份名实不符的制度困境，抑制了其发展潜力，并诱发道德风险与利益失衡。通过反思我国慈善信托制度继受路径可发现，兼采彼此冲突的慈善内涵，重民法传统而轻信义法理，采行为定性而弃组织身份，是构成这些制度困境的深层原因。为此，应重构本土化的慈善信托法制体系：拓展目的范围、细化公益原则、强化民间自治，以优化慈善内涵保障机制；明确基本类型、细化具体要求、确立志愿托管，以完善信义义务特殊规则；明确非法人慈善组织身份、推行慈善组织一体化规则，以确立组织身份配套制度。[2]

学者周乾回顾慈善信托受托人资格的范围争议，发现担任慈善信托受托人需考虑慈善目的、受托能力及我国慈善信托发展所处的阶段。现行立法将信托公司和慈善组织作为慈善信托受托人，并未排除其他受托人资格准入之可能。实践表明，2017 年到 2019 年，受托人积极性总体提升、受托人类型比例失衡、受托人内部分化较大，慈善信托受托人的动力有待进一步激发。慈善信托受托人资格的理论要件包括民事行为能力、财产管理能力和社会公信力。凡符合此要件者，均应被赋予受托人资格。从促进慈善信托发展的角度看，应将更多的受托人类型纳入慈善信托受托人体系，构建受托人的内外部分级制度，通过事中监管，对受托人资格进行动态调整。[3]

家族慈善信托既是具有“家族性”的慈善信托，财产来源于家族共享财产且有家族成员深度参与；也是具有“慈善性”的家族信托，即信托目的在整体上呈树状结构，财富传承是主干，在此基础上结合慈善目标。该模式在我国处于起步阶段，其背后的利益冲突风险，尤其是家族成员与慈善受益人之间的利益冲突，尚未充分暴露。学者旷涵潇认为家族慈善信托的特殊治理结构体现在受托管理方式、受托人身份和慈善组织担任分配受益人三个方面。家族成员作为受托人时，可能为了自身利益而违背信义义务，从事利益冲突行为。结合美国“科恩案”的判决，家族成员受托人的利益冲突行为主要体现在：不当干预分配受益人的财产分配行为，甚至发出指示向家族成员自己控制的实体输送利益，自我交易，以及雇员报酬负担在家族办公室下各个信托之间分配不公。家族成员作出利益冲突行为，源于其同时具有受托人和家族私益信托受益人双重身份。而委托人的概括授权使家族成员获得较大的裁量

〔1〕 参见单祖明：《信托受益权转让业务的增值税涉税问题探究》，载《财会通讯》2021 年第 16 期。
〔2〕 参见李德健：《后〈慈善法〉时代慈善信托制度的反思与重构》，载《社会保障评论》2021 年第 3 期。
〔3〕 参见周乾：《论我国慈善信托受托人资格》，载《中国政法大学学报》2021 年第 3 期。

权，从而增加利益冲突行为发生的可能性。为了保护分配受益人权益，进而保障慈善目标实现，首先需要明确其法律地位，落实家族成员受托人的信义义务。在此基础上，既要有效约束家族成员受托人，也要促进家族成员利益与慈善目标协调。分配受益人也可以请求监管部门或法院介入。

4. 遗嘱信托

《民法典》第 1133 条规定“依法设立遗嘱信托”，这是在《信托法》实施多年后，民事信托制度被推出，民事信托与营业信托、公益信托成为信托制度的基础，得到了法学界和法律界的高度重视。学者王建平、何跃指出，《民法典》第 1133 条对遗嘱信托仅作了原则性规定，而未作具体的规定，导致遗嘱信托制度“碎片化”立法持续。中华遗嘱库通过“登记遗嘱”实践，解决了遗嘱保管与执行的“双难问题”，但对遗嘱信托制度的构建没有突破。对此，学者认为中华遗嘱库在逐渐受到各级部门和相关机构广泛认可的背景下，将其作为遗嘱信托的一种受托人，在法律层面和实践层面上均具有较高的可操作性。此外，完善遗产继承制度和遗嘱信托制度，应当从完善遗嘱保管人、遗嘱执行人以及继承制度的主体即遗嘱人、受托人、受益人等出发，详细规定信托财产、信托利益和信托目的等内容，加深遗嘱信托成立、有效和遗嘱保管人、遗产执行人等相关制度设计，全面审视遗嘱继承制度和遗嘱信托制度同构，充分重视司法实践中遗嘱的保管、执行的有效解决。由于遗嘱信托制度受民事信托、营业信托和公益信托“碎片化”立法的制约，遗嘱信托与民事信托的同构路径是建构中国遗嘱信托法律制度的必然选择。[1]

5. 房地产投资信托 REITs

我国基础设施 REITs 试点进入了实务操作阶段。REITs 制衡机制的设计及选择已成为理论界和实务界的焦点问题。学者金永军、刘斌、沈文慧通过研究契约型 REITs 制衡的法理基础，以及契约型与公司型 REITs 的不同，并在此基础上，结合新加坡、印度和中国香港等市场 REITs 制衡机制设计经验及实践，来剖析我国基础设施 REITs 制衡所依据的信托法和基金法法理。学者发现，我国 REITs 中基金管理人依托《证券投资基金法》、《信托法》和《民法典》，职权得到了进一步的强化，但与境外市场以发起人为主导的制衡体系有着根本的差别。据此，对当前 REITs 试点的制衡机制提出相关建议，包括由市场自主确定设立日常机构、确定基金管理人控制下的经营决策委员会、保留项目公司决策权，以及在相关协议中明确同业竞争和关联交易等。[2]

6. 数据信托

随着数字经济的快速发展，数据已经成为各国政府及其企业日益重视的核心资产。数据

〔1〕 参见王建平、何跃：《遗嘱信托制度的构建及其路径——以〈民法典〉第 1133 条为基础》，载《社会科学战线》2021 年第 7 期。

〔2〕 参见金永军、刘斌、沈文慧：《境外契约型 REITs 制衡机制及对我国的启示》，载《上海金融》2021 年第 5 期。

信托在有效平衡数据主体与数据控制人的数据权益结构、维护数据安全、促进和保障数据市场健康发展等方面具有突出的工具性价值。学者席月民指出，在数据信托中，数据的“入托”与“出托”都涉及数据安全问题，而解决这一问题的逻辑起点是科学认识信托数据的法律特性。从数据的流动过程进行区分，“入托”的数据可以称为信托原始数据，“出托”的数据可以称为信托衍生数据。数据信托的数据分类保护及其限制是实现数据安全管理的基础性问题。“三元主体结构”是数据信托的既定主体结构。该结构使得数据信托在数据服务与管理市场中占据一席之地，并通过信托权益的结构化安排及其信任机制在数据治理中实现对数据安全的特别维护。信义义务是信托法上受托人的核心义务，在数据信托中，确保数据安全是受托人信义义务的题中应有之意。〔1〕

关于数据控制者的信义义务理论，学者邢会强认为信息信义义务理论有着内在缺陷，明示或默示的数据信托与我国现行法律体系不兼容，我国没有必要引入该理论。其内在缺陷主要体现为：在主体方面，大数据时代数据控制者的数量太多，导致所谓的“信息受托人”过于宽泛；在客体方面，个人信息不具有信托财产所要求的确定性和独立性或独立的运用价值；在内容方面，忠实义务中的两大核心规则，即利益冲突禁止规则和义务冲突禁止规则，无法适用于消费者免费的双边市场，从而使信息信义义务理论无法解决互联网平台的利益冲突问题。〔2〕

7. 股权信托、股东表决权信托

股权信托对于家族企业的财富管理与传承具有独特的功能与价值。学者韩良、汤杰认为由于我国信托法律制度不完善以及信托文化传统的缺失，股权信托面临信托有效性的风险、信托财产的独立性被穿透的风险、受托人违反职责的风险、治理决策与执行的风险等。设立股权信托需要在控股型、投资型、管理型等不同类型的股权信托架构中，有针对性地进行防范和控制的制度设计，建立灵活、高效、制衡的股权信托治理架构。〔3〕

关于表决权作为信托客体的正当性问题，学者赵畅认为无论从表决权的财产属性还是分离属性来看，其作为信托客体的正当性不容置疑。我国应当尽快为其完善相应的法律制度，在宏观层面，从《信托法》《公司法》《证券法》《反垄断法》等多个部门法对其进行联合规制；在微观层面，对信托之“财产”和“表决权”作为信托客体时的具体范围重新界定并予以扩大解释。从而使表决权信托能够更好地服务于我国市场经济、立足于我国法治土壤。〔4〕

〔1〕 参见席月民：《数据安全：数据信托目的及其实现机制》，载《法学杂志》2021年第9期。

〔2〕 参见邢会强：《数据控制者的信义义务理论质疑》，载《法制与社会发展》2021年第4期。

〔3〕 参见韩良、汤杰：《股权信托的治理架构及风险防控》，载《天津师范大学学报（社会科学版）》2021年第6期。

〔4〕 参见赵畅：《表决权作为信托客体之正当性研究》，载《东南大学学报（哲学社会科学版）》2021年第23卷增刊。

8. 诉讼信托和讨债信托

所谓诉讼信托，是指信托目的为受托人代委托人以自己的名义进行诉讼，且信托的收益归于受益人的信托。依据我国《信托法》第 11 条第 4 项的规定，诉讼信托是指专门以诉讼为信托目的的信托。而讨债信托则是我国独创的概念，是指专门以讨债为目的的信托，即以债权为信托财产、以受托人按照委托人的意愿以自己的名义行使债权请求权为唯一目的、受益权归于受益人的信托。学者崔泽森指出我国《信托法》第 11 条第 4 项规定，专以诉讼或者讨债为目的设立的信托无效。然而，该条文是对《日本信托法》移植的结果，我国并没有禁止诉讼信托和讨债信托的理由。同时，该条文容易被规避且难以被认定，在司法实践中缺乏适用的空间。再者，该条文不仅与我国现行的诸多法律条文和制度产生冲突，而且与我国减少社会不良资产和增强我国公民法律意识、维权意识的目的相违背，故应当删除。事实上，诉讼信托和讨债信托不仅符合信托设立的要求，而且能使债权人、债务人受益，并起到减少讼累等有利效果，因此，应当承认诉讼信托和讨债信托在我国的合法地位。[1]

（三）年度信托法学术会议

1. 金融司法论坛第四期暨“吴曼与华澳信托公司纠纷案”法律问题研讨会[2]

2021 年 3 月 26 日下午，由上海财经大学法学院、上海仲裁委主办的金融司法论坛第四期暨“吴曼与华澳信托公司纠纷案”法律问题研讨会成功举行，围绕最高人民法院民二庭评选出的 2020 年度全国法院十大商事案例之一的“吴曼与华澳信托公司纠纷案”展开了多角度、多层次的分析，来自上海财经大学、华东政法大学、华东师范大学、同济大学等高校的与会学者、专家共同展望信托公司通道业务的未来发展。

与会人员重点就资管机构交易架构设计的安排、信托合同项下义务及审慎经营界限的把握、投资者请求权之选择等多方面问题进行了交流，并认为在新旧法衔接的背景下，对于相关裁判方向转变的具体研究很有意义。

2. 中国家族信托专题研讨会

2021 年 7 月 7 日，由中信信托牵头的中国信托业协会专题研究课题《中国家族信托专题研究报告（2021）》首次研讨会顺利举行。该课题参与单位代表介绍了各自在家族信托业务领域的实践情况，从业务视角与合规视角出发，介绍了公司对家族信托业务的发展与思考，就课题写作提纲交换意见。信托业协会首席经济学家蔡概还充分肯定了该课题作为行业首份家族信托专项报告的重要意义，明确了该课题的定位与受众，强调了报告应突出业务现状、具体案例与趋势展望。该课题指导专家、中国人民大学信托与基金研究所所长周小明建议该课题从现状、创新、受托人定位、挑战与趋势等方面突出重点。

---

〔1〕 参见崔泽森：《论诉讼信托和讨债信托的效力——探讨〈信托法〉第 11 条第 4 项》，载《交大法学》2021 年第 2 期。

〔2〕 参见 https：//law. sufe. edu. cn/27/28/c8097a141096/page. htm，最后访问日期：2022 年 4 月 18 日。

3. 中国信托业协会第一届行业发展研究专业委员会第十七次会议暨 2021 年信托业专题研究课题报告评审会[1]

中国信托业协会于 2021 年 11 月 18 日以线上会议形式召开第一届行业发展研究专业委员会第十七次会议暨 2021 年信托业专题研究课题报告评审会议。该会议由中国信托业协会会长姚江涛主持，中国信托业协会行业发展研究专业委员会委员以及 12 家课题牵头单位共 40 余人参加了会议。专题研究课题涉及信托参与社会治理的模式及机制、信托公司开展资产配置业务、信托公司受托人定位及文化建设、信托业服务实体经济情况、家族信托、养老信托等信托前沿或热点问题。会上，各课题牵头单位对课题研究成果进行汇报，中国信托业协会行业发展研究专业委员会委员对课题报告进行评审打分并提出修改完善意见。会后，中国信托业协会根据得分情况评选出前 10 个课题入册《2021 年信托业专题研究报告》。

4. 2021 信托业转型发展论坛暨信托业金融科技创新联合实验室成立活动[2]

2021 年 11 月 26 日，中国信托业协会在上海举办了 2021 信托业转型发展论坛暨信托业金融科技创新联合实验室成立活动。中国信托业协会领导介绍了协会在推进和服务行业数字化转型方面的相关工作，希望行业以实验室的揭牌为契机，继续合作打造开放共享的行业金融科技生态，持续推进全行业数字化转型建设。中央结算公司领导结合中国债券市场等领域数字化发展的经验，希望协力共推信托业的数字化进步，提炼升级行业数据标准，并表示中央结算公司将积极配合中国信托业协会开展相关工作。

信托业界专家围绕信托业转型发展路径进行了深入研讨，其认为行业积极转型已取得初步进展，服务类信托发展也已有基本方向，需凝聚共识，巩固优化已有转型发展模式，解决转型发展过程中面临的政策理念、能力方面的不足与障碍，共同推动信托制度在服务我国新时期经济社会发展过程中发挥更大的制度优势。实务界专家就科技赋能助力行业转型，分享了信托科技规划思路，讨论了信托业数字化转型的背景、发展背景、现状及发展方向，并提出建议实施路径。

5. 心智障碍者保障信托法律问题研讨会[3]

2021 年 12 月 18 日，由北京工商大学法学院和北京中周法律应用研究院共同主办的心智障碍者保障信托法律问题研讨会在北京举行。来自中国残联精神残疾人及亲友协会、北京市残联智力残疾人及亲友协会的代表及学者、业界的专家学者、实务界人士与高校师生等共计 60 余人参加了本次研讨会。

---

[1] 参见中国信托业协会官网：https：//www.xtxh.net/xtxh/topnews/47277.htm，最后访问日期：2022 年 4 月 18 日。

[2] 参见中国信登官网：https：//www.chinatrc.com.cn/contents/2021/12/17－be21fd3147b7494a85270f76e6e64b05.html，最后访问日期：2022 年 4 月 18 日。

[3] 参见 https：//law.btbu.edu.cn/sylm/xyxw/ca68d2bca7b040519bbd20afc1696dcb，最后访问日期：2022 年 4 月 18 日。

专家们指出，需要完善成年行为能力认定制度、监护监督制度、遗产管理人制度、建立儿童成长账户等，以构建心智障碍者保障的完整法律体系；从心智障碍者全生命周期权益保障来看，信托制度在心智障碍者保障制度中发挥财富传承、专业理财、配合监护等的必要性已达成基本共识。心智障碍者保障信托的真正落地，需要在准确把握其保障需求的基础上，做好信托制度与监护制度、继承制度、不动产制度、税收制度、保险制度、社会保障制度等制度之间的衔接。

2021年金融科技法制报告

曾大鹏　等*

一、我国金融科技发展现状

金融科技是指由技术驱动的、能够产生新型商业模式、应用或产品，且能对金融服务的提供方式产生重大影响的金融创新。[1]目前，人工智能、大数据、云计算、区块链、物联网等前沿技术，已逐步渗透至银行、保险、证券等传统金融行业的各个领域。经过金融信息化、互联网金融浪潮，金融行业正与前沿科技进一步深度融合，向金融科技3.0时代的深层次迈进。尤其受新冠疫情影响，金融行业的数字化转型加速，使金融行业对前沿科技的应用场景有了新的认知。中国人民银行最新公布的《金融科技发展规划（2022—2025年）》指出，金融科技是深化金融供给侧结构性改革、增强金融服务实体经济能力的重要引擎。该规划同时强调全面塑造金融数字化能力，建立"以数连接、由数驱动、用数重塑"的数字发展理念。

金融科技的活跃度经过2018年大规模投融资，2020年受新冠疫情影响达到最低值后，2021年融资金额和数量有所回升，重新进入平稳增长态势。金融科技底

---

* 曾大鹏，华东政法大学经济法学院教授。参与写作的有查临平珈、郭雨鑫、潘玉博、王茵芝，均为华东政法大学经济法学硕士研究生。

〔1〕 Financial Stability Board, *FinTech and market structure in financial services: Market developments and potential financial stability implications*, accessed at (Apr. 16, 2022), https://www.fsb.org/2019/02/fintech-and-market-structure-in-financial-services-market-developments-and-potential-financial-stability-implications/.

层技术适用范围正继续呈扩张化态势，人工智能、区块链、云计算、大数据、互联、物联、安全技术与金融业务融合更加深入。数字人民币应用场景拓展，金融机构全程数字化转型力度加强，金融科技赋能绿色金融实现碳达峰，国内企业加速入局元宇宙市场，数据隐私保护将成为重点关注方向。

在人工智能领域，2021 年核心产业规模超过 1800 亿元，投融资热度持续升温。[1] 在区块链产业，2021 年 5 月，工业和信息化部、中央网络安全和信息化委员会办公室联合发布《关于加快推动区块链技术应用和产业发展的指导意见》，以“应用牵引、创新驱动、生态培育、多方协同、安全有序”为基本原则，促进区块链和经济社会的深度融合，推动区块链技术的应用和发展，预计到 2025 年我国区块链综合实力将达世界先进水平。云计算技术的市场规模也保持较快增长，云网边端一体化加深。大数据领域 2021 年产业规模达 7512 亿元，同比增长 17.6%，数据中心建设加快。[2] 互联技术、物联技术产业规模在 2021 年均持续扩大，安全技术实现了突破和规范化。同时，2021 年是金融元宇宙元年，互联网巨头和以银行为代表的大型金融机构纷纷入场，积极探索金融元宇宙的嵌入式应用场景，以提供沉浸式的金融服务。

与此同时，金融科技的监管力量也在加强，立法部门和监管部门围绕个人信息保护、数据安全、反垄断等领域出台了一系列规范，如《数据安全法》《个人信息保护法》《关于进一步规范商业银行互联网贷款业务的通知》《关于推动平台经济规范健康持续发展的若干意见》。“合法合规”已成为金融科技实施与落地的重要基石，对数字金融的监管已全面铺开。

二、金融科技与银行市场

（一）发展现状：央行引领，推动直销银行、开放银行发展

2021 年，由中国人民银行和银保监会先后印发的《金融科技发展规划（2022—2025 年）》和《关于银行业保险业数字化转型的指导意见》明确提出了金融机构数字化转型的目标和要求。2021 年，我国银行数字化转型速度进一步提升，数字新基建、科技治理等领域加速布局，监管政策逐渐完善，智能投顾、供应链金融、消费金融、第三方支付和监管科技走上正规化道路，技术应用水平稳步提升。民营银行发展依然强劲，虚拟银行市场份额进一步提升。同年，直销银行发展全面升级，开放银行模式普及度提高，银行系金融科技子公司创

---

〔1〕 中关村互联网研究院：《中国金融科技与数字普惠金融发展报告（2022）》，载 http：//finance. sina. com. cn/Money/bankhydt/2022 -04 -21/doc -imcwiwst3217224. shtml? cref =cj，最后访问日期：2022 年 3 月 24 日。

〔2〕 中关村互联网研究院：《中国金融科技与数字普惠金融发展报告（2022）》，载 http：//finance. sina. com. cn/Money/bankhydt/2022 -04 -21/doc -imcwiwst3217224. shtml? cref =cj，最后访问日期：2022 年 3 月 24 日。

新发展。民营银行、虚拟银行以强劲之势推进。

1. 直销银行发展全面升级。直销银行在牌照开闸叠加市场驱动呈现发展新局面。2020 年 12 月，先后成立招商拓扑银行和邮惠万家银行，是继 2017 年百信银行成立后的第二批独立法人直销银行。独立法人直销银行将成为直销银行从线上渠道的补充向数字银行进一步的探索尝试，为陷入发展“瓶颈”的直销银行发展带来新的想象空间。“差异化”将成为直销银行数字化转型新路径。

2. 开放银行模式普及度提高。开放银行标准化建设日益完善。中国人民银行于 2020 年 2 月先后发布《商业银行应用程序接口安全管理规范》和《个人金融信息保护技术规范》，规范银行开放 API，为个人金融数据安全技工框架指导和风险控制底线。开放银行“OpenAPI ＋”呈现全新态势。

3. 银行系金融科技子公司创新发展。新设金融科技公司进一步增多。截至 2021 年 11 月，我国成立 16 家银行金融科技子公司，其中国有银行 5 家、股份行 7 家、城商行 3 家、省联社 1 家。

4. 民营银行经营业绩分化较为明显。微众银行、网商银行分别位列第一梯队与第二梯队，第三梯队大致包括新网银行、苏宁银行和三湘银行。[1]

5. 虚拟银行稳步推进。整体上看，获牌虚拟银行的股东背景多为传统金融机构或科技巨头，金融科技属性明显，运用前沿技术作为底层技术以及校心驱动力，重构业务流程、驱动产品研发、增强风控能力以及改善客户体验，所推出的产品与服务体现出基于金融科技背景下的高效、便捷、无接触。虚拟银行市场份额有望进一步提升。

（二）业务模式：涵盖银行各业务面

在依托“厚中台、薄前台、稳后台”的数字化架构体系，突出共享、复用、敏捷、协同，实现从传统银行到“数字银行”的转变的基础上，商业银行通过集成物联网、人工智能、大数据等技术，收集数据，建立数字化档案，提供金融咨询、行业解决方案、银行产品及一系列定制化服务等数字化服务，延伸服务边界。以全方位客户视图为基础，整合客户数据，细分不同场景下的客户特征、价值、需求，深度经营、维护以及营销客户，拓展客户覆盖面。商业银行通过数字化服务，提供端到端的金融服务、金融产品和运营，精细化解决客户通电问题，推进以“金融＋场景”的方式，推进数字化生态场景联合建设。

同时，通过金融科技，创新各类业务发展。其一，基于物联网与产业融合产生的海量数据，为产品销售、营销等奠定基础；从物联网获取的产业数据，根据业务状况进行授信评估，拓展传统的融资和贷款模式，发挥金融引领产业能力提升的作用；利用物联网技术提供的零售业、工业或农业实时状况，获取全面的企业数据，用于业务安全支持。物联网促进数

---

〔1〕 参见李伟主编：《中国金融科技发展报告（2021）》，社会科学文献出版社 2021 年版。

字化服务在智慧农业、智慧医疗、智慧缴费等领域，深入人民生活，满足多方面需求，使“金融 + 科技 + 场景”真正落地。其二，通过数字货币与产业融合，形成新支付应用场景，包括助农售货机、食堂数字化运营、ETC 数字货币支付、POS 机数字货币支付等，提供多样化支付模式；与 ABCDMIX 等技术融合，在政务服务、金融、医疗、制造等领域，提供多层次支付环境；在手机、手表、充电桩、POS 机、ATM 等设备上支持数字货币，开启物物支付、万物互联新时代。其三，将 APP 打造为核心业务平台，基于人工智能技术推荐系统，通过分析客户、资产、产品、风险等多维度信息，推荐理财、基金、保险等个性化产品并用于智能投顾、客户经理管理平台、投资者教育平台等。[1]

2021 年，国内银行业对元宇宙展开了初步探索，主要在银行与客户的交互方式上进行革新。虚拟数字人、虚拟营业厅将成为各银行业务竞争的关键因素。一是应用远程音视频、5G 富媒体新技术，以“一对一”视频客服重塑远程银行服务模式。二是搭建多元融通的服务渠道，借助 AR/VR、云计算、AI、5G 和区块链等技术，实现各渠道之间信息实时共享、服务无缝对接，构建物理与虚拟、传统与新兴的渠道融合平台，满足客户一站式、个性化的金融服务需求。三是提升普惠金融服务全新体验。远程银行为客户搭建智能化非接触服务模式，为客户创新提供内容丰富、形式多样的云端金融服务，不断拓展金融服务的便利性、可得性、包容性。在丰富完善线上服务的同时，远程银行赋能线下网点，实现“客户在哪里，服务就在哪里”，让客户享受无界、无限、无感的服务体验。

（三）法治实践：区块链存证、在线电子质证等银行科技助力司法实践

如重庆市高级人民法院于 2021 年在渝中区人民法院和江北区人民法院启动“数字金融纠纷一体化解决”试点工作。按照部署，渝中区人民法院与中国建设银行重庆市分行共同打造了数字金融纠纷银企易诉平台。该平台主要通过在线诉讼方式办理案件，还实现了运用区块链存证、在线电子质证、云上共享庭审、智能文书生成等功能。此外，该平台上还存储有 5000 余件小额金融借款合同纠纷案件，为在线审理研究提供了范本。[2]

数字信贷所引领的业务模式创新，带动了金融体系运营模式的改变，体现在后端的司法程序上即为银行与法院、仲裁、公证机构等协同，尝试拓展“多场景融合”“数据应用共享”等数字化合作，以有效化解金融风险、保障客户权益，为司法环境、营商环境的优化作出新贡献，护航普惠金融可持续发展。重庆银行与重庆仲裁委员会签署战略合作协议，深入协作以充分运用银行系金融科技助力互联网仲裁化解纠纷。该行依托电子存证保全技术，结合创新多元化纠纷解决法管平台，以金融司法区块链为试点，打通全线上的互联网金融纠纷解决仲裁通道。

---

〔1〕参见王静逸等：《金融科技：引领商业银行未来业态》，载《现代商业银行》2022 年第 6 期。

〔2〕参见刘洋、胡雅茹：《重庆法院启用银企易诉平台》，载中国法院网 2022 年 3 月 19 日，https：//www.chinacourt.org/article/detail/2022/03/id/6585360.shtml。

（四）问题与挑战

大型银行强者地位进一步巩固，银行业竞争削弱。在商业银行数字化转型过程中，不同类型的银行会根据自身资产规模和资金实力进行差异化的金融科技发展和转型战略。[1]大型银行多是通过自主研发、投资或并购等方式发展金融科技，而中小型银行则主要基于战略合作等方式发展金融科技。具有规模、资金甚至政策扶持优势的大型银行较中小型银行更易获得金融科技转型的红利，实现成本领先，从而进一步扩大其市场实力。中小型银行与大型银行间的差距在金融科技浪潮中可能会拉大，削弱银行业的竞争。[2]

部分技术应用场景粗糙，技术风险控制有待加强。银行是探究元宇宙技术最为积极的金融机构，然而以元宇宙为代表的部分前沿科技的应用场景略显初级和粗糙。金融数据具有敏感性和隐私性，而数字化也带来了网络安全风险和数据泄露风险，如何调和两者冲突，保护金融消费者权益，将是银行业未来的重大挑战。

银行业系统风险加重。技术的广泛运用在提高金融机构运行效率的同时，也使得系统性金融风险的复杂性、传染性、隐蔽性和突发性问题更为突出，内生风险在系统内淤积。

三、金融科技与保险市场

（一）发展现状：监管推动，保险科技赋能升级

保险行业数字化转型诉求增加，已经成为金融科技创新的重要前沿阵地。在传统的行业经营逻辑与保险价值链不发生改变的情境下，保险机构通过科技手段赋能，提升业务能力，从而实现整体提效降本。[3]在新冠肺炎疫情期间，面对线下代理人渠道受阻的情况，保险机构迅速上线抗疫类的保险产品，通过互联网的模式，助力后疫情时代复工复产等相关活动。

2021 年 11 月 26 日，银保监会印发《关于银行业保险业支持高水平科技自立自强的指导意见》，标志着我国保险科技升级步入一个新的拐点，[4]鼓励保险机构完善科技保险产品体系，形成覆盖科技企业研发、生产、销售等各环节的保险保障，加大科研物资设备和科研成果质量的保障力度。2021 年 12 月 29 日，中国保险行业协会印发《保险科技“十四五”发展规划》，保险业首次发布保险科技领域中长期专项规划。[5]

在互联网保险领域，诸多监管规则持续落地：2021 年 10 月，银保监会发布《关于进一步规范保险机构互联网人身保险业务有关事项的通知》，进一步规范互联网人身险业务；同

---

〔1〕 参见谢治春、赵兴庐、刘媛：《金融科技发展与商业银行的数字化战略转型》，载《中国软科学》2018 年第 8 期。

〔2〕 参见封思贤、郭仁静：《数字金融、银行竞争与银行效率》，载《改革》2019 年第 11 期。

〔3〕 参见许闲：《赋能型的保险科技》，载《中国保险》2021 年第 3 期。

〔4〕 参见于晗：《银行保险机构如何支持科技自立自强》，载《中国银行保险报》2022 年 3 月 8 日，第 2 版。

〔5〕 参见陈辉：《保险科技的价值：赋能、增能和产能》，载《中国保险》2022 年第 4 期。

年 11 月印发配套的定价回溯机制规定，从 2022 年开始执行定价回溯。2021 年 2 月 1 日《互联网保险业务监管办法》的正式实施，标志着我国互联网保险及其监管进入新纪元。

（二）业务模式：价值链持续升级变革

在产品设计环节，保险公司借助 AI 和云计算等技术逐步构建去同质化的保险产品，关注产品定价的优化和风险领域的细分。在产品营销环节，面对近年来保险需求高发、高峰值以及灵活多变的特性，保险科技赋能渠道数字化融合转型，实现精细化运营管理。一方面，对客户端体验进行优化，促进产品购买率提高；另一方面，应用在代理人增员培训、团队管理和智能展业上，实现代理人的甄选。[1]保险科技积极构建智能化核保引擎，提升线上自核率。同时借助数据挖掘以及人工智能技术，实现了迅速承保出单和实时定价的用户体验。在理赔环节，应用保险科技控制理赔核赔成本与骗保风险，实现快速查勘定损、理赔无纸化、及时识别保险欺诈。

（三）法治实践：电子投保亦不能免除保险人的询问义务

何某莹诉太平人寿保险有限公司广东分公司人身保险合同纠纷案：[2]2019 年 3 月，何某莹在被告代理人郭某玲的帮助下向被告投保，并通过郭某玲缴纳了保费，投保人及被保险人均为何某莹。后何某莹收到郭某玲于 2019 年 3 月 9 日核发的保单及电子保险合同，基本保险金额为 100,000 元，生效日为 2019 年 3 月 9 日 0 时。保险合同约定，何某莹等待期后首次发病并经医院确诊初次患上一种或多种保险合同所定义的特定疾病，被告按基本保险金额给付特定疾病保险金，同时保险合同终止。2020 年 1 月 17 日，何某莹经诊断患乳腺良性肿瘤住院手术治疗。何某莹出院后依据保险合同的约定，申请支付保险金，2020 年 3 月 18 日，被告下属广州中心支公司以何某莹“在投保时未告知事项影响承保决定”为由拒绝承担保险责任，并通知解除保险合同。何某莹认为，原被告之间的保险合同真实、合法、有效，其请求给付保险金的权益应当受到法律保护，向广州市番禺区人民法院提起诉讼。一审被告败诉后向广州市中级人民法院上诉，二审驳回上诉。

本案争议焦点为：何某莹对未如实告知是否存在故意或重大过失。太平人寿广东分公司的保险代理人郭某玲明知在投保过程中，需就“被保人健康告知”事项逐条询问何某莹后，根据何某莹回复的情况确定勾选是或否。虽然涉案保险合同通过电子投保方式订立，亦不免除保险人的该项义务，而郭某玲并未就何某莹身体情况向其进行询问。根据《保险法》第 16 条第 1 款，[3]对保险人未提出询问的事项，投保人无须告知。

---

[1] 参见许闲：《赋能型的保险科技》，载《中国保险》2021 年第 3 期。

[2] 参见太平人寿保险有限公司广东分公司、何某莹人身保险合同纠纷案，广东省广州市中级人民法院（2021）粤 01 民终 325 号民事判决书。

[3] 《保险法》第 16 条第 1 款规定：“订立保险合同，保险人就保险标的或者被保险人的有关情况提出询问的，投保人应当如实告知。”

近来电子投保已逐渐成为主流投保方式，投保人只需要通过手机扫码、线上信息填写、网上缴费即可操作投保流程。但投保方式之进步并不意味着保险人向投保人询问之义务的履行会有所折扣。[1]

（四）问题与挑战

数据安全管理环节仍需加强。在数字技术深化发展的过程中，传统保险行业面临技术和数据的双重限制，缺乏试错能力，与此同时，在数据治理和网络安全方面的短板极大制约了数字化转型的落地。

部分保险公司陷入转型路径认识不清，成本控制居高不下的误区。

亟须解决前后端重视程度不同的囧境，即多数保险公司倾向将保险科技更多投入于销售以及产品设计端，侧重于为客户塑造场景化保险购买体验，注重提升客户购买意向，但对于售后服务、理赔等环节的便利性考虑不足。

四、金融科技与证券市场

（一）发展现状：证券行业数字化转型加速

2017 年至 2020 年证券行业在信息科技的累计投入金额达 845 亿元。有 22 家券商披露了 2021 信息科技投入情况，近 5 年证券行业的投入累计额有望突破 1000 亿元。[2]部分投部券商的投入超同期 40% 。证券公司正积极尝试将前沿科技与传统业务融合，创新新型的业务模式。如 2021 年 3 月，财通证券与蚂蚁金服合作推进应用可信存证服务。2021 年 11 月，包括中信证券、招商证券、东方证券、国信证券在内的第二批基金投顾试点券商相继上线了基金投顾业务。2021 年 10 月 21 日，由证监会科技监管局组织相关单位编制的《证券期货业科技发展“十四五”规划》正式发布，提出一批具有标志性、前瞻性、全局性、基础性和针对性的重大战略举措。

2021 年证券行业的信息安全和证券交易系统的稳定受到高度重视。证监会发布了《证券期货业网络安全等级保护基本要求》《证券期货业网络安全等级保护测评要求》，要求金融机构落实网络安全等级保护。证监会也修订了对《证券期货业信息安全事件报告与调查处理办法》，要求金融机构在发生网络安全事件后及时、完整、准确地报告。

（二）业务模式：集中于标准化业务，逐步扩张至其他业务

金融科技广泛运用于证券行业行纪交易等标准化业务，主要表现为以大数据及人工智能

---

〔1〕 参见张璐璐、高永飞：《电子投保，更易获赔吗?》，载《中国银行保险报》2020 年 1 月 16 日，第 7 版。

〔2〕 参见周尚伃：《22 家上市券商去年信息技术投入均超 1 亿元　行业数字化转型加速》，载《证券日报》2022 年 4 月 12 日，第 B01 版。

技术为依托的智能客服、智能投顾、智能风控、智能营销的运用。证券行业在金融科技领域中投入占比最高的是云计算与大数据，其次是人工智能，再次是区块链。[1]部分证券公司正尝试在理财产品业务的存证管理、债券市场报价、ABS 中创新运用区块链技术。部分证券公司依托私有云、公有云、行业云，实现信息快速处理和整合，为业务创新提供有力支持。

（三）法治实践：金融机构销售产品的陈述是否构成承诺

江西省东龙实业股份有限公司（以下简称东龙公司）诉深圳前海中和泽鑫基金管理有限公司（以下简称中和公司）合同纠纷案[2]：2016 年 11 月，原告东龙公司与被告中和公司签订合同，约定由中和公司授权东龙公司在约定的地区经营代销涉案股市预测软件，并由中和公司提供市场指导和管理系统支持；东龙公司向中和公司支付加盟费 200 万元。后东龙公司支付了相应价款。东龙公司认为，股市软件的准确率未达到中和公司所称的 80%，构成欺诈，诉诸法院要求撤销合同。

本案争议焦点，是中和公司对于软件准确率的陈述是否构成承诺。一审法院认为，双方签订的合同中并没有约定通过使用该软件可以让投资者必然盈利，东龙公司亦没有证据证明在签订合同时受到中和泽鑫公司的欺诈或胁迫而作出错误的意思表示。二审广州市中级人民法院也认为相关陈述并不构成承诺，中和公司并未在合同中对案涉软件预测的准确率作出承诺，双方就案涉软件预测准确率也无其他书面约定；即便是中和公司通过其他形式宣传过案涉软件预测的准确率，东龙公司作为一个理性的商事主体亦不应相信此类宣传。

（四）问题与挑战

金融科技投入程度不足。2021 证券公司的信息科技投入虽较往年增多，但其投入集中于信息化系统建设，在前沿金融科技方面的投入不足。不仅落后于银行业、保险业，而且与国际投行相去甚远。

数据应用水平薄弱，数据安全问题有待解决。证券行业的金融机构掌握了大量的行业和用户的数据，数据已经成为其重要的无形资产。然而，目前证券行业对于数据大多停留在数据采集、初步应用，局限在描述型分析数据，未深入挖掘和利用数据的价值，也未进行预测性和规范性分析。

业务系统分散，金融科技生态化不足。由于未建立统一的技术标准，证券公司内部系统呈分散状态，给数据资源的整合带来了大的困难。

---

〔1〕 参见上海艾瑞市场咨询有限公司：《中国金融科技行业发展研究报告 2020 年》，载《艾瑞咨询系列研究报告》2020 年第 11 期。

〔2〕 参见江西省东龙实业股份有限公司、深圳前海中和泽鑫基金管理有限公司合同纠纷案，广东省广州市中级人民法院（2021）粤 01 民终 3937 号民事判决书。

五、金融科技与票据市场

（一）发展现状：电子票据业务运行稳中增长

随着政策宣传与平台功能优化工作的不断推进展开，2021 年电票平台（ECDS）注册用户已达4. 6 万余家，披露率达94%。公众查询量近1500 万次，平台业务总规模已突破600 亿元，“贴现通”累计成交金额突破1000 亿元，“票付通”累计支付超2 万笔，交易数量均实现跨越式增长。2021 年票据市场业绩持续保持增长，业务规模稳步提升，电子化票据的改革进一步减少票据流通的风险，激发了票据融资的潜力。

（二）业务模式：扩大票据融资渠道

支付端：提高票据支付安全性。目前，通过在供应链、B2B 电商等场景下提供线上票据支付功能，有助于使得票据支付的安全性得到提升，助力企业灵活运用票据资产储备。上海票据交易所于2021 年发布《供应链票据平台接入规则（试行）》，供应链票据的出现进一步强化了产业贸易环节间的联系，将票据嵌入交易供应链中，从交易源头推进应收账款票据化。供应链票据平台通过借助数字化技术，可以实现在供应链内部进行票据分化签发，提高票据使用的灵活性，进一步满足企业用票需求。

贴现端：提高贴现资源配置效率。通过“贴现通”等平台提供贴现自主询价、线上清算等服务。一是精准扶持中小微企业，帮助解决融资难、融资贵难题，通过拓宽中小微企业票据融资渠道，更加契合地为金融机构资金交易特点及中小金融机构流动性管理提供便利。二是通过支持更多金融机构对接企业，推动贴现业务数字化转型，助推金融机构简化贴现业务流程，建立小额快速贴现通道，进而提升贴现融资效率。

融资端：联通票据市场和债券市场。推出供应链票据平台、标准化票据等创新型票据融资产品，以票据作为融资手段，联通票据和债券市场，通过评级分类使得票据进入债券市场，发挥债券的专业投资和定价能力，实现跨渠道跨市场的资金流动，为链上企业提供更为低成本、便捷、高效的金融服务。供应链票据与标准化，一是扩大了票据的适用范围、扩大了链上流通能力，其产品权属关系明确、交易程序清晰、数据化程度高、回款封闭，具有显著优势。二是由于其可以实现线上逐笔监控，极大程度上杜绝资金空转等漏洞，易于监管。三是标准化票据采取事后备案制，发行流程简洁且迅速，无须监管部门的事先审批，具有更高的发行效率。创新型票据融资产品有效促进了票据市场规范化、标准化发展。

（三）法治实践：电票保理的性质认定

票据融资是中小企业融资的理想方式，相较于银行贷款票据更为灵活且门槛较低，可以以较为低廉和便捷的方式完成融资。原银监会在《商业银行保理业务管理暂行办法》中明确规定，应收账款只包括企业在有物质载体的有形交易而产生的常规金钱债权，并不包括由票据等有价证券而形成的付款请求权。原银保监会发布的《关于加强商业保理企业监督管理的通知》也强调了商业保理企业不得"基于不合法基础交易合同、寄售合同、权属不清的应收账款、因票据或其他有价证券而产生的付款请求权等开展保理融资业务"。通过保理实现票据贴现在实际业务中往往分为先保理后票据和先票据后保理两种情形，虽然两种形式最终呈现一致的票据归属状态，但是司法实践对各种形式保理业务合法性判断并不一致。

在"先票据后保理"模式下通说认为，票据原因关系的底层债务，不因票据签发转让而消灭，基础债务与票据债务并存。原因关系的债务与票据权利相生相随，票据权利实现，基础债务随之消灭。在"际华物流诉昆山天雄"一案中，[1]法院认为，买方开具商业汇票结算，在未明确约定汇票系代物清偿的情形下，原因债权并不因票据的交付而消灭。因此，票据债权与原因债权并存，债权人应先行使票据债权，未果可以再行使原因债权。保理商在受让原债权人的应收账款时，其行使权利的顺序亦受前述限制，并且原债权人在转让应收账款给保理商的同时，应将票据背书转让给保理商。而保理商能够受让票据的依据则是基于双方保理合同项下的应收账款转让义务。因此，在"先票据后保理"模式中债务人的票据支付行为并不会直接导致应收账款债权的消灭，保理商仍然可以受让相应的应收账款债权。但是，应当注意票据项下的付款请求权与应收账款项下的付款请求权之间存在实现次序。

除对应票据收账款债权的性质认定以外，该模式的合规性问题还涉及票据流转仅依靠保理合同是否符合法律规定。我国法律要求签发商业汇票要具有真实的交易关系。有学者认为，保理公司虽然依据与原债权人的约定受让了应收账款，但是其与债务人之间本身并无实际的贸易往来，不可以基于保理合同取得债务人的票据。根据《票据法》第 10 条规定，票据的流转要满足存在真实的交易关系和债权债务关系，并且要满足给付对价两个条件。在"际华物流诉昆山天雄"案中法院对保理商是否合法享有票据权利的观点是，保理商依据《保理业务合同》约定支付了保理款并经过背书转让取得票据，且原债权人认可背书并交付汇票的行为，此时涉案票据的流转具有真实的债权债务基础和对价关系，背书行为有效。因此在对"真实的交易关系"的理解上法院采取了更为广义的理解，交易关系不仅局限于传统的货物贸易，而是应当包含一切有法律效力的债权关系。最高人民法院对于保理商取得商业汇票的合法性问题也采取了认可的态度，认为票据债务人不能以票据背书转让，需要真实债权债务关系予以抗辩。[2]

不少保理商是在票据已经签发后才接受保理。此种业务模式是指债务人已经向债权人签发、转让票据，保理商再与债权人签订合同，并且受让票据支付已清偿的应收账款。对于先

---

〔1〕 参见上海际华物流有限公司与昆山天雄商业保理有限公司、上海璃澳实业有限公司票据付款请求权纠纷案，上海金融法院（2020）沪 74 民终 738 民事判决书。

〔2〕 参见中信商业保理有限公司与国中医药有限责任公司票据纠纷案，最高人民法院（2015）民二终字第 134 民事判决书。

票据后保理的情形通说观点认为，已使用票据支付的应收账款非合格的保理对象。债权人并不能直接依据应收账款主张权利，只能先主张票据权利。在票据存在的情形下保理商所承担的业务风险发生了转变，已经由原有的债权债务风险转变为对票据权利实现风险的承担，此时符合票据贴现的目的，此种保理业务形式应当是无效的。因此，在该种模式下存在两点合规性问题：第一，签发票据支付应收账款是否代表应收债权已经消灭。应当先明确在票据交易中存在两个独立的法律关系，一个是产生应收账款债权的基础交易关系也称原因关系，另一个是签发票据的票据关系，两种关系相互独立。在司法实践当中，从“际华物流诉昆山天雄”一案来看，虽然两种债权并存，但是在权利实现上有着先后次序，票据债权是优先实现的权利，只有票据债权实现不能时，才可行使原因债权。票据作为一种支付工具，在实践中常常存在收取票据但未获清偿的现象，并不能直接将其当作货币看待。故原有贸易关系中的应收账款债权，并不因票据支付而得以消灭，票据支付从权利最终实现的时点来看只是一种付款承诺，原因债权只有当票据权利彻底实现后，才会随之消灭。因此，签发票据并交付后，并不会导致应收账款的消灭而是出于并存状态并且劣后于票据债权，当票据之上的付款请求权未能实现时，应收账款债权便可继续行使。第二，保理商受让票据的行为是否有构成票据贴现的风险。保理商在该模式中，保理业务的回款并非来自应收账款债权的实现，而是基于票据权利获得回款，然而这种回款方式可能并不符合保理法律关系的要求，实质上可能涉嫌违法贴现。由于原因关系与票据支付的法律关系是相互独立的，不必然形成依附关系，原债权人在将应收账款债权转让后，也不必然导致票据权利的移转，此时保理商受让票据的行为难以认定为支付或者担保行为。

六、金融科技与资产管理市场

（一）发展现状：资管数字化需求迫切，科技助力打造投研平台

全球主流的资产管理公司都在着手加大资管科技投入，借助科技手段持续推动投研平台线上化、智能化、数字化，同时对各类结构化和非结构化数据进行科学的整合并模型化。国内资产管理行业对于数字化转型的需求正逐步增加，基金、券商资管、银行理财、信托等资管主体都积极打造基于技术驱动的业务平台，通过应用智能投顾等金融科技对大数据进行收集分析并为决策提供信息。

（二）应用场景：金融科技广泛渗透于资管的各个业务场景

金融科技在资产管理行业的应用主要涉及资管机构的前台市场拓展、客户服务；中台投研投资、运营管理以及后台风控与合规、IT 数字化等业务场景。募集和投资过程中，通过人工智能和数据挖掘等技术，在募集阶段实现智能营销，通过广泛应用智能客服，提升市场拓展效率；此外，金融科技的赋能助力资管行业在募集阶段实现精确客户画像，并通过为客户

提供个性化的定制产品实现以客户为中心的“客获”。在投后管理和退出阶段，通过建设投入智能投研平台，资管机构可对大量风险舆情进行实时监测，实现风险信息的共享以及提高数据实效性，从而及时高效提供风险预警，助力资管机构提升合规能力及效率；最后通过数据管控的方式，实现资管产品的智能清算。

（三）法治实践：虚拟资产并非资管产品

叶某诉高某委托理财合同纠纷案：〔1〕原、被告系在微信群“凤凰之母 2019”（2017 生育子女的母亲群）中相识，被告向原告介绍一个虚拟货币投资项目，投资周期约为一年，且收益相对比较可观。原告于 2018 年 12 月 24 日陆续投入合计 13 万元，投资操作由被告完成。其间被告称将所获取的收益进行复投可以获得更高收益，直至 2020 年 5 月投资周期已满一年，原告向被告要求返还投资款及收益，被告推脱拒不返还。原告为此起诉要求被告返还投资款 13 万元。

法院认为：案涉投资项目均是类似于比特币的网络虚拟货币，根据中国人民银行等部门发布的通知、公告，虚拟货币不是货币当局发行，不具有法偿性和强制性等货币属性，案涉比特币、泰达币实际是虚拟货币平台出售流转的一种特定的虚拟商品，不具有与货币等同的法律地位，不能且不应作为货币在市场上流通使用，公民投资和交易这种不合法物的行为虽系个人自由，但不能受到法律的保护。本案中，原告将款项交付给被告进行虚拟货币投资理财，该行为在我国不受法律保护，其行为造成的后果应当由原告自行承担。

（四）问题与挑战

1. 数据安全风险与算法霸权

大量的数据汇聚和应用也使得数据泄露、滥用等风险相应提升，这对智能投研机构信息安全能力提出了更高的要求。大型科技公司过度采集客户数据，在各产品条线上混用数据，侵犯客户数据隐私。为了获得平台公司的金融服务，金融消费者往往需要向其提供个人信息，过度采集数据的问题比比皆是。加强数据隐私的保护以及用户对数据的控制已经迫在眉睫。

“因算法同质化、编程设计错误、对数据利用深度不够等人工智能算法模型缺陷或者系统异常，导致羊群效应、影响金融市场稳定运行的，金融机构应当及时采取人工干预措施，强制调整或者终止人工智能业务。”〔2〕实践中，投资者的消费行为很大程度上受到科技公司算法的影响。由于资管公司在算法使用时的刻意隐瞒，绝大多数人并不理解算法复杂的工作

〔1〕 参见叶某、高某委托理财合同纠纷案，浙江省杭州市萧山区人民法院（2021）浙 0109 民初 20106 号判决书。

〔2〕 中国人民银行、银保监会、证监会、国家外汇管理局《关于规范金融机构资产管理业务的指导意见》，银发〔2018〕106 号，2018 年 4 月 27 日发布。

原理,[1]导致资管公司特别是那些几乎控股了所有与个人生活行为相关的数字平台公司得以处于事实上的支配地位，形成“算法霸权”，常见如算法歧视，提供误导性投资信息等严重危害金融消费者合法权益的算法问题。

2. 智能投研领域需提升智能化和规范化

目前数据来源及信息质量的判定、要素拆解、标签体系及模型建立等关键环节仍依赖资深研究员的经验，对专家人工操作的工作量需求较大，远未达到强人工智能的程度。深度学习作为模拟深度神经网络实现机器学习的技术，应用于投研领域具有“可解释性弱”的特征，相较于因果性，更多描述了相关性，使由此形成的投研逻辑面临难以追溯的问题，增加了对相关系统及算法审核及监督的难度。随着人工智能在资管领域应用的渗透，智能投研系统开发者、销售者、使用者等各方主体在其中的权利、义务和责任需要进一步明确，以减少技术的不当使用对金融市场稳定运行造成的潜在威胁。

七、金融科技监管制度

（一）顶层设计：推动金融高质量发展、防范系统性金融风险

2021 年全球金融科技风险投资交易 4969 笔，总额高达 1315 亿美元，是 2020 年交易规模的 2.68 倍。[2]2019 年 9 月，中国人民银行印发《金融科技（FinTech）发展规划（2019—2021 年）》，首次从国家层面对金融科技发展作出全局性规划；2022 年 1 月，中国人民银行印发《金融科技发展规划（2022—2025 年）》，明确新时期金融数字化转型的总体思路、发展目标、重点任务和实施保障，为金融科技行业未来发展提出新的指引。中国《“十四五”规划纲要》提出，要探索建立金融科技监管框架，稳妥发展金融科技;[3]现阶段，中国金融科技监管框架已基本建成，针对数据被过度收集和滥用、大型金融科技平台加剧市场垄断等日益严峻的社会问题，金融科技监管重心已逐步过渡至数据治理、平台治理、消费者保护等多措施并举的全方位市场监管。

（二）监管主旋律：保护消费者、维系市场公平

2020 年 10 月，国务院金融稳定发展委员会专题会议提出，“当前金融科技与金融创新快速发展，必须处理好金融发展、金融稳定和金融安全的关系”。金融科技监管的重点也从行业起步期的侧重投资者保护、行业成长期的侧重金融风险防范转向逐步深化完善监管框架、

---

[1] 参见魏远山：《算法透明的迷失与回归：功能定位与实现路径》，载《北方法学》2021 年第 1 期。

[2] 参见龚强、马洁、班铭媛：《中国金融科技发展的风险与监管启示》，载《国际经济评论》2022 年第 6 期。

[3] 《中华人民共和国国民经济和社会发展第十四个五年规划和 2035 年远景目标纲要》，载中央人民政府网，http：//www. gov. cn/xinwen/2021 -03/13/content_5592681. htm，最后访问日期：2022 年 4 月 19 日。

保护消费者与维系市场公平。

2019 年以来，中国人民银行、银保监会、证监会相继发布一系列金融科技细分领域监管政策，其中，金融信息与数据安全、平台安全等金融科技应用安全成为监管政策中最多涉及的内容。中国在 2021 年先后出台《数据安全法》和《个人信息保护法》；同时，中国人民银行也陆续发布《金融业数据能力建设指引》和《征信业务管理办法》，引导金融科技企业规范数据管理，遵循“合法、最低、必要”原则收集、使用和保管用户信息，加强信息主体权益保护，同时建立“可用不可见”的数据规范共享机制，着力打破信息垄断。

在监管过程中，第一，要坚持全过程监管理念，监管手段从传统以事后监管为主，优化为事前、事中、事后全过程覆盖。第二，要坚持穿透式监管理念，监管模式逐渐从机构监管向功能监管转变。第三，要坚持适应性监管理念，重点关注与数字经济特征相匹配的新型风险。

（三）金融科技监管工作重心：大型金融科技平台反垄断监管

大型金融科技平台的反垄断监管也逐渐成为监管部门当前和未来的工作重点。[1] 2021 年 2 月，国务院反垄断委员会发布《关于平台经济领域的反垄断指南》，细化界定了平台经济市场支配地位的判别、滥用市场支配地位等标准；2021 年 11 月，国家反垄断局正式挂牌成立，标志着中国反垄断体制机制的进一步完善。同时，针对大型金融科技平台的垄断和不正当竞争行为，监管部门积极推动各类支付渠道打破壁垒，加速推进条码支付互联互通，给消费者更多的支付选择权，也为中小金融科技企业平等参与市场竞争留下机会。此外，监管部门也要求断开支付业务和其他金融业务的不当链接，敦促支付业务回归本源，防止支付市场不正当竞争在与其他金融业务交织后形成更大的垄断效应。2022 年 1 月 13 日，最高人民法院发布《关于充分发挥司法职能作用　助力中小微企业发展的指导意见》，将加强对反垄断和反不正当竞争案件的审理力度，依法严惩强制“二选一”、低价倾销、强制搭售、屏蔽封锁、刷单炒信等垄断和不正当竞争行为。

（四）国际经验与监管趋势

国际上围绕金融科技监管这一主题及相关问题已展开大量研究与实践探索工作，并在创新保护、金融风险防范、数据和平台治理等领域取得一定进展。当下，各国监管机构已初步形成如下经验共识：一是打造监管沙盒等包容性监管环境，在合规前提下提升金融科技创新竞争力；二是细化和完善金融科技监管规则，重视技术应用对传统金融业态和监管模式的冲击，有效防范金融科技的潜在风险；三是形成消费者保护、市场良性竞争等共识性原则，将保护金融消费者、维护金融市场秩序作为监管的长期目标。

我国在借鉴国际经验并结合自身实际的基础上，总结出自身发展方向，即我国金融科技

---

〔1〕 参见戚聿东等：《平台经济领域监管问题研讨》，载《国际经济评论》2021 年第 3 期。

监管体系建设应坚持以功能性、适应性、服务性为原则，以包容性、稳定性、公平性、消费者保护为目标，持续完善数据治理和平台治理体系，推动中国金融科技从“立柱架梁”全面迈入“积厚成势”新阶段。其一，发挥监管效用及功能，强调金融科技业务的金融属性，同时持续深化金融服务实体经济，引导和规范金融科技高质量发展，提升中国金融科技行业的整体水平和全球竞争力；其二，适应数字经济发展趋势，注重数字技术应用和金融数据赋能，形成监管部门、金融科技企业与消费者间多方参与的互动机制，充分释放数据要素潜能；其三，以服务市场主体需求为导向，探索监管服务模式创新，在保护消费者和有效防范风险的前提下，为金融科技企业培育良好生态环境，激发市场主体活力和科技创新能力。

2021 年 9 月，北京市首批三个金融科技创新监管工作创新应用顺利完成全流程闭环测试，我国金融科技监管框架落地实施初见成效。深化监管科技应用方面，充分利用科技手段，确保金融业务合规发展和风险可控；同时提升监管深度与广度，精确识别防范系统性风险。完善消费者保护制度方面，着力解决违法成本过低和处罚力度不足问题，加强金融科技监管与惩处力度；同时重视反欺诈教育与投诉管理，形成便于消费者维权的高效互动机制。

深圳于 2022 年 1 月 1 日正式发布实施了《深圳经济特区数据条例》，该条例按照一定的数据归类标准，将散见于各类法律法规中的个人信息保护与数据安全相关的监管要求进行了梳理整合，并结合现有市场情况对部分原则性要求进行了细化，对有效落实地方数据合规监管起到了十分重要的示范作用。

2021 年绿色金融法制报告

陆　瑶　张琦琪　刘志磊 *

一、绿色金融在我国的发展情况

目前，我国已初步形成绿色贷款、绿色债券、绿色保险、绿色基金、绿色信托、碳金融产品等金融产品和市场体系。截至 2021 年年末，我国本外币绿色贷款余额 15.9 万亿元，同比增长 33%，存量规模居全球第一位；2021 年境内绿色债券发行量超过 6000 亿元，同比增长 180%，余额达 1.1 万亿元。

绿色金融是落实中央部署加快实现“双碳”目标的需求。2020 年 9 月 22 日，我国在联合国大会上正式作出“中国二氧化碳排放力争于 2030 年前达到峰值，努力争取 2060 年前实现碳中和”的承诺。2021 年 9 月 22 日，中共中央、国务院发布《关于完整准确全面贯彻新发展理念做好碳达峰碳中和工作的意见》，提出要积极发展绿色金融，有序推进绿色低碳金融产品和服务开发，研究设立国家低碳转型基金，建立健全绿色金融标准体系。[1]国务院印发的《2030 年前碳达峰行动方案》也将绿色金融作为推动碳达峰的措施之一。[2]《中国应对气候变化的政策与行动》白皮书提出持续提升应对气候变化支撑水平，包括加强绿色金融的支持，加强绿色金融顶层设计。[3]

---

* 陆瑶，华东政法大学 2020 级经济法学硕士生；张琦琪、刘志磊，华东政法大学 2021 级经济法学硕士生。

〔1〕 中共中央、国务院 2021 年 9 月 22 日印发《关于完整准确全面贯彻新发展理念做好碳达峰碳中和工作的意见》(中发〔2021〕36 号)。

〔2〕 国务院印发的《2030 年前碳达峰行动方案》(国发〔2021〕23 号)，2021 年 10 月 26 日发布。

〔3〕 中华人民共和国国务院新闻办公室：《中国应对气候变化的政策与行动》，人民出版社 2021 年版。

绿色金融是我国践行国际气候环境承诺的关键。《联合国2030可持续发展议程》中提出了17项可持续发展目标，其中要求“采取紧急行动应对气候变化及其影响”。[1]世界银行发布了《针对投资项目融资的环境和社会政策》。中国于2016年签署了应对全球气候变化威胁的《巴黎协定》并正式开始履行其中的承诺，在2021年又签订了加强全球气候控制的格拉斯哥气候公约，在其中承诺将予以金融支持。我国在G20峰会上提出要大力发展绿色金融，并倡议成立了绿色金融研究小组并随后演变为G20可持续金融研究小组，中国已成为推动国际绿色金融发展的重要力量。

绿色金融也是金融体系改革创新发展的重点。发展绿色金融是实现绿色发展的重要措施，也是供给侧结构性改革的重要内容。要安排创新性金融制度，利用绿色信贷等相关产品、绿色发展基金、碳金融等金融工具和相关政策为绿色发展服务。国务院先后设立江西、浙江、广东、贵州、新疆等五个改革创新试验区，[2]中国人民银行进一步在六省（自治区）九地设立绿色金融改革创新试验区。[3]

二、绿色金融法律规范

（一）绿色金融的法律体系

绿色金融的法律体系主要由法律、国务院及部门规范性文件、地方法规、司法解释等组成。

法律层面，《固体废物污染环境防治法》第97条规定，国家发展绿色金融，鼓励金融机构加大对固体废物污染环境防治项目的信贷投放。全国人大在“五年规划”以及历年“上年计划执行情况与当年计划的决议”中均涉及“绿色金融”，如“完善绿色金融标准体系和评价机制，发挥国家产融合作平台作用，引导金融资源向工业绿色低碳领域汇聚”[4]。

国务院及各部门的规范性文件，如2020年10月26日国务院印发《2030年前碳达峰行动方案》，提出“深化绿色金融国际合作，积极参与碳定价机制和绿色金融标准体系国际宏观协调，与有关各方共同推动绿色低碳转型”、“加强与共建‘一带一路’国家的绿色基建、绿色能源、绿色金融等领域合作”以及“完善绿色金融评价机制，建立健全绿色金融标准体

---

〔1〕《联合国2030可持续发展目标》，载联合国网站2022年1月15日，https://www.cn.undp.org/content/china/zh/home/sustainable-development-goals.html。

〔2〕《绿色金融为何先在地方试验？听听总理怎么说》，载中华人民共和国中央人民政府网，http://www.gov.cn/premier/2017-06/15/content_5202759.htm，最后访问日期：2023年2月18日。

〔3〕《央行：推动六省（区）九地绿色金融改革创新试验区建设》，载新浪财经网站，https://baijiahao.baidu.com/s?id=1695831300538485176&wfr=spider&for=pc，最后访问日期：2023年2月18日。

〔4〕参见《第十三届全国人民代表大会第五次会议关于2021年国民经济和社会发展计划执行情况与2022年国民经济和社会发展计划的决议》《国民经济和社会发展第十四个五年规划和2035年远景目标纲要》。

系”。部门规范性文件，包括中国人民银行 2021 年 5 月发布的《银行业金融机构绿色金融评价方案》，银保监会 2022 年 6 月发布的《关于印发银行业保险业绿色金融指引的通知》，证监会 2017 年 3 月发布的《关于支持绿色债券发展的指导意见》、2021 年 4 月与人民银行、国家发改委联合发布的《绿色债券支持项目目录（2021 年版）》等，特别是中国人民银行、财政部、国家发改委等七部委 2016 年 8 月联合发布的《关于构建绿色金融体系的指导意见》，作出构建中国绿色金融体系的顶层设计，明确提出“建立健全绿色金融体系，需要金融、财政、环保等政策和相关法律法规的配套支持，通过建立适当的激励和约束机制解决项目环境外部性问题”。

地方法规方面，五大绿色金融改革试验区和六省（自治区）九地改革创新试验区取得了成功经验，先后出台了几十个绿色金融专项法规或规范性文件，推出了环境权益抵质押、绿色市政债券等几百项创新型绿色金融产品和工具。除了《深圳经济特区绿色金融条例》《湖州市绿色金融促进条例》，《上海市浦东新区绿色金融发展若干规定》已由上海市第十五届人民代表大会常务委员会第四十一次会议于 2022 年 6 月 22 日通过，该规定适用于浦东新区行政区域内开展绿色金融活动及相关促进保障工作；目标在于提升浦东新区绿色金融服务水平，促进绿色金融和普惠金融、科创金融的融合发展，推进上海国际金融中心核心区建设，打造上海国际绿色金融枢纽，加快经济社会发展全面绿色转型，促进生态文明建设。

司法解释文件包括《最高人民法院发布十起森林资源民事纠纷典型案例》、最高人民法院《关于为新时代推动中部地区高质量发展提供司法服务和保障的意见》、最高人民法院《关于新时代加强和创新环境资源审判工作 为建设人与自然和谐共生的现代化提供司法服务和保障的意见》、最高人民法院《关于贯彻〈中华人民共和国长江保护法〉的实施意见》、最高人民法院《关于为成渝地区双城经济圈建设提供司法服务和保障的意见》等。

（二）目前常见的绿色金融制度

1. 环境污染强制责任保险制度

环境污染责任保险，即“绿色或生态保险”，其本质上是针对特定企业所产生的环境污染或生态破坏侵权后果的赔偿责任保险。2013 年原环境保护部和原保监会联合发布的《关于开展环境污染强制责任保险试点工作的指导意见》规定，仅有涉重金属企业、按地方有关规定已被纳入投保范围的企业才属于强制环境污染责任保险的范围，石油化工企业、危险化学品企业、危险废物处置等行业仅属鼓励投保范围。目前我国大部分学者主要讨论该险种保险人和投保人权利义务及界定主要保险责任范围，如有学者强调环境责任保险的赔付范围主要分为两部分，即针对受害人的现实环境赔偿责任和针对生态环境本身的治理修复责任，一旦被保险人发生环境事故造成损害后果，保险人就当以上述两个部分进行责任承担；另有学者在对环境责任保险概念的界定中特别强调了投保主体为排污单位而非一般主体。[1]

2. 碳交易制度

2021年10月上海市人民政府印发了《上海加快打造国际绿色金融枢纽服务碳达峰碳中和目标的实施意见》，提出了7个方面24项具体任务，并且提出了基本建成具有国际影响力的碳交易中心，基本确立国际绿色金融枢纽地位的总目标。完善碳交易权融资制度，鼓励碳金融产品创新，是绿色金融法律体系中重要的一环。当前，我国存在两个层面的碳交易市场，一个是立足国际法层面的CDM清洁发展机制，另一个是立足国内法层面的碳配额交易机制以及自愿减排项目交易机制。随着我国对环境问题，尤其是气候变化的重视，借鉴国际上的碳交易机制设置，我国也开始在国内建立了以实现碳排放权总量控制为目的的碳配额交易机制以及基于项目减排的交易机制。

3. 绿色补偿与优惠制度

绿色金融项目通常存在前期投入大、收益期长且收益较低、具有显著外部性等特点，对于融资条件要求较高。因此，配套的优惠与补偿政策对于项目的培育发展有着重要意义。健全绿色金融补偿与优惠制度，就是要通过人才扶持、税收优惠、财政补贴、贷款支持和激励奖励等多种综合手段完善现有的配套机制，以促进和保障绿色金融发展，为其创造良好环境。

三、绿色金融的监管实践

绿色金融在其运行的过程中不仅面临一般金融风险，而且还面临“漂绿”“绿色证券虚假陈述”等特有风险，加强监管是题中之义。绿色金融监管的重点工作包括健全规则标准，优化市场准入，完善监管指标体系，探索绿色金融产品的风险计量方法，实施差异化监管，确保金融机构安全稳健运行。同时，建立激励、引导和信息服务机制，支持绿色金融创新，把握好减污降碳与防范金融风险的关系。

（一）绿色信贷的监管

中国人民银行公布的数据显示，截至2021年年末，中国本外币绿色贷款规模居全球第一位。央行努力推动商业银行积极优化绿色信贷政策、探索建立金融行业自律机制，加大对绿色环保产业资金的投入，压低高污染行业的信贷规模迫使其向绿色环保转型。绿色信贷制度。深圳市政府发文推动经济绿色转型，重点鼓励绿色信贷创新、绿色保险发展以及环境权益交易市场等，特别表示政府将对绿色信贷相关业务给与政策支持。

绿色信贷也带来了诸多合规风险，中国银行业协会绿色信贷业务专业委员会提出要规范

〔1〕 参见熊英、别涛、王彬：《中国环境污染责任保险制度的构想》，载《现代法学》2007年第1期。

银行的绿色信贷业务，完善差别化的信贷支持安排，改进信贷管理。原银保监会发布的《2018 年整治银行业市场乱象工作要点》中规定，违规对环保排放不达标的、严重污染环境且整改无望的落后企业提供授信或融资将被列入治理工作中。同时，《关于印发绿色信贷指引的通知》（银监发〔2012〕4 号）也规定，银行业金融机构应当加强授信审批管理，根据客户面临的环境和社会风险的性质和严重程度，确定合理的授信权限和审批流程，对环境和社会表现不合规的客户，应当不予授信。2018 年 7 月天津银保监局认为平安银行天津支行贷前审查工作进行不到位，在未对借款人环保等级进行合理评估的情况下就对该企业提供融资，违反了原银监会《关于印发〈节能减排授信工作指导意见〉的通知》（银监发〔2007〕83 号）第 5 条，原银监会《关于印发绿色信贷指引的通知》第 17 条等法律的规定，对平安银行天津分行开具了行政处罚决定书［津银监罚决字（2018）35 号］。

（二）绿色债券的监管

绿色债券作为最广泛的直接融资形式，在国家“双碳”目标引领下，碳中和债、可持续发展挂钩债券创新推出，带动我国绿色债券市场发行规模快速增长，上海证券交易所和深圳证券交易所分别发布《关于开展绿色公司债券试点的通知》，鼓励发行人积极向绿色转型发展，已经有一批公司通过绿色债券的发行完成了绿色产业的布局与升级，推进了绿色项目的发展。到 2020 年年末，我国累计发行的绿色债券金额就达到了 1.2 万亿元，规模位居全球第二。《绿色债券支持项目目录（2021 年版）》的发布，以及深圳证券交易所 2021《公司债券创新品种业务指引 1 号——绿色公司债券》（“绿色债券指引”）实施，表明绿色公司债券在前期实践成绩基础上大规模施行。

监管部门发布的《关于明确碳中和债相关机制的通知》《绿色债券发行指引》，以及绿色金融评价等规范性文件为绿色债券建立了监管框架，防止了不符合标准的公司滥用绿色债券，也为符合绿色标准企业使用绿色债券提供了完善保护。保障债券发行募集的资金完全投入绿色产业，发行与使用过程的信息披露合规等。

（三）绿色保险的监管

2021 年 6 月 11 日，中国保险行业协会发布《保险业聚焦碳达峰碳中和目标助推绿色发展蓝皮书》，提出保险业全方位助推经济社会绿色转型发展，实现碳达峰、碳中和目标任务。绿色保险的推进，可以引导保险资金流入绿色产业、推动企业绿色转型，还具有吸收风险的作用。环境污染责任保险作为一种对高污染企业可能损害生态环境的补偿性金融举措，不仅有利于减轻污染性企业的环境损害补偿成本，还可以对生态环境的修复起到支持作用。2021 年 7 月，深圳市生态环境局、银保监会深圳监管局联合印发了《深圳市环境污染强制责任保险实施办法》，率先打破环境责任保险推行的困境。

四、绿色金融的司法保障（案例）

（一）碳交易平台对买方资金的真实性不负有保证义务〔1〕

微碳（广州）低碳科技有限公司（以下简称微碳公司）是在广州碳排放权交易中心有限公司（以下简称广碳交易中心）进行广东碳排放权配额的交易的公司。2018年微碳公司与通明公司签订《广东碳排放配额转让合同》，约定微碳公司以每吨16元的价格将其持有的236,350吨碳排放配额转让给通明公司，双方通过广碳交易中心系统进行转让。但通明公司并未在约定时间将资金转入交易账户。微碳公司与通明公司于2018年11月20日签订《广东碳排放配额补充协议》，但直至案件审理结束，通明公司仍负有向微碳公司拨付8.4万吨碳排放权配额款的义务。微碳公司根据《广州碳排放权交易中心碳排放配额交易规则（2017年修订)》认为，在本案中广碳交易中心应当核实并保证通明公司的交易资金到位，并且负有结算支付交易款项的义务，广碳交易中心不能以未收到通明公司缴存的款项为由而免责。据此微碳公司诉请广碳交易中心向其赔偿通明公司未能支付的交易金额。法院认为，确保交易账户中持有满足成交条件的碳排放配额资金的义务应当归属交易双方，而不应将此义务转移至交易平台，目前并未有明确的约定或者法律规定在交易中心进行交易需要由广碳交易中心保证购买方实际拥有与交易申报相对应的资金。

该案表明，虽然碳排放权的交易要通过交易中心进行，但并不意味着交易平台应当承担全部注意义务和保证责任，从而变相减轻交易双方的合理注意义务。市场交易本就是有风险的，交易资金真实性等属于正常商业风险的事项并不由交易平台进行保证。

（二）地方性法规和规章确定的碳排放配额合法有效〔2〕

2015年5月20日深圳市发改委向深圳翔峰容器有限公司（以下简称翔峰公司）送达了深圳市发改委《关于确定管控单位2014年实际配额数量和实际碳排放量的通知》，告知翔峰公司当年实际的碳排放量远远超过了碳配额，并督促其及时补足缺额。后因翔峰公司未在规定期限内补足缺额，深圳市发改委要求翔峰公司在指定日期前补交碳排放量缺额，并在报纸上进行了公告。翔峰公司拒绝补交与其超额碳排放量相等的配额。对此，2015年8月4日深圳市发改委作出《深圳市发展和改革委员会违法行为通知书》，拟从翔峰公司2015年度配额中扣除2014年未足额补交的配额，并处2014年超额排放量乘以履约当月之前连续6个月碳

---

〔1〕参见微碳广州低碳科技有限公司与广州碳排放权交易中心有限公司合同纠纷案，广东省广州市花都区人民法院（2020）粤0114民初2940号民事判决书。

〔2〕参见深圳翔峰容器有限公司与深圳市发展和改革委员会行政处罚案，广东省深圳市中级人民法院（2016）粤03行终450号行政判决书。

排放权交易市场配额平均价格 3 倍的罚款。翔峰公司认为该计算方式不公平、不合理且没有事实和法律依据，据此向法院诉请撤销深圳市发改委作出的行政处罚决定书。一审法院认为，根据《深圳市碳排放权交易管理暂行办法》的规定，主管部门根据多种因素综合确定单位碳排放权年度配额，翔峰公司仅根据其 2014 年度用电量偏少而得出碳排放总量也应相应减少的主张缺乏事实和法律依据，不予采纳，驳回其诉请。二审法院认为，由于没有其他上位法对碳排放实际配额计算公式作出统一的规定，所以《深圳市碳排放权交易管理暂行办法》依据《深圳经济特区碳排放管理若干规定》的授权规定的计算公式，应当认定其合法有效。

（三）森林资源担保贷款架起金融资源与生态资源的转化连接桥梁〔1〕

2018 年 5 月 30 日，被告森鑫林业公司（以下简称森鑫公司）与原告江西宜黄农村商业银行（以下简称宜黄农商行）签订《流动资金借款合同》，借款 380 万元，借款期限 24 个月，森鑫公司、邹某明与宜黄农商行依法签订了《抵押合同》，用各自名下的林权作抵押担保，并办理了抵押登记。宜黄农商行依约发放贷款后，森鑫公司在借款期届满后未按约定还本付息。宜黄农商行提起诉讼，要求借款人和担保人承担还款责任和担保责任。

江西省宜黄法院一审认为，森鑫公司与宜黄农商行之间的借款合同合法有效。森鑫公司、邹某明用名下的山林所有权作抵押担保且依法办理了抵押登记手续，抵押合法有效。宜黄农商行对二人抵押的森林资源资产在担保范围内享有优先受偿的权利。遂判决森鑫公司向宜黄农商行归还借款本金和利息 400 万余元，宜黄农商行对森鑫公司和邹某明提供担保的抵押物在上述借款本息范围内具有优先受偿权等。

（四）森林保险实现绿色金融普惠性〔2〕

2018 年 2 月，原告凌某成向被告太平财产保险有限公司潍坊中心支公司（以下简称太平财险公司）投保林木保险，保险标的物为原告在潍坊市坊子区庄村种植的林木，保险期间为 2018 年 2 月 10 日至 2019 年 2 月 9 日。2018 年 12 月 26 日，案涉投保林地发生火灾。原告与太平财险公司多次交涉无果，诉至法院。山东省潍坊市坊子区人民法院一审认为，当事人之间已形成合法有效的财产保险合同关系，凌某成投保的林木在保险期间发生火灾事故，太平财险公司应当按照约定赔偿火灾损失。法院根据保险条款规定的赔偿金额计算和评估公司出具的评估报告书判决由太平财险公司赔偿相应的损失。太平财险公司提出上诉，山东省潍坊市中级人民法院二审驳回上诉，维持原判。

---

〔1〕参见江西宜黄农村商业银行股份有限公司与宜黄县森鑫林业有限公司等金融借款合同纠纷案，江西省宜黄县人民法院（2021）赣 1026 民初 226 号民事判决书。

〔2〕参见凌某成与太平财产保险有限公司潍坊中心支公司财产保险合同纠纷案，潍坊市坊子区人民法院（2021）鲁 0704 民初 1160 号民事判决书；太平财产保险有限公司潍坊中心支公司、凌某成财产损失保险合同纠纷案，山东省潍坊市中级人民法院（2021）鲁 07 民终 5113 号民事判决书。

五、绿色金融法制理论研究综述

（一）绿色金融法制相关论文

1. 绿色金融法制的基本理论

有研究者主张绿色金融制度具有促进企业创新的作用机制，认为绿色金融政策一方面通过资金配置、风险管控从内部支持企业获得融资、分散风险；另一方面，绿色金融政策结合绿色消费、竞争激励从外部帮助企业打开了市场并树立了优势。[1]有研究者主张绿色金融制度具有双重优化资源配置的作用，认为其中的绿色信贷政策不仅显著减少了重污染行业企业的信贷融资，优化了行业间的资源配置效率，而且还有助于在重污染行业内部引导资源从低效率的企业流向高效率的企业从事改善重污染行业内的资源配置效率，促进绿色经济发展。[2]有研究以河南省 17 个省辖市的经验为依据指出，绿色金融发展与工业绿色转型存在耦合协调关系，并且随着绿色金融体系的顶层设计与基层实践协同推进，其耦合协调度逐渐由中度协调阶段过渡到高度协调阶段。[3]有研究认为绿色金融制度的完善不仅改变了其外部环境，也促进其内部管理方式的转变，主要体现为绿色管理理念和方法的引入以及风险管理意识的增强。[4]

有研究主张在推进绿色金融服务乡村经济的过程中需要通过自律的内因与法律的外因形成良性互动，并且要重视乡村绿色共享金融的刚性法律制度与柔性法律制度的互补关系，需要将限制性法律规定和激励性法律规定并用。[5]还有研究认为目前绿色金融服务乡村振兴的掣肘因素之一就是绿色金融制度，目前需要引入创新的绿色金融制度，纾解乡村振兴中的金融供求错配。[6]

2. 地方性绿色金融制度

有研究从粤港澳大湾区范围内出发，认为大湾区应当探索创新更深层次的绿色金融体制机制，但目前存在缺乏统一的规划指引、区域联动制度尚未建立、产品体系的互通互联仍存在较多障碍、碳交易平台制度尚不完善的问题。对此要完善绿色金融顶层制度设计，并建立长效合作机制、强化政策激励制度、完善大湾区绿色金融标准、产品和市场体系制度等，以

---

〔1〕 参见王丽萍、徐佳慧、李创：《绿色金融政策促进企业创新的作用机制与阶段演进》，载《软科学》2021 年第 12 期。

〔2〕 参见张小可、葛晶：《绿色金融政策的双重资源配置优化效应研究》，载《产业经济研究》2021 年第 6 期。

〔3〕 参见毛彦军、徐文成：《绿色金融发展与工业绿色转型耦合机制及实证评价——基于河南省 17 个省辖市的经验证据》，载《征信》2021 年第 3 期。

〔4〕 参见陈燕燕：《绿色金融对农村企业绿色发展的影响研究》，载《农业经济》2021 年第 12 期。

〔5〕 参见尚希文：《乡村振兴视阈下绿色共享金融法律制度研究》，载《河南社会科学》2021 年第 2 期。

〔6〕 参见左正龙：《绿色金融创新助力乡村振兴：机制、困境、路径》，载《学术交流》2021 年第 9 期。

此推动大湾区绿色金融发展以及制度完善。[1]有研究立足江西省实际，主张发展绿色金融要找准切入点、形成发力点，制定绿色金融发展规划、实施意见和实施细则等文件，将绿色金融纳入全省高质量发展考评，形成远中近期结合和金融、财税、产业融合的绿色金融政策框架体系。[2]有研究从吉林省范围出发，认为应立足于现阶段的经济状况和产业结构特征，从供求两个方面制定绿色金融与绿色经济相辅相成的总体发展目标和系统发展方案，并在上述框架内从制度体系建设、信息平台搭建、人才队伍打造、市场供给双方主体激励等四个方面推动吉林省绿色金融的快速发展。[3]有研究从浙江衢州的绿色金融实践出发，主张从完善地方绿色金融标准，明确信息披露和监管要求，引导绿色金融产品和服务创新，探索利用金融科技，优化金融支持碳减排的政策环境等方面来完善绿色金融制度，推进绿色金融改革。[4]有研究从广东惠州的绿色金融实践出发，指出当前地方绿色金融发展存在缺乏纲领性文件，信息不够通畅、配套不够协调，绿色金融激励机制仍需优化，绿色金融产品和服务体系不够完善等问题；提出通过出台制度协调各部门联合推进绿色金融发展，优化产品体系等。[5]还有研究主张通过强化政策传递为绿色金融发展搭台建制，强化工具引导实现绿色金融领域创新突破，强化窗口指导引导金融机构落实绿色发展理念。[6]

3. 碳金融制度的建设

研究较多集中于“双碳”目标与绿色金融的关系以及碳金融制度的理论。有研究认为，上海的绿色金融制度在推动“双碳”目标的过程中，仍存在碳金融市场的全球化过程缓慢，缺乏协同掣肘了绿色金融辐射，绿色金融监管机制仍需加强，绿色金融科技亟需发展的问题；并认为上海可从建立全球碳金融中心、强化国际绿色金融枢纽作用、引领长三角绿色金融一体化，以及推进绿色金融数字化等方面坚定不移地贯彻绿色发展理念，大力发展绿色金融，推动“双碳”目标的加速实现。[7]有研究主张，金融业应当把握住碳中和所带来的机遇，并指出应当通过将增强和发挥碳市场的金融属性摆到碳市场建设的重要位置，加强碳金融及衍生产品创新；鼓励金融机构和投资机构参与，适时允许金融机构参与全国碳市场，拓宽控排企业节能降碳资金来源来完善碳金融制度。[8]有研究主张，完善“双碳”目标下的绿色金融政策体系，应当加快完善绿色金融标准体系和激励约束机制，推动碳金融产品和服务创新发展，推动建立信息披露长效机制和深化国际合作，统筹推进碳市场建设和碳金融创

〔1〕 参见王信：《粤港澳大湾区绿色金融发展探索》，载《中国金融》2021 年第 19 期。

〔2〕 参见韦秀长：《江西绿色金融改革创新实践》，载《中国金融》2021 年第 15 期。

〔3〕 参见宋兰旗、季宇、唐志武：《吉林省绿色金融发展问题研究》，载《税务与经济》2021 年第 4 期。

〔4〕 参见应兆祥：《区域绿色金融改革探索——浙江衢州的实践》，载《中国金融》2021 年第 8 期。

〔5〕 参见杨钧：《地方绿色金融发展探索》，载《中国金融》2021 年第 12 期。

〔6〕 参见唐功爽：《推进绿色金融发展的地方实践》，载《中国金融》2021 年第 24 期。

〔7〕 参见李海棠、周冯琦、尚勇敏：《碳达峰、碳中和视角下上海绿色金融发展存在的问题及对策建议》，载《上海经济》2021 年第 6 期。

〔8〕 参见马骏：《碳中和愿景下的绿色金融路线图》，载《中国金融》2021 年第 20 期。

新。[1] 有研究提出了"双碳"目标背景下碳金融制度建设的建议，认为在法律层面要优化碳排放配额分配立法的层级，细化碳金融交易司法适用的规定，完善碳金融融资法律保障体系的制度，并建立环境司法与碳金融司法的联动机制。[2]

4. 绿色金融产品的规范

关于绿色信贷的规范，有研究者提出《商业银行法》的修订要体现绿色信贷政策法律化的方向，并认为政策法律化应将绿色信贷纳入现行法律框架，引入绿色信贷的理念和原则，建立健全政策实施透明度制度，强化银行的责任，明晰监管权限，完善税收和财政优惠制度等。[3] 还有研究提出了绿色信贷政策对重污染企业资本结构动态调整的影响及其作用路径，并认为绿色信贷政策的出台显著降低了重污染企业资本结构调整速度，且在国有企业和市场化程度较高地区的企业中更为显著。[4] 有研究认为，绿色信贷政策的施行使得重污染企业的技术创新产出显著降低，这种抑制作用在非国有企业的影响比国有企业更显著，在中西部地区的重污染企业的影响比东部地区更明显，在强融资约束企业的影响比弱融资约束企业更显著。[5]

有关绿色证券的规范，有研究者提出对中国绿色债券市场发展的建议：尽快统一绿债标准，实施更大力度政策优惠，加强监管打击"洗绿""漂绿"，促进绿债市场内外互通，为碳中和目标下中国绿色债券市场未来的发展与政策制定提供有益的参考。[6] 有研究者提出了对绿色债券的规范反思与完善，提出倡导"负责任投资"理念，完善制度效力等级与体系化，通过制度设计发挥绿色债券的环保性与盈利性，弱化风险性，以及建立违规行为惩戒制度等一系列完善建议。[7]

有关绿色保险的规范，有研究提出，如要实现绿色保险对气候变化的应对，就需要重视并提高我国适应气候变化特别是应对极端天气和高影响气候事件能力；提升气候变化风险应对能力，开展重点区域防灾减灾应用示范、技术推广；提高气候资源利用效率，优化能源结构，以绿色低碳新技术赋能气候变化应对。[8] 有研究指出，绿色保险要把握住绿色低碳带来的新机遇，需要助力绿色科技创新，参与绿色供应链金融，支持绿色消费，助力城乡建设绿

---

〔1〕 参见宣宇：《加快完善碳达峰碳中和绿色金融政策体系》，载《金融与经济》2021 年第 6 期。

〔2〕 参见张叶东：《"双碳"目标背景下碳金融制度建设：现状、问题与建议》，载《南方金融》2021 年第 11 期。

〔3〕 参见王红一：《〈商业银行法〉修订背景下的绿色信贷政策法律化》，载《财经法学》2021 年第 1 期。

〔4〕 参见宁金辉、史方：《绿色信贷政策与资本结构动态调整》，载《财会月刊》2021 年第 21 期。

〔5〕 参见于波：《绿色信贷政策如何影响重污染企业技术创新?》，载《经济管理》2021 年第 11 期。

〔6〕 参见陈骁、张明：《中国的绿色债券市场：特征事实、内生动力与现存挑战》，载《国际经济评论》2022 年第 1 期。

〔7〕 参见张溢轩、徐以祥：《绿色债券的规范反思与制度完善》，载《西南金融》2021 年第 7 期。

〔8〕 参见冯爱青、岳溪柳等：《中国气候变化风险与碳达峰、碳中和目标下的绿色保险应对》，载《环境保护》2021 年第 8 期。

色发展，护航传统产业改造升级，以及支持绿色“一带一路”建设。[1]

5. 绿色金融制度完善的路径

有研究通过对比我国内地与香港绿色金融的激励政策，认为要通过改进绿色金融的激励方式，完善我国绿色金融的标准认定与评估认证制度，加快粤港澳大湾区绿色金融规则制度的衔接与融合。[2]有研究以绿色金融改革试验区的经验出发，指出在地方绿色金融发展方面，应当建立组织合作保障机制，完善绿色标准认定与信息统计披露机制，提升绿色金融评价统计的信息化与智能化水平，以此完善绿色金融的基本制度。[3]有研究提出了对绿色金融创新的路径展望，包括推动绿色金融政策框架的顶层设计、市场创新与地方实践有效衔接，完善支持绿色低碳技术发展的金融创新服务体系，强化绿色金融、绿色技术通用标准研究，推动实现碳中和目标的绿色金融国际合作，积极推动碳金融创新，推动绿色低碳技术创新方面的激励机制和合作等措施。[4]有研究提出以碳中和为目标完善绿色金融体系，加大绿色投融资力度；以政府为引导、市场为主体，建立可持续的绿色金融发展模式；加强绿色转型风险意识，优化绿色金融风险治理机制等。[5]

（二）绿色金融法制的主要著述

1. 绿色金融法律制度体系研究

秦芳菊以绿色金融制度基本框架为基础，基于现有研究成果，以金融法原理为指导，分别对绿色证券、绿色信贷、绿色保险等的制度逻辑和规则设计进行阐释；从中国绿色金融的实践与经验探究出发，对当前我国绿色金融体系发展的现实基础与难点问题、绿色金融的发展要素、绿色金融长效发展机制的构建等展开论述，同时以绿色金融与绿色评价体系研究为主，对绿色金融的环境成本与环境效益、ESG 评估进行分析；在总结国际绿色金融实践的基础上，发掘能够被我国利用和借鉴的绿色金融发展经验，为后续绿色金融的深层次发展提供依据，力求探索出一条具有中国特色的绿色金融发展道路。[6]

徐京平从我国现实基础出发，结合碳中和、碳达峰和经济转型发展的背景，分析我国绿色金融发展现状，借鉴国际实践案例，从中央政府、地方政府、金融机构、企业和消费者五个方面探索具有中国特色的绿色金融制度体系。[7]

---

〔1〕 参见降彩石：《绿色保险服务新发展格局》，载《中国金融》2021 年第 2 期。

〔2〕 参见古小东、郑泽华：《我国内地与香港绿色金融的激励政策研究》，载《环境保护》2021 年第 14 期。

〔3〕 参见王梓利、林晓言：《我国地方绿色金融实践及发展路径探析——以改革试验区为例》，载《环境保护》2021 年第 5 期。

〔4〕 参见安国俊：《碳中和目标下的绿色金融创新路径探讨》，载《南方金融》2021 年第 2 期。

〔5〕 参见信瑶瑶、唐珏岚：《碳中和目标下的我国绿色金融：政策、实践与挑战》，载《当代经济管理》2021 年第 10 期。

〔6〕 参见秦芳菊：《绿色金融的法律制度研究》，吉林大学出版社 2021 年版。

〔7〕 参见徐京平：《探索与构建：新时代中国绿色金融体系》，社会科学文献出版社 2021 年版。

2. 碳中和制度研究

中金公司研究部和中金研究院所著《碳中和经济学》一书从总量和结构两个方面，就中国实现碳达峰与碳中和的有效路径、具体措施和影响进行了系统性分析。总量方面，峰值目标设定不宜过于刚性，而更适宜设定为一个区间，2030 年中国净碳排放峰值水平为 99 亿—108 亿吨。结构方面，在“绿色溢价”框架下，以八大高排放行业（能源、制造、交通运输等）为重点分析对象，提出了“碳中和之路 = 碳定价 + 技术进步 + 社会治理”的思路，以兼顾经济增长与碳中和的目标。路径方面，对绿色技术、绿色能源、绿色制造、绿色交通、绿色生活、绿色城市等领域的碳中和之路进行了有针对性的探讨。[1]

鲁政委等梳理了国际绿色金融重要规则与标准，以及中国绿色金融标准体系的构建与发展，提出要理解中国碳中和和绿色金融未来的走向，就必须充分了解主要经济体的绿色金融相关政策与标准，很多标准实际上具有域外效力，比如碳边境调节税。目前我国绿色金融的实践情况，主要展现在碳中和下的绿色金融市场发展，包括气候投融、绿色信贷、绿色债券、可持续投资与 ESG、绿色保险、碳市场与电力市场，以及碳中和时代的金融机构管理创新。[2]

3. ESG 评价体系研究

王大地、黄洁探讨 ESG 的发展脉络和理论内涵，探究 ESG 与中国经济高质量发展的关联，论述国际主流的 ESG 披露标准、评价指标和评价方法，分析企业中 ESG 的驱动因素和 ESG 表现对企业财务的影响，挖掘现实中企业采取的 ESG 举措和面临的 ESG 风险，展望 ESG 进一步发展的重点和难点，并提出构建本土化 ESG 框架的建议。[3]

王凯、邹洋等对国内外现有的 ESG 评价体系进行对比分析，阐述了每一个评价体系的评价原则、评价指标选取、权重赋予方法、优势与不足等。在此基础上，提出了实质共赢、兼收并蓄、扎根国情、因地制宜的 ESG 评价原则，并据此选取中国企业 ESG 评价的具体指标，同时对指标的权重进行设计，形成中国企业 ESG 评价指标体系。以我国金融业和批发零售业上市公司为研究对象，利用构建的评价指标体系对其 ESG 表现进行评价。其研究结论既可以为 ESG 评价提供理论支撑，也对促进中国企业 ESG 发展具有较强的实践指导意义。[4]

4. 总结绿色金融改革创新试验

湖州市国家绿色金融改革创新试验区建设工作领导小组办公室编写的《绿色金融在湖州》一书从政策方面梳理了湖州绿色金融发展方面的制度、政策和标准，从实践方面梳理了湖州绿色金融的各方参与者和参与平台，全方面总结了湖州绿色金融改革的经验和做法，把

---

〔1〕 参见中金公司研究部、中金研究院：《碳中和经济学》，中信出版社 2021 年版。
〔2〕 参见鲁政委、钱立华、方琦：《碳中和与绿色金融创新》，中信出版社 2022 年版。
〔3〕 参见王大地、黄洁主编：《ESG 理论与实践》，经济管理出版社 2021 年版。
〔4〕 参见王凯、邹洋主编：《国内外 ESG 评价与评级比较研究》，经济管理出版社 2021 年版。

绿色金融领域的湖州经验与全国和世界开展知识共享，向全球传播了绿色金融改革创新的“湖州经验”。[1]

5. 绿色金融教材

诺贝尔经济学奖得主威廉·诺德豪斯所著的《绿色经济学》基于目前全球面临的环境污染、气候变化等绿色挑战，以及流行病肆虐带来的全球性问题，论证了绿色发展的可行性和必要性，从绿色思维的角度重新思考了经济效率、可持续性、税收制度设计、个人伦理、企业社会责任、ESG 投资以及社会公平等问题，提出了市场和政府双管齐下的对策，即以市场机制提高效率，以政府干预消除外部性。还就如何为碳定价、推行低碳技术、设计有效的环境税以及通过气候俱乐部促进国际合作提供了具体的解决方案。[2]

陈诗一主编的《绿色金融概论》通过从绿色金融的概念发展、制度政策、法律法规、市场动态等方面内容的介绍，初步构建绿色金融知识体系，同时将绿色金融案例融入教材中，形成理论知识与实际案例的有机结合。[3]

（三）绿色金融法制重要学术活动

2019 年 5 月 26 日，以“绿色金融的法制促进与保障”为主题的中国银行法 40 人论坛在上海隆重举行。本次 40 人论坛由中国法学会银行法学研究会主办，上海市法学会金融法研究会、上海农商银行联合承办，绿色技术银行总部协办。论坛第一单元主题为“绿色金融的法治环境”，研讨了绿色金融法律体系的完善、绿色金融与人民币国际化以及绿色保险法律问题；第二单元主题为“绿色信贷政策的法律化”；第三单元主题为“绿色证券与碳交易的法律问题”，研讨了证券商事的绿色标准、公司绿色信息披露、绿色债券和碳交易的规范等问题。

2020 年 12 月 15 日，湖州市中级人民法院举行“绿色金融法治保障与风险治理”实务论坛，邀请来自学术界、企业界、实务界的代表围绕“绿色金融法治保障”的主题进行探讨，提出绿色金融司法要强化对绿色行业的服务与扶持，从立案、调解、判决和执行提高司法效率；对陷入经营信贷危机的绿色企业予以司法帮扶，以点带面，将经验复制到全面审判改革，同时还要积极回应绿色金融特殊问题。建议通过立法构建绿色金融生态，发挥金融机构、实体企业和第三方机构在绿色金融领域的主观能动性，降低绿色融资成本，使绿色金融有法可依、有章可循。应加强裁判和引导两大职能作用，实现“结果治”和“源头防”。

2021 年 9 月 24 日，中国金融学会绿色金融专业委员会、《金融研究》编辑部联合主办，中央财经大学绿色金融国际研究院、北京绿色金融与可持续发展研究院、中国人民大学重阳

---

〔1〕 参见湖州市国家绿色金融改革创新试验区建设工作领导小组办公室：《绿色金融在湖州》，中国金融出版社 2021 年版。

〔2〕 参见［美］威廉·诺德豪斯：《绿色经济学》，李志青等译，中信出版社 2022 年版。

〔3〕 参见陈诗一主编：《绿色金融概论》，复旦大学出版社 2019 年版。

金融研究院联合承办“绿色金融学术研讨会”，该会议讨论了《生态法治对债券融资成本的影响——基于我国环保法庭设立的环保法庭设立的准自然实验》为主题的绿色金融法治议题。

2021年11月20日，第八届中国南方金融法治论坛暨广东省与广州市法学会金融法学研究会2021年学术年会在广州召开，该会议的主题为“数字化及绿色化背景下金融法治的创新发展”，在学术论坛第二单元还探讨了“绿色金融与大湾区金融法治的创新发展”的议题。

2021年12月12日，由北京银行法学研究会主办、北京市天同律师事务所承办的北京银行法学研究会2021年年会暨“绿色金融的法治保障”学术研讨会顺利召开，以“可持续贸易金融最新进展”为主题探讨了构建绿色贸易金融评价体系的缺憾、如何确立可持续贸易及可持续贸易金融的标准，探讨了可持续性的三个维度和评估范围等问题。

2021年12月21—22日，“一带一路”绿色发展国际联盟（简称绿色联盟）、北京绿色金融与可持续发展研究院和克莱恩斯欧洲环保协会联合举办“一带一路”绿色金融与环境管理专题研讨会。该会议分享了全球碳中和、能源转型及生物多样性保护等领域的新政策与新形势，探讨了绿色金融面临的机遇与挑战，就金融机构推动绿色投融资的政策需求、“一带一路”能源低碳转型、绿色金融工具、“一带一路”项目绿色发展指南与“一带一路”绿色投资原则协同增效等议题展开交流。

2021年12月3日，“2021绿色金融国际研讨会”的系列研讨活动在北京启动。来自政府部门、金融机构、企业和学界的专家学者以线下或者线上形式出席会议。该会议代表通过成果发布、专题演讲、圆桌讨论、征文交流等多种方式围绕G20可持续金融发展共识和国内外绿色金融发展新趋势，深入交流中国金融机构开展环境气候信息披露的进展和建议，介绍国内外金融机构ESG最佳实践，推动中国ESG尽责管理。

2022年1月，生态环境损害赔偿机制与绿色金融法治保障研讨会在成都召开，该会议就生态环境损害赔偿和绿色金融法治保障两个主题进行了交流，提出希望能够进一步加强法院、主管部门、环境权交易平台、科研院所之间的沟通交流，完善合作联动机制，推动信息、政策及动态等方面资源共享，打造更多具有首创性、典型性的生态环境损害赔偿及绿色金融执法和司法实践案例。

2021 年银行业监管处罚报告*

京衡律师事务所金融委

本报告就2021 年银保监会（现已变更）以及北京、上海、广东（不含深圳）、江苏、浙江（不含宁波）五地区银保监局及分局对银行的行政处罚进行统计、分析，并提出合规建议。

一、总体情况

2021 年银保监会及以上地区银保监局针对银行业主体开出的罚单共计 721 个，处罚金额达到了 102,659.771 万元。值得注意的一个新监管趋势是，2021 年出现了一批大额罚单。在一单处罚中包含 10 个案由以上的罚单，且每一单罚没金额巨大，最大一笔罚款金额达 11,450 万元，处罚对象包括了国有大型银行、全国性股份制银行、政策性银行三种。各地区处罚数量和金额变化如图 1 所示。

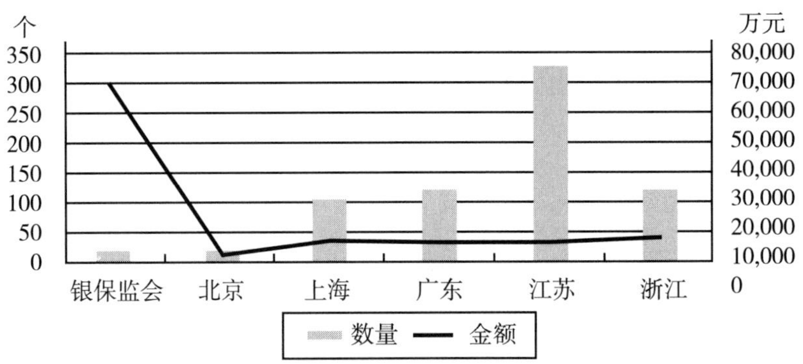

图 1　银保监会及部分地区银保监局处罚数量和金额

* 本文由浙江京衡律师事务所金融专委会提供，写作组负责人为邬晓东、王立等。

从处罚数量上来看，江苏地区的处罚案件数量最多，达324件，与2015—2020年各地处罚的数量进行比较，江苏依旧居于榜首；广东、浙江、上海地区的处罚数量相当；最少的是北京和银保监会，均为24件。

从处罚金额上来看，银保监会作出的行政处罚金额总计最大，达到了67,899.63243万元，其中，甚至有出现了超1亿元的单个行政处罚；其次是浙江、上海地区，金额达到了7,935.385485万元；广东地区和江苏地区相当；最少的是北京。

从上述数据来看，虽然江苏地区处罚案件数量最多，但平均每个案件的处罚金额却最低，为21.07万元左右；广东地区为55.37万元左右，浙江地区为70.23万元左右，上海地区为74.16万元左右，北京地区为179.58万元左右，最高的是银保监会，可达2,829.15135万元。

根据统计数据，银保监会及各地区银保监局处罚的案由可以主要为以下几个方面：（1）银行自有资金运营和投资业务；（2）银行理财和代销业务；（3）银行同业业务；（4）贷款相关业务；（5）银行存款相关业务；（6）银行房地产业务；（7）银行票据业务；（8）银行服务收费业务；（9）银行高管及责任人；（10）员工内部管理。

二、自有资金运营和投资业务

自有资金运营和投资业务是银行的主要业务之一。银保监会及各地区银保监局对此类业务处罚的主要具体案由为：投资审核/调查未尽职、自有资金违规缴纳土地款及违规接受担保。该类业务银保监会各地区银保监局开出的罚单数量共有9个，金额达到了2170万元。其中，投资审核/调查未尽职类处罚金额居第一位，达到了1005万元；自有资金违规缴纳土地款类为620万元，居第二位；违规接受担保类为545万元，居第三位。处罚数量方面，投资审核/调查未尽职类处罚和自有资金违规缴纳土地款类并列居第一位，均为4个。

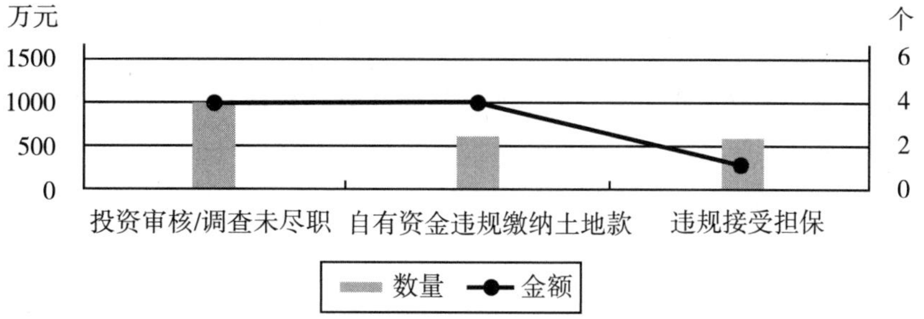

图2　2021年银行自有资金及投资业务处罚数据及金额

银行自有资金和投资业务中，处罚金额最大的罚单来自银监会北京监管局开出的针对江苏银行北京分行及行内郭某华、陈某、宫某唯、刘某翔、徐某、杨某辉、马某、陈某宁的京银保监罚决字〔2021〕32 号罚单，该案案由为采用不正当手段发放贷款；固定资产贷款项目审批要件不齐全；固定资产贷款管理严重失职；贷后管理不审慎导致个人消费贷款资金违规进入投资等限制性领域；同业投资业务违规接受第三方金融机构信用担保；同业投资业务项目审批要件不齐全且投后管理不到位导致部分资金被挪用；同业投资业务资金占比超监管要求，北京银监局决定对其违反国家规定从事投资活动的行为给予 545 万元的罚款。

根据统计数据，自有资金运营和投资业务中各类银行机构处罚数量在四类主要案由中的占比情况是，其中城商行在其中三类主要案由中所受到的处罚数量占比为最大，与往年相差较大，往年为全国性股份制银行在全部主要案由中占比最大。

三、理财和代销业务

银行的理财和代销业务同样是银行的主要业务之一，2021 年度银保监会及各地银保监局对此类业务仍保持较大监管力度。银行的理财和代销业务处罚，主要集中在理财销售/代销管理、风险管理和理财资金投资管理三个方面。该类处罚数量共计 25 个，金额达到了 2492 万元。其中，理财销售/代销管理受到的处罚数量和金额均为最多，数量为 16 个，金额达到了 1577 万元。在沪银保监罚决字〔2021〕29 号处罚中，浦发银行因未按规定开展代销业务，被处 760 万元的罚单，为本项中最大罚单。

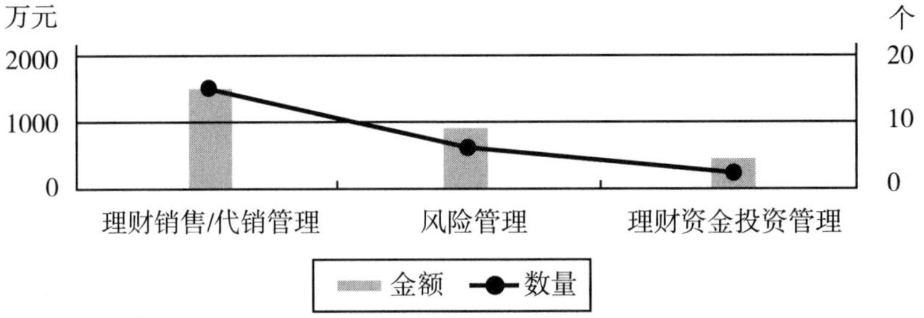

图 3　2021 年银行理财和代销业务处罚数量及金额

根据统计数据，理财和代销业务中各类银行机构处罚数量在三类主要案由中的占比情况，与往年全国性股份制银行占比较高的局面相反，2021 年城商行和国有大型银行在三类主要案由中所受到的处罚数量占比较高。

1. 理财销售/代销管理

（1）代客操作购买理财产品。根据原银监会出台的《商业银行理财产品销售管理办法》（银监会令〔2011〕5 号，已失效）第 54 条的规定，销售人员从事理财产品销售活动，不得违规接受客户全权委托，私自代理客户进行理财产品认购、申购、赎回等交易。而在实际中，银行的理财产品销售都与工作人员的业绩挂钩，存在较多的代客操作行为。根据统计数据，2021年没有开出此类罚单，而在2015—2020年则曾对此开出总计7张罚单。

（2）违规修改理财合同。根据原银保监会出台的《商业银行理财业务监督管理办法》（银保监会令〔2018〕6号）的规定，银行理财产品宣传销售文本应当由商业银行总行统一管理和授权，分支机构未经总行授权不得擅自制作和分发宣传销售文本，同时根据《商业银行理财产品销售管理办法》的规定，商业银行销售理财产品，应当遵循公平、公开、公正原则，不得对客户进行误导销售。根据统计数据，银保监会和各地银保监局在2021年没有开出此类罚单，而在2015—2020年则曾开出总计2张罚单。

（3）违规销售/代销。以违规销售/代销为兜底性案由，具体表现为各银行违反审慎经营原则。银保监会及各级银保监局作出的处罚共16个，分别由银保监会、浙江、上海、江苏银保监局及其分局作出。从处罚对象角度，国有大型银行受处罚比例最大，高达11个，占比68.75%。上海监管局开出沪银保监罚决字〔2021〕29号罚单，对上海浦东发展银行股份有限公司处以760万元处罚，为本项最大罚单。典型案例如表1所示。

表1　典型案例

序号	地区	处罚日期	被处罚人	处罚文书号	处罚单位	主要违法违规事实（案由）
1	上海	2021.4.23	上海浦东发展银行	沪银保监罚决字〔2021〕29号	中国银保监会上海监管局	未按规定开展代销业务
2	上海	2021.7.2	中国邮政储蓄银行上海分行	沪银保监罚决字〔2021〕78号	中国银保监会上海监管局	（1）部分高级管理人员未经任职资格许可实际履职；（2）员工行为管理严重违反审慎经营规则；（3）部分个人贷款贷后管理严重违反审慎经营规则，部分个人住房贷款贷前调查严重违反审慎经营规则；（4）部分理财业务销售管理严重违反审慎经营规则
3	上海	2021.1.11	交通银行私人银行部	沪银保监罚决字〔2021〕10号	中国银保监会上海监管局	代理销售业务管理严重违反审慎经营规则
4	浙江	2021.5.13	中国农业银行嘉兴分行	浙银保监罚决字〔2021〕21号	中国银保监会浙江监管局	（1）误导销售保险产品；（2）强制借贷搭售
5	江苏	2021.11.17	平安银行南京中山南路支行	苏银保监罚决字〔2021〕61号	中国银保监会江苏监管局	销售未经审批的非本行产品

2. 理财资金投资管理

原银保监会出台的《商业银行理财业务监督管理办法》第 35 条、第 36 条对商业银行理财产品投资资产范围作出了明确限定。根据该规定，银行面向机构和非机构投资者发行的理财产品，可以投资的种类为：国债、地方政府债券、中国人民银行票据、政府机构债券、金融债券、银行存款、大额存单、同业存单、公司信用类债券、在银行间市场和证券交易所市场发行的资产支持证券、公募证券投资基金、其他债权类资产、权益类资产以及国务院银行业监督管理机构认可的其他资产。

银行面向机构和非机构投资者发行的理财产品，不得直接投资于信贷资产，不得投资的种类为：本行信贷资产、本行或其他银行业金融机构发行的理财产品、本行发行的次级档信贷资产支持证券。

面向非机构投资者的理财产品，不得投资于不良资产、不良资产支持证券。

根据统计数据，银保监会及各地银保监局针对此类事项共开出 8 张罚单，其中银保监会开出 6 张罚单，5 张罚单为包含 10 个案由以上的大宗罚单，详见“十二、大宗处罚”，浙江及广东银保监局各开出 1 张罚单。典型案例如表 2 所示。

表 2　典型案例

序号	地区	处罚日期	被处罚人	处罚文书号	处罚单位	主要违法违规事实（案由）
1		2021. 5. 17	中国银行	银保监罚决字〔2021〕11 号	中国银保监会	（1）面向一般客户销售的理财产品投资二级市场股票；（2）未按规定向投资者充分披露理财产品投资非标准化债权风险状况；（3）理财资金违规用于支付土地款或置换股东购地借款；（4）理财资金违规用于土地储备项目；（5）理财非标融资入股商业银行
2		2021. 5. 17	渤海银行	银保监罚决字〔2021〕13 号	中国银保监会	（1）非标准化债权资产占比超监管指标；（2）理财资金为客户入股其他商业银行提供融资；（3）理财资金用于开立本行定期存单；（4）投向权益类资产及集合资金信托计划的理财产品面向一般个人客户销售；（5）组合信贷类理财产品高流动性资产低于监管要求

续表

序号	地区	处罚日期	被处罚人	处罚文书号	处罚单位	主要违法违规事实（案由）
3		2021. 7. 13	交通银行	银保监罚决字〔2021〕28号	中国银保监会	（1）理财资金违规投向土地储备项目；（2）理财产品相互交易调节收益；（3）面向非机构投资者发行的理财产品投资不良资产支持证券；（4）公募理财产品投资单只证券超限额；（5）理财资金违规投向交易所上市交易的股票；（6）理财资金投资非标资产比照贷款管理不到位；（7）私募理财产品销售文件未约定冷静期；（8）开放式公募理财产品资产配置未达到流动性管理监管比例要求
4	浙江	2021. 5. 18	杭州银行、余某	浙银保监罚决字〔2021〕25号	中国银保监会浙江监管局	（1）房地产项目融资业务不审慎；（2）流动资金贷款管理不审慎，资金被挪用于支付土地出让金；（3）授信投放不审慎，超额投放；（4）理财资金管理不审慎，回流借款人母公司挪用于支付土地出让保证金；（5）个人经营贷款管理不审慎，资金挪用于购房；（6）个人消费贷款管理不审慎，资金挪用于购房。余某对上述第1项行为负有主要责任
5	广州	2021. 2. 18	广州银行、广州银行肇庆分行	粤银保监罚决字〔2021〕2号	中国银保监会广州监管局	未经批准开展衍生产品交易、以个人理财资金承接不良资产、向未取得有关批准文件的固定资产项目提供融资

3. 风险管理

银保监会对银行理财的风险管理有相应监管要求，根据《商业银行理财业务监督管理办法》，商业银行应比照自营贷款管理流程，对非标准化债权资产投资进行投前尽职调查、风险审查和投后风险管理，并纳入全行统一的信用风险管理体系。

此类具体处罚案由主要是投后风险管理不到位、信息披露违规、出具与事实不符的理财业务投资情况报告等。根据统计数据，该类罚单数量共6张，分别由银保监会以及广东、上海、江苏银保监局及其分局作出。典型案例如表3所示。

表 3　典型案例

序号	地区	处罚日期	被处罚人	处罚文书号	处罚单位	主要违法违规事实（案由）
1		2021. 5. 17	渤海银行广州分行	银保监罚决字〔2021〕15 号	中国银保监会	出具与事实不符的理财业务投资情况报告
2	江苏	2021. 12. 24	江苏银行股份有限公司无锡分行	锡银保监罚决字〔2021〕41 号	中国银保监会江苏监管局无锡分局	理财投资非标投后风险管理不到位，流动资金实际被用于股权投资
3	上海	2021. 10. 8	宁波通商银行资金营运中心	沪银保监罚决字〔2021〕155 号	中国银保监会上海监管局	（1）部分同业投资投后管理严重违反审慎经营规则；（2）某理财业务信息披露严重违反审慎经营规则；（3）未对交易员超授权交易采取控制措施

4. 理财违规保本承诺

中国人民银行、银保监会、证监会以及国家外汇管理局联合发布的《关于规范金融机构资产管理业务的指导意见》（银发〔2018〕106 号，以下简称《资管新规》）出台后，要求银行理财产品要打破刚兑、禁止保本承诺。因此，此类违规行为将受到各级银保监部门的监管处罚。根据统计数据，2021 年仅银保监会对此开出 1 张罚单，且为包含 10 个案由以上的大宗罚单。典型案例如表 4 所示。

表 4　典型案例

处罚日期	被处罚人	处罚文书号	处罚单位	主要违法违规事实（案由）
2021. 5. 17	招商银行	银保监罚决字〔2021〕16 号	中国银保监会	为同业投资提供第三方信用担保、为非保本理财产品出具保本承诺，部分未按规定计提风险加权资产

四、同业业务

2014 年中国人民银行、原银监会、证监会、原保监会、国家外汇管理局出台的《关于规范金融机构同业业务的通知》（银发〔2014〕127 号）对银行的同业业务经营行为作出了深入规定。2017 年原银监会“三三四十”系列文件中，又进一步对银行开展同业业务进行了规范。2018 年原银监会发布的《关于进一步深化整治银行业市场乱象的通知》（银监发〔2018〕4 号）将银行违规开展同业业务作为了整治工作要点。

根据统计数据，2021 年银保监会和各地银保监局开出的涉及同业业务的罚单共计 26 张，其中银保监会开出的 8 张罚单均为包含 10 个案由以上的大宗罚单，详见“十二、大宗处罚”，除上述大宗罚单以外的处罚金额共计 3145 万元，主要具体案由为：同业投资违规、同业内控违规、违反监管指标及其他同业业务违规兜底性案由。

其中，罚单数量方面，同业投资违规罚单数量最多，共计 14 张罚单，居同业内控违规第二位，共计 8 张罚单。金额方面，同业投资违规、提供/接受担保违规和同业内控违规处罚金额依次递减，分别为 2680 万元、575 万元和 355 万元，位列前三。

根据统计数据，同业业务中各类银行机构处罚数量在五类主要案由中的占比是，同业投资违规类别中，全国性股份制银行和城商行占比最大，罚单数量为 6 张；同业内控违规类别中，农商行占比最大为 57.1%，罚单数量为 4 张；提供/接受担保违规类别中，政策性银行、城商行和外资银行均占比 1/3，罚单数量为各 1 张；违反监管指标类别中，均为城商行，罚单数量为 1 张；同业存款业务违规中，国有大型银行、村镇银行和外资银行均占比 1/3，罚单数量为各 1 张。

1. 同业投资违规

根据统计数据，上海银保监局开出的罚单数量最多，罚单数量为 6 张；银保监会及北京银保监局各开出 4 张罚单。主要具体案由为同业投资投向不合规、违规流向房地产、调查未尽职等。典型案例如表 5 所示。

表 5　典型案例

序号	地区	处罚日期	被处罚人	处罚文书号	处罚单位	主要违法违规事实（案由）
1		2021. 5. 17	华夏银行	银保监罚决字〔2021〕19 号	中国银保监会	（1）同业投资投前审查、投后管理不严；（2）通过同业投资向企业提供融资用于收购银行股权
2	湖南	2021. 7. 13	周某民（时任交通湖南省分行授信管理部总经理）	银保监罚决字〔2021〕29 号	中国银保监会	（1）理财资金投资非标资产比照贷款管理不到位，理财资金为企业发行债券提供“过桥融资”投前审查不尽职；（2）违规增加政府性债务，且同业投资抵质押物风险管理有效性不足
3	北京	2021. 9. 26	卢某、曾某涛/交通银行北京分行	京银保监罚决字〔2021〕24 号	中国银保监会北京监管局	同业投资资金违规投向股权投资领域

续表

序号	地区	处罚日期	被处罚人	处罚文书号	处罚单位	主要违法违规事实（案由）
4	北京	2021. 9. 26	陈某、孙某、房某、宋某、闫某/北京银行	京银保监罚决字〔2021〕26 号	中国银保监会北京监管局	理财和同业投资业务严重违反审慎经营规则
5	北京	2021. 11. 23	华夏银行北京分行	京银保监罚决字〔2021〕29 号	中国银保监会北京监管局	同业投资业务严重违反审慎经营规则
6	北京	2021. 12. 1	郭某华、陈某、宫某唯、刘某翔、徐某、杨某辉、马某、陈某宁/江苏银行北京分行	京银保监罚决字〔2021〕32 号	中国银保监会北京监管局	同业投资业务项目审批要件不齐全且投后管理不到位导致部分资金被挪用；同业投资业务资金占比超监管要求
7	上海	2021. 5. 10	广发银行股份有限公司上海分行	沪银保监罚决字〔2021〕56 号	中国银保监会上海监管局	同业投资资金变相用于土地出让金
8	上海	2021. 5. 25	中国民生银行上海分行	沪银保监罚决字〔2021〕57 号	中国银保监会上海监管局	同业投资资金变向用于支付土地出让金
9	上海	2021. 7. 1	关某韵、上海银行浦西分行	沪银保监罚决字〔2021〕69 号	中国银保监会上海监管局	同业投资房地产企业合规审查严重违反审慎经营规则。关某韵负有直接管理责任

2. 同业内控违规

根据统计数据，同业内控罚单 5 张。主要案由为：同业业务不审慎、同业业务名单制管理不到位。其中江苏银保监局及其分局数量最多，开出了 4 张罚单。典型案例如表 6 所示。

表 6　典型案例

序号	地区	处罚日期	被处罚人	处罚文书号	处罚单位	主要违法违规事实（案由）
1		2021. 7. 13	中国民生银行	银保监罚决字〔2021〕26 号	中国银保监会	（1）同业业务未实行专营部门制；（2）同业业务交易对手管理不健全；（3）同业业务统一授信管理不到位

续表

序号	地区	处罚日期	被处罚人	处罚文书号	处罚单位	主要违法违规事实（案由）
2		2021.7.13	交通银行	银保监罚决字〔2021〕28号	中国银保监会	（1）同业业务交易对手名单调整不及时；（2）同业账户管理不规范
3	浙江	2021.9.26	浙江遂昌农村商业银行	丽银保监罚决字〔2021〕7号	中国银保监会丽水监管分局	同业业务不审慎行为
4	江苏	2021.11.23	广发银行南通分行	通银保监罚决字〔2021〕1号	中国银保监会南通监管分局	同业业务严重违反审慎经营规则
5	江苏	2021.7.1	江苏滨海农村商业银行	盐银保监罚决字〔2021〕1号	中国银保监会盐城监管分局	同业票据业务未实行名单制管理
6	江苏	2021.7.2	江苏滨海农村商业银行	盐银保监罚决字〔2021〕2号	中国银保监会盐城监管分局	同业票据业务未实行名单制管理
7	江苏	2021.10.8	江苏东台农村商业银行	盐银保监罚决字〔2021〕25号	中国银保监会盐城监管分局	同业业务交易对手名单制管理不到位

3. 提供/接受担保违规

原银监会《关于进一步深化整治银行业市场乱象的通知》（银监发〔2018〕4号）禁止同业业务提供、接受直接或间接、显性或隐性的第三方金融机构信用担保。根据统计数据，该类处罚数据较少，共有3张，银保监会、北京银保监局和上海银保监局分别开出了1张罚单。较过去5年而言，罚单数量明显减少。典型案例如表7所示。

表7 典型案例

序号	地区	处罚日期	被处罚人	处罚文书号	处罚单位	主要违法违规事实（案由）
1		2021.5.17	招商银行	银保监罚决字〔2021〕16号	中国银保监会	为同业投资提供第三方信用担保、为非保本理财产品出具保本承诺，部分未按规定计提风险加权资产

续表

序号	地区	处罚日期	被处罚人	处罚文书号	处罚单位	主要违法违规事实（案由）
2	北京	2021. 12. 1	郭某华、陈某、宫某唯、刘某翔、徐某、杨某辉、马某、陈某宁/江苏银行北京分行	京银保监罚决字〔2021〕32 号	中国银保监会北京监管局	同业投资业务违规接受第三方金融机构信用担保
3	上海	2021. 7. 9	富邦华一银行有限公司	沪银保监罚决字〔2021〕83 号	中国银保监会上海监管局	违规为同业业务提供信用担保

4. 违反监管指标

根据统计数据，此类主要案由为同业投资业务资金占比超监管要求。该类处罚数量较少，仅有 1 张。典型案例如表 8 所示。

表 8　典型案例

地区	处罚日期	被处罚人	处罚文书号	处罚单位	主要违法违规事实（案由）
北京	2021. 12. 1	郭某华、陈某、宫某唯、刘某翔、徐某、杨某辉、马某、陈某宁/江苏银行北京分行	京银保监罚决字〔2021〕32 号	中国银保监会北京监管局	同业投资业务资金占比超监管要求

5. 同业存款业务违规

《关于规范金融机构同业业务的通知》（银发〔2014〕127 号）文件中明确，同业存款业务是指金融机构之间开展的同业资金存入与存出业务，其中资金存入方仅为具有吸收存款资格的金融机构。同业存款业务按照期限、业务关系和用途分为结算性同业存款和非结算性同业存款。同业存款相关款项在同业存放和存放同业会计科目核算。该类违规案由表述主要为同业存款未在同业会计科目核算，以及违规开展同业存款业务。此类业务处罚较少，银保监会开具 3 张罚单，北京银保监局开出 2 张罚单，合计 4 张罚单。典型案例如表 9 所示。

表 9　典型案例

序号	地区	处罚日期	被处罚人	处罚文书号	处罚单位	主要违法违规事实（案由）
1		2021. 5. 17	东亚银行（中国）有限公司	银保监罚决字〔2021〕18 号	中国银保监会	同业存款变相纳入一般性存款核算，虚增存款规模

续表

序号	地区	处罚日期	被处罚人	处罚文书号	处罚单位	主要违法违规事实（案由）
2		2021. 7. 13	上海浦东发展银行	银保监罚决字〔2021〕27 号	中国银保监会	（1）同业存款记入其他企业存款核算；（2）同业投资投后检查流于形式
3		2021. 7. 13	交通银行	银保监罚决字〔2021〕28 号	中国银保监会	将同业存款纳入一般性存款核算
4	北京	2021. 12. 23	王某军/北京怀柔融兴村镇银行	京银保监罚决字〔2021〕36 号	中国银保监会北京监管局	违规开展同业存款业务

五、贷款相关业务

贷款业务是银行业务中最重要的部分。本报告收集到银保监会及各地区银保监局对于银行贷款相关业务的罚单共 496 张，处罚金额达到了 30, 922. 5 万元[1]。主要案由为贷款“三查”不尽职、五级分类不准确、不良贷款处置违规、贷款资金用途违规、违反审慎经营原则以及其他违规发放贷款。其中贷款资金用途违规类别中又包括了贷款资金挪用至房地产、股市、票据业务、理财产品、固定资产以及兜底性贷款资金用途违规六个方向。

如图 4 所示，从处罚金额角度，银保监会及各地银保监局针对贷款“三查”不尽职开出的罚单处罚金额最大，达到了 13, 936 万元；其次是贷款资金用途违规，达到了 13, 436. 66981 万元。从罚单数量角度，排名前三位的罚单类型为：贷款资金用途违规类，183 张；贷款“三查”不尽职类，177 张；违反审慎经营原则类，142 张。

1. 贷款“三查”不尽职

贷款“三查”主要是指贷前调查、贷时审查和贷后检查。贷款“三查”工作是银行防范信贷风险永恒不变的主题，也是银保监会监管的重点。原银监会《关于进一步深化整治银行业市场乱象的通知》（银监发〔2018〕4 号）文件中指出，2018 年整治银行业市场乱象工作要点包括贷款“三查”严重不尽职。严格执行贷款“三查”制度，能有效防范信贷风险。

根据统计数据，银保监会及各地银保监局对贷款“三查”不尽职的罚单共计 178 张。各个主体占比情况如图 5 所示，其中全国性股份制银行在该案由中所受到的处罚数量占比为最

〔1〕 银保监会作出的大宗罚单金额较大、涉及事项较多，故未统计在以上金额中，详见本报告“十二、大宗处罚”。

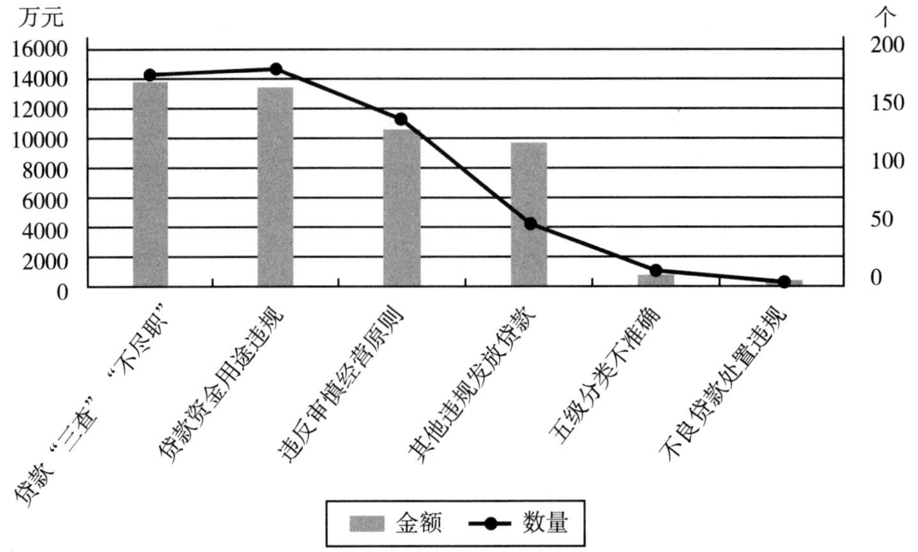

图 4　2021 年银行贷款相关业务处罚数量及金额

大，占比 27.8%；其次是农商行，占比 23.9%；处于第三位的是国有大型银行，占比 23.2%。江苏银保监局及其分局对此类行为比较重视，开出了 113 张罚单，属于罚单数量最多地区。

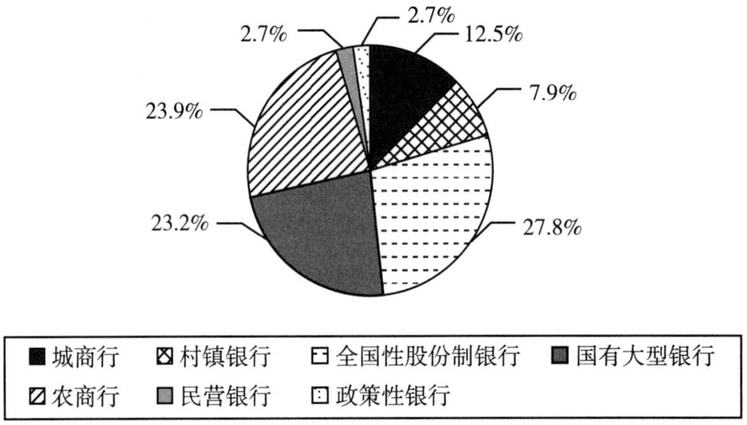

图 5　2021 年银行贷款“三查”不尽职各类型银行处罚数量比例

2. 贷款资金用途违规

银保监会明令禁止将个人信贷资金挪用至股市和房市，客户未按合同用途使用信贷等一直是监管重点。

在贷款业务中，银保监会及各地银保监局开出罚单累计处罚金额最大的是贷款资金用途违规这一类，该类别下资金用途又分为以下六个方向：挪用至房地产、资本市场、票据业务、理财产品、固定资产以及兜底性其他贷款用途违规（见图 6）：（1）贷款资金挪用至房地产用途的处罚数量最多，所涉及罚单共计148张，占比69.8%。(2) 挪用至资本市场的罚单数量其次，所涉及罚单共计31张，占比14.6%。(3) 贷款资金挪用至其他用途的罚单数量居于第三位，所涉罚单各14张，占比均为6.6%。

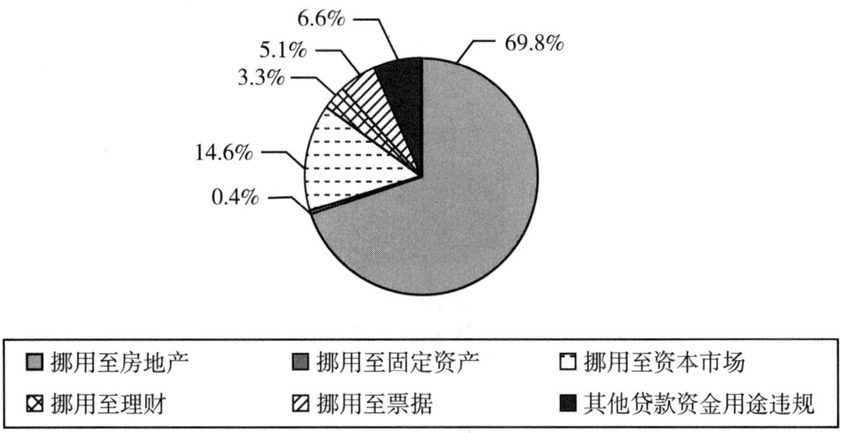

图6　2021年银行贷款资金用途违规处罚数量比例

贷款资金用途违规类别中各类银行机构处罚数量在六类主要案由中的占比情况如图7所示，其中国有大型银行在该案由中所受到的处罚数量占比最大，罚单共计59张；全国性股份制银行受处罚数量居于第二位，达到了39张。

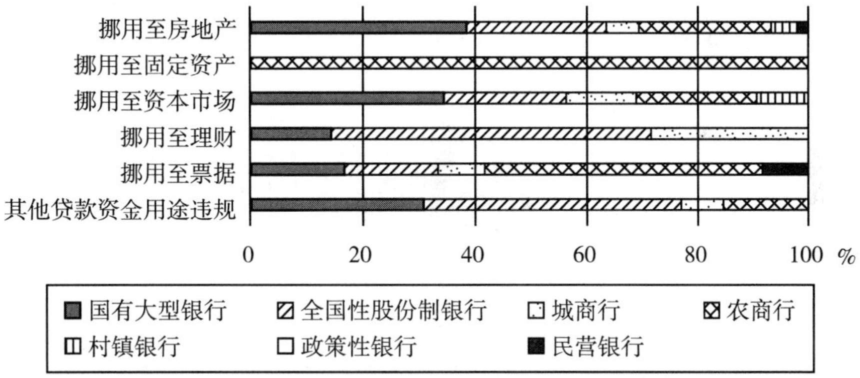

图7　2021年贷款资金用途违规各类型银行处罚数量比例

其中贷款资金挪用至房地产领域受处罚最多的是国有大型银行，罚单数量达到了40张；其次是全国性股份制银行，罚单数量达到了26张。贷款资金挪用至固定资产受处罚的是农商行，罚单数量为1张。贷款资金挪用至资本市场受处罚最多的是国有大型银行，罚单数量达到了11张；其次是全国性股份制银行和农商行，罚单数量均达到了7张。贷款资金挪用至理财业务受处罚最多的是全国性股份制银行，罚单数量达到了4张；其次是城商行，罚单数量达到了2张。贷款资金挪用至票据业务受处罚最多的是农商行，罚单数量达到了6张；其次是国有大型银行和全国性股份制银行，罚单数量均达到了2张。其他贷款资金用途违规受处罚最多的是全国性股份制银行，罚单数量达到了 6 张。

3. 违反审慎经营原则以及其他违规发放贷款

违反审慎经营原则以及其他违规发放贷款案由作为兜底性案由，罚单数量占比较大。银行违反审慎经营原则受处罚的银行主体分类如图 8 所示，因违反审慎经营原则受处罚最多的是国有大型银行，罚单数量达到了 44 张，占比 30. 9%；其次是全国性股份制银行，罚单数量达到了 31 张，占比 21. 8%。

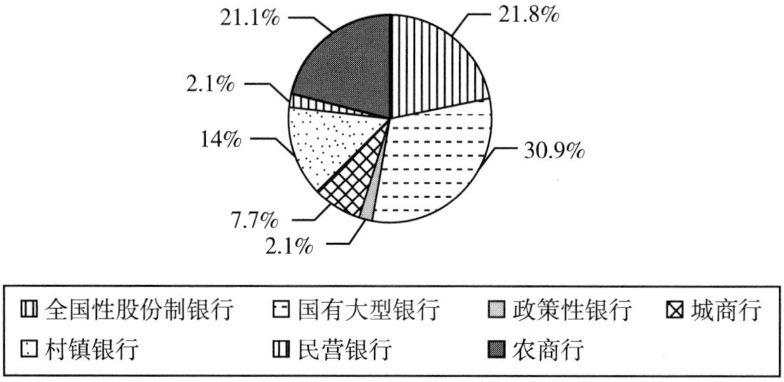

图 8　2021 年银行贷款相关业务中的违反审慎经营原则各类银行处罚数量比例

其他违规发放贷款受处罚的银行主体分类如图 9 所示，因其他违规发放贷款受到处罚最多的是城商行，罚单数量达到了 15 张，占比 28. 3%；其次是全国性股份制银行，罚单数量达到了 13 张，占比 24. 5%。

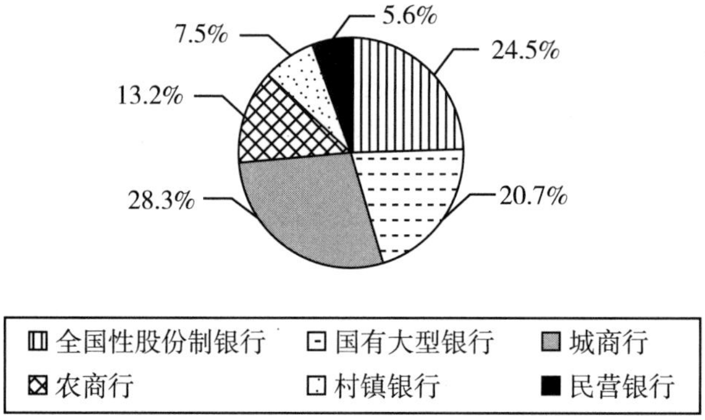

图 9　2021 年银行贷款相关业务中的其他违规发放贷款各类银行处罚数量比例

4. 五级分类不准确

根据原银监会《关于印发〈贷款风险分类指引〉的通知》（银监发〔2007〕54 号），商业银行至少应将贷款划分为正常、关注、次级、可疑、损失五类，后三类合称为不良贷款。银行贷款五级分类不准确会给银行发放信贷带来巨大风险，因此该类也是银保监会监管重点。根据数据统计，对五级分类不准确的罚单共计 13 张。各个银行主体占比情况如图 10 所示，其中村镇银行在该案由中所受到的处罚数量占比为最大，占比 53.8%；其次是城商行，占比 23%。江苏银保监局及其分局对此类行为比较重视，开出了 10 张罚单，属于数量最多地区。

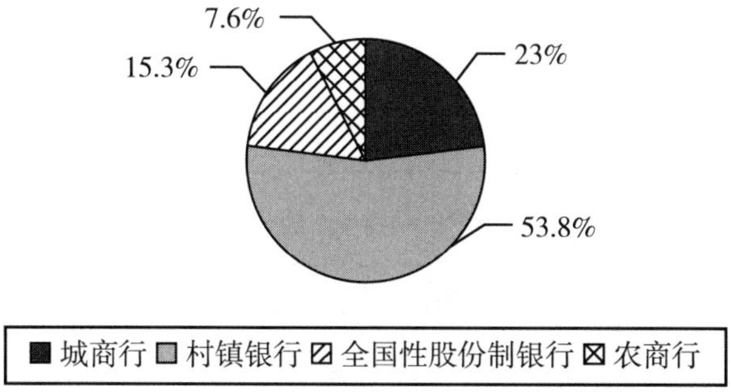

图 10　2021 年银行五级分类不准确各类银行处罚数量比例

5. 不良贷款处置违规

近些年在银行不良贷款率上升的同时，监管机构对不良贷款的认定标准趋严。有信号显示监管机构鼓励有条件的银行可以更加审慎地把逾期 60 天以上贷款纳入不良贷款范围。该类具体案由主要为违规处置不良贷款、贷款资金转借他人代偿不良贷款、不良贷款转让不真实、办理借新还旧掩盖不良贷款等。

根据统计数据，针对不良贷款违规处置的罚单数量为 3 张，各个银行主体占比情况如图 11 所示，其中全国性股份制银行、城商行和民营银行各占 1 张，占比均为 33.3%。同时上海银保监局及其分局对此类行为比较重视，开出了 2 张不良贷款罚单，属于数量最多的地区。

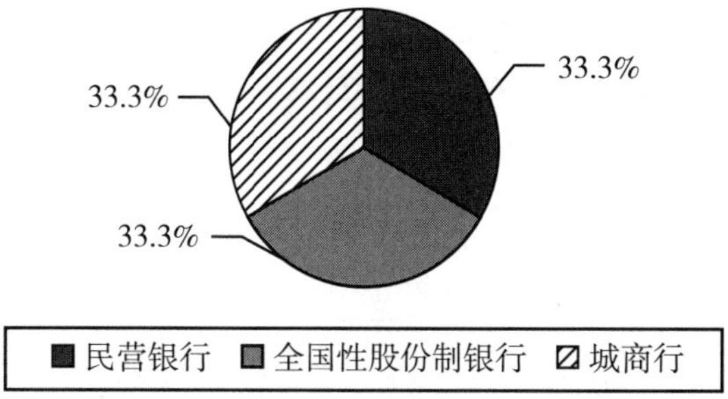

图 11　2021 年银行不良贷款处置违规各类银行处罚数量比例

六、存款相关业务

存款业务作为银行传统业务一直以来都是银保监会及各地银保监局的监管重点。中国人民银行、银保监会办公厅联合发布的《关于完善商业银行存款偏离度管理有关事项的通知》（银保监办发〔2018〕48 号）文件中，禁止商业银行违规吸收和虚假增加存款。

此类业务处罚中，主要集中在以贷转存吸存、以贷开票吸存、其他违规吸收存款几个方面。该类处罚数量共计 42 个，金额达到了 4468. 5 万元，如图 12 所示。从罚单数量来看，其他违规吸收存款类和以贷开票吸收存类数量较多，分别为 19 张和 10 张；从处罚金额来看，其他违规吸收存款类金额达到了 1644. 5 万元，远超其余三类处罚金额。

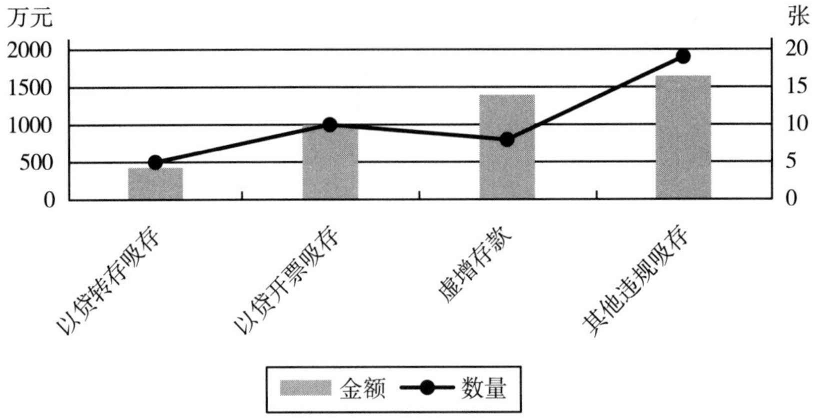

图 12　2021 年银行存款业务处罚数量及金额

根据统计数据，存款业务中各类银行机构处罚数量在四类主要案由中的占比情况如图 13 所示。其中农商行和全国性股份制银行在各类案由中受到处罚占比较大。特别要指出的是 2021 年新增了对外国银行在中国支行的处罚，这是以往未曾出现的新情况。

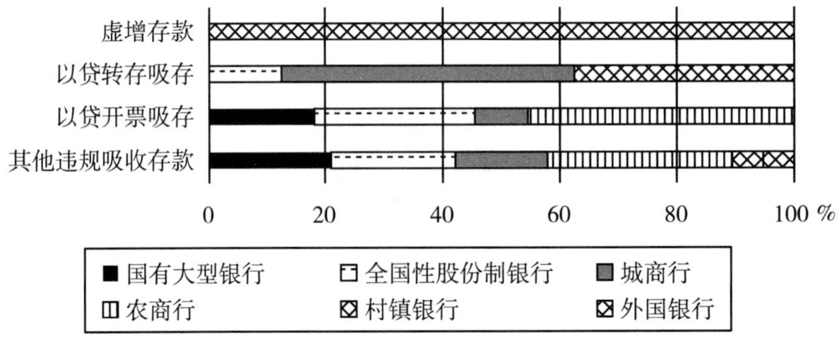

图 13　2021 年银行存款业务各类型银行处罚数量比例

1. 以贷转存吸存

以贷转存吸存是指强制设定条款或协商约定将贷款资金转为存款或者向“空户”虚假放贷、虚假增存。根据统计数据，银保监会及各地银保监局共计开出 50 张罚单，其中江苏银保监局及其分局对此类违规行为开出的罚单数量最多，达到了 3 张。典型案例如表 10 所示。

表10　典型案例

序号	地区	处罚日期	被处罚人	处罚文书号	处罚单位	主要违法违规事实（案由）
1	浙江	2021.2.22	平安银行台州分行	台银保监罚决字〔2021〕5号	中国银保监会台州监管分局	平安银行台州分行贷款资金转结构性存款，为办理贷款提供质押担保
2	上海	2021.4.30	盛京银行上海黄浦支行	沪银保监罚决字〔2021〕45号	中国银保监会上海监管局	（1）违规向“四证”不全的房地产项目发放贷款；（2）办理银行承兑汇票业务贸易背景真实性审查严重违反审慎经营规则；（3）银行承兑汇票业务保证金来源审核严重违反审慎经营规则；（4）发放无指定用途的个人贷款、未严格执行个人贷款支付管理、以贷转存吸存

2. 以贷开票吸存

以贷开票吸存是指将贷款资金作为保证金循环开立银行承兑汇票并贴现，虚增存贷款。根据统计数据，此类案由下共10张罚单，江苏银保监局及其分局开出了5张。可见江苏银保监局及其分局对此类违规行为较为重视。典型案例如表11所示。

表11　典型案例

序号	地区	处罚日期	被处罚人	处罚文书号	处罚单位	主要违法违规事实（案由）
1	上海	2021.4.16	上海农村商业银行	沪银保监罚决字〔2021〕19号	中国银保监会上海监管局	办理贴现和贷款业务时，资金循环转存保证金，虚增存贷款规模
2	上海	2021.4.16	吴某哲（上海农村商业银行）	沪银保监罚决字〔2021〕20号	中国银保监会上海监管局	为某企业办理贴现和贷款业务时，资金循环转存保证金，虚增存贷款规模
3	江苏	2021.4.19	江苏滨海农村商业银行	盐银保监罚决字〔2021〕1号	中国银保监会盐城监管分局	贷款资金转存票据保证金
4	江苏	2021.4.19	钮某星（江苏滨海农村商业银行）	盐银保监罚决字〔2021〕3号	中国银保监会盐城监管分局	对滨海农商行贷款资金转存票据保证金负直接管理责任
5	江苏	2021.11.5	中国光大银行扬州分行	扬银保监罚决字〔2021〕14号	中国银保监会扬州监管分局	违规将贴现资金转存银行承兑汇票保证金

续表

序号	地区	处罚日期	被处罚人	处罚文书号	处罚单位	主要违法违规事实（案由）
6	江苏	2021. 11. 5	钱某（中国光大银行扬州分行）	扬银保监罚决字〔2021〕15 号	中国银保监会扬州监管分局	对光大银行扬州分行违规将贴现资金转存银行承兑汇票保证金负管理责任

3. 虚增存款及其他违规吸收存款

虚增存款及其他违规吸收存款案由下，银保监会及各地银保监局共开出 27 张罚单，其中江苏银保监局及其分局开出 11 张，浙江银保监局也开出 11 张。从处罚对象来看，农商银行占比最大。

虚增存款及其他违规吸收存款为兜底性案由，主要处罚案由为利用不正当手段吸收存款，涉及此案由的罚单高达 18 张。除此以外，其他案由还包括设立存款时点考核指标、违规发放借名贷款、未按项目工程进度发放贷款等，但此类罚单较少。典型案例如表 12 所示。

表 12　典型案例

序号	地区	处罚日期	被处罚人	处罚文书号	处罚单位	主要违法违规事实（案由）
1	浙江	2021. 6. 22	兴业银行义乌分行	金银保监罚决字〔2021〕10 号	中国银保监会金华监管分局	（1）虚增存贷款；（2）贷款管理严重不审慎，流动资金贷款被挪用于投资等其他领域
2	浙江	2021. 6. 18	浙江东阳富民村镇银行	金银保监罚决字〔2021〕9 号	中国银保监会金华监管分局	虚增存贷款
3	浙江	2021. 7. 6	浙商银行	衢银保监罚决字〔2021〕7 号	中国银保监会衢州监管分局	（1）虚增存款；（2）信贷管理不审慎
4	浙江	2021. 7. 28	陈某（浙江东阳富民村镇银行）	金银保监罚决字〔2021〕13 号	中国银保监会金华监管分局	对东阳富民村镇银行虚增存贷款行为负有主要领导责任
5	浙江	2021. 9. 29	农业银行杭州分行	浙银保监罚决字〔2021〕37 号	中国银保监会浙江监管局	（1）违规设立时点性存款规模考评指标；（2）违规发放借名贷款
6	浙江	2021. 12. 24	华夏银行金华分行	金银保监罚决字〔2021〕16 号	中国银保监会金华监管分局	虚增存贷款；贷款管理不审慎，未按项目工程进度发放贷款；贷款“三查”不到位，信贷资金被挪用作关联企业注册资本金

续表

序号	地区	处罚日期	被处罚人	处罚文书号	处罚单位	主要违法违规事实（案由）
7	广东	2021. 9. 16	广州黄埔融和村镇银行	粤银保监罚决字〔2021〕45 号	中国银保监会广东监管局	采用不正当手段吸收存款发放贷款
8	江苏	2021. 7. 13	赵某宇（无锡农村商业银行）	锡银保监罚决字〔2021〕11 号	中国银保监会无锡监管分局	对无锡农商行不正当手段吸收存款负直接责任
9	江苏	2021. 7. 13	蒋某（无锡农村商业银行）	锡银保监罚决字〔2021〕12 号	中国银保监会无锡监管分局	对无锡农商行不正当手段吸收存款负直接责任
10	江苏	2021. 7. 13	无锡农村商业银行	锡银保监罚决字〔2021〕13 号	中国银保监会无锡监管分局	以不正当手段吸收存款
11	江苏	2021. 7. 13	查某（无锡农村商业银行）	锡银保监罚决字〔2021〕14 号	中国银保监会无锡监管分局	对无锡农商行不正当手段吸收存款负管理责任
12	江苏	2021. 11. 17	曹某靖（平安银行南京中山南路支行）	苏银保监罚决字〔2021〕64 号	中国银保监会江苏监管局	对平安银行南京中山南路支行以不正当手段吸收存款负经办责任
13	江苏	2021. 11. 17	平安银行南京中山南路支行	苏银保监罚决字〔2021〕62 号	中国银保监会江苏监管局	以不正当手段吸收存款
14	江苏	2021. 12. 24	黄某庆（江苏江阴农村商业银行）	锡银保监罚决字〔2021〕37 号	中国银保监会无锡监管分局	对江苏江阴农村商业银行不正当吸收存款负管理责任
15	江苏	2021. 12. 24	江苏江阴农村商业银行	锡银保监罚决字〔2021〕39 号	中国银保监会无锡监管分局	个人经营性贷款变相流入房市、不正当吸收存款

续表

序号	地区	处罚日期	被处罚人	处罚文书号	处罚单位	主要违法违规事实（案由）
16	江苏	2021. 12. 24	王某英（江苏江阴农村商业银行）	锡银保监罚决字〔2021〕40 号	中国银保监会无锡监管分局	对江苏江阴农村商业银行不正当吸收存款负管理责任
17	江苏	2021. 12. 24	陈某刚（江苏银行镇江分行）	镇银保监罚决字〔2021〕13 号	中国银保监会镇江监管分局	对江苏银行镇江分行存贷挂钩、以不正当方式吸收存款和发放贷款负有直接责任
18	江苏	2021. 12. 24	江苏银行镇江分行	镇银保监罚决字〔2021〕12 号	中国银保监会镇江监管分局	存贷挂钩、以不正当方式吸收存款和发放贷款

七、房地产业务

2021 年 9 月，人民银行、银保监会联合召开房地产金融工作座谈会。该会议认为，近年来，金融部门全面落实房地产长效机制，稳妥实施房地产金融审慎管理制度，保持房地产金融政策连续稳定，在服务实体经济、推动经济转型升级和促进房地产市场平稳健康发展中发挥了积极作用。该会议强调，金融部门要认真贯彻落实党中央、国务院决策部署，围绕“稳地价、稳房价、稳预期”目标，准确把握和执行好房地产金融审慎管理制度，坚持“房子是用来住的、不是用来炒的”定位，坚持不将房地产作为短期刺激经济的手段，持续落实好房地产长效机制，加快完善住房租赁金融政策体系。该会议要求，金融机构要按照法治化、市场化原则，配合相关部门和地方政府共同维护房地产市场的平稳健康发展，维护住房消费者合法权益。

2021 年房地产业务类型处罚数量一共有 170 个，涉及该类事项罚款金额总计 11,633 万元，如图 14 所示。其中，其他贷款违规流入房地产的处罚金额最高，达到 3441 万元；处罚数量上房企流动资金贷款违规所得罚单最多，达 45 个罚单。

根据统计数据，房地产业务中各类银行机构处罚数量在六类主要案由中的占比情况为，投向“四证”不齐房地产项目的处罚有 8 个，城商行占比较大；房企流动资金贷款违规类别、土地款融资违规、个人消费贷违规流入房地产、其他贷款违规流入房地产的类别中，国有大型银行的占比均较大；同业投资违规流入房地产的类别中，全国性股份制银行的占比较大。

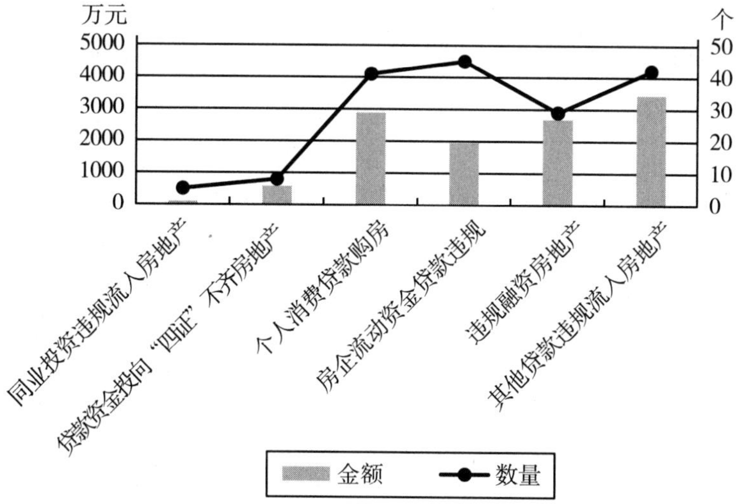

图 14　2021 年银行房地产业务处罚数量及金额

其中，在 2021 年度，有关房地产行业的违规处罚罚单中，存在两个以上不同事由合并处罚的情况。共有罚单 12 个，处罚金额共计 3210 万元。典型案例如表 13 所示。

表 13　典型案例

序号	地区	日期	被处罚人	处罚文书号	处罚单位	主要违法违规事由（案由）
1	上海	2021. 5. 10	中国民生银行上海分行	沪银保监罚决字〔2021〕57 号	中国银保监会上海监管局	（1）发放经营性物业贷款变向用于缴纳土地出让金；（2）同业投资资金变向用于支付土地出让金；（3）部分个人消费贷款资金被用于购房
2	上海	2021. 7. 2	上海银行	沪银保监罚决字〔2021〕72 号	中国银保监会上海监管局	（1）某笔同业投资房地产企业合规审查严重违反审慎经营规则；（2）部分个人贷款违规用于购房
3	上海	2021. 7. 16	中国建设银行股份上海浦东分行	沪银保监罚决字〔2021〕100 号	中国银保监会上海监管局	（1）以流动资金贷款形式违规发放土地储备贷款；（2）个人消费贷款违规用于购房
4	上海	2021. 8. 2	交通银行上海松江支行	沪银保监罚决字〔2021〕16 号	中国银保监会上海监管局	（1）经营性物业贷款变相用于购房；（2）个人经营贷款变相用于购房

续表

序号	地区	日期	被处罚人	处罚文书号	处罚单位	主要违法违规事由（案由）
5	杭州	2021. 5. 13	民生银行杭州分行	浙银保监罚决字〔2021〕15 号	中国银保监会浙江监管局	（1）贷款管理不审慎，贷款资金违规挪用于支付土地款、归还前期支付土地出让金的股东往来款；（2）贷款管理不审慎，个贷资金违规流入房地产领域
6	杭州	2021. 5. 24	杭州银行、余某	浙银保监罚决字〔2021〕25 号	中国银保监会浙江监管局	（1）房地产项目融资业务不审慎；（2）流动资金贷款管理不审慎，资金被挪用于支付土地出让金；（3）理财资金管理不审慎，回流借款人母公司挪用于支付土地出让保金；（4）个人经营贷款管理不审慎，资金挪用于购房；（5）个人消费贷款管理不审慎，资金挪用于购房。余某对上述第一项行为负有主要责任
7	杭州	2021. 5. 24	建设银行杭州分行	浙银保监罚决字〔2021〕26 号	中国银保监会浙江监管局	（1）贷款管理不审慎，房地产开发贷款用于置换前期股东支付的土地款；（2）贷款管理不审慎，个人消费贷资金被挪用于购房；（3）贷款管理不审慎，流动资金贷款被挪用于购房；（4）贷款管理不审慎，贷款资金被挪用于资本市场投资

1. 房企流动资金贷款违规

银保监会《关于开展“巩固治乱象成果　促进合规建设”工作的通知》（银保监发〔2019〕23 号）禁止银行直接或变相为房地产企业发放流动资金贷款，对房地产项目融资加强了监管。

根据统计数据，上海市、浙江省、江苏省受该类处罚最多，由银保监会开出 1 张罚单，上海、浙江、江苏银保监局开出 45 张罚单。典型案例如表 14 所示。

表 14　典型案例

序号	地区	日期	被处罚人	处罚文书号	处罚单位	主要违法违规事由（案由）
1		2021. 5. 17	渤海银行	银保监罚决字〔2021〕13 号	中国银保监会	向房地产开发企业发放流动资金贷款

续表

序号	地区	日期	被处罚人	处罚文书号	处罚单位	主要违法违规事由（案由）
2	上海	2021. 7. 16	中国银行上海市浦东开发区支行	沪银保监罚决字〔2021〕92 号	中国银保监会上海监管局	部分流动资金贷款违规流入房地产市场
3	上海	2021. 7. 16	李某/招商银行上海分行	沪银保监罚决字〔2021〕93 号	中国银保监会上海监管局	李某对招商银行上海分行部分流动资金贷款违规流入房地产市场负直接管理责任
4	上海	2021. 7. 16	中国工商银行上海自贸试验区分行	沪银保监罚决字〔2021〕94 号	中国银保监会上海监管局	部分流动资金贷款违规流入房地产市场
5	上海	2021. 7. 16	中国农业银行上海自贸试验区分行	沪银保监罚决字〔2021〕95 号	中国银保监会上海监管局	部分流动资金贷款违规流入房地产市场
6	上海	2021. 7. 16	上海农村商业银行浦东分行	沪银保监罚决字〔2021〕96 号	中国银保监会上海监管局	部分流动资金贷款违规流入房地产市场
7	上海	2021. 7. 16	丁某/交行自贸区分行	沪银保监罚决字〔2021〕98 号	中国银保监会上海监管局	丁某对交行自贸区分行部分流动资金贷款违规流入房地产市场负直接管理责任
8	上海	2021. 7. 16	交通银行股份有限公司上海自贸试验区分行	沪银保监罚决字〔2021〕99 号	中国银保监会上海监管局	部分流动资金贷款违规流入房地产市场
9	上海	2021. 7. 16	王某青/农商行浦东分行	沪银保监罚决字〔2021〕101 号	中国银保监会上海监管局	王某青对农商行浦东分行部分流动资金贷款违规流入房地产市场负直接管理责任
10	上海	2021. 7. 16	朱某栋/中国银行浦东开发区支行	沪银保监罚决字〔2021〕102 号	中国银保监会上海监管局	朱某栋对中行浦东开发区支行部分流动资金贷款违规流入房地产市场负直接管理责任
11	上海	2021. 7. 16	姚某明/工行自贸区分行	沪银保监罚决字〔2021〕03 号	中国银保监会上海监管局	姚某明对工行自贸区分行部分流动资金贷款违规流入房地产市场负直接管理责任

续表

序号	地区	日期	被处罚人	处罚文书号	处罚单位	主要违法违规事由(案由)
12	上海	2021.7.19	招商银行上海分行	沪银保监罚决字〔2021〕107号	中国银保监会上海监管局	部分流动资金贷款违规流入房地产市场
13	上海	2021.7.16	中国建设银行上海自贸试验区分行	沪银保监罚决字〔2021〕110号	中国银保监会上海监管局	部分流动资金贷款违规流入房地产市场
14	上海	2021.7.20	郁某/农行自贸区分行	沪银保监罚决字〔2021〕111号	中国银保监会上海监管局	郁某对农行自贸区分行部分流动资金贷款违规流入房地产市场负责直接管理责任
15	上海	2021.11.19	朱某/建行自贸区分行	沪银保监罚决字〔2021〕173号	中国银保监会上海监管局	对建行自贸区分行部分流动资金贷款违规流入房地产市场负直接管理责任
16	温州	2021.3.26	乐清农商银行	温银保监罚决字〔2021〕9号	中国银保监会温州监管分局	流动资金贷款被用于固定资产项目建设;信贷资金违规流入房地产市场
17	温州	2021.3.26	瓯海农商银行、黄某表、林某、王某飞	温银保监罚决字〔2021〕10号	中国银保监会温州监管分局	信贷资金违规流入房地产市场;王某飞对瓯海农商银行信贷资金违规流入房地产市场负直接责任
18	丽水	2021.4.6	上海浦东发展银行丽水分行	丽银保监罚决字〔2021〕6号	中国银保监会丽水监管分局	贷款“三查”不到位导致项目贷款违规流入房地产市场

2. 贷款资金投向“四证”不齐房地产企业

“四证”是指国有土地使用证、建设用地规划许可证、建设工程规划许可证、建筑工程施工许可证。原银监会出台的《关于进一步深化整治银行业市场乱象的通知》(银监发〔2018〕4号)规定严禁银行向“四证”不全、资本金未足额到位的商业性房地产开发项目提供融资。银保监会《关于开展“巩固治乱象成果 促进合规建设”工作的通知》(银保监发〔2019〕23号)再次强调禁止未严格审查房地产开发企业资质,违规向“四证”不全的房地产开发项目提供融资。因此房地产项目是否具备“四证”,是银保监会监管的重点。

2021年度,此类处罚共八个,典型案例如表15所示。

表 15　典型案例

序号	地区	日期	被处罚人	处罚文书号	处罚单位	主要违法违规事由（案由）
1		2021. 5. 17	中国银行	银保监罚决字〔2021〕11 号	中国银保监会	违规向“四证”不全房地产项目提供融资
2		2021. 7. 13	中国进出口银行	银保监罚决字〔2021〕31 号	中国银保监会	违规向未取得“四证”的固定资产项目发放贷款
3	上海	2021. 4. 30	盛京银行上海黄浦支行	沪银保监罚决字〔2021〕45 号	中国银保监会上海监管局	违规向“四证”不全的房地产项目发放贷款
4	盐城	2021. 10. 14	江苏银行盐城分行	盐银保监罚决字〔2021〕18 号	中国银保监会盐城监管分局	向部分“四证”不全的住宅楼栋发放房地产开发贷款

3. 个人消费贷违规流入房地产

银保监会《关于开展“巩固治乱象成果 促进合规建设”工作的通知》（银保监发〔2019〕23 号）禁止个人综合消费贷款资金挪用于购房。

在 2021 年度，各地银保监局共开出 41 张罚单，处罚金额共计 2882 万元。其中上海、广东、浙江的罚单占比较大。典型案例如表 16 所示。

表 16　典型案例

序号	地区	处罚日期	被处罚人	处罚文书号	处罚单位	主要违法违规事实（案由）
1	北京	2021. 9. 26	卢某、曾某涛/交通银行北京分行	京银保监罚决字〔2021〕24 号	中国银保监会北京监管局	个人消费贷款挪用于购房
2	上海	2021. 7. 16	中国建设银行上海黄浦支行	沪银保监罚决字〔2021〕87 号	中国银保监会上海监管局	个人消费贷款违规用于购房
3	上海	2021. 7. 16	中国建设银行上海第一支行	沪银保监罚决字〔2021〕88 号	中国银保监会上海监管局	部分个人消费贷款违规用于购房
4	上海	2021. 7. 16	中国建设银行上海松江支行	沪银保监罚决字〔2021〕90 号	中国银保监会上海监管局	个人消费贷款违规用于购房

续表

序号	地区	处罚日期	被处罚人	处罚文书号	处罚单位	主要违法违规事实（案由）
5	上海	2021. 8. 2	交通银行上海松江支行	沪银保监罚决字〔2021〕113 号	中国银保监会上海监管局	部分个人贷款变相用于购房等
6	上海	2021. 9. 1	平安银行上海分行	沪银保监罚决字〔2021〕145 号	中国银保监会上海监管局	个人贷款变相用于购房
7	上海	2021. 9. 1	招商银行上海分行	沪银保监罚决字〔2021〕146 号	中国银保监会上海监管局	个人贷款变相用于购房
8	珠海	2021. 9. 24	中国光大银行珠海分行	珠银保监罚决字〔2021〕8 号	中国银保监会珠海监管分局	贷款业务严重违反审慎经营规则（个人消费贷款被挪用入房地产市场）
9	苏州	2021. 1. 7	吴某/江苏张家港农村商业银行	苏州银保监罚决字〔2020〕44 号	中国银保监会苏州监管分局	对江苏张家港农村商业银行个人消费贷款流入房地产领域行为负管理责任
10	苏州	2021. 4. 7	中国农业银行苏州分行	苏州银保监罚决字〔2021〕2 号	中国银保监会苏州监管分局	个人贷款违规流入房地产领域
11	上海	2021. 8. 23	周某斌/招商银行上海分行	沪银保监罚决字〔2021〕147 号	中国银保监会上海监管局	对招商银行上海分行部分个人贷款变相用于购房负直接管理责任
12	上海	2021. 10. 8	中国银行上海市分行	沪银保监罚决字〔2021〕154 号	中国银保监会上海监管局	部分个人贷款资金违规用于购房或违规流入资本市场

4. 同业投资违规流入房地产

原银监会、中国人民银行、证监会、原保监会、国家外汇局联合发布的《关于规范金融机构同业业务的通知》（银发〔2014〕127 号）要求金融机构同业投资应严格风险审查和资金投向合规性审查，以“实质重于形式”为原则。同业监管政策明确禁止同业投资资金流向房地产领域。典型案例如表 17 所示。

表17　典型案例

序号	地区	日期	被处罚人	处罚文书号	处罚单位	主要违法违规事由（案由）
1		2021.5.17	渤海银行股份有限公司	银保监罚决字〔2021〕13号	中国银保监会	违规通过同业投资或理财募集资金为“四证”不全的房地产项目提供融资
2	上海	2021.7.1	关某韵/上海银行浦西分行	沪银保监罚决字〔2021〕69号	中国银保监会上海监管局	同业投资房地产企业合规审查严重违反审慎经营规则
3	上海	2021.5.10	广发银行股份有限公司上海分行	沪银保监罚决字〔2021〕56号	中国银保监会上海监管局	同业投资资金变相用于土地出让金
4	上海	2021.5.10	中国民生银行上海分行	沪银保监罚决字〔2021〕57号	中国银保监会上海监管局	同业投资资金变向用于支付土地出让金
5	上海	2021.7.2	上海银行	沪银保监罚决字〔2021〕72号	中国银保监会上海监管局	某笔同业投资房地产企业合规审查严重违反审慎经营规则

5. 土地融资违规

实务中，银行资金常被违规用于房地产土地款融资，严重违反了监管要求。

根据统计数据，各地银保监局对此情况一共开出28张罚单。典型案例如表18所示。

表18　典型案例

序号	地区	处罚日期	被处罚人	处罚文书号	处罚单位	主要违法违规事实（案由）
1	上海	2021.4.27	中国信达资产管理公司上海市分公司	沪银保监罚决字〔2021〕39号	中国银保监会上海监管局	变相为房地产企业支付土地出让金提供融资
2	上海	2021.4.30	温州银行上海分行	沪银保监罚决字〔2021〕44号	中国银保监会上海监管局	（1）违规项目资本金不足的房地产项目发放贷款；（2）部分流动资金贷款变相用于支付拍地保证金
3	上海	2021.4.30	盛京银行上海普陀支行	沪银保监罚决字〔2021〕46号	中国银保监会上海监管局	发放并购贷款变相用于拍地保证金

续表

序号	地区	处罚日期	被处罚人	处罚文书号	处罚单位	主要违法违规事实（案由）
4	上海	2021. 5. 10	平安银行资金运营中心	沪银保监罚决字〔2021〕号	中国银保监会上海监管局	（1）违规向未取得土地使用权证的房地产项目提供融资；（2）土地储备项目提供融资
5	上海	2021. 7. 1	中国农业发展银行上海市分行	沪银保监罚决字〔2021〕8 号	中国银保监会上海监管局	部分固定资产贷款变相用于支付土地出让金
6	上海	2021. 7. 16	中国建设银行上海虹口支行	沪银保监罚决字〔2021〕86 号	中国银保监会上海监管局	向项目资本金不足的房地产项目违规提供融资
7	上海	2021. 7. 1	陈某/农发行南汇支行	沪银保监罚决字〔2021〕70 号	中国银保监会上海监管局	部分固定资产贷款变相用于支付土地出让金
8	上海	2021. 7. 1	杨某芳/农发行上海市南汇支行	沪银保监罚决字〔2021〕71 号	中国银保监会上海监管局	部分固定资产贷款变相用于支付土地出让金
9	上海	2021. 8. 10	邢某/上海银行奉贤支行	沪银保监罚决字〔2021〕120 号	中国银保监会上海监管局	发放流动资金贷款违规被用于支付拍地保证金、土地出让金
10	上海	2021. 8. 10	上海银行奉贤支行	沪银保监罚决字〔2021〕121 号	中国银保监会上海监管局	发放流动资金贷款违规被用于支付拍地保证金、土地出让金
11	金华	2021. 3. 12	中国工商银行义乌分行	金银保监罚决字〔2021〕2 号	中国银保监会金华监管分局	违反审慎经营规则，贷款资金被挪用于置换股东土地出让金
12	金华	2021. 3. 12	中国银行义乌市分行	金银保监罚决字〔2021〕3 号	中国银保监会金华监管分局	违反审慎经营规则，贷款资金被挪用于置换股东土地出让金
13	金华	2021. 3. 12	交通银行义乌分行	金银保监罚决字〔2021〕4 号	中国银保监会金华监管分局	违反审慎经营规则，贷款资金被挪用于置换股东土地出让金支出
14	金华	2021. 3. 12	中国光大银行金华义乌支行	金银保监罚决字〔2021〕5 号	中国银保监会金华监管分局	违反审慎经营规则，贷款资金被挪用于置换股东土地出让金支出

续表

序号	地区	处罚日期	被处罚人	处罚文书号	处罚单位	主要违法违规事实（案由）
15	丽水	2021.6.25	中国银行丽水市分行	丽银保监罚决字〔2021〕10号	中国银保监会丽水监管分局	房地产开发贷款违规用于缴交土地出让金
16	湖州	2021.7.12	建设银行湖州分行、罗某赟、许某、楼某杰、胡某、施某、冉某前	湖银保监罚决字〔2021〕5号	中国银保监会湖州监管分局	部分房地产开发贷款资金被挪用于置换股东土地出让金

6. 其他贷款违规流入房地产

此类别为兜底性案由，主要为“信贷资金违规流入房地产”“贷款资金违规流入房地产”。根据统计数据，该类别下共开出41张罚单。典型案例如表19所示。

表19　典型案例

序号	地区	处罚日期	被处罚人	处罚文书号	处罚单位	主要违法违规事实（案由）
1	江苏	2020.10.14	中国农业银行上海川沙支行	通银保监罚决字〔2020〕25号	中国银保监会南通监管分局	向未竣工验收的商业用房违规发放个人商业用房按揭贷款
2	衢州	2021.1.19	中国工商银行衢州分行	衢银保监罚决字〔2021〕1号	中国银保监会衢州监管分局	信贷资金违规流入房市
3	温州	2021.3.25	南洋商业银行（中国）杭州分行	浙银保监罚决字〔2021〕11号	中国银保监会温州监管分局	向未竣工验收的商业用房发放按揭贷款
4	衢州	2021.4.12	浙江衢州柯城农村商业银行	衢银保监罚决字〔2021〕2号	中国银保监会衢州监管分局	信贷资金违规流入房市
5	衢州	2021.5.19	浙江民泰商业银行衢州分行	衢银保监罚决字〔2021〕3号	中国银保监会衢州监管分局	信贷资金违规流入房企账户
6	衢州	2021.10.19	浙江常山联合村镇银行/春某、吕某杰	衢银保监罚决字〔2021〕8号	中国银保监会衢州监管分局	信贷资金违规流入房市或进入房地产企业账户

续表

序号	地区	处罚日期	被处罚人	处罚文书号	处罚单位	主要违法违规事实（案由）
7	衢州	2021. 10. 22	交通银行衢州分行	衢银保监罚决字〔2021〕9 号	中国银保监会衢州监管分局	将公信贷资金违规挪用于房地产行业
8	衢州	2021. 10. 27	中国农业银行衢州分行	衢银保监罚决字〔2021〕10 号	中国银保监会衢州监管分局	信贷资金违规挪用于房地产行业，个人信贷资金违规流入限制性领域
9	常州	2021. 1. 5	中国银行常州分行	常银保监罚决字〔2021〕1 号	中国银保监会常州监管分局	违规发放商业用房贷款
10	淮安	2021. 12. 31	淮安淮阴兴福村镇银行	淮银保监罚决字〔2021〕16 号	中国银保监会淮安监管分局	贷后管理不到位，信贷资金违规流入楼市
11	上海	2021. 7. 16	中国建设银行上海嘉定支行	沪银保监罚决字〔2021〕84 号	中国银保监会上海监管局	发放不符合条件的房地产并购贷款
12	上海	2021. 7. 16	中国建设银行上海闵行支行	沪银保监罚决字〔2021〕89 号	中国银保监会上海监管局	发放房地产贷款严重违反审慎经营规则
13	上海	2021. 7. 16	赵某/建设银行嘉定支行	沪银保监罚决字〔2021〕104 号	中国银保监会上海监管局	赵某对建行嘉定支行发放不符合条件的房地产并购贷款负直接管理责任

八、票据业务

票据业务是银行的传统业务。随着承兑汇票业务的快速增长，票据业务风险隐患逐渐积累，因此银保监会及各地区银保监局对此类违规行为也较为重视。2021 年银保监会及各地区银保监局针对此类违规行为开出的罚单数量共计 14 张，处罚金额达到了 1520 万元。主要案由为办理无真实贸易背景票据、票据业务风险考核指标设置不全面、违反审慎经营原则以及其他票据业务违规。如图 15 所示，从数量上看，除兜底性的“其他票据业务违规”外，其中办理无真实贸易背景票据与票据业务违反审慎经营原则罚单数量相同且最多，共计 8

张，金额达到 435 万元。其次是票据业务风险考核指标设置不全面，共计 2 张，金额达到了 285 万元。

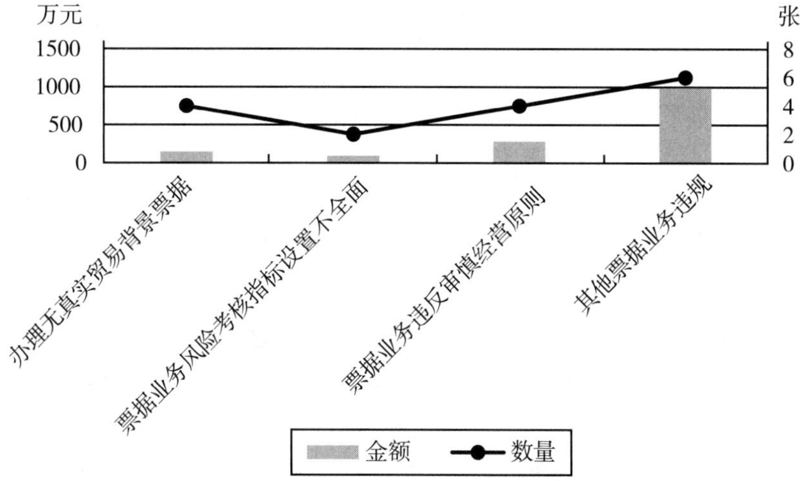

图 15 2021 年银行票据业务处罚数量及金额

根据统计数据，票据业务中各类银行机构处罚数量的占比情况是，其中农商行所受到的处罚数量占比均为最大，罚单数量共计 6 张。其次是全国性股份制银行，罚单数量共计 5 张。

九、银行服务收费业务

近年来，银行业服务收费问题一直处于舆论的风口浪尖，商业银行作为金融企业，对所提供服务收取合理费用，是市场经济主体的内生要求，因而银保监会及各地区银保监局对此类违规行为的监管关注也在逐步提高。原银监会发布的《关于商业银行服务收费有关问题的通知》（银监办发〔2008〕264 号），对进一步规范商业银行服务收费行为有重要意义。银保监会及各地区银保监局针对银行服务收费违规的处罚案由主要分为收费质价不符、以贷收费、转嫁成本以及其他违规收费四类。

如图 16 所示，收费质价不符类的罚单数量位于第一，处罚金额位于第二，罚单数量为 19 张，金额达到了 1272 万元。转嫁成本类的罚单数量位于第二，处罚数量为 12 张，金额达到了 885 万元。而以贷收费类的罚单数量位于第三，处罚金额位于第一，罚单数量为 4 张，金额达到了 1482. 953 万元。

根据数据统计，银行服务收费违规中各类银行机构处罚数量在各四类主要案由中的占比情况如图 17 所示，其中国有大型银行在四类主要案由中所受到的处罚数量占比最大。

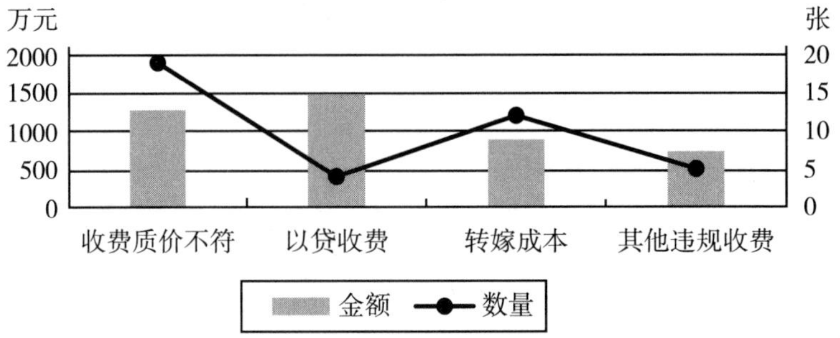

图 16　2021 年银行服务收费业务处罚数量及金额

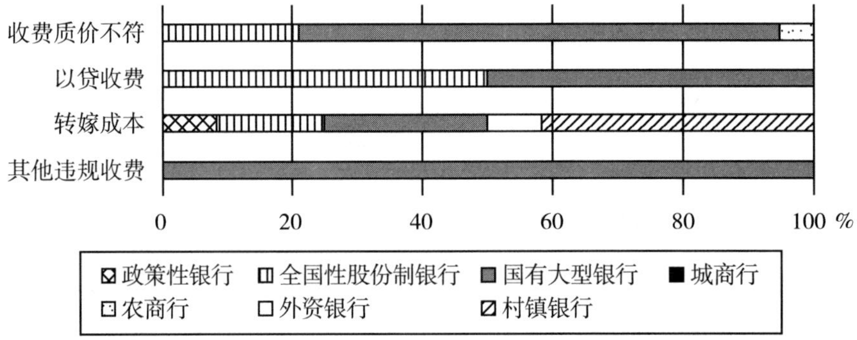

图 17　2021 年银行服务收费业务各类银行处罚数量比例

1. 收费质价不符

银保监会发布《关于开展银行违规涉企服务收费专项治理工作的通知》（银保监办发〔2019〕131 号）中提到要求各商业银行开展自查自纠。银保监会督促指导各商业银行总行，严格对照“七不准、四公开”要求（“七不准”：不得以贷转存、不得存贷挂钩、不得以贷收费、不得浮利分费、不得借贷搭售、不得一浮到顶、不得转嫁成本；“四公开”：收费项目公开、服务质价公开、效用功能公开、优惠政策公开），在全行组织自查自纠，坚决清理规范商业银行分支机构违规收费行为。“四公开”中就包含“服务质价公开”的要求。同时，原银监会发布的《关于整治银行业金融机构不规范经营的通知》（银监发〔2012〕3 号）规定，银行服务收费要以质定价。服务收费应合乎质价相符原则，不得对未给客户提供实质性服务、未给客户带来实质性收益、未给客户提升实质性效率的产品和服务收取费用。

根据数据统计，该案由下共开出了 19 张罚单，江苏银保监局及其分局对该类案由开出的罚单数量最多，达到 7 张。其次是浙江银保监局及其分局对该类案由开出罚单数量最多，达到了 4 张。典型案例如表 20 所示。

表 20　典型案例

序号	地区	处罚日期	被处罚人	处罚文书号	处罚单位	主要违法违规事实（案由）
1		2021. 5. 17	中国银行股份有限公司	银保监罚决字〔2021〕11 号	中国银保监会	提供质价不符的服务
2	浙江	2021. 3. 12	国华人寿温州中支	金银保监罚决字〔2021〕6 号	中国银保监会金华监管分局	服务收费质价不符
3	浙江	2021. 4. 28	浦发银行舟山分行	舟银保监罚决字〔2021〕5 号	中国银保监会舟山监管分局	服务业务收费质价不符
4	浙江	2021. 5. 19	建设银行杭州分行	浙银保监罚决字〔2021〕26 号	中国银保监会浙江监管局	中间业务收费质价不符
5	浙江	2021. 7. 5	建设银行湖州分行	湖银保监罚决〔2021〕5 号	中国银保监会湖州监管分局	银行服务收费质价不符
6	江苏	2021. 3. 31	无锡农村商业银行州分行	苏州银保监罚决字〔2021〕4 号	中国银保监会苏州监管分局	涉企收费质价不符
7	江苏	2021. 9. 26	中国工商银行连云港分行	连银保监罚决字〔2021〕17 号	中国银保监会连云港监管分局	服务收费质价不符
8	江苏	2021. 10. 20	彭越钦	连银保监罚决字〔2021〕20 号	中国银保监会连云港监管分局	对服务收费质价不符负领导责任
9	江苏	2021. 12. 24	中国建设银行盐城分行	盐银保监罚决字〔2020〕48 号	中国银保监会盐城监管分局	服务收费质价不相符
10	江苏	2021. 10. 24	中国建设银行盐城分行	盐银保监罚决字〔2020〕49 号	中国银保监会盐城监管分局	服务收费质价不符
11	江苏	2021. 3. 31	无锡农村商业银行苏州分行	苏州银保监罚决字〔2021〕4 号	中国银保监会苏州监管分局	涉企收费质价不符

2. 以贷收费

以贷收费是指要求客户接受不合理中间业务或其他金融服务而收取费用。根据原银监会发布的《关于整治银行业金融机构不规范经营的通知》（银监发〔2012〕3 号）规定，银行业金融机构不得借发放贷款或以其他方式提供融资之机，要求客户接受不合理中间业务或其他金融服务而收取费用。

根据数据统计，该类案由下，上海银保监局对该类案由开出罚单数量最多，达到了 4 张。典型案例如表 21 所示。

表 21　典型案例

序号	地区	处罚日期	被处罚人	处罚文书号	处罚单位	主要违法违规事实（案由）
1	上海	2021. 5. 10	中银消费金融有限公司	沪银保监罚决字〔2021〕51 号	中国银保监会上海监管局	向部分借款人收取咨询服务费，构成以贷收费
2	上海	2021. 4. 28	中银消费金融有限公司	沪银保监罚决字〔2021〕40 号	中国银保监会上海监管局	存在以贷收费的行为
3	上海	2021. 7. 2	上海银行	沪银保监罚决字〔2021〕72 号	中国银保监会上海监管局	部分业务以贷收费
4	上海	2021. 10. 8	中国银行上海市分行	沪银保监罚决字〔2021〕154 号	中国银保监会上海监管局	某应付账款融资业务存在以贷收费的违规行

3. 转嫁成本

原银监会发布的《关于整治银行业金融机构不规范经营的通知》（银监发〔2012〕3 号）规定，商业银行不得转嫁成本。银行业金融机构应依法承担贷款业务及其他服务中产生的尽职调查、押品评估等相关成本，不得将经营成本以费用形式转嫁给客户。

根据数据统计，银保监会及各地区银保监局对该类案由下开出了 12 张罚单。其中的典型案例如表 22 所示。

表 22　典型案例

序号	地区	处罚日期	被处罚人	处罚文书号	处罚单位	主要违法违规事实（案由）
1		2021. 5. 17	东亚银行（中国）有限公司	银保监罚决字〔2021〕18 号	中国银保监会	转嫁经营成本，评估费由借款人承担

续表

序号	地区	处罚日期	被处罚人	处罚文书号	处罚单位	主要违法违规事实（案由）
2	浙江	2021.4.28	浦发银行舟山分行	舟银保监罚决字〔2021〕5号	中国银保监会舟山监管分局	违规向客户转嫁保险费。

4. 其他违规收费

此类别为兜底性案由，主要为“违规收费”。该类别下共有3张罚单，其中北京银保监局开出了2张罚单，占比最大；浙江银保监局有1张罚单。案例如表23所示。

表23　典型案例

序号	地区	处罚日期	被处罚人	处罚文书号	处罚单位	主要违法违规事实（案由）
1		2021.6.22	中国邮政储蓄银行	银保监罚决字〔2021〕23号	中国银保监会	未经客户同意违规办理短信收费业务
2		2021.12.8	中国农业银行	银保监罚决字〔2021〕38号	中国银保监会	制定文件要求企业对公账户必须开通属于该行收费项目的动账短信通知服务，侵害客户自主选择权
3	浙江	2021.2.26	中国银行台州市分行	台银保监罚决字〔2021〕7号	中国银保监会台州监管分局	未经成本测算，银团贷款联合收费

十、银行高管及责任人

《银行业监督管理法》第48条规定：“银行业金融机构违反法律、行政法规以及国家有关银行业监督管理规定的，银行业监督管理机构除依照本法第四十四条至第四十七条规定处罚外，还可以区别不同情形，采取下列措施：（一）责令银行业金融机构对直接负责的董事、高级管理人员和其他直接责任人员给予纪律处分；（二）银行业金融机构的行为尚不构成犯罪的，对直接负责的董事、高级管理人员和其他直接责任人员给予警告，处五万元以上五十万元以下罚款；（三）取消直接负责的董事、高级管理人员一定期限直至终身的任职资格，禁止直接负责的董事、高级管理人员和其他直接责任人员一定期限直至终身从事银行业工作。”

根据统计数据，银保监会以及各银保监局在2021年度共开出409张涉及个人处罚的罚单。主要处罚内容包括：单处警告、单处罚款、并处警告和罚款、取消银行业从业资格与取消高管资格。其中，单处警告占比最高，达到了54.2%，并处警告和罚款占比27.6%，禁止从业银行业资格与取消高管资格占比8.9%，单处罚款占比9.2%。

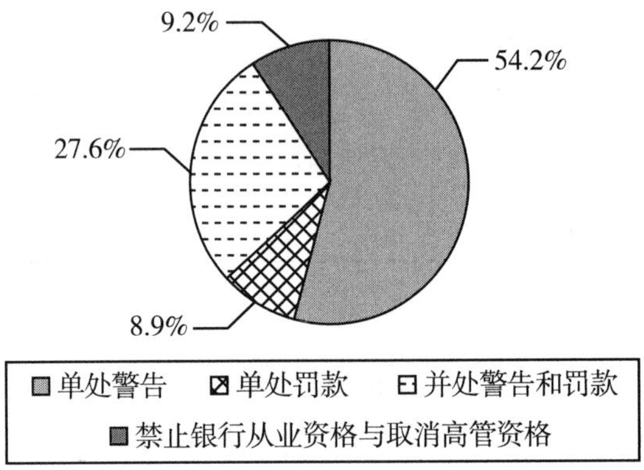

图 18　2021 年银行高管和责任人处罚内容比例

1. 单处警告

根据统计数据（见图 19、图 20），涉及个人处罚中单处警告类，江苏银保监局开出了 81 张罚单，广东开出了 75 张罚单，北京开出了 23 张罚单，上海开出了 18 张罚单。可以看出，农商行的高管、责任人受到的处罚数量最多，有 98 张罚单，其次为国有大型银行的高管、责任人，罚单共计 38 张，全国性股份制银行仅次于国有大型银行，罚单有 32 张。

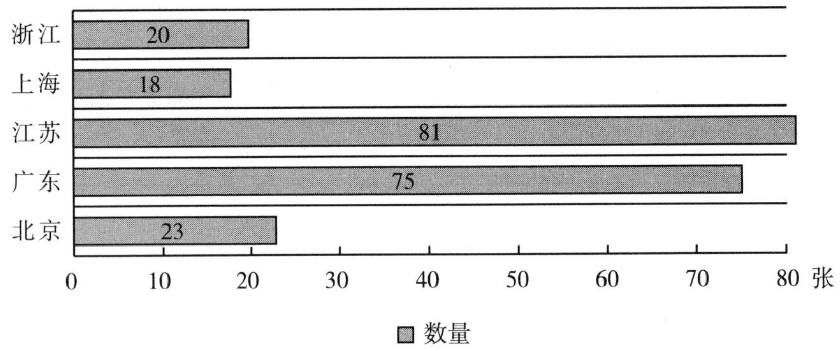

图 19　2021 年个人处罚单处警告各地区数量

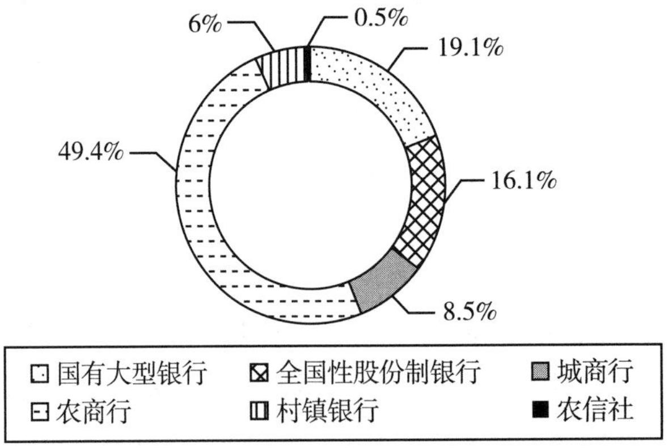

图 20　2021 年个人处罚单处警告各类型银行数量

2. 单处罚款

根据统计数据，涉及个人处罚中单处罚款类，银保监会开出了 18 张罚单，江苏银保监局开出了 15 张罚单。从图 21 可以看出，全国性股份制银行高管、责任人受到的处罚最多，达到了 19 张罚单，占比达到了 50% 。

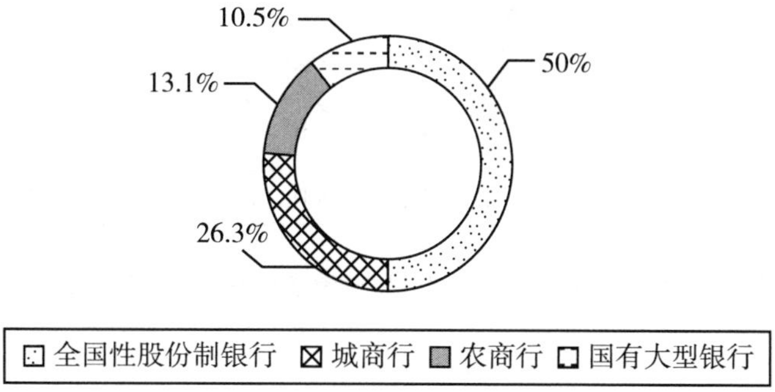

图 21 2021 年个人处罚单处罚款各类型银行数量

3. 并处警告和罚款

根据统计数据，涉及个人处罚中并处警告和罚款类，江苏银保监局开出了 65 张罚单，北京银保监局开出了 20 张罚单，银保监会开出了 5 张罚单。

从图 22 可以看出，全国性股份制银行高管、责任人受到的处罚最多，达到了 24 张罚单，占比 26. 6% ，国有大型银行高管、责任人受到的处罚其次，有 22 张罚单，占比 24. 4% ，两者共计占比超过 50% 。

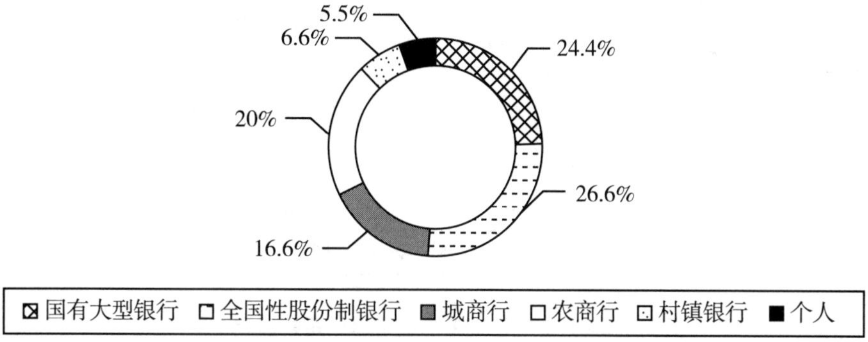

图 22 2021 年个人处罚并处警告与罚款各类银行数量

4. 取消银行从业资格与取消高管资格

根据统计数据，涉及个人处罚中取消银行业从业资格与取消高管资格类，广东银保监局开出了 20 张罚单，江苏银保监局开出了 7 张罚单，上海银保监局开出了 5 张罚单、浙江银保监局开出了 2 张罚单。

从图 23 可见，个人高管、责任人受到的处罚最多，达到了 15 张罚单，占比 38. 4% ，农村商业银行高管、责任人受到的处罚其次，有 11 张罚单，占比 28. 2% ，两者共计占比超过 60%。

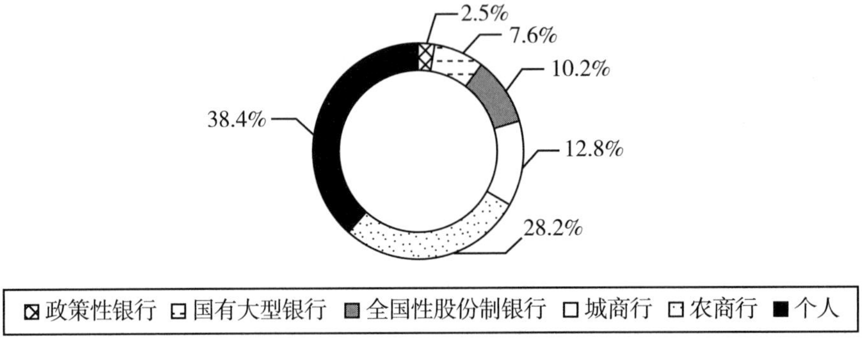

图 23　2021 年个人处罚取消银行从业资格与高管资格各类银行数量

十一、内部员工管理

内部员工管理是银行正常运营的重要部分。银保监会及各地区银保监局对于员工内部管理的处罚，主要具体案由为：员工行为管理不到位、有关数据报表错报或未报、员工违规保管经客户签章但关键条款空白的合同、承诺书等重要资料以及客户信息安全管理不到位。

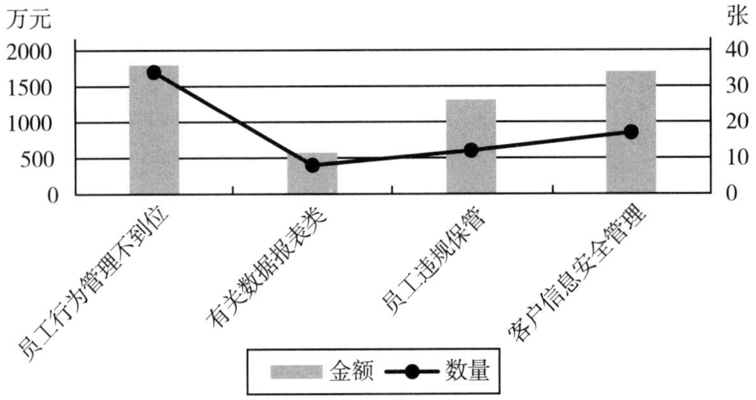

图 24　2021 年银行员工内部管理处罚数量及金额

该类业务银保监会及各地区银保监局开出的罚单数量共有 71 个，金额达到了 5378.66 万元。其中，有关员工行为管理不到位类处罚在数量方面居第一位，罚单数量为 34 个，金额达到了 1796.16 万元；有关客户信息安全管理类罚单数量居第二位，罚单数量为 17 个，金额达到了 1698.5 万元；有关员工违规保管类罚单数量为 12 个，金额达到了 1309 万元；有关数据报表错报或未报类处罚单数量为 8 个，金额达到了 575 万元。典型案例如表 24 所示。

表 24 典型案例

序号	地区	处罚日期	被处罚人	处罚文书号	处罚单位	主要违法违规事实（案由）
1	广东	2020. 12. 31	中国建设银行湛江市分行	湛银保监罚决字〔2020〕5 号	中国银保监会湛江监管分局	客户信息安全管理不到位
2	上海	2021. 8. 30	上海农村商业银行	沪银保监罚决字〔2021〕149 号	中国银保监会上海监管局	（1）未按规定报送监管数据；（2）理财业务未按规定进行信息披露；（3）理财老产品投资到期日超过规定期限新资产
3	浙江	2021. 2. 22	浙江黄岩恒升村镇银行	台银保监罚决字〔2021〕2 号	中国银保监会台州监管分局	贷后管理不到位，信贷资金被挪用于购房；信贷资金被挪用流入证券市场；授信业务准入不严，向不符合条件对象发放经营性贷款；违规保管客户已签字但关键要素空白的信贷合同
4	浙江	2020. 12. 30	上海银行杭州萧山支行	浙银保监罚决字〔2020〕72 号	中国银保监会浙江监管局	员工行为管理不到位、员工参与民间借贷

根据统计数据，员工内部管理中各类银行机构处罚数量在四类主要案由中的占比情况如图 25 所示，其中国有大型银行在四类主要案由中所受到的处罚数量占比均为最大。

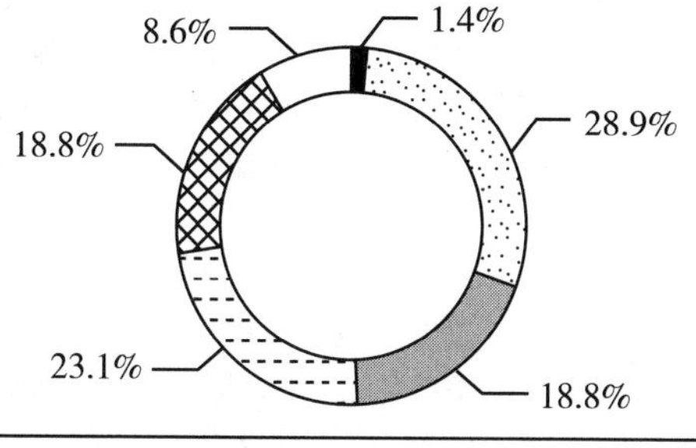

图 25 2021 年员工内部管理各类型银行数量

十二、大宗处罚

2021 年首次出现了在一单处罚中包含 10 个案由以上的罚单，具体案由包括：未按规定进行信息披露；未经任职资格许可任命高级管理人员；重大关联交易未经董事会批准；授信集中度管理严重违反审慎经营规则；向无资金缺口企业发放流动资金贷款；理财非标融资用于商业银行注册验资等一系列综合案由。

根据统计数据，此类罚单共有 10 张，绝大多数为银保监会作出，只有一单是上海银保监局作出。最大一笔为银保监罚决字〔2021〕26 号，罚款金额达 1150 万元。处罚对象包括了国有大型银行、全国性股份制银行、政策性银行三种。典型案例如表 25 所示。

表 25　典型案例

序号	被处罚人与处罚金额	处罚单位与处罚文书号	主要违法违规事实（案由）
1	中国银行罚没 8761.355 万元	中国银保监会银保监罚决字〔2021〕11 号	（1）纳入预算的政府购买服务项目发放贷款；（2）向关系人发放信用贷款；（3）向无资金缺口企业发放流动资金贷款；（4）存款月末冲时点；（5）为无真实贸易背景企业签发银行承兑汇票；（6）贷款管理不严，信贷资金被挪用；（7）票据贴现资金直接回流至出票人或其关联人账户；（8）理财产品质押贸易融资业务风险控制有效性不足；（9）超比例发放并购贷款；（10）向未经备案的跨境并购业务提供并购贷款；（11）违规为私募股权基金收购境内企业发放并购贷款；（12）超授权期限办理汇出汇款融资业务；（13）与名单外交易对手开展同业业务；（14）违规为他行开立投融资性同业账户；（15）以同业返存方式不当吸收存款；（16）自营和代客理财业务未能实现风险隔离；（17）面向一般客户销售的理财产品投资二级市场股票；（18）未按规定向投资者充分披露理财产品投资非标准化债权风险状况；（19）违规向“四证”不全房地产项目提供融资；（20）理财资金违规用于支付土地款或置换股东购地借款；（21）理财资金违规用于土地储备项目；（22）理财非标融资入股商业银行；（23）理财非标融资用于商业银行注册验资；（24）超授信额度提供理财非标融资；（25）买入返售业务标的资产不合规；（26）个人住房贷款业务搭售保险产品；（27）单家分支行代销 3 家以上保险公司保险；（28）主承销债券包销余券未通过风险处置专户处置；（29）通过平移贷款延缓风险暴露；（30）债券投资业务未分类，表内人民币债券未计提减值准备；（31）与资产管理公司合作设立有限合伙基金，不洁净转让不良资产；（32）报案件信息；（33）案件问责不到位；（34）提供质价不符的；（35）违规收取福某廷风险承担费；（36）违规向部分已签约代发工资客户收取年费

续表

序号	被处罚人与处罚金额	处罚单位与处罚文书号	主要违法违规事实（案由）
2	渤海银行罚款 9720 万元	中国银保监会 银保监罚决字〔2021〕13 号	（1）政府购买服务项目贷款不合规；（2）违规向资本金不足的房地产项目发放贷款；（3）违规向“四证”不全的房地产项目发放贷款；（4）违规通过同业投资或理财募集资金为“四证”不全的房地产项目提供融资；（5）违规发放土地储备贷款；（6）重大关联交易未经董事会批准；（7）一般关联交易未按程序审批；（8）内部审计严重不足；（9）瞒报案件（风险）信息；（10）发放流动资金贷款未测算营运资金需求；（11）对个别客户环保政策执行情况调查不尽职；（12）向房地产开发企业发放流动资金贷款；（13）房地产开发贷款授信金额超过项目备案总投资；（14）未落实授信审批条件发放贷款；（15）未按规定执行受托支付；（16）未有效监控贷款使用情况以致贷款被挪用；（17）贷款风险分类不审慎；（18）为代为推介的信托产品到期兑付提供流动性支持；（19）未在官网公示代为推介的信托产品相关重要信息；（20）银行承兑汇票保证金管理不规范；（21）未严格审核银行承兑汇票贸易背景真实性；（22）部分分行出具与事实不符的理财业务投资情况报告；（23）部分转贴现票据风险加权资产计提不准确；（24）自营业务与代客业务未有效分离；（25）理财产品之间风险未完全隔离；（26）非标准化债权资产占比超监管指标；（27）理财信息登记不准确；（28）理财资金为客户入股其他商业银行提供融资；（29）理财产品信息披露不到位；（30）风险揭示书存在问题；（31）理财资金用于开立本行定期存单；（32）投向权益类资产及集合资金信托计划的理财产品面向一般个人客户销售；（33）单一信贷资产类理财产品期限与标的资产期限不一致；（34）组合信贷类理财产品高流动性资产低于监管要求
3	招商银行罚款 7170 万元	中国银保监会 银保监罚决字〔2021〕16 号	（1）为投资提供第三方信用担保、为非保本理财产品出具保本承诺，部分未按规定计提风险加权资产；（2）违规协助无衍生产品交易业务资格的银行发行结构性衍生产品；（3）理财产品之间风险隔离不到位；（4）理财资金投资非标准化债权资产认定不准确，实际余额超监管标准；（5）同业投资接受第三方金融机构信用担保；（6）理财资金池化运作；（7）利用理财产品准备金调节收益；（8）高净值客户认定不审慎；（9）并表管理不到位，通过关联非银机构的内部交易，违规变相降低理财产品销售门槛；（10）投资集合资金信托计划的理财产品未执行合格投资者标准；（11）投资集合资金信托计划人数超限；

续表

序号	被处罚人与处罚金额	处罚单位与处罚文书号	主要违法违规事实（案由）
3	招商银行罚款 7170 万元	中国银保监会银保监罚决字〔2021〕16 号	（12）面向不合格个人投资者销售投资高风险资产或权益性资产的理财产品；（13）信贷资产非真实转让；（14）全权委托业务不规范；（15）未按要求向监管机构报告理财投资合作机构，被监管否决后仍未及时停办业务；（16）通过关联机构引入非合格投资者，受让以本行信用卡债权设立的信托次级受益权；（17）“智能投资受托计划业务”通过其他方式规避整改，扩大业务规模，且业务数据和材料缺失；（18）票据转贴现假卖断屡查屡犯；（19）贷款、理财或同业投资资金违规投向土地储备项目；（20）理财资金违规提供棚改项目资本金融资，向地方政府提供融资并要求地方政府提供担保；（21）同业投资、理财资金等违规投向地价款或“四证”不全的房地产项目；（22）理财资金认购商业银行增发的股票；（23）违规为企业发行短期融资券提供搭桥融资，并用理财产品投资本行主承债券以承接表内类信贷资产；（24）为定制公募基金提供投资顾问；（25）为本行承销债券兑付提供资金支持；（26）协助发行人以非市场化的价格发行债券；（27）瞒报案件信息
4	东亚银行（中国）有限公司罚款 1120 万元	中国银保监会银保监罚决字〔2021〕18 号	（1）地产开发企业发放贷款未计入房地产开发贷款；（2）贷款支付及贷后管理不到位，导致房地产开发贷款部分资金被挪用；（3）信贷资金回流购买本行理财并质押开立银行承兑汇票；（4）定期存单质押比例不符合监管要求；（5）授信审查及授信后管理不到位，并造成内保外贷业务履约及垫款；（6）违规办理资金用途超出境外借款人正常经营范围的内保外贷业务；（7）违规发放个人商业用房按揭贷款；（8）违规发放个人住房按揭贷款；（9）未对同业业务交易对手进行集中统一的名单制管理；（10）将存款变相纳入一般性存款核算，虚增存款规模；（11）利用票据“卖断 + 买入返售 + 到期买断”交易模式转移规模；（12）提前扣划理财产品投资资金作为佣金收；（13）衍生产品交易条款设计不合理；（14）董事及高管人员未经任职资格核准即履职；（15）未按照规定逐笔披露重大关联交易；（16）监管统计数据多次错报；（17）转嫁经营成本，评估费由借款人承担；（18）个别业务收费模式未实现息费分离
5	华夏银行罚款 9830 万元	中国银保监会银保监罚决字〔2021〕19 号	（1）使用自营资金、理财资金购买本行转让的信贷资产；（2）贷前审查及贷后管理不严；（3）同业投资投前审查、投后管理不严；（4）通过同业投资向企业提供融资用于收购银行股权；（5）违规向土地储备项目提供融资；（6）违

续表

序号	被处罚人与处罚金额	处罚单位与处罚文书号	主要违法违规事实（案由）
5	华夏银行罚款9830万元	中国银保监会银保监罚决字〔2021〕19号	规开立同业账户；（7）通过投资底层资产为本行信贷资产的信托计划，少计风险资产；（8）同业资金协助他行增加一般性存款，且部分期限超过监管要求；（9）会计核算不准确，将同业存款计入一般性存款；（10）部分理财产品相互交易、风险隔离不到位；（11）违规销售无真实投资、无测算依据、无充分信息披露的理财产品；（12）策略保本型理财产品销售文件未充分揭示风险；（13）出具的理财投资清单与事实不符或未全面反映真实风险；（14）理财资金违规投资权益类资产；（15）理财资金违规投资信托次级类高风险资产；（16）理财资金投资非标准化债权资产超过监管要求；（17）非标资产非洁净转让；（18）自营业务与代客业务未有效分离；（19）部分理财产品信息披露不合规，对接本行信贷资产；（20）部分理财资金违规投向土地储备项目；（21）部分理财资金投向不符合政府购买服务规定的项目；（22）部分理财投资投前调查不尽职；（23）委托贷款资金来源不合规；（24）与未备案理财投资合作机构开展业务；（25）漏报错报监管标准化数据且逾期未改正；（26）提供与事实不符的材料；（27）部分理财资金未托管
6	中国民生银行罚款11450万元	中国银保监会银保监罚决字〔2021〕26号	（1）发现问题屡查屡犯；（2）检查发现问题整改不到位；（3）对责任人员的责任认定和问责不到位；（4）内部制度管理不足，个别制度与监管要求冲突；（5）配合现场检查不力；（6）信息系统管控有效性不足；（7）未向监管部门真实反映业务数据；（8）未严格执行理财投资合作机构名单制管理；（9）理财业务整改转型不符合监管要求；（10）违规调整理财产品收益；（11）理财产品收益兑付不合规；（12）违规调节理财业务利润；（13）使用内部账户截留理财产品浮动管理费收入和承接风险资产；（14）理财产品间相互交易资产调节收益；（15）理财产品未实现账实相符、单独托管；（16）理财产品投资清单未反映真实情况，合格投资者认定不审慎；（17）开放式公募理财产品投资杠杆水平超标；（18）公募理财产品持有单只证券市值比例超标；（19）开放式公募理财产品流动性资产持有比例不达标；（20）理财产品信息登记不规范；（21）理财产品信息披露不规范；（22）理财产品托管不尽职；（23）违规开展委托资产管理业务；（24）同业业务未实行专营部门制；（25）同业业务交易对手管理不健全；（26）同业业务统一授信管理不到位；（27）违规将转贴现票据转为投资资产，未真实反映票据规模；（28）会计核算不规范；（29）发行虚假结构性存款产品；（30）未对信贷资产收益权转让业务对应资产计提资本；（31）委托贷款委托人资质审查不审慎

续表

序号	被处罚人与处罚金额	处罚单位与处罚文书号	主要违法违规事实（案由）
7	上海浦东发展银行罚款 6920 万元	中国银保监会银保监罚决字〔2021〕27 号	(1）发现的问题屡查屡犯；(2）配合现场检查不力；(3）内部控制制度修订不及时；(4）信息系统管控有效性不足；(5）未向监管部门真实反映业务数据；(6）净值型理财产品估值方法使用不准确；(7）未严格执行理财投资合作机构名单制管理；(8）理财产品相互交易调节收益；(9）使用理财资金偿还本行贷款；(10）理财产品发行审批管理不到位；(11）权益类理财产品投资非权益类资产超比例；(12）公募理财产品持有单只证券市值超比例；(13）投资集合资金信托计划人数超限；(14）面向非机构投资者发行的理财产品投资不良资产支持证券；(15）出具与事实不符的理财产品投资清单；(16）私募理财产品销售文件未约定投资者冷静期；(17）投资者投资私募理财产品金额不符合监管要求；(18）理财产品资产配置与产品说明书约定不符；(19）理财产品信息披露不合规；(20）理财产品信息登记不规范；(21）理财业务流动性风险管理不审慎；(22）理财投资股票类业务管理不审慎；(23）同业存款记入其他企业存款核算；(24）同业投资投后检查流于形式；(25）风险加权资产计量不准确；(26）为无衍生品交易资格的机构发行结构性存款提供通道；(27）结构性存款未实际嵌入金融衍生品；(28）未落实委托贷款专户管理要求；(29）借助通道违规发放委托贷款，承担实质性风险；(30）委托贷款投向不合规；(31）违规向委托贷款借款人收取手续费
8	交通银行罚款 4100 万元	中国银保监会银保监罚决字〔2021〕28 号	(1）业务和同业业务制度不健全；(2）理财业务数据与事实不符；(3）部分理财业务发展与监管导向不符；(4）理财业务风险隔离不到位，利用本行表内自有资金为本行表外理财产品提供融资；(5）理财资金违规投向土地储备项目；(6）理财产品相互交易调节收益；(7）面向非机构投资者发行的理财产品投资不良资产支持证券；(8）公募理财产品投资单只证券超限额；(9）理财资金违规投向交易所上市交易的股票；(10）理财资金投资非标资产比照贷款管理不到位；(11）私募理财产品销售文件未约定冷静期；(12）开放式公募理财产品资产配置未达到流动性管理监管比例要求；（13）理财产品信息登记不及时；(14）理财产品信息披露不合规；(15）同业业务交易对手名单调整不及时；(16）将同业存款纳入一般性存款核算；(17）同业账户管理不规范；(18）违规增加政府性债务，且同业投资抵质押物风险管理有效性不足；(19）结构性存款产品衍生品交易无真实交易对手和交易行为；

续表

序号	被处罚人与处罚金额	处罚单位与处罚文书号	主要违法违规事实（案由）
8	交通银行罚款4100万元	中国银保监会银保监罚决字〔2021〕28号	(20) 未严格审查委托贷款资金来源；(21) 违规向委托贷款借款人收取手续费；(22) 利用理财资金与他行互投不良资产收益权，实现不良资产虚假出表；(23) 监管检查发现问题屡查屡犯
9	中国进出口银行罚没7345.6万元	中国银保监会银保监罚决字〔2021〕31号	(1) 违规投资企业股权；(2) 个别高管人员未经核准实际履职；(3) 监管数据漏报错报；(4) 违规向地方政府购买服务提供融资；(5) 违规变相发放土地储备贷款；(6) 向用地未获国务院批准的项目发放贷款；(7) 违规开展租金保理业务变相支持地方政府举债；(8) 租金保理业务基础交易不真实；(9) 向租赁公司发放用途不合规的流动资金贷款；(10) 违规向个别医疗机构新增融资；(11) 个别并购贷款金额占比超出监管上限；(12) 借并购贷款之名违规发放股权收购贷款；(13) 违规向未取得“四证”的固定资产项目发放贷款；(14) 违规发放流动资金贷款用于固定资产投资；(15) 授信额度核定不审慎；(16) 向无实际用款需求的企业发放贷款导致损失；(17) 突破产能过剩行业限额要求授信；(18) 项目贷款未按规定设定抵质押担保；(19) 贷款风险分类不审慎；(20) 信贷资产买断业务贷前调查不尽职；(21) 向借款人转嫁评估费用；(22) 同业业务交易对手名单制管理落实不到位；(23) 贸易背景审查不审慎；(24) 对以往监管通报问题整改不到位
10	上海华瑞银行责令改正并处罚没20.5832万元	中国银保监会上海银保监局沪银保监罚决字〔2021〕150号	(1) 规定进行信息披露；(2) 未经任职资格许可任命高级管理人员；(3) 重大关联交易未经董事会批准；(4) 违规向关系人发放信用贷款；(5) 授信集中度管理严重违反审慎经营规则；(6) 放任借款人将流动资金贷款用于股权投资；(7) 供应链融资业务未按规定进行统一授信管理；(8) 违规向资本金不足的房地产项目发放贷款；(9) 未严格监督流动资金贷款的使用情况；(10) 业务严重违反审慎经营规则；(11) 个人住房租赁贷款严重违反审慎经营规则

编后记

《金融法律评论》2022下半年卷（第15卷）与读者见面了。秉持本刊应用理论研究特色，紧密联系金融法制最新实践，呼应金融市场法律热点，本卷继续反映2022年的金融立法的新情况和金融法制理论实践的新探索。

绿色金融是为支持环境改善、应对气候变化和资源节约高效利用的经济活动所提供的金融服务。绿色金融是金融促进环境与经济社会可持续发展，引导企业生产注重绿色环保，引导消费者形成绿色消费理念的功能的现实运用。法制在促进与保障绿色金融发展方面起着重大作用，本卷刊发了一组绿色金融法的论文，涉及绿色投资、绿色信贷以及绿色金融地方立法等。

数字金融是依托数字信息技术的金融活动，是互联网及信息技术手段与传统金融服务业态相结合的新一代金融服务，具有高效率、低成本和强风控等特点，已快速经历了几个发展阶段。数字金融法制也已经在探究与实践的路上，本卷收录一组论文，涉及网络金融风控、金融科技法制转型、智能金融算法规制、金融业数据治理，以及数字货币的信息安全等前沿问题。

2022年1月最高人民法院颁布新修订的《关于审理证券市场虚假陈述侵权民事赔偿案件的若干规定》后，法律法学界讨论热烈。本卷继续选载相关论文。

2022年年中，《民事强制执行法（草案）》向社会公开征求意见。上海市法学会金融法研究会连续主办“《民事强制执行法（草案）》与金融债权执行研讨会”，金融、司法和法学界的专家、学者的热烈响应和踊跃参与，大家既为立法已有条文的完善出谋划策，又积极反映金融债权执行领域更多的法律需求。本卷刊发研讨综述和一些作者提供的专稿，为立法优化作出努力。

国内房地产市场风险从2021年年末延续至2022年年中，“保交楼”事关社会稳定，也与房地产资金监管密切相关，本卷分享了作为商品房预售资金监管规则制定的基础工作的调研成果。

同时，年度金融法制报告继续推出。金融法实践栏目评析地方投融资平台案例。

《金融法律评论》受上海市高水平地方高校（学科）建设项目资助，希望广大读者作者一如既往地支持帮助我们，共同为推进金融市场及金融法制建设而努力。

编　者

2023 年 1 月 31 日